西南政法大学刑法学术文库

DUPIN WENTI ZHILI DE XINGSHI FAZHI BAOZHANG

毒品问题治理的刑事法治保障

胡 江 等/著

中国检察出版社

图书在版编目（CIP）数据

毒品问题治理的刑事法治保障 / 胡江等著 . —北京：中国检察出版社，2024. 9. —ISBN 978 – 7 – 5102 – 3133 – 9

Ⅰ. D924. 364

中国国家版本馆 CIP 数据核字第 2024C34Q47 号

毒品问题治理的刑事法治保障

胡　江　等著

责任编辑： 史世琦
技术编辑： 王英英
美术编辑： 徐嘉武

出版发行： 中国检察出版社
社　　址： 北京市石景山区香山南路 109 号（100144）
网　　址： 中国检察出版社（www. zgjccbs. com）
编辑电话：（010）86423736
发行电话：（010）86423726　86423727　86423728
（010）86423730　86423732
经　　销： 新华书店
印　　刷： 北京联兴盛业印刷股份有限公司
开　　本： 710 mm × 960 mm　16 开
印　　张： 27. 5
字　　数： 457 千字
版　　次： 2024 年 9 月第一版　　2024 年 9 月第一次印刷
书　　号： ISBN 978 – 7 – 5102 – 3133 – 9
定　　价： 88. 00 元

国家社科基金重大项目“国家毒品问题治理的实践困境与模式创新研究”（20&ZD196）

国家社会科学基金项目“网络毒品犯罪的刑事治理研究”（22BFX043）

重庆市教委人文社会科学研究基地项目“中国特色毒品问题治理之路的历史经验与创新发展研究”（23SKJD009）

《西南政法大学刑法学术文库》编辑委员会

编撰人员名单（以参编章节为序）

胡　江　于浩洋　沙良旺
陈　熠　隋译锋　何冰原
袁　飞　赵　戈　孙梽睿
董　淳　胡博宇　刘宛春
付晓东　邬梦瑶　姚蕴童
张　雷　崔建国

总　序

七十载辉煌征程，七十载峥嵘岁月。当时光的脚步踏入2019年，我们迎来了新中国成立七十周年的历史性时刻。在这个洋溢着喜庆的美好日子里，全新打造的《西南政法大学刑法学术文库》(以下简称《西政刑法文库》）由中国检察出版社隆重推出，这既是庆贺新中国七十华诞和致敬新中国光辉成就的献礼，更是西南政法大学刑法学科再出发的前进号角，我们将伴随着新中国永不停息的发展脚步，迈入新征程，迎接新挑战，实现新跨越。

西南政法大学刑法学科是全国最早获得硕士学位授权的刑法学科之一，是我国西部地区第一个刑法专业博士学位授权点，早在1995年就被确定为省部级重点学科。在近七十年的发展历程中，西政刑法学人辛勤耕耘、默默奉献，以赵念非教授、伍柳村教授、黄观效教授、邓又天教授、董鑫教授、高绍先教授、赵长青教授、陈忠林教授、李培泽教授、朱启昌教授、邱兴隆教授、张绍彦教授、梅传强教授等为代表的一大批知名学者为刑法学科的建设和发展做出了重要贡献。改革开放以来，邓又天教授、赵长青教授、陈忠林教授、梅传强教授和石经海教授先后担任学科带头人（负责人）。时至今日，刑法学科的专任教师已达38人，形成了具有良好学历、职称、年龄和学缘结构的教学科研团队；拥有重庆市首批人文社科重点研究基地“毒品犯罪与对策研究中心”，与最高人民法院、国家禁毒办合作共建了“国家毒品问题治理研究中心”，还有“有组织犯罪研究中心”“量刑研究中心”“特殊群体权利保护与犯罪预防研究中心”“少年法学研究中心”“金融刑法研究中心”“外国与比较刑法研究中心”等研究基地。经过几代人的薪火相传和不懈努力，西南政法大学刑法学科已经成为具有雄厚学科基础和优良学术传统、在全国发挥重要影响并且具有一定国际知名度的省部级重点学科。

科学研究与人才培养是学科建设的两翼。西南政法大学刑法学科具有数量规模庞大、年龄结构合理、学历水平优化、学缘结构合理的学科团队，他们积极投身于教学科研第一线，近年来在科研项目立项、学术论文发表、科研成果获奖等方面成绩斐然。在大力加强科学研究的同时，西南政法大学刑法学科也着力于人才培养。自2001年获得博士学位授权点以来，本学科已培养了近百名博士，他们活跃在法学理论和司法实务的各个领域，他们所取得的成绩在一定意义上也是本学科所取得的成绩。为此，《西政刑法文库》将立足本学科，主要出版本学科教学科研人员的优秀著作；同时，也将选择本学科培养且已经毕业的部分博士的学位论文或其他优秀学术著作出版。为了发挥《西政刑法文库》的学术价值和社会效应，体现学术丛书的性质，我们将采取不定期常年出版的形式，对于拟出版的著作由编辑委员会审定同意后出版，力争将其打造成为规模较大、质量上乘、影响广泛的学术精品。《西政刑法文库》将秉承思想交流与学术创新的基本宗旨，着力打造学术精品，展示西南政法大学刑法学人形象，献力中国刑法学术发展。

学术的生命在于争鸣，思想的火花源于碰撞。《西政刑法文库》的出版将呈现每一个作者对当下中国刑法理论与实践问题的关注和思考，为学术交流搭建一个有益的平台，用文字和思考为中国法治发展贡献自己的绵薄之力。我们期待《西政刑法文库》的出版发行能够为国内外同行了解和认识本学科提供一个窗口，也期待国内外同行能够以此为平台加强与本学科的沟通交流，国内外同行和广大读者的真知灼见将是我们进一步加强学科建设的重要力量。

将西南政法大学刑法学科发展好、建设好，是全体西政刑法学人的使命和追求。处在新时代的激流之中，在“双一流”建设的大背景下，本学科的发展也面临着诸多新的挑战，加强学科建设刻不容缓。值此《西政刑法文库》出版之际，诚挚欢迎学界同仁以及各界朋友一如既往地关心和支持西南政法大学刑法学科的发展建设，共同促进我国法治事业的健步前行。

《西南政法大学刑法学术文库》

编辑委员会

2019 年 10 月

目　录

CONTENTS

第一章 毒品问题治理的刑事法治保障体系

第一节　毒品治理体系的回顾与前瞻

自中华人民共和国成立以来，有关毒品的违法行为一直是我国重点打击的一类行为。1950 年，中央人民政府政务院发布了《关于严禁鸦片烟毒的通令》（以下简称《通令》），政务院内务部发布了《关于贯彻严禁烟毒工作的指示》，我国开始了一系列禁毒运动。自 1979 年 7 月 1 日全国人民代表大会通过《中华人民共和国刑法》以来，我国刑法对毒品犯罪始终坚持严厉打击的刑事政策。

一、改革开放以来我国毒品犯罪刑事立法演进

（一）1979 年刑法中的有关规定

全国人民代表大会于 1979 年通过的《中华人民共和国刑法》作为新中国第一部刑法典，并没有对毒品犯罪作出过多的规定，仅规定了“制造、贩卖、运输毒品罪”一个罪名。该罪最高刑期仅为 15 年有期徒刑，且仅在行为人有“一贯”“大量”这样的加重情形时才能适用这一档的有期徒刑，一般毒品犯罪行为人仅会受到 5 年以下有期徒刑或拘役的刑罚。

此后，随着毒品犯罪的日趋严重，全国人大常委会在 1982 年通过的

《关于严惩严重破坏经济的罪犯的决定》中将贩卖毒品罪的最高法定刑提升到了死刑，并在1987年通过的海关法中对走私毒品行为作了规定，同时首次规定了单位犯罪[①]。

（二）全国人大常委会《关于禁毒的决定》的有关规定

1990年12月28日，全国人大常委会通过了《关于禁毒的决定》（以下简称1990年《关于禁毒的决定》），其中对于有关毒品犯罪活动以及破坏社会治安的毒品违法行为的认定和处罚进行了明确规定，"对《刑法》再次作了进一步的修改和补充"[②]，其生效后成为当时对毒品犯罪进行规制的刑法渊源之一。

1990年《关于禁毒的决定》将1979年刑法中毒品犯罪的种类从原来的"制造、贩卖、运输毒品"扩展到"走私毒品""非法持有毒品""容留他人吸食、注射毒品并出售毒品"等，刑法对毒品犯罪的打击面进行了扩大。同时，1990年《关于禁毒的决定》对毒品犯罪进行更加系统化和全面化的规定，更有利于国家对毒品犯罪进行刑事制裁。基于我国境内毒品犯罪愈演愈烈的局面，为了贯彻对毒品犯罪一贯的严厉打击的方针，1990年《关于禁毒的决定》将走私、贩卖、运输、制造毒品行为的最高刑罚提升为死刑，同时以数量为标准确定了三档刑罚层次，并将"利用未成年人走私、贩卖、运输、制造毒品"以及国家工作人员实施毒品犯罪等设置为加重处罚情形，再次显示了国家对于毒品犯罪坚决打击、严厉打击的态度。

（三）1997年修订的刑法中的有关规定

1997年3月14日，全国人大对刑法进行了修订，增加了毒品犯罪的有关条文，罪名从1979年刑法的1个增加到了12个，规定在第六章第七节"走私、贩卖、运输、制造毒品罪"当中。1997年刑法中有关毒品犯罪的规定，主要是吸收和借鉴了1990年《关于禁毒的决定》的有关内容，再结合司法实践经验和问题，对有关规定进行了一定的调整。

1997年刑法第347条第1款规定"走私、贩卖、运输、制造毒品，无论数量多少，都应当追究刑事责任，予以刑事处罚"，这也是修订后的刑法

---

① 胡江：《三十年来我国毒品犯罪立法之演进》，载《云南大学学报（法学版）》2009年第5期。

② 梅传强：《回顾与展望：我国禁毒立法之评析》，载《西南民族大学学报（人文社科版）》2008年第1期。

有别于1990年《关于禁毒的决定》的一处表述，是对走私、贩卖、运输、制造毒品的犯罪行为进行严厉打击的一种宣示，也是严厉打击毒品犯罪方针的贯彻和体现。与此同时，1997年刑法中对“非法买卖、运输、携带、持有毒品原植物种子、幼苗”“非法提供麻醉药品、精神药品”等行为进行了规定，在规范层面上对毒品犯罪行为进行了更加细致化的规定与完善，严密了刑事法网，有利于更加全面地打击毒品犯罪。同时，1997年刑法第356条规定了毒品再犯从重处罚的制度。刑法对屡教不改的毒品犯罪分子设立的特殊的加重处罚制度，也体现了国家对于毒品犯罪从严打击的方针和决心。

（四）禁毒法中的有关规定

进入21世纪后，我国禁毒工作伴随着新情势不断深入，“制定一部综合性的统领禁毒工作全局的禁毒基本法律越来越必要和迫切”①。全国人大常委会于2007年通过了禁毒法，“《禁毒法》是我国首部具备统一禁毒法典形式的禁毒法典……消除了原有禁毒法律法规的不协调、相互冲突乃至违法之处，构建了更为完善的禁毒法律体系，为依法禁毒提供了更为健全的法律支持”②。禁毒法的颁布和实施，在保护人民健康、保持社会和谐、维护社会秩序等方面有着重要的作用。

禁毒法共七章，内容主要涉及毒品管制、戒毒措施、法律责任等有关禁毒问题的规定。在第六章“法律责任”部分中，明确规定了对于实施“走私毒品”“制造毒品”等毒品违法行为的行为人，若其行为构成犯罪则对其依法追究刑事责任，若其行为不构成犯罪则给予治安管理处罚。禁毒法的有关规定是在刑法有关规定的基础上，对于涉及犯罪的有关毒品违法行为依法进行刑事处罚的一种确认和肯定，并没有在刑法之外创制有关毒品犯罪的新罪名。在此，禁毒法更多的是对刑事处罚与治安管理处罚的衔接问题进行了明确，即对于实施不构成犯罪的毒品违法行为的行为人也要给予治安管理处罚，不能随意放纵行为人实施毒品违法行为。

（五）《刑法修正案（九）》中的有关内容

《刑法修正案（九）》于2015年通过，其第41条规定对刑法第350条第1款、第2款进行了修改，将原来表述的“非法运输、携带制毒原料或配

① 安建主编：《中华人民共和国禁毒法释义》，法律出版社2008年版，第5页。
② 姚建龙：《禁毒法五周年回顾及展望》，载《上海法治报》2013年6月26日。

剂进出境或在境内非法买卖上述物品”修改为“非法生产、买卖、运输制毒原料、配剂或携带上述物品进出境”，并且修改了本罪的入罪标准以及加重情形，即从原来的以数量认定及“数量大”的加重刑罚，修改为以“情节较重”为入罪标准，并以“情节严重”“情节特别严重”为标准设定两档加重刑罚。相应地，其第2款制造毒品罪共犯的规定也从“提供前款规定的物品”修改为“生产、买卖、运输前款规定的物品”。

《刑法修正案（九）》的这一修改，明确了国家对于毒品犯罪从毒品的原材料、配剂的生产制造行为就开始打击。不仅非法运输、携带制毒原料的行为构成犯罪，非法生产制毒原材料的行为也构成犯罪；不仅非法运输制毒原料进出境的行为构成犯罪，在境内非法运输制毒原料的行为也构成犯罪。《刑法修正案（九）》的这一修改，可谓对我国刑法打击毒品犯罪的“法网”的再一次收紧，进一步严密了我国毒品犯罪的刑事规范，使得毒品犯罪分子不能再在刑法中“钻空子”，也是我国严厉打击毒品犯罪政策方针的具体体现。

（六）《刑法修正案（十一）》的进一步修正

2020年12月26日，第十三届全国人大常委会第二十四次会议审议通过了《刑法修正案（十一）》。《刑法修正案（十一）》在刑法第355条后增加一条，作为第355条之一，其条文内容为：“引诱、教唆、欺骗运动员使用兴奋剂参加国内、国际重大体育竞赛，或者明知运动员参加上述竞赛而向其提供兴奋剂，情节严重的，处三年以下有期徒刑或者拘役，并处罚金。组织、强迫运动员使用兴奋剂参加国内、国际重大体育竞赛的，依照前款的规定从重处罚。”最高人民法院、最高人民检察院《关于执行〈中华人民共和国刑法〉确定罪名的补充规定（七）》（法释〔2021〕2号）将本条规定的罪名确定为“妨害兴奋剂管理罪”。《刑法修正案（十一）》的规定虽然坚持和体现了宽严相济刑事政策的基本要求，但“总体上仍然遵循了从严从重的立法趋向”[①]。虽然学界对妨害兴奋剂管理罪的法益以及体系安排仍然存在理论争议，但立法毕竟将其置于毒品犯罪一节的规定中，因此对本罪的理解应当将其放在整个毒品犯罪的刑事治理中予以考察，其仍然属于我国从严惩治毒品犯罪刑事立法的具体表现。

---

① 刘宪权、陆一敏：《〈刑法修正案（十一）〉的解读与反思》，载《苏州大学学报（哲学社会科学版）》2021年第1期。

二、我国毒品犯罪刑事立法的典型特征

（一）积极回应毒品犯罪态势

从上述毒品犯罪的刑事立法演进过程，我们不难发现，我国刑事立法中对于毒品犯罪的规定经历了一个由宽到严、由疏到密的变化过程，整个进程伴随刑法的补充、修改和修正，我国刑事立法这样的演进历程，实际上是立法积极回应毒品犯罪态势的结果。

从新中国成立之初，我国便采取坚决的态度开展了禁毒运动。“短短三年时间就基本禁绝了危害中国百余年的鸦片毒害，创造了举世公认的奇迹。”[①] 也正因为如此，在1979年刑法制定之时毒品犯罪已经基本难觅踪迹，故而1979年刑法中对毒品犯罪并未过多规定，只是对典型的制造、贩卖、运输毒品的行为进行了规定，并且整体上处刑并不算严厉。但随着我国经济的复苏以及国门的开放，来自境外尤其是“金三角”地区的毒品开始不断涌入我国，吸毒的人数不断上升，有关毒品的违法犯罪行为也不断增多，国内毒品犯罪形势严峻。在这样的情况下，全国人大常委会通过1990年《关于禁毒的决定》，对于毒品犯罪作了进一步的规范和处罚。随着我国境内制毒、贩毒犯罪的增加，以及毒品犯罪信息化、智能化、隐蔽化趋势的出现，自1997年刑法全面修订以来，我国刑事立法中对于毒品犯罪的规定呈现日趋严格和严密之势。

（二）毒品犯罪刑事法网严密

从最初1979年刑法中仅有的一个“制造、贩卖、运输毒品罪”到现行刑法中以10个条文规定12个毒品犯罪罪名，我国刑法对于毒品犯罪的犯罪行为的规定也日趋严密和细致。1979年刑法中仅仅规制了毒品制造和流通行为，而现行刑法从非法制造制毒原料、种植毒品原植物到毒品贩卖、非法持有再到容留他人吸毒、强迫他人吸毒等各方面均对毒品犯罪进行了规制。

从单一罪名的三类犯罪行为，到如今12个罪名的多类犯罪行为，刑法规制的毒品犯罪种类在增加，其对于毒品犯罪的打击面也在加大。刑法对于毒品违法犯罪行为的“宽容性”呈现的是下降的趋势，越来越多的毒品违法行为被纳入刑法规制的范畴，刑法对于毒品犯罪的规制越来越严厉。

---

① 刘建宏主编：《中国毒品犯罪及反制》，人民出版社2014年版，第18页。

（三）毒品犯罪法律后果严厉

1. 刑法对毒品犯罪配置了死刑

刑法第347条规定的“走私、贩卖、运输、制造毒品罪”的最高刑依旧是死刑，并没有改变。这表明，对于走私、贩卖、运输、制造毒品这样具有严重社会危害性的毒品犯罪行为，国家仍然要严厉打击，其严重的社会危害性与刑罚中配置的“死刑”具有一定的相当性。在某些情况下对于实行前述毒品犯罪行为的犯罪分子只有处以死刑才能真正实现刑法的目的，这样也才符合“罪刑相适应”原则的要求。

2. 刑法规定了毒品犯罪再犯制度

刑法第65条就累犯从重处罚作出了规定，而在第356条单独对毒品犯罪作了“毒品犯罪再犯”予以从重处罚的规定。刑法分则中的其他章节之罪均无类似的再犯从重规定，故而若毒品犯罪分子同时符合“毒品犯罪再犯”与累犯的规定时要同时对其进行适用。不仅如此，刑法中“一般累犯”的规定对于行为人后罪与前罪的间隔时间作出了要求，即行为人在前罪刑罚执行完毕或赦免后5年内再犯应处有期徒刑以上刑罚之罪构成累犯，超过5年的则不属于“一般累犯”，不需要因构成累犯而从重处罚。但是“毒品犯罪再犯”却无时间限制，即只要行为人因走私、贩卖、运输、制造、非法持有毒品罪被判过刑，其再犯第六章第七节的毒品犯罪的，不论间隔多久都属于“毒品犯罪再犯”，都要从重处罚。同时，“一般累犯”要求行为人的后罪是应当处有期徒刑以上刑罚之罪，而“毒品犯罪再犯”则没有此要求，即使是应处拘役、管制的，也应当从重处罚。

3. 重视毒品犯罪财产刑的适用

犯罪分子进行毒品犯罪，基本上其犯罪目的都包含了获取钱财，针对毒品犯罪的此类特点，我国刑事立法在毒品犯罪刑罚的配置上格外重视财产刑的适用。刑法第六章第七节“走私、贩卖、运输、制造毒品罪”中规定了“走私、贩卖、运输、制造毒品罪”“非法持有毒品罪”等罪名，除第349条规定的“包庇毒品犯罪分子罪”和“窝藏、转移、隐瞒毒品、毒赃罪”没有配置财产刑外，其余罪名均规定了罚金刑或没收财产刑，并且绝大多数规定为“并处”，即犯罪分子在被执行自由刑而失去自由（或生命）的同时，还要被执行财产刑而失去个人的部分或全部财产。毒品犯罪分子大多数为了谋财而铤而走险，进而严重危害了社会的正常秩序。刑法对于毒品犯罪配置以财产刑，就是有针对性地对于这类图财的犯罪分子进行严厉的惩罚。

由此可见，刑法对于毒品犯罪不论是从刑种配置上还是从“毒品犯罪再犯”从重处罚的规定上，都是十分严厉的。从法律后果上看，在刑法规定的所有犯罪中，毒品犯罪无疑是最严重的犯罪种类之一。

（四）注重毒品犯罪的综合治理

1. 毒品治理上重视刑法之外其他法律法规的作用

刑法对严重危害社会秩序、有严重社会危害性的毒品犯罪行为进行了规制。刑法以严重危害社会为规制标准，对于尚未达到犯罪的社会危害性程度的毒品违法行为，我国通过治安管理处罚法等法律进行了规制。如治安管理处罚法第 71 条至第 73 条中就规定了非法种植毒品原植物、非法持有毒品等毒品违法行为，并规定了对违法人员处以拘留、罚款等治安管理处罚。

禁毒法第六章“法律责任”，第 59 条至第 70 条共 12 个条文，除第 62 条、第 67 条、第 70 条外其余各条均出现了“构成犯罪的，依法追究刑事责任；尚不构成犯罪的，依照有关法律、行政法规的规定给予处罚”或相近表述。可见，我国在禁毒法这样专门规定禁毒相关事项的法律里，对我国禁毒工作中刑法与其他法律法规的衔接问题进行了明确的规定——我国的禁毒工作在法律层面不是刑法的“独角戏”，而是刑法与其他法律法规相衔接的“一条龙”式的规制和管理。

2. 注重从源头治理毒品犯罪

万事皆有源头的规律在毒品犯罪尤其是毒品交易这样自上而下的毒品制造、流转“链条”中表现得更加明显。如在 1997 年刑法仅规定“制造、贩卖、运输毒品罪”，注重了毒品犯罪中的“中游”，某种程度上可谓“治标不治本”。现行刑法对毒品犯罪“源头”的犯罪进行了规制，“非法种植毒品原植物罪”“非法买卖、运输、携带、持有毒品原植物种子、幼苗罪”“容留他人吸毒罪”等罪名便是刑法从源头治理毒品犯罪的体现。此外，治安管理处罚法对刑法规制之外的毒品源头型违法行为也进行了规制，如第 72 条即对向他人提供毒品以及自身吸食毒品的行为进行了行政法上的规制，起到了对毒品犯罪从源头上进行综合治理的效果。

三、我国毒品犯罪刑事立法的不足与完善

（一）我国毒品犯罪刑事立法之不足

由于毒品犯罪目前规定在刑法分则部分，在适用毒品犯罪的规定时，应当同时适用刑法总则的有关规定，然而有关毒品犯罪部分的总则与分则之间的协调性却略显欠缺。例如，根据刑法第 17 条规定，犯贩卖毒品罪的已满 14 周岁不满 16 周岁的行为人应当负刑事责任。但是与“贩卖毒品罪”规定在同一罪名中的走私、运输、制造毒品的行为同样可以由已满 14 周岁而不满 16 周岁的行为人实施，并且这三种行为与贩卖毒品行为的社会危害性相差无几，此处规定的合理性值得商榷。再如，刑法第 356 条规定了“毒品犯罪再犯”从重处罚，而刑法总则中也规定了累犯从重处罚，且累犯对于未满 18 周岁时的犯罪不适用，那么“毒品犯罪再犯”的规定是否可以类推？未满 18 周岁的未成年人是否构成毒品犯罪再犯？两处规定的关系如何？能否同时适用以及如何同时适用？这些问题都体现出有关毒品犯罪的规定中协调性不足的问题。

（二）我国毒品犯罪刑事立法之完善与发展

1. 协调刑法有关条文

我国刑法对于毒品犯罪的打击显示出了严厉的态度，也针对毒品犯罪设置了特殊的规定。这虽然凸显了刑法对于毒品犯罪严厉打击的决心，但对毒品犯罪设置的特殊规定在一些情况下的协调性却略显不足。无论是从刑法条文总则与分则的协调性要求上，还是从落实罪刑法定原则以及严厉打击毒品犯罪的方针上，都应当对刑法条文中协调性欠佳之处予以明确和细化。

2. 继续严密毒品犯罪“法网”，加强毒品需求端的刑法规制

目前，我国刑法对毒品犯罪的打击主要集中在毒品制造到毒品交易过程，对处于整个毒品流转的“下游”部分的规制存在缺失。不过，这不代表着应当将吸毒者的吸毒行为纳入刑法规制的范围。吸毒者既是违法行为的实施者，同时也是毒品的受害者；既是社会规则的破坏者，也是值得公众同情的对象。[①] 吸毒行为尚且不宜入罪化处理，但是对提供毒品者的刑法规制是严密毒品犯罪刑事“法网”的重要部分。如将包括无偿转赠行为在内的

---

① 胡江：《我国毒品犯罪刑事政策之检视》，载《法治论丛》2019 年第 3 期。

转让毒品的行为纳入刑法规制的范围，可使得刑法对于吸毒者获取毒品渠道的打击更加全面，对于限制毒品流转、从需求方打击毒品犯罪有着积极意义。

3. 积极应对新型毒品带来的挑战

新型毒品尤其是第三代毒品的出现和蔓延已经给我国的禁毒工作和社会治安带来巨大的冲击和挑战，其大部分是通过人工合成的化学合成物，故而亦称“实验室毒品”。新型毒品“滥用者易出现兴奋、狂躁、抑郁、幻觉等精神病症状，从而导致自伤自残、暴力犯罪”①，其社会危害性不容小觑。同时，“国内部分娱乐场所已经出现滥用新精神活性物质现象，部分地方出现了制造、走私、贩卖新精神活性物质犯罪案件，毒品‘三代并存’的格局已初步显现”②。如何应对新的毒品犯罪态势是未来我国毒品犯罪刑事立法亟须解决的问题。

刑法第357条对“毒品”的定义，虽然以“以及国家规定管制的其他能够使人形成瘾癖的麻醉药品和精神药品”作为兜底，但是新型毒品多为实验室制得的化学药品，很大一部分是化工、医药原料甚至本身具有药用功效，很多时候“药品”与“毒品”之间只有“加工提纯”一步之差。同时，如“小树枝”“跳跳糖”等这样的第三代毒品具有经犯罪分子加以化学结构修饰、全新设计筛选的特点，甚至一些新型毒品经化学结构修饰后物质本身检验不出毒品成分却可以在人体内转化释放毒品成分，吸食者同样可以获得吸毒体验，故而在查处、检验和认定新型毒品上必然与以往常见毒品不同。因此，刑法应当充分考虑新型毒品的特点，重新审视毒品的定义和界分。在准确将新型毒品纳入刑法规制的范畴后，应当根据司法实践不断更新和明确有关新型毒品的入罪标准，避免各地因标准不明而量刑不均，以求真正实现对毒品犯罪的全面打击。

---

① Grant Colfax/Robert Guzman：Club Drugs and HIV Infection：A Review，HIV/AIDS，May. 15，2006.

② 李少平：《当前的毒品犯罪形势和人民法院的禁毒工作》，载《人民法院报》2018年6月26日。

第二节　从严厉打击迈向综合治理

一、毒品犯罪刑事政策的基本界定

（一）刑事政策内涵的界定

“自从18世纪末19世纪初费尔巴哈提出刑事政策概念以来，人们为刑事政策这一概念提出了多种多样的定义，刑事政策研究的历史几乎成了刑事政策定义不断添附的历史。”[①] 一直以来，刑法学界对刑事政策这一术语的概念众说纷纭，我国有学者曾在著作中列举出十余种学界对刑事政策的定义。在本书的语境下，探析刑事政策的定义意义不大，更重要的是对刑事政策的理解与认知。

一般认为，刑事政策是一类“根据对犯罪现象客观规律的认识和把握的程度而提出的合目的且合理的预防和控制犯罪的准则、方案或措施”[②]。因此，刑事政策的界定主要有以下几个方面：其一，刑事政策的制定主体是国家。犯罪行为是一类破坏社会基本秩序、严重危害社会的行为的总称，为了对这类行为做出有效反应，国家就必须维持和恢复正常社会秩序，刑事政策就是举措之一。其二，刑事政策包括犯罪预防和犯罪抑制两个方面，最终目的是保障人民的安全、自由和权利。其三，刑事政策属于公共政策的范畴，刑事政策属于国家总体公共政策的一个层面，其属性带有“公”的性质。

（二）毒品犯罪刑事政策的内涵与表现载体

毒品犯罪刑事政策是国家在特定时期内总体刑事政策在毒品犯罪领域的具体体现，“着眼于毒品犯罪的基本态势，以惩治和预防毒品犯罪为目标，

---

① 王牧、赵宝成：《“刑事政策”应当是什么？——刑事政策概念解析》，载《中国刑事法杂志》2006年第2期。

② 陈兴良主编：《中国刑事政策检讨——以“严打”刑事政策为视角》，中国检察出版社2004年版，第53页。

通过立法、司法、执法等活动和措施反映国家对毒品犯罪的基本态度"①。毒品犯罪刑事政策的事实基础来源于国家当前的毒品犯罪态势，犯罪数量、犯罪形式、犯罪发展规律等情况都是毒品犯罪刑事政策制定的基础。不同国家的毒品犯罪刑事政策、同一国家不同时期的毒品犯罪刑事政策往往都具有差异性。同时，国家毒品犯罪刑事政策的制定以惩罚和预防为指引，以达到遏制毒品犯罪、维护社会秩序的目的。

刑事政策不仅存在于某一类规范性文件中，还存在于影响规制毒品犯罪的各类规范性文件中。在我国，其主要表现在法律、最高司法机关的司法解释及有关规范性司法文件、国务院及有关部门的法规及规章、行政性文件等规范性文件中，以及国家政策性文件中。这些文件不仅名称中包含禁毒的字眼，也不限于为禁毒专门制定，只要对治理毒品、预防和惩罚毒品犯罪有约束性的、指引性的有关主体制定的规范性文件和政策性文件就在此范围之内。

二、新中国毒品犯罪刑事政策之回顾

（一）新中国成立至改革开放以前我国毒品犯罪刑事政策

中华人民共和国成立之初，我国整体禁毒形势十分严峻。一些反动势力残余通过组织贩运毒品来筹措反革命经费，更有少数国家机关工作人员参与大规模贩毒。1950 年 2 月 24 日，中央人民政府政务院发布《通令》，正式发动禁绝鸦片烟毒的全国运动。《通令》明确了全国禁绝种植罂粟，对于贩运、制造、售卖鸦片烟毒等行为进行"从严治罪"，所涉烟土毒品一律没收。同时，对于散存于民间的烟土毒品一律限期缴出，逾期不缴的，烟土毒品一律没收并治罪。1952 年 4 月 15 日，中共中央发布《关于肃清毒品流行的指示》（以下简称《指示》），强调对于制造毒品者、集体大量贩毒者、主犯、惯犯、拒不坦白者从严惩处。据公安部《关于全国禁毒运动的总结报告》记载，对于禁毒运动中抓获的犯罪分子"判处徒刑（包括死刑、无期徒刑）33786 名，劳改的 2138 名，管制的 6843 名"。② 轰轰烈烈的禁毒群众运动卓有成效，1953 年中国政府宣告：中华人民共和国为无毒国。此后至

① 胡江：《毒品犯罪刑事政策的基本问题探讨》，载《福建警察学院学报》2010 年第 2 期。

② 董玉整、董莉等：《毒祸论——毒品问题的社会透视》，中南工业大学出版社 1999 年版，第 83 页。

改革开放以前，只在我国西南边境地区发生过零星的走私毒品案件，“但数量极少，且多为偶发的个案，与其他犯罪相比，其比例小到完全可以忽略不计”①，在此期间我国没有再进行大规模的禁毒运动，也没有发布中央文件改变毒品犯罪刑事政策。

在中华人民共和国成立初期，以《通令》和《指示》为代表的有关禁毒的中央文件中，“严刑禁毒”的毒品犯罪刑事政策初步显现，这也成为我国后来“严刑禁毒”的先例。在《通令》和《指示》中，对于毒品犯罪的严厉打击不仅仅体现在对毒品犯罪行为人处以刑罚的严重程度上，同时也体现在严厉打击的毒品犯罪行为的范围上。例如，《通令》中不仅仅严令禁止制造、贩运、售卖毒品的行为，同时对于之前持有毒品而拒不交出的“逾期持有”行为也进行打击。此外，中华人民共和国成立初期的禁毒运动中体现出了打击与教育并重的思路，例如，对于贫苦的吸毒成瘾者减价或免费医治，同时大力宣传禁毒思想，以此来预防毒品犯罪的发生。从广义上讲，这是有关预防毒品犯罪的刑事政策的体现，这也是新中国禁毒运动有别于旧中国禁毒的重要区别之一。

（二）改革开放以来我国毒品犯罪刑事政策

1. 第一阶段——改革开放初期至20世纪末

20世纪70年代末、80年代初，世界毒品消费需求的不断增长刺激着毒品非法制造、贩运等违法产业的发展，世界范围内毒品犯罪出现新高峰。此时正值我国开始实行改革开放，伴随着国门打开而来的不仅仅是新的思想、新的市场，更有诸如毒品跨国走私、贩运的违法犯罪活动。在这种情况下，1979年新中国第一部刑法典颁布施行了，1979年刑法为了应对日益猖獗的毒品犯罪，在第171条设立“制造、贩卖、运输毒品罪”，该罪直接对制造、贩卖、运输毒品的犯罪行为进行了规制，对于实行这三种行为的犯罪分子进行直接打击。此外，对于走私毒品的行为，1979年刑法以规制“走私罪”这一类犯罪行为的方式进行打击，并没有以单独的法条进行专门规定。

虽然1979年刑法开始以刑事法律的形式对毒品犯罪进行打击，但是实际上其打击毒品犯罪的范围还仅限于制造、贩卖、运输、走私毒品的行为，对毒品犯罪仅仅单独专门设立了一个罪名，可以说规定还不是很完善。此

① 崔敏主编：《毒品犯罪发展趋势与遏制对策》，警官教育出版社1999年版，第234页。

外，针对危害较大的走私、制造、贩卖、运输的行为，1979 年刑法并没有规定无期徒刑、死刑的刑罚，四类犯罪行为可获的最高刑为有期徒刑，在刑罚的配置上可以说十分宽缓。可见，在 1979 年刑法立法时，我国刑事法律对于毒品犯罪的打击力度远没有到达“严苛”的程度。也从侧面反映出，面对由国外而来的、尚未十分严重的毒品犯罪，当时我国在毒品犯罪刑事政策上并没有以高压严打的态度面对，此时我国毒品犯罪刑事政策总体宽缓。

1979 年刑法颁布后，我国毒品犯罪仍然呈现严峻态势，出现了逐渐扩大的迹象，这超出了 1979 年刑法立法时立法者的预估。面对发展和扩张的毒品犯罪蔓延态势，我国开始逐渐转向从严惩治毒品犯罪，这尤其明显地表现在这一时间段的单行刑法以及 1997 年刑法的规定当中。1982 年，全国人大常委会颁布了《关于严惩严重破坏经济的罪犯的决定》，其中对于制造、贩卖、运输毒品的犯罪的法定刑增补修改为“情节特别严重的，处十年以上有期徒刑、无期徒刑或者死刑，可以并处没收财产”，由此将毒品犯罪的法定刑升至无期徒刑乃至死刑。1987 年，全国人大常委会颁布了海关法，其在第 47 条中明确将走私罪的犯罪主体扩大到企业事业单位、国家机关、社会团体这样的单位主体。1988 年《关于惩治走私罪的补充规定》第 1 条中，立法者将走私鸦片等毒品的走私犯罪行为与其他走私犯罪行为的法定刑进行了区分，提高了这一类走私犯罪的法定刑起刑点，同时将最高刑提高为死刑。1990 年，全国人大常委会颁布《关于禁毒的决定》，该决定扩大了毒品犯罪的打击面，扩充了毒品犯罪行为方式，明确将走私、贩卖、运输、制造毒品犯罪行为的最高刑提高为死刑。在重新修改、增补完善后，我国新刑法典于 1997 年颁布，其中规制毒品犯罪行为的罪名增加为 12 个，同时也规定了对于“毒品再犯”从重处罚的量刑规范。不仅如此，1997 年刑法第 347 条规定“走私、贩卖、运输、制造毒品，无论数量多少，都应当追究刑事责任，予以刑事处罚”，更是直接表明了对于走私、贩卖、运输、制造毒品的犯罪行为“零容忍”的打击态度。

面对严峻的国内禁毒形势，我国开始注重以刑事立法为中心，全面从严打击毒品犯罪。完善毒品犯罪行为主体、提高法定刑、扩充犯罪行为类型、大幅严密刑事法网是这一阶段毒品犯罪刑事立法政策的突出表现。从以颁布单行刑法进行“点状”加强毒品犯罪惩治，到颁布“决定”进行“线状”加强，再到修正刑法典从整体上、体系性地加强毒品犯罪打击。可以说，在 20 世纪八九十年代，我国在刑事打击毒品犯罪的刑事政策上一以贯之、逐步加强，没有出现任何反复或犹豫的迹象。

总体上看，从改革开放至20世纪末，我国毒品犯罪刑事政策经历了由相对宽容到逐步“细”“严”的转变，主要体现在刑事法律中关于毒品犯罪罪名的增加以及法定刑的严厉。究其原因，主要是随着改革开放的进行，我国境内毒品泛滥问题日趋严重，毒品贩卖、制造、运输、走私等违法犯罪活动日益猖獗；同时，我国刑事立法者也从改革开放初期受中华人民共和国成立初期卓有成效、举世瞩目的禁毒运动成果的影响而产生的对于毒品犯罪问题过度自信、乐观的态度，逐渐转变为实事求是、理性化、现实化正视毒品蔓延和泛滥问题的理念。这也奠定了我国法律法规对于毒品违法犯罪问题“严打”“重拳出击”的治理基调。

2. 第二阶段——进入21世纪以来

进入21世纪，我国的整体禁毒形势依旧严峻，打击毒品犯罪仍然不容怠慢，“严打”仍然成为针对毒品犯罪刑事政策的“主旋律”。而随着禁毒工作的不断发展和深入，“制定一部综合性的统领禁毒工作全局的禁毒基本法律越来越必要和迫切”①。2007年，全国人大常委会通过了《中华人民共和国禁毒法》，这是我国首部专门性禁毒法典，旨在消除原有禁毒法律法规的不协调、增加禁毒法律规范性协调性。禁毒法在篇章分布上将“禁毒宣传教育”“毒品管制”“戒毒措施”“禁毒国际合作”“法律责任”等并列，同时其第4条规定禁毒工作实行预防为主，综合治理，禁种、禁制、禁贩、禁吸并举的方针。禁毒法在毒品违法犯罪行为法律责任规定上没有创制新的罪名，也没有突破已有法律规定来提高处罚力度，更多的是着重从毒品犯罪预防、涉毒人员矫治等综合性治理措施角度进行规定。禁毒法的颁布，对于保护人民群众身体健康、维护社会和谐有着重要作用，同时也是我国毒品犯罪刑事政策转向综合性治理的重要体现。

在毒品犯罪司法规范方面，为了协调和总体掌握全国毒品犯罪刑事打击的工作情况，最高人民法院在2000年至今先后专门召开了四次毒品犯罪案件工作座谈会并发布了四个会议纪要。其中，2000年发布的《全国法院审理毒品犯罪案件工作座谈会纪要》（以下简称《南宁会议纪要》）要求，坚持“严打”方针，依法从重从严惩处毒品犯罪分子；对依法应当判处死刑的，必须坚决判处死刑，狠狠打击毒品犯罪分子的嚣张气焰。而在禁毒法颁

① 安建主编：《中华人民共和国禁毒法释义》，法律出版社2008年版，第5页。

布后的2008年，《全国部分法院审理毒品犯罪案件工作座谈会纪要》（以下简称《大连会议纪要》）明确“贯彻宽严相济的刑事政策，充分发挥刑事审判职能，严厉打击严重毒品犯罪，积极参与禁毒人民战争和综合治理工作”[①]，2015年发布的《全国法院毒品犯罪审判工作座谈会纪要》（以下简称《武汉会议纪要》）则要求“为全面发挥刑罚功能，也要贯彻好宽严相济刑事政策，突出打击重点，体现区别对待”[②]。从《南宁会议纪要》的极端高压、一律从重从严态势到《大连会议纪要》的宽严相济、重点从严，再到《武汉会议纪要》的综合治理、毒品犯罪分类区分、规范和限制缓刑适用的毒品犯罪打击思路，体现出了我国开始由“刑法武器”化观念向刑罚惩治作为治理毒品问题“重要手段”“主要方式”、禁毒综合治理观念的转化，也逐渐体现出了我国禁毒工作“人民战争”的总体思路。

虽然2023年发布的《全国法院毒品案件审判工作会议纪要》（以下简称《昆明会议纪要》）强调“各级人民法院要毫不动摇地坚持依法从严惩处毒品犯罪”，但同时也强调要“突出打击重点，注重打击效果，依法严惩源头性毒品犯罪、具有严重情节的毒品犯罪及主观恶性深、人身危险性大的毒品犯罪分子”，不是一味地强调从严惩处。同时，《昆明会议纪要》在总体要求中还提出要“不断完善参与禁毒综治工作机制”。明确要求各级人民法院要主动延伸审判职能，落实好打防并举、综合施治方针，积极参与禁毒综合治理。这表明我国司法实践已经充分注意到，在毒品问题治理上，固然不能放松惩治和打击，但同时也越来越重视对毒品问题进行“治理”。

三、我国毒品犯罪刑事政策之特征

（一）密切关联我国毒品犯罪形势

从国民党政权禁毒不力导致中华大地烟毒泛滥，到20世纪50年代禁绝烟毒全国行动取得巨大成功，再到改革开放以来境内毒品的再次猖獗，我国打击毒品犯罪的禁毒运动始终与我国境内毒品扩散、传播乃至泛滥的形势保持密切关联。与近似“凹”字形的毒品犯罪形势相呼应，毒品犯罪刑事政

① 国务院法制办公室：《中华人民共和国刑事法律法规规章司法解释大全》，中国法制出版社2017年版，第489页。

② 国务院法制办公室：《中华人民共和国刑事法律法规规章司法解释大全》，中国法制出版社2017年版，第493页。

策也经历了“两边高中间低”式的演变，即 1950 年起严打毒品犯罪，1953 年至改革开放前毒品犯罪刑事政策相对宽缓，改革开放后随着毒品犯罪形势日益严峻，毒品犯罪刑事政策再次收紧，并长时间保持了一种“严刑禁毒”的状态，目前仍在持续中。

（二）总体上与国际禁毒工作保持联动

中华人民共和国成立初期，我国基本上禁止了毒品的境外输入，在毒品犯罪刑事政策上与国际禁毒形势关联不大。自改革开放以来，尤其是进入 21 世纪以来，中国对外开放逐渐加强，境外毒品输入以及过境毒品问题尤为严重，这也促使我国毒品犯罪刑事政策需要与国际整体禁毒工作加强联系与合作。此外，我国于 20 世纪 80 年代起陆续加入和批准《联合国禁止非法贩运麻醉药品和精神药物公约》等多个国际禁毒公约，在刑法等法律和立法文件中也参照国际禁毒公约相关条文进行了修改和完善。同时，我国严格执行国际禁毒公约，加强了我国在国际禁毒运动中的作用，也使得我国包括打击毒品犯罪在内的禁毒工作与国际禁毒工作、总体国际禁毒形势保持联动。

（三）总体趋严，“严刑禁毒”特征明显

“从严打击”已经成为我国毒品犯罪刑事政策的最明显特点之一，主要体现在刑法及立法文件对于毒品犯罪刑罚的设定以及法院对犯罪分子的判决和执行情况上。除 1979 年刑法没有对贩卖、运输、制造毒品等危害性较大的毒品犯罪设定无期徒刑、死刑之外，新中国各个时期的法律和立法文件中均对于此类危害行为设定了无期徒刑、死刑这样的重刑，同时在 1997 年刑法中又设置了毒品再犯从重处罚的规定。根据最高人民法院 2018 年《司法大数据专题分析报告之毒品犯罪》显示：2017 年，全国法院判处五年以上有期徒刑、无期徒刑至死刑的毒品犯罪分子 21733 人，重刑率为 21.93%，高出同期全部刑事案件重刑率 7.89 个百分点。

四、我国毒品犯罪刑事政策之反思

（一）过分依赖刑事处罚，“严刑禁毒”影响罪刑相一致的实现

在我国，一直以来都存在着毒品犯罪重刑率偏高的现象。据最高人民法院统计资料显示，2012 年至 2016 年，我国毒品犯罪重刑率为 21.91%，各年度的重刑率均高于同期全部刑事案件重刑率十几个百分点，而在严重毒品

犯罪高发的云南省，毒品犯罪重刑率高达 71.08%，高出同期全国总体重刑率 49.17 个百分点。最高人民法院最新统计显示，2017 年毒品犯罪重刑率为 21.93%，相较于前五年的重刑率有增无减。

毒品犯罪重刑率偏高甚至畸高现象的产生，最重要的原因就是我国毒品犯罪刑事政策中从严打击的量刑指引。我国总体上的刑事政策为“宽严相济”，而在毒品犯罪刑事案件中，则表现为严厉有余、宽缓不足。为了达到极大震慑毒品犯罪分子的目的，毒品犯罪被告人被处以相较于其他犯罪被告人更重的刑罚，甚至会重于一些暴力型犯罪的犯罪分子。量刑不均导致“罪刑相适应”的刑法原则在司法层面受到挑战，某种程度上也在刑罚公正性上产生偏离。

以刑事手段制裁毒品犯罪分子、以刑罚惩罚震慑毒品犯罪分子，这是我国目前毒品犯罪刑事政策制定的基调，也是整体禁毒工作的主要手段之一。不论是在 1950 年的《通令》，还是在进入 21 世纪以来的《关于加强禁毒工作的意见》以及最高人民法院印发的会议纪要中，刑事制裁、刑罚打击都被认为是禁毒的主要有效手段。然而，“刑罚威慑功能是客观存在的，但其功能是有限度的，我们不能过分迷信刑罚的威慑功能”[①]。中华人民共和国成立初期严打毒品犯罪诞生无毒国奇迹也使得我国多年来迷信刑事制裁的效果，而禁毒工作中对于刑事制裁手段的依赖也导致了毒品犯罪打击“从严”状况的持续。2012 年至 2015 年，我国毒品犯罪案件逐年递增，此种对于刑法手段治理毒品的认知与实践的偏差即有所显现。虽然自 2015 年以后，毒品犯罪的总体态势持续好转。以 2022 年为例，国家禁毒办发布的《2022 年中国毒情形势报告》的数据显示，在疫情防控、高压打击整治等多种因素作用下，全国毒情形势整体向好、持续改善，毒品违法犯罪活动下降至近 10 年来的最低点。但是，也应该清醒地看到，毒品问题治理的形势依然不容乐观。2022 年，全年仍然破获毒品犯罪案件 3.5 万起，抓获犯罪嫌疑人 5.3 万名，缴获各类毒品 21.9 吨，查处吸毒人员 19.7 万人次。所以，在充分认识到刑法惩治功能的同时，也需要从刑事政策层面进一步优化毒品问题的治理措施。

（二）毒品综合治理手段、机制亟待完善

毒品综合治理要求国家对于解决毒品问题采取综合性、多层次的治理路

① 陈兴良主编：《刑法总论精释》，人民法院出版社 2016 年版，第 12 页。

径，在毒品违法犯罪预防、毒品违法犯罪打击、吸毒人群戒毒治疗以及相关社区帮扶等方面形成治理的“合力”，从而多方面、全角度地应对毒品问题，尤其是毒品犯罪问题。

禁毒宣传教育，尤其是针对青少年的禁毒宣传教育是引导民众远离毒品、预防毒品犯罪的有效手段，也是从源头消解毒品犯罪的有力路径。然而，随着国际毒品发展形势的逐渐变化，以新精神活性物质为代表的第三代毒品已经悄然出现在普通民众身边。以“小树枝”“奶茶”“邮票”为典型代表的新精神活性物质类毒品凭借其迷惑性外观极易被赶新潮的不知情年轻人吸食，甚至有的第三代毒品以小零食包装作为伪装出现在校园周边，其隐蔽性强、成瘾性强、毒性强的特点对未成年人的威胁极大。综观我国目前的禁毒宣传工作内容，大多数还停留在第一代、第二代毒品危害的宣传层面。虽然甲基苯丙胺（冰毒）为我国当前滥用的“头号毒品”，但从预防层面实质上已经与境内毒品发展趋势有所脱节，从长远来看十分不利于毒品犯罪预防的进行。

毒品犯罪分子同时是吸毒人员的情况并不罕见，甚至相当一部分人员是因为吸毒而失去原有工作转而以进行毒品犯罪来赚取不正当利益以供生活和继续吸食毒品，挽救吸毒者避免其向毒品犯罪分子转化是毒品犯罪预防上的重要部分。在我国，90%以上的戒毒人员在脱毒后会复吸[①]，而针对戒毒人员的社会帮扶制度还亟待完善，大多数戒毒者脱毒后亦受到社会歧视，难以融入社会，甚至难以找到工作、自力更生。这就导致吸毒人群作为一类弱势群体，在戒毒完成回归社会后“最希望得到的最基本的社会救助都没有，社会保障更是没有涵盖他们……他们当然焦虑万分，最后成为最无助的边缘人群”[②]，加之戒毒者在脱毒之后大多很难脱离原有的生活圈，很容易再次受到同种或其他种类新型毒品的诱惑而再度陷入毒品的泥沼，游走在毒品犯罪的边缘。

（三）难以应对新类型毒品犯罪带来的挑战

改革开放以来，我国一直存在毒品泛滥危险，尤其是进入21世纪以来，有别于传统毒品的新类型毒品相继出现，在成瘾性、隐蔽性、危害性上都相

① 纪安琼、王儒芳：《海洛因依赖者复吸情况解决新思路》，载《河南司法警官职业学院学报》2018年第3期。

② 韩丹：《吸毒人群成瘾问题的社会学研究》，上海社会科学院出版社2017年版，第201页。

较于鸦片等传统毒品更强，近年来更是有“跳跳糖”“小树枝”等新精神活性物质类第三代新型毒品不断出现。此外，科学技术的发展也使得毒品犯罪手段出现了更新，利用网络、新兴物流技术等进行的毒品犯罪不断出现。由于法律的滞后性，以及受到刑事审判中法官自由裁量的影响，对于新类型的毒品犯罪往往一时间难以形成一致和合理的判定。加之毒品犯罪刑事政策中“从重从严”的思想影响，对于同类新型毒品犯罪可能就会出现或畸轻或畸重的不同判决，影响量刑的均衡性。同时，我国目前毒品犯罪刑事政策相对较为封闭，一些新型毒品犯罪的出现在域外国家已有前兆，但我国并未能及时对其加以重视，也缺少相关毒品犯罪预防和治理的交流，使得毒品犯罪刑事政策的制定难以与时俱进。

五、我国毒品犯罪刑事政策之完善

（一）理性认识刑罚的作用，减少“严刑禁毒”的刑事政策偏离

目前，我国禁毒工作中仍然将刑事打击毒品犯罪作为一种重要的禁毒手段，过于突出刑法在治理毒品犯罪问题中的地位。从多年来对毒品犯罪严厉打击的成果来看，期望以严刑来震慑打击毒品犯罪甚至再次达成20世纪50年代时“无毒国”的伟大成就已经是天方夜谭。事实证明，历史是不会简单重复的，曾经有效的方法，在新的时间新的环境下就会失效。可以说，以刑事打击、刑罚处罚为主的禁毒措施已经很难达到人们预期的禁毒效果。

纵然，在21世纪以来最高人民法院印发的有关毒品犯罪的会议纪要中，对人民法院在审判中将毒品犯罪分子进行“宽”和“严”的区分进行了一定的规定，但是在总体严厉的毒品犯罪刑事政策趋向下，对于毒品犯罪分子也难以实现真正意义上的“宽严相济”，毒品犯罪重刑率畸高便是其明显的体现。不仅如此，毒品犯罪刑事政策中对毒品犯罪分子“趋宽”处理和“趋严”处理的规定和要求在“量”的层面上有所不同，诸如对“零包贩毒”、引诱、教唆、欺骗、强迫他人吸毒及非法持有毒品等犯罪“趋严”的情形有所增加，未对更多的毒品犯罪行为进行区分后作出“趋宽”处理的规定。

“人们不应从罪行的角度，而应从防止其重演的角度，来计算一种

刑罚。”[①] 应当摒弃将严厉刑罚与相关犯罪率降低视为具有必然联系的错误思路，不再执着于“严刑治重罪”的治理路径，逐步加强对毒品犯罪分子分情况区分处理，更多关注毒品犯罪分子从宽处理的趋向设定，在毒品犯罪刑事处理内部贯彻我国宽严相济刑事政策，与总体刑事司法趋向保持一致，有利于总体刑事审判量刑均衡，实现罪行相一致原则在司法中的实践。在毒品犯罪刑事政策的制定中要明确地认清刑罚的地位和作用，不应再将刑事处罚手段当作处理一切棘手问题的“万金油”，而是应当逐步完善毒品综合治理机制，以现代化综合治理手段改善刑事处罚手段主导的治理现状。

（二）毒品犯罪综合治理的配套跟进

一是完善禁毒宣传教育，毒品犯罪要“疏”“堵”同治。如果说毒品犯罪刑事处罚是“堵”，要雷厉风行，那么禁毒宣传就是“疏”，要润物细无声。毒品宣传教育应当在对象上加以细化，在内容上不断更新。首先，毒品宣传教育应加强针对性，真正面向易受毒品犯罪分子蛊惑的人群以及因好奇心而追逐所谓“新潮”的未成年人。第三代新型毒品又被称为“实验室毒品”“俱乐部毒品”，常被毒品犯罪分子描述为合法兴奋剂等无害物质来欺骗、引诱他人吸食。针对其外观迷惑性较强、伪装形态多样、公众知悉度较低的特点，应当在酒吧、KTV 等易滋生毒品犯罪的地方有针对性地采用图文等形式宣传第三代毒品的特征及危害，不给毒品犯罪分子以蛊惑之机。其次，禁毒宣传教育手段应当借科技发展之便利与时俱进。传统的禁毒宣传教育手段无外乎纸质图文、网络图文视频、文艺表演等形式，受众得到的知识不够直观，对毒品的危害性也很难清楚地认识到。现代科技发展日新月异，虚拟现实技术等新兴科技在各领域的应用初见雏形。目前，我国在这些新技术领域的发展也处在国际前列，禁毒宣传教育也应当借助科技发展之“春风”多样性发展。例如，将 VR 技术与毒品危害之宣传进行有机结合，采用虚拟视觉、虚拟触觉等科技手段，让体验者模拟吸毒后视觉变化、幻觉产生等不良反应，以此让受众切身了解吸食毒品对身体健康的严重危害。富有科技感的多样性禁毒宣传教育也更符合未成年人接受知识的规律，真正让未成年人在禁毒宣传教育中树立远离毒品的意识，利用充分的教育来达到毒品犯罪预防的目的。

---

① ［法］米歇尔·福柯：《规训与惩罚》，刘北成、杨远婴译，生活·读书·新知三联书店 2019 年版，98 页。

二是对戒毒者社会帮扶保障制度的完善。吸毒人群属于弱势阶层，而社会大众对于这一群体往往充满了歧视和偏见，“瘾君子”“大烟鬼”等便是公众对其常见的污名化称呼。根据社会标签理论，吸毒者产生了初级越轨行为后，其周围大众即为其贴上了“坏人”的标签，进而产生社会关系排斥、就业排斥等问题，使得吸毒者在普通大众群体中难以自处，反而在被贴有相同标签的涉毒人群中可以寻求到“常人”一样的存在感，极易发生次级越轨行为，进入恶性循环，深陷毒品犯罪的泥沼。

吸毒者作为毒品的受害者，不仅仅应当在生理上帮助其戒断毒瘾、恢复健康，还应当在心理上对其进行治疗，更重要的是在其回归社会、恢复正常生活的过程中对其进行帮扶，这种帮扶应当体现在国家政策以及舆论导向等多方面。例如，将社区戒毒模式配套以社区帮扶保障，帮助吸毒者重拾生活的信心。社区帮扶保障可以整合资源，通过职业技能培训、就业指导等方式保障吸毒者获得正常生活来源，并且通过宣传等方式消除社区歧视，让人们意识到吸毒者是毒品的受害者这一事实，逐渐扫清吸毒者回归社会的障碍，防止其向次级越轨等更深层级越轨行为发展，以防止毒品犯罪人的产生。

（三）加强国际合作，在刑事政策上与时俱进

在当前国际禁毒形势下，新精神活性物质的出现以及化工技术的革新进步给禁毒事业带来的冲击和挑战是世界各国都无可避免的。同时，我国境内国际跨境贩运毒品问题日趋严重，“境外贩毒势力与境内贩毒团伙结成贩毒网络，贩毒团伙结构更加复杂，贩毒路线不断变化，贩毒规模不断扩大，贩毒手段不断升级，现实危害和潜在威胁进一步加大”①。这就要求我国在包括毒品犯罪刑事政策在内的禁毒规范和政策上必须对此足够重视。

我国地理位置毗邻“金三角”“金新月”这样的国际性毒品来源区域，虽然对于毒品管制相对严格，但也难以独善其身。对于国际跨境贩运毒品等涉外毒品犯罪的打击，必须加强与域外国家的国际性合作，联合打击国际性毒品犯罪。目前，我国与东南亚国家以及中亚地区的禁毒合作较多，有关毒品犯罪打击效果也相对较好，但近年来北美地区大麻流入、南美地区可卡因过境贩运问题尤为突出，我国目前与美洲国家的有关禁毒合作仍然不充分。应当加快与域外国家尤其是美洲国家达成政府间禁毒协议或部门间禁毒合作

---

① 《2018 年中国毒品形势报告》，载中国禁毒网，http：//www. nncc626. com/2019 -06/17/c_1210161797. htm。

协议的进程，从源头上解决跨境毒品犯罪问题。同时，我国毒品犯罪刑事政策的制定应当加强国际性视野，放眼世界总体禁毒形势。对于新精神活性物质的管制和打击有关毒品犯罪等问题，应当吸收并借鉴域外国家的有益经验并在适当的时机内化到我国毒品犯罪刑事政策之中，使得我国毒品犯罪刑事政策具有前瞻性和先进性，做到在毒品犯罪刑事政策上与时俱进、未雨绸缪。

中华人民共和国成立以来，我国毒品犯罪刑事政策由“打击”逐渐走向“治理”，随着禁毒法等法律法规将综合性毒品治理以规范性文件的方式加以确定，我国毒品犯罪刑事政策逐步走向多层次、多元化治理。2018 年国际禁毒日前夕，习近平总书记就禁毒工作作出重要指示，强调要坚持关口前移、预防为先，重点针对青少年等群体，深入开展毒品预防宣传教育，在全社会形成自觉抵制毒品的浓厚氛围。治理型毒品犯罪刑事政策符合当今中国毒品犯罪形势，也符合毒品犯罪综合治理规律，必将引领我国打赢新时代禁毒人民战争。

第三节 区域协同治理的实践探索

毒品问题治理体系是囊括各个地区毒品治理的综合体系，各地区毒品形势的好坏决定着国家禁毒工作的整体成效。随着互联网技术、物流运输业等发展，毒品犯罪的空间跨度越来越大，其区域性特征日益明显，从毒品的制造、走私、运输到贩卖可能涉及多个省份，毒品犯罪的预防和打击越来越离不开区域内各部门的通力协作，这对区域内毒品犯罪的协同治理提出了更为紧迫的要求。

从本质上看，毒品形势的好坏与经济、政治、文化等社会因素有着天然而密切的联系，这背后是一个复杂的原因系统，并始终保持着动态的发展变化，其与一个时期公共政策的联系也更为紧密。作为国家实现社会管理的政治工具，公共政策以实现资源优化配置、谋求公共利益为价值导向和逻辑起点，但是一项公共政策的出台也可能对该区域内的犯罪形势产生或好或坏的影响。例如，在 20 世纪新中国成立伊始，党和政府重拳出击，在短短 3 年时间里，一举禁绝了为患百年的鸦片烟毒，[①] 并保持了三十余年“无毒国”的美誉，但是随着改革开放进程的推进，对外开放程度不断提升，毒品也悄然潜入，而且愈演愈烈。2020 年 1 月 3 日，习近平总书记主持召开中央财经委员会第六次会议，首次提出了“成渝地区双城经济圈”这一概念，并重点讨论了相关建设问题。2020 年 10 月 16 日，中共中央政治局召开会议审议通过了《成渝地区双城经济圈建设规划纲要》，成渝地区双城经济圈建设正式拉开序幕。在此背景之下讨论成渝（乃至西南、全国）地区的毒品问题协同治理机制更加具有现实意义。一方面，作为一项国家战略，成渝地区双城经济圈的建设是一项系统性工程，其最终目的不仅要促进地区经济、社会的全面发展，而且在社会治安、犯罪治理方面同样要协同推进，良好的社会治安环境是经济建设的基础保障；另一方面，成渝地区双城经济圈的建设必然会促进各种社会资源的双向流动，倘若管控不好，客观上也会加快违法犯罪行为的蔓延。

一、成渝地区毒品问题协同治理机制的重大意义

毒品问题对社会治安环境、经济社会以及国家安全会产生深刻影响，良好的社会治安环境是成渝地区双城经济圈建设的基本前提和重要保障。在推进成渝地区双城经济圈建设背景下，建立和完善毒品问题的区域协同治理机制，增强区域内毒品治理工作的协作和配合尤为重要。

（一）适应成渝地区毒品犯罪态势，提升毒品治理的效果

毒品问题的治理没有可以直接套用的“模板”，必须着眼于地方特殊的毒品态势，探索地方治理经验，才能稳步提升毒品治理的效果，区域内的协同治理在此过程中发挥着重要的作用。近年来，成渝地区一直探索科学有效的毒品问题综合治理之路，积累了很多宝贵经验，但不可否认的是，近年来成渝地区毒品犯罪案件依旧多发，且区域性特征日益明显，给毒品问题的治理增加了不小的难度。毒品的消费市场遍布全国各地，存在广阔的市场需求。随着毒品利润的攀升，即便在厉行禁毒的高压态势下，也势必会有犯罪分子铤而走险进行毒品贩运，而刑罚作为最严重的法律后果，就成了毒品非

---

① 梅传强、胡江：《我国毒品犯罪的基本态势与防治对策（上）》，载《法学杂志》2009 年第 2 期。

法市场中最高昂的成本，[①] 长途的毒品运输增加了运输成本和路途风险，由此促使毒品在一定区域内形成“消费圈”。“零包贩毒”“以贩养吸”“毒品代购”等案件的日渐频发，使得毒品贩卖流通网络更加复杂，贩毒路线更加多样，所涉人员越来越多，不可避免地涉及多个行政区域。成都、重庆作为西南地区两大中心城市，在政治、经济等方面存在着密切联系，人员、物资、信息流通等更为便捷，客观上为毒品贩运提供了便利条件。而且随着网络支付平台和交通物流行业的发展，毒品贩运不再受时空条件的限制，加剧了毒品在区域内的流通。成渝地区的毒品问题治理必须深刻认识到毒品犯罪区域化这一典型特征，加强区域间的协同配合，形成打击合力，提升地方毒品治理的效果。

（二）净化区域环境，为成渝双城经济圈建设保驾护航

成渝地区双城经济圈建设作为一项重要的国家战略，旨在以成渝地区双城经济圈高质量建设为牵引，以城促圈、以圈带群，[②] 带动西部内陆地区的经济发展，优化国家发展布局，大大拓展战略回旋余地，以缓和国际政治经济的不安定性所带来的风险。成渝地区双城经济圈的顺利建设除需要政策、资金、人才等因素的保障之外，还需要和谐稳定的社会治安环境，这是地区经济快速平稳发展的基本前提。

影响社会治安环境的因素多种多样，毒品问题因其制造、贩卖、吸食等行为的特殊性，会牵涉到社会生活的方方面面，诸如劳动力资源、关联犯罪、公共卫生等问题，其对社会治安环境以及经济社会的影响是广泛而深远的。例如，在一些毒品泛滥的国家或地区，毒品对政治、军事、经济和社会安全产生了极大威胁，腐败、疾病、政权更迭和军事冲突等类似问题似乎都伴随着毒品交易，愈发严重的毒品问题，提高了贫困率和社会犯罪率，增加了政府财政的负担，消耗了大量社会生产要素，导致毒品问题成为这些国家或地区经济衰退或停滞的主要原因之一。随着毒品犯罪团伙作案、跨区域作案趋势的加强，因毒品犯罪而形成的毒品经济对合法市场的生产力构成了严重威胁。另外，毒品的消费人群大多是青壮年，从而导致大量劳动力流失，社会发展动力不足，还要耗费大量社会资源予以弥补，给经济社会造成巨大

① 莫洪宪：《毒品犯罪的挑战与刑法的回应》，载《政治与法律》2012 年第 10 期。

② 彭劲松：《成渝地区双城经济圈建设：阶段判识、战略意义及推进策略》，载《中国西部》2020 年第 2 期。

损失。2020 年 4 月 28 日，为净化成渝双城地区社会治安环境，全力护航成渝双城经济圈的顺利建设，四川省公安厅和重庆市公安局召开联席会议，共同签署了《服务成渝地区双城经济圈建设 22 条》和《服务成渝地区双城经济圈建设警务合作运行机制》，其中一项重要内容就是联手打击涉毒违法犯罪，未来也将会有更多的部门参与到毒品问题区域协同治理中，遏制毒品犯罪以及关联案件的发生，保证良好的社会治安，优化成渝双城经济圈的营商发展环境，以促进西部地区的高质量稳定发展。

（三）完善毒品治理体系，推动国家毒品治理体系和治理能力现代化

2020 年 6 月 23 日，习近平总书记对禁毒工作作出重要指示："要坚持厉行禁毒方针，打好禁毒人民战争，完善毒品治理体系。"国家治理体系和治理能力的现代化是一项宏伟的工程，其中就包括毒品问题的治理。在数十年的毒品打击治理中，我国始终贯彻毒品问题综合治理的指导方针，多角度、深层次、全链条地打击毒品犯罪，积累了很多毒品治理的理论成果和实践经验，逐渐形成了一条具有中国特色的毒品治理之路。

总体而言，我国毒品形势虽持续改观，但在某些地区仍呈高发态势，毒品犯罪的手段形式日渐多样化、智能化，而有关部门的禁毒手段存在一定滞后性，并不能有效应对毒品犯罪形势的动态变化。我国疆域幅员辽阔，各地区的毒品形势有其特殊性和复杂性，国家层面整体的毒品治理手段虽有重要的统领和指导作用，但不能照顾到地方的具体情况和实际需要，加之国家决策程序等的重重限制，从上报到调研，再到决策，可能耗费大量时间，难以针对地区出现的新问题做出及时、有效的回应。另外，法治是中国之治的制度根基，在毒品问题治理中同样要充分发挥法治的保障作用，但从禁毒法律体系来看，我国现阶段基本形成了以禁毒法和刑法为中心、毒品犯罪刑事立法、行政法规、地方性禁毒法规相配套的禁毒法律体系，[①] 各种禁毒相关的法律规范数量众多，看似完整、系统，但各规范之间实际存在着重合、冲突、脱节等问题，还存在着一些制度空白有待完善。尤其是禁毒的地方立法保障方面，我国还未形成具有地方特色的禁毒法治保障体系。因此，在成渝地区双城经济圈建设的大背景下，推进毒品问题区域协同治理体制的建构，

① 魏东、张福英：《地方性禁毒法规的发展完善方向——以〈四川省禁毒条例〉的修订完善为例》，载《四川警察学院学报》2019 年第 4 期。

可以充分发挥地区毒品治理的自主性和能动性，能够更好地应对区域内的特殊情况，形成具有地方特色、符合地方实际的毒品治理模式，以点连线，以线带面，以区域带动全国，对于完善国家毒品治理体系，推动国家毒品治理体系和治理能力现代化具有重要意义。

（四）应对毒品犯罪的新特点，增强协同打击力度和打击能力

随着成渝地区双城经济圈建设的推进，中心的辐射作用和聚集能力日渐增强，促进了资金、人员、信息以及各类生产要素的高效流动。但是任何事物都有其两面性，虽然该战略促进了区域经济社会的协同发展，但毒品犯罪分子也可以借助这一便利平台，传播涉毒违法犯罪信息，通过各种形式进行毒品交易。近年来，网络贩毒活动、物流寄送贩毒活动因其风险低、成本小的特点，成为毒品贩运的新常态，物流、网络等现代化产业的发展客观上都会促进毒品的传播。

在区域协作方面，成渝两地的禁毒部门也在不断推动区域内毒品犯罪的协同打击力度，例如，联合开展禁毒专项行动、共享信息情报等。但有些人员仍不同程度地存在着狭隘的地方主义和部门主义思想，思想认识上存在的偏差，客观上纵容了跨区域犯罪。[①] 例如，四川的外流人员制贩毒现象较为突出的原因，其中一项就是区域协同意识不强，缺乏整体大局观，只专注于本地区的毒品案件，对外流人员的跟踪摸排力度不足；在制度层面，协同治理缺乏相应的保障实施机制，协同合作的部门较为单一，缺乏跨部门的整体协作，未形成系统的协同打击机制，导致协作的广度和深度远远不能适应打击犯罪的需要。因此，成渝区域内毒品问题的深层次治理，需要构建高效便捷的协同治理机制，处理好管辖争议，畅通各部门的交流渠道，整合区域内的社会资源，联防联控，以适应区域内毒品犯罪的新特点，最大限度降低行政区划所带来的不便，增强打击力度和打击能力。

二、成渝地区毒品问题协同治理机制的现实困境

在成渝地区双城经济圈建设背景之下，毒品问题区域协同治理的重要性日益突出，但目前成渝地区毒品问题协同治理尚存在协作机制不健全、工作

---

① 刘国旌：《动态环境下跨区域犯罪的特点及对策》，载《福建公安高等专科学校学报》2007年第3期。

衔接不畅、法治保障不足、协作机制实施不力等问题，影响了毒品问题区域治理的成效。因此，必须在深刻剖析成渝地区毒品问题协同治理现实问题的基础之上，推动成渝地区毒品问题协同治理机制走向完善和成熟。

（一）毒品问题协同治理机制不健全

成渝两地地理位置毗邻，拥有历史文化相通、经济协同发展、社会治理共治的地缘优势，在毒品问题治理方面必然存在也应当存在着众多合作。然而，受制于行政区划、相关人员协作意识淡薄等因素，成渝地区毒品问题协同治理机制尚不健全。一是缺乏常态化的毒品问题治理协作机制。目前，成渝地区毒品问题治理的协作多为单部门基于工作需要而发起的，协作具有临时性、单一性，协作的顺利开展还要考虑部门间的利益关系甚至受部门领导关系的影响，导致毒品问题治理工作无法深入有效地开展，区域联动效应差。二是缺乏全链条的毒品问题治理协作机制。毒品问题涉及种植、制作、贩卖、运输、吸食等多个层面，毒品问题治理是一个综合性的社会问题，需要宣传、司法、民政、教育等部门的通力协作，但成渝地区毒品问题治理的协作部门还较为单一，协作深度和广度不足，跨部门协作还有待进一步探索。三是缺乏统一的组织协调和领导机构。成渝地区毒品问题治理涉及的部门众多、内容庞杂，凌乱单一的协作对毒品问题的治理效果有限，为了提升区域联动效应，需要统一科学的谋划和部署。成渝地区虽有部门间的联席会议工作机制，但其组织协调能力仅限于部门之间，尚缺乏建立统一的组织协调和领导机构，影响了毒品问题治理的效果。

（二）毒品问题协同治理工作衔接不畅

毒品问题协同治理工作衔接不畅会使毒品治理效果大打折扣。成渝地区不仅缺乏常态化的毒品问题治理协作机制，而且在线索移送、风险监控、执法司法等工作衔接方面也存在着诸多问题。由于成渝属于不同的行政区域，毒品犯罪案件管辖，案件定性，证据的收集、认定、移送等方面存在标准不一致的现象，行政部门与司法部门的案件线索移送、证据转化等工作衔接也较为不畅通，容易使得案件办理错过最佳时机。另外，跨区域性是成渝地区毒品问题的一大特征，伴随着信息、人员、资金的高速流通，毒品问题的跨区域流动监管愈发困难。跨区域流通监管的前提是信息资源的全面及时互通，但成渝地区毒品信息的共享还存在一定问题，信息共享内容不够全面、不够及时，有些信息仅供内部查阅，缺乏大数据的计算与分析，区域内各部门之间的信息共享存在一定的滞后性，尚未突破行政区划限制建立起大数据共享平台，尤其是成渝地区易制毒化学品流失和外流人员制贩毒问题较为严重，需要对重点行业、重点人员等进行动态监管，这些都对信息共享平台的建设提出了较高的要求。同时，部门之间的工作对接也存在缺位、错位或越位等情况，现阶段多为平级同部门或者部门上下级之间的协作，而且在部门设置、部门职责上存在不同，使得毒品治理工作衔接不畅。

（三）毒品问题协同治理法治保障不足

法治在毒品问题治理过程中发挥着基础保障性作用。中央禁毒相关法规为避免立法冗杂，多为指引性、原则性规定，成渝地区毒品形势具有地方特殊性，必须因地制宜，细化中央禁毒相关法规。当前，对成渝地区毒品问题治理起引领性作用的地方规范是以《四川省禁毒条例》和《重庆市禁毒条例》为主，主要对毒品管控、戒毒治疗等作了详细规定，但仅仅是在细化中央禁毒相关法规，并未体现地方毒品治理的特色，也未将基层毒品治理的新经验新做法提取出来。在毒品问题协同治理方面，成渝地区同样缺乏规范引领和约束。一方面，缺乏相关规范的引领和约束，由地方自行开展协作很有可能违背上位法的规定，造成案件间实质不平等。另一方面，协同治理工作基本是自行自愿开展，缺乏相关规范约束，虽有一些文件对协作问题作出了相关规定，但缺乏明确性，不利于常态化毒品问题治理协作机制的形成。例如，在《关于加强成渝双城经济圈打击和防控毒品违法犯罪的意见》中，只是对成渝地区毒品违法犯罪的案件管辖、协助取证、信息互通、工作联席会等进行了倡导性规定，其中不乏“应当”“视情况”“协商”“建议”等字眼，缺乏一定的刚性，无法保证协同治理工作的全面落实。

（四）毒品问题协同治理工作实施不力

当前，毒品问题协同治理工作缺乏一定的制约监督和保障措施，致使“有限的”协作配合都无法得到高效落实，更不必说长时间、大范围的协作。首先，一些部门或者部分工作人员思想站位不高，对于相关部门提出的协作要求存在消极推诿情况，缺乏相应的制约监督机制，双方的协作逐渐异化为“关系式”“互利式”的协作模式，导致毒品问题协同治理仅仅停留在纸面，得不到有效贯彻和执行，毒品问题的治理还是各自为政。其次，毒品问题协同治理缺乏充实的物资保障，协同治理“有心无力”，协作工作需要成本，在没有充分物资保障的前提下，全面的协同治理还只是空想，地方禁毒部门每年的禁毒经费来源于地方财政，本来就面临紧缺问题，难以支持常态化协作机制的运行。最后，强有力的监督问责是影响毒品问题协同治理工作实施的重要因素，在具体工作中有些人员玩忽职守，或者故意拖延、不履行协助工作，却无制度化的追责问责措施，加之惩罚措施轻缓、缺乏明确的追责问责渠道和追责问责主体，毒品问题协同治理工作难以有效落实。

三、成渝地区毒品问题协同治理机制的建构路径

为满足区域协同发展的需要，也为推进国家毒品治理体系和治理能力现代化，必须以成渝地区双城经济圈建设为契机，本着协同高效、共建共享、依法协作的原则，建立起系统完备、科学规范、运行高效的毒品问题区域协同治理机制。

（一）成渝地区毒品问题协同治理的原则

原则即行为的准则或法则，具有全局性和根本性。成渝地区毒品问题协同治理机制，由谋划构想到制度设计，再到全面落实，需要各个方面的统筹协作，在此过程中也会出现各种难以预料的困难和矛盾。因此，必须坚持协同高效、共建共享、依法协作的原则，使之贯穿于协同治理的始终，指导和制约协同治理机制的建构和落实，以最大限度发挥该机制的作用。

1. 协同高效原则

坚持协同高效原则是构建系统科学、行之有力的毒品问题区域协同治理机制的根本遵循，其重点在于“协同”，目标在于“高效”。“协同”强调各区域、各部门、各人员的紧密合作。当前的毒品犯罪不再局限于某一行政区域，整个犯罪链条可能涉及多个省份，而相关禁毒人员囿于狭隘的“地方主义思想”，各自为政，导致禁毒动作无法深入有效开展。因此，必须牢固树立“全国一盘棋思想”，树牢一体化理念，培养大局意识，加强区域协同作战。“高效”讲求禁毒工作的效率和效益，强调通过科学有效的协同治理机制，充分利用国家和社会资源，不拖沓冗杂，以最小的社会成本达到遏制毒品犯罪的效果。

2. 共治共享原则

党的十九大报告指出“打造共建共治共享的社会治理格局”，明确了我国社会治理的前进路径。毒品问题的治理工作隶属于中国社会治理的大框架下，

毒品问题是社会问题，共治毒品问题是建设法治社会、和谐社会的应有之义。[①]一方面，要强调毒品治理的全社会参与，发挥党政机关的统筹领导作用。政府挑大头，不能将毒品治理责任全部施加于禁毒部门，加强司法、财政、教育、卫生等部门工作的衔接，畅通区域间的部门协作，以人民为中心，充分发挥人民群众的主体作用，鼓励人民群众参与到毒品治理工作中，积极建言献策，勇于举报涉毒违法犯罪行为，真正实现毒品治理工作的全社会参与。另一方面，毒品问题区域协同治理的推进，离不开各种信息资源、治理经验的共享，各地区、各部门要本着开放共享的理念，加强沟通交流，优势互补，深度融合。

3. 依法协作原则

毒品问题区域协同治理机制的建构，不仅要坚持协同高效、共治共享的原则，也要坚持依法治理、依法协作的原则，不能突破法律的底线，要以法治为引领。在打击毒品犯罪的过程中，成渝两地警方要大力开展跨区域警务合作，探索建立更加畅通高效的合作机制，但必须遵循法定程序，严格遵守刑法、刑事诉讼法、《公安机关办理刑事案件程序规定》等规定，不得违反上位法的规定，更不得侵犯公民的合法权益。另外，毒品的治理工作不单单指毒品犯罪的打击，还包括戒毒、就业、教育等方面，这些都需要区域内各部门的通力协作，同样要坚持依法协作的原则。

（二）成渝地区毒品问题协同治理的制度设计

成渝作为西南地区毗连的两大中心城市，毒品犯罪态势相似。多年以来，成渝两地在毒品问题的治理方面有着较多的密切合作，为毒品问题协同治理的进一步深化奠定了坚实的基础，在未来的协同治理过程中，成渝两地要就以下几个方面加强协作配合。

1. 建立常态化协作机制

当前成渝地区毒品问题协同治理方式较为单一，且合作深度不足，整体的协作质量和水平有待提升。在未来的协同治理毒品问题过程中，要着力构建系统全面的常态化协作机制，最大限度地控制和降低毒品犯罪及其带来的负面社会后果。一要明确目标定位。常态化协作机制的建设是为了遏制毒品问题的发生，将毒品的危害降到最低，最终消灭这一侵蚀社会机体的毒瘤，

---

① 周秀银：《汲取“枫桥经验”走中国特色毒品问题治理之路》，载《公安学刊（浙江警察学院学报）》2019 年第 4 期。

恢复被破坏的社会结构。因此，协作不仅仅是打击毒品犯罪方面的协作，更重要的是毒品的预防和吸毒人员的戒毒治疗方面的协作。二要建立起统一的组织协调和领导机构，畅通办案渠道，定期开展禁毒专项行动，解决好案件管辖、跨区域办案等问题，加强侦查取证、委托取证、证据互认、证据保全等方面的协作配合，精简审批手续，实现跨区域部门的工作直接对接。三要加强各职能部门的协调联动，完善各部门的工作对接，从毒品的预防、拦截、打击、戒除等方面全面展开，提高毒品治理的法律效果、社会效果。四要定期开展区域联席会议，加强沟通与交流，探索毒品治理的新经验、新做法，总结毒品问题协同治理的经验和不足，根据新的毒品形势调整协同策略，商讨进一步的协作事宜。

2. 建立信息资源共享平台

成渝地区要利用先进的互联网信息技术，发挥大数据和信息技术在毒品治理中的显著优势，充分利用抓住成渝地区双城经济圈建设所提供的便利渠道，搭建区域信息资源共享平台，破除不同行政区域间信息交流的障碍，实现信息资源的共享。毒品信息资源应为广义的概念，既包括所有与毒品治理相关的内容，如毒品宣传教育、毒品犯罪案件、吸毒人员登记等多种主要信息，还包括与毒品治理相关的就业、卫生、人口流动等边缘信息。根据共享信息的不同，获取信息的主体也应当有所不同。毒品宣传教育、毒品形势、通缉等信息，主要面向人民群众，主要目的是使人民群众认识到毒品的危害性，共同参与到毒品治理中；而高危人群、金融物流以及毒品案件的具体信息则应当保密，只允许相关部门内部查看，同时要做好信息的保密工作，以免造成不必要的后果。

3. 加强禁毒的地方立法保障

地方毒品问题的治理要充分发挥法治的保障作用。在全国性禁毒法治体系之下，要着眼于地方毒品形势，完善禁毒的地方法治规范，致力于解决地方禁毒的特殊问题，建立起系统完备、科学有效的法治保障体系。一是在明晰现有问题的基础之上，结合本地区实际情况，细化中央禁毒法规的规定，以保证中央禁毒法规的有效落实。二是出台毒品问题协同治理工作相关规范，尽量细化相关协作工作，减少原则性、倡导性规定，使毒品问题协同治理于法有据、于法有理。三是在不违背上位法的前提之下，先行先试，创新地方毒品问题治理模式，建立具有地方特色的禁毒法治体系。四是将基层毒品治理的新经验、新做法以法律法规的形式确定下来，推广到全国，以地方治理经验推进国家毒品问题治理的进程。五是在全面推进依法治国、推进国家治理体系和治理能力现代化的大背景之下，探索地方禁毒法治体系的完善路径，完善地方禁毒法规，使各项禁毒工作有法可依。

4. 加强理论与实践的交流

毒品问题的治理虽是一项实践问题，但也离不开禁毒理论的指导。禁毒理论的发展也离不开禁毒实践的反馈。近年来，成渝地区就毒品问题的治理不断开展理论与实践的沟通交流，各高校依托其丰厚的师资力量，积极开展毒品问题的相关研究，不断深化与地方禁毒实践部门的合作，加强理论与实践的交流。2017 年，在长期开展毒品问题研究的深厚基础上，西南政法大学和最高人民法院刑五庭、国家禁毒办合作共建“国家毒品问题治理研究中心”，作为禁毒高端智库型研究基地，并在 2019 年成功举办“首届毒品问题治理论坛”，在智库成果、学术交流、社会服务、人才培训、协同合作等方面均取得了显著的成绩；成都也聚集了多所科研院校，拥有雄厚的学术力量和理论资源，较早就开始毒品问题研究，在毒品问题治理方面拥有丰富的理论成果和实践经验。在未来，针对成渝地区复杂的毒品形势，要继续加强禁毒理论与实践的交流，合作举办学术论坛、学术讲座，合作开展人员培训，通过开展联合研究、专题研讨等方式，充分发挥科研院所在禁毒对策研究方面的优势，服务于成渝地区毒品问题协同治理机制的构建，以提高成渝地区毒品的治理能力和治理效果。

（三）成渝地区毒品问题协同治理的实施机制

1. 领导机制

跨区域的毒品问题协同治理需要统一的领导体系，以形成高位推动、上下联动的禁毒格局，才能最大限度地激发各部门工作活力，保证区域各部门工作的有效衔接。成渝地区毒品问题协同治理机制的建构，要抓好地区领导班子这一关键，加强地区组织领导部门对禁毒工作的重视，构建禁毒工作组织领导责任体系，要定期召开会议专题研究禁毒工作部署，强调禁毒工作“书记抓”，督促和引导各级党组织主要负责人切实担负起禁毒第一责任人职责，把禁毒责任层层传导下去，一直传导到禁毒最基层；以各地禁毒委员会、公安部门为主体，重点推进毒品问题的区域协同治理，强化其指挥、协调的具体职责，整合区域内的禁毒资源，使各项工作可以有序有效开展。

2. 保障机制

区域禁毒工作的有序开展需要人才、资金、装备等方面的保障。一要加强人才的引进与培训。禁毒人员的综合素质影响禁毒成效的好坏，要加强同高校的合作，积极引进高素质、复合型人才，同时也要加强禁毒人员的相关培训，提高其综合素质，能够适应复杂多变的毒品形势。二要有充足的禁毒经费。禁毒工作所涉及的毒品犯罪打击、宣传教育、戒毒康复等都需要大量经费支持，国家和地方财政要给予充分支持，建立禁毒经费保障机制，优化后勤保障，解决禁毒部门的实际困难。三要做好利用现代高科技手段，装配现代化设备，提高工作效率和工作质量。四要加强禁毒人员的人身保护，防止犯罪分子的报复陷害。

3. 奖惩机制

明确的奖励、追责机制是保证毒品问题区域协同治理有效落实的重要保证，责任不清，权责不明，缺乏有力监督是导致办事效率低下的重要因素。[①] 因此，为保证成渝地区毒品问题协同治理机制的有效运行，必须建立相应的奖惩机制。一是奖励机制，要鼓励公民广泛参与到毒品治理中，采用各种形式的奖励促使公民积极举报涉毒违法犯罪行为，积极配合禁毒工作的开展，对工作积极、有立功表现的人员同样要给予相应的表彰，以激发各社会成员的积极性。二是归责惩罚机制，要将禁毒职责分类细化，落实到个人，并将其纳入绩效考核范围，对于在工作中玩忽职守，或者故意拖延、不履行协助工作的，由本部门或者上级机关追究其责任，同时要建立相应的监督举报机制，畅通追责问责渠道，督促各责任人员积极正确履行职责。

---

① 许阳春：《论跨区域犯罪的侦查协作与指挥》，载《哈尔滨师范大学社会科学学报》2018 年第 3 期。

第二章
毒品问题治理的刑事法治保障模式

第一节　刑事政策视野下多元立法模式之提倡

刑事立法模式是国家立法机关在进行刑事立法时所采取的标准样式。[①] 作为刑事规范的载体，刑事立法模式以其不同的规范编排影响刑事制度的构建。我国毒品犯罪的立法模式无论是应当坚持以刑法典为中心的单轨制体例，还是采取将行政、刑事、程序、实体归于一体的综合性立法，又或是采取散见于各类相关法律、专门法律之中的多元化立法模式，都各有优劣。选择何种立法模式取决于一定的刑事政策导向下所反映出的价值、制度选择。亦即基于当前社会呈现的犯罪态势、犯罪原因等因素，相关毒品犯罪法律体系如何构建才能实现对毒品犯罪的有效治理。本节将从毒品犯罪的刑事政策入手，分析不同立法模式与刑事政策之间的关系，探究何种立法模式利于当前刑事政策的实现，以求对毒品犯罪立法模式的选择有所助益。

① 柳忠卫：《刑法立法模式的刑事政策考察》，载《现代法学》2010 年第 3 期。

一、我国当前的毒品犯罪立法模式考察

（一）我国毒品犯罪立法模式梳理

自1979年刑法颁布以来，我国毒品犯罪立法模式经历了两个阶段：

1. 分散型立法模式

由于1979年刑法中仅规定了制造、贩卖、运输毒品罪，不足以应对迅速蔓延的毒品犯罪态势，禁毒法律法规开始迅速发展。除一些补充、修改的立法外，还在1987年海关法中将走私毒品的行为规定为犯罪，并制定了1990年《关于禁毒的决定》，对毒品概念、毒品犯罪及量刑等进行了较为详细的规定。显然，这一时期的毒品犯罪立法采取了以一部单行刑法为主，多种刑法渊源并存的分散型立法模式。

2. 统一刑法典模式

自1997年刑法修订后，除一部单行刑法以外，我国基本确立了将所有犯罪及其法定刑统一规定于刑法之中、通过刑法修正案修改、完善的统一刑法典模式。毒品犯罪立法亦是如此，从毒品流通的源头到消费各个环节中的犯罪以及与犯罪的非法所得相关的洗钱犯罪等，都在刑法分则中对罪状与法定刑作了具体规定，毒品犯罪的立法修改也是通过刑法修正案进行，如在《刑法修正案（九）》中将非法生产、买卖、运输制毒物品罪、走私制毒物品罪的构成要件进行了修改。

除刑法之外，涉及毒品犯罪的法律还包括禁毒法与治安管理处罚法，前者规定了禁毒宣传教育、戒毒措施、毒品管制、法律责任等方面的内容，后者主要规定了毒品违法行为的治安罚则。而两部法律中涉及的刑事规范基本上是“构成犯罪的，依法追究刑事责任”的原则性规定。这类规范的作用主要在于提示行政、司法人员，本法的规定有构罪的空间，避免只采取行政措施而导致刑法规制的缺位。在我国的统一刑法典模式下，这些附属刑法规范并不能在刑法之外增加罪名、罪状与法定刑，也并无实质的、能为司法实践提供规范指引的内容，虽有附属刑法之名，但无刑法之实质内容；虽附于这些禁毒法律之后，但具体的罪状、法定刑等则完全依赖于刑法进行规定、明确或授权，属于“附而不属”的形式附属刑法。此外，目前并未制定毒品犯罪的单行刑法。总体来看，当前毒品犯罪立法模式属于以刑法典为主、刑法修正案为补充，特别刑法虚置的统一刑法典模式。

（二）我国当前毒品犯罪立法模式特点

众所周知，在1979年刑法施行期间，我国主要采取由附属刑法、单行刑法与刑法典并行的分散型立法模式。由于附属刑法与单行刑法出台较多、内容上独立于刑法典，存在着刑事立法过于分散、内容冲突的情形，不仅不利于司法适用法律，且在当时刑事司法人员水平不高的情况下，存在同罪适用不同条文的情况。因而“制定一部统一的、比较完备的刑法典”的要求成为修订刑法典的指导思想，我国刑事立法也基本朝着统一性、集中性发展，即梳理整合所有单行刑法和附属刑法的犯罪规定，将其囊括进刑法典之中，之后的刑法修正也交由与刑法同一、普遍适用的刑法修正案进行。因而，以刑法典为主的毒品犯罪立法模式具有以下特点：

1. 立法的体系性

法典并非先前立法的简单整合，而是一个层次分明、逻辑清晰、规范协调的法律体系。尽管毒品犯罪立法中存在着不设入罪门槛等特殊规定，但仍然具有一定的体系性，需要保持与其他章节的一致，避免对其他规定以及刑法典整体的体例造成冲击。例如，对于毒品概念中包含的各类毒品及对应法定刑，以及违反毒品管制制度的各种具体行为类型等内容，均未明确规定在刑法典之中，使“毒品犯罪”一节与其他章节之间保持着协调而不会过分臃肿。同时，毒品犯罪立法中也仅规定了罪状与法定刑，在表述上与其他罪名基本一致。对于重复犯罪率、多次犯罪率较高的毒品犯罪等特殊情形，并未，也不能在刑法典中规定具体的保安处分等预防措施。

2. 部门法的独立性

基于刑法典“统一、完备”的要求，所有毒品犯罪刑事规范都规定在刑法典中，禁毒法、治安管理处罚法中除“构成犯罪的，依法追究刑事责任”的附属刑法规范之外，不再规定有关毒品犯罪定罪量刑等问题的刑事规范。而在刑法典中，也不会规定毒品管制、行政处罚、戒毒措施这些与刑法典其他章节的规定格格不入的内容，更缺乏刑罚与这些措施相衔接、协调一致的规定。同时，尽管刑法典中的毒品犯罪规范属于保障法，与其他禁毒法律法规相关，但通过后述较为抽象的“依照国家规定”“走私、贩卖、运输、制造”等构成要件，在禁毒法及相关法律法规制订、修改时，刑法中的毒品犯罪规范也无须修改、变动，不受其他规范的影响。其他部门法与刑法典之间亦是如此，使得不同的禁毒主体之间各自“恪守边界”、互不干涉地履行自己的禁毒职责，形成了不同部门法之间的独立性。

3. 立法的模糊性、抽象性

毒品犯罪可能涉及毒品非法流通过程中各个环节、各种类型的涉毒行为，社会发展也带来了各种新型的毒品“交易模式”，难以作笼统、抽象的概括。同时，毒品犯罪的法益侵害也较为模糊，需要对各类毒品及其量刑标准以及各类量刑情节进行明确规定，从而为刑事司法提供依据。但在我国统一刑法典的立法模式下，不仅规定有诸如“违反国家规定”这一类空白罪状，对于毒品犯罪行为的构成要件也规定得较为简单、抽象，通常分别以贩卖、运输、制造、非法持有等语词对犯罪类型进行简单概括，并不对其行为内容作详细规定，且对于运输、非法持有等语词含义存在混淆可能性的情况，在立法上也未进行明确区分，具有显著的抽象性特征。

立法的抽象性固然在一定程度上“实现”了规定的完备，符合对法益的全面保护、减少频繁修改对刑法典稳定性影响的需要。但其内涵也不可避免地存在一定的模糊、交叉乃至重合。在许多新类型涉毒行为、情节等不断出现时，虽然无须对刑法典进行修改便足以为规范所涵摄，却也对刑法的明确性造成了冲击，甚至影响了刑法典的适用，需要在刑法典之外制定司法解释等规范性文件以明确具体行为所应当适用的罪名、量刑情节等。而这些规范性文件不仅制定主体多样，针对的具体问题也包含了刑法规定、刑法适用等多方面的问题，其内容或繁或简，具体形式、名称、效力也各不相同。有学者做过统计，从数量上看，仅我国“两高”就毒品犯罪问题所作出的、现行有效的规范性文件大约有 30 件、68000 字，是刑法的毒品犯罪相关条文的 30 倍还多[①]，在立法之外形成了一个复杂的规范体系。

二、我国当前的毒品犯罪立法模式与综合治理刑事政策的冲突

（一）我国毒品犯罪刑事政策反思

自改革开放以来，我国的毒品犯罪逐渐呈现严重态势。为了应对这一态势，全国人大常委会在 1982 年《关于严惩严重破坏经济的罪犯的决定》、1988 年《关于惩治走私罪的补充规定》、1990 年《关于禁毒的决定》中开始强调对毒品犯罪的严惩，在 1979 年刑法的基础上补充规定了走私毒品罪等一系列毒品流通环节中的各类罪名，并将走私、贩卖、运输、制造毒品罪

① 郑伟：《论禁毒法律体系的失范与冲突》，载《华东政法大学学报》2012 年第 3 期。

的法定刑上限提高到死刑。而 1997 年刑法在吸收上述规定的基础上，通过入罪“零门槛”、不以纯度折算的规定表明了对毒品犯罪的严惩态度。司法上也始终在强调“厉行禁毒”和“严惩”，通过降低部分毒品的量刑标准、从严把握毒品犯罪缓刑、假释，对于源头性、社会危害性较大的毒品犯罪从重处罚等做法，试图通过严惩、重刑以达到对毒品犯罪的威慑效果。由此，厉行禁毒逐渐成为我国毒品犯罪刑事政策的核心内容。

而在这一刑事政策的指引下，毒品犯罪治理也逐渐趋向于重刑惩治。从《人民法院禁毒工作白皮书（2012—2017)》（以下简称《白皮书》）呈现的数据来看，毒品犯罪的重刑率高达 21.92%，高出同期全部刑事案件重刑率十几个百分点，毒品犯罪高发的云南省甚至高出 70%。在包括故意杀人罪在内的其他犯罪的死刑适用持续回落的情况下，毒品犯罪的死刑适用数量与比例却持续回升，已跃居适用死刑罪名的第二名，仅次于故意杀人罪①。甚至对于刑事政策上处于从轻地位的未成年人，在毒品犯罪中也从严、从重处罚，非监禁刑、免予刑罚处罚的适用率也远低于其他未成年人犯罪②。司法解释中的规定也有继续加重刑罚的倾向，尤其在不以纯度折算毒品数量作为量刑标准而导致起刑点过高的情况下，未留有充分的从轻、减轻处罚的余地，“考虑到毒品犯罪的严峻形势和社会危害”③，也不宜在法定刑以下判处刑罚。对于从事运输毒品罪的，受雇用、被动参加，又系偶犯、初犯的人身危险性不大的犯罪分子，也仅仅是“一般不应当判处死刑”。而从重刑的实效来看，强调重刑的做法的效果却并不乐观。《白皮书》指出，毒品犯罪一审审结案数从 2012 年的 7.6 万件增至 2016 年的 11.8 万件，增幅为 54.12%；毒品犯罪案件占全部案件比例从 7.73% 增至 10.54%，已经成为增长最快的案件之一。以刑罚为主的刑事政策已然很难达到政策所预期的治毒效果。

显然，毒品犯罪态势严峻的原因并不完全在于刑罚的威慑力不够，而毒品犯罪治理也不能仅仅依赖于刑罚乃至重刑。从毒品制造到毒品流入社会这一个完整的毒品犯罪链条中，必然存在着毒品犯罪分子与吸毒者两方主体的

---

① 何荣功：《我国“重刑治毒”刑事政策之法社会学思考》，载《法商研究》2015 年第 5 期。

② 袁林：《我国未成年人毒品犯罪从严刑事政策的检验和修正——以某省法院系统近十年的判决为研究样本》，载《法学》2015 年第 6 期。

③ 高贵君、马岩、方文军、李静然：《〈全国法院毒品犯罪审判工作座谈会议纪要〉的理解与适用》，载《人民司法（应用）》2015 年第 13 期。

供需关系，而厉行禁毒更多强调的是对毒品犯罪分子进行打击，并未对吸毒的治理充分着力。但由于毒品的成瘾性、吸毒者对毒品畸形的依赖，导致了在一定时期内的毒品消费市场规模是由吸毒者的生理需求所决定的、稳定的、始终处于供不应求的状态[①]。而这种稳定、暴利的消费市场既是毒品犯罪的重要动力，也决定了毒品供给的规模，进而决定走私、贩卖、运输、制造毒品罪的数量与规模。同时，许多毒品犯罪分子也兼具吸毒者的身份——2015 年全国吸毒人员为维持药物而衍生的实施毒品犯罪或抢劫、盗窃等犯罪行为的情形已经占据了刑事案件总数的 14%[②]，尤其是对出于吸毒目的而有多次犯罪的行为人，更是需要在刑罚之外考虑戒毒措施的适用。因而，从毒品消费端入手，通过戒毒措施的完善与适用，促使吸毒者脱毒、从“边缘人员”再社会化，从整体上减少毒品滥用进而减少毒品犯罪，不失为从毒品犯罪根源入手、预防毒品犯罪的有效手段。

即使从毒品供给端入手，刑罚要起到充分的预防、威慑作用，也有赖于多种刑法规制以及其他治理手段的配合。例如，对于毒品犯罪这类逐利型犯罪，发挥财产刑的作用、明确财产刑与犯罪情节的对应标准，相较于单纯的重刑而言，更能够起到指引行为、预防犯罪的作用。当然，无论是财产刑还是自由刑，都需要依赖刑事侦查手段查明犯罪事实并进而追究刑事责任，尤其是要避免犯罪分子通过洗钱等方式将财产非法转移。“对于犯罪最强有力的约束力量不是刑罚的严酷性，而是刑罚的必定性……”[③] 刑罚对毒品犯罪预防效果不佳的重要原因之一也在于毒品犯罪的侦查困难导致犯罪分子（尤其是毒品犯罪的组织者、领导者或首要分子）受处罚率低或针对性不强。因而，在毒品犯罪的侦查措施和制度不够完善的情况下，也难以对毒品犯罪态势产生有效遏制[④]。除此之外，我国有许多毒品犯罪分子属于文化程度不高、收入偏低的农民、无业人员等弱势群体或社会底层人员，受毒品的暴利引诱而从事毒品犯罪[⑤]。对于这类群体，相较于重刑，构建完善的社会

---

① 郑永红：《毒品犯罪的法经济学分析》，载《贵州警官职业学院学报》2008 年第 2 期。

② 靳澜涛：《“吸毒入刑论”的诘问与辩驳——兼论我国吸毒管制的理念转换与立法完善》，载《南阳师范学院学报》2017 年第 7 期。

③ ［意］切萨雷·贝卡里亚：《论犯罪与刑罚》，黄风译，商务印书馆 2017 年版，第 63 页。

④ 莫洪宪：《毒品犯罪的挑战与刑法的回应》，载《政治与法律》2012 年第 10 期。

⑤ 梅传强、胡江：《我国毒品犯罪的基本态势与防治对策（上）》，载《法学杂志》2009 年第 2 期。

保障制度，避免其由于经济利益的引诱而走上犯罪道路，更有助于将其从犯罪的深渊旁“争取”回来①。

总而言之，毒品犯罪的产生具有多方面的社会原因，与毒品监管、毒品消费市场大小、毒品利润、毒品亚文化等多方面的问题相关，需要采取多种手段进行综合治理。当然，我国也已经确定了综合治理的禁毒政策。我国禁毒法第4条明确规定，禁毒工作采取预防为主，综合治理，禁种、禁制、禁贩、禁吸并举的治毒方针，并规定了包括禁毒宣传教育、戒毒措施、毒品管制、禁毒国际合作在内的社会、行政、法律等多元并行的治理手段。《南宁会议纪要》《大连会议纪要》《武汉会议纪要》也指出，在惩治毒品犯罪的过程中，应当贯彻综合治理的政策。具体来说，一方面，强调发挥非刑法手段的作用，将毒品犯罪惩治与禁毒教育、毒品防治等措施相结合；另一方面，也注重对于轻刑、重刑与非监禁刑等不同的刑法手段的综合运用，有针对性地从严惩处，充分发挥不同刑法手段的作用。

但可以发现的是，在我国，进一步强调重刑与综合治理是并行不悖的。本书并非完全否定厉行禁毒政策的现实意义，诚然，对于毒品犯罪的组织者、主要参加者、武装掩护毒品者、国际贩毒者等人身危险性极大、行为社会危害性极大的犯罪分子，从严处罚是有必要的。但是，任何社会生活中的司法、执法也都是耗费资源的经济活动，而社会中的资源一般也是有限的，这就存在一个资源的合理配置问题②。毒品犯罪治理中亦是如此，当过多的社会资源投入司法之中，使得投入其他领域的资源有限，会导致相应的制度构建与治理效果的滞后。又如有学者指出，在强调对多次“零包贩毒”等末端毒品犯罪严打的情况下，过多地将特情引诱运用于底层的犯罪嫌疑人，难以影响到上线和毒品犯罪网络，反而导致其反侦查意识、能力的增强，特情引诱的边际效益减弱③；投入大量资源到这些末端犯罪中，也可能导致缺乏对大案、要案的侦查力量，难以对毒品犯罪网络形成有效的打击。

反过来说，在其他措施未能充分发挥作用的情况下，刑罚本身的效果也会受到影响。必须承认的是，“严打”本身具有使毒品犯罪成本上升，减少毒品犯罪的功用。但倘若在毒品消费市场依然“庞大”的情况下，毒品的

---

① 莫洪宪：《毒品犯罪的挑战与刑法的回应》，载《政治与法律》2012年第10期。

② 苏力：《法治及其本土资源（第三版）》，北京大学出版社2015年版，第104页。

③ 黄海波：《毒品犯罪诱惑侦查风险的程序控制》，载《政治与法律》2019年第10期。

需求量并未得到减少，反而形成毒品价格畸高带来丰厚利润促使更多人从事毒品犯罪活动的局面，致使重刑治毒的效果因此消解[①]。又如，尽管当下强调对于多次“零包贩毒”等末端犯罪的从严、从重处罚，但当前并未明确规定戒毒措施与刑罚之间的衔接，《武汉会议纪要》中仅规定吸毒者实施毒品犯罪行为的刑事责任，《戒毒条例》中也仅规定戒毒人员判处刑罚后与戒毒措施的衔接问题，这往往导致在刑罚执行完毕后一放了之，未能实现毒品犯罪分子的脱毒和再社会化，甚至在司法实践中出现了吸毒者为了避免长期的隔离戒毒，通过相互供称容留吸毒以转受刑罚处罚，以躲避更长期的强制隔离戒毒的“以刑逃戒”等情形的出现[②]。从结果上看，严打带来的犯罪成本上升最终只是有限地实现了对犯罪分子的报应，而难以实现特殊预防与毒品犯罪的治理。

总而言之，无论是刑罚，还是毒品犯罪侦查，抑或是戒毒措施等，都不是孤立地存在于社会之中，而是始终处于相互影响的动态变化之中。综合治理政策不能只是强调在不同法律法规中各自构建一定的制度、采取一定的措施，所起到的作用也并非简单的“1 + 1 = 2”，而是要考虑到这些治理措施之间的“刑法—社会治理”的一体化构建，在实施中相互渗透、影响、作用于对方并最终影响整体的毒品犯罪治理，从整体上构建一个刑法内部运行合理、刑法与刑法外部的社会治理互相制约[③]，资源合理配置，最终实现治理效益最大化、一体化的综合治理体系。本书认为，这是当前的综合治理刑事政策下所应当追求的目标。

（二）综合治理的刑事政策与当前毒品犯罪立法模式的冲突

众所周知，刑事立法模式作为刑法规范的载体，以其罪刑设计、体系编排影响了刑法规范的内容与实施，进而影响了刑事政策的贯彻。如前所述，要贯彻综合治理刑事政策，需要实现两个基本要求：一是刑罚适当，宽严相济，充分发挥其他社会治理手段的作用；二是构建完善、合理的社会治理机制，从而形成从预防到惩治的、帮扶的、严密的毒品犯罪治理体系。然而，在本书看来，当前的统一刑法典模式不论是在促进刑罚的适当化，还是在形成合理的毒品犯罪治理体系上，都有不足，因而与综合治理刑事政策存在着

---

① 何荣功：《我国“重刑治毒”刑事政策之法社会学思考》，载《法商研究》2015 年第 5 期。

② 叶小琴：《容留他人吸毒行为定罪规则的实证研究》，载《法学》2019 年第 12 期。

③ 储槐植：《建立刑事一体化思想》，载《中外法学》1989 年第 1 期。

冲突。

1. 统一刑法典模式过于强调刑法在毒品犯罪治理中的作用

一方面，在各类治理手段中，刑法规制居于核心地位。从规范层级上看，对毒品犯罪的各类刑法规制由刑法规定，而其他治理手段只能由禁毒法等法律法规明确，再由各类行政法律法规、部门规章乃至政策性文件予以细化规定，在层级、效力上远不如刑法规制，更难以改变刑法治理“一家独大”的局面。

同时，强调将所有犯罪统一于刑法中，保证刑法的统一性与完备性的同时，本身就具有强调适用刑法、保证刑法典优位，将其作为惩罚犯罪的最主要依据的意图在其中。正如有学者所指出的，我国当前的禁毒法律体系是“以刑法为主线，同时辅之以行政法规、地方性法规”的模式。[①] 即使有了禁毒法，由于采取统一刑法典的立法模式，为了不对这一体系进行突破，禁毒法只能采取补充的立法形式，成为一部“有禁无罚”的法律。[②] 而作为基本法的刑法典在毒品犯罪法律体系中始终居于核心地位，在禁毒的“禁”上发挥着最主要作用。又由于刑法典的统一性、体系性要求，在刑法典中只明确了对毒品犯罪的刑法规制，排除了其他治理手段的规定，也无法明确不同治理手段之间的衔接和地位等问题，规定于刑法典中的刑事责任“超然”于规定在禁毒法等法律法规中的其他治理手段，故必然着重强调刑法规制在毒品犯罪治理中的作用。

另一方面，由于刑法典的简短性特征导致刑法典对毒品犯罪的罪状规定具有模糊性，这在保证处罚范围足以容纳足够多行为类型的同时，也使得在毒品犯罪治理中，刑法的边界并不具有明确性。而作为基本法的刑法在效力更强、强调发挥刑法规制手段的同时，也将导致在毒品犯罪法律体系中，刑法典的内容、效力可能继续扩张，进而影响其他规范的效力与适用范围。

2. 统一刑法典模式本身更偏向于采取刑法手段甚至“重刑治毒”

一般来说，毒品犯罪并非直接损害人身安全的犯罪，甚至属于无被害人犯罪。其造成的危害也更多是国家的毒品管理制度，损害国家与社会整体的

---

① 梅传强：《回顾与展望：我国禁毒立法之评析》，载《西南民族大学学报（人文社科版）》2008 年第 1 期。

② 姚建龙：《反思〈中华人民共和国禁毒法〉的“有禁无罚”》，载《政治与法律》2008 年第 7 期。

利益。相应地，国家与社会更多着眼于控制犯罪而非仅仅是对犯罪人的报应。显然，大部分毒品犯罪具有法定犯的特征，与造成人身法益的直接侵害、强调对行为的报应与自然犯不同。在具有组织者、领导者、武装贩毒等情节的毒品犯罪与普通的“零包贩毒”犯罪之间，具有本质上的区别。不论是在罪状表述的明确性上，还是在刑罚大小、刑种、刑量的配置上；不论着眼于犯罪控制还是行为报应，都应当有所不同。

然而，我国采取的是自然犯与法定犯一体化的统一刑法典立法模式。在这一立法模式下，为了保持法典的统一性、体系性，毒品犯罪在规范的数量、罪状的表述、刑种、法定刑幅度的设置上都会保持一定的相似性，以避免刑法分则只是特别刑法的简单堆砌；且刑法典本身就意指其规定着性质最为严重的行为，对于毒品犯罪也更多地强调其具有与自然犯相同的“严重的社会危害性”的性质。这导致毒品犯罪的罪刑设计难以体现其具有的无被害人的、法定犯的性质；在刑罚的设置上，也将更多地往自然犯上靠拢，强调对于毒品犯罪行为的报应，而忽视管控、治理目的的影响。即便对于情节较轻、人身危险性不大的毒品犯罪，显然也不能打破总则关于刑罚的规定，仅处以接受戒毒措施或其他保安处分。正如有学者所指出的，在法定犯与自然犯同处于一个法典中的情况下，会导致法定犯与自然犯的量刑“攀比”，从而导致量刑更重①。

3. 统一刑法典模式下难以实现治理措施之间的协调，影响治理效果的发挥

有学者指出，对于毒品预防、禁毒宣传教育、禁毒组织等问题的规定缺乏统一、协调性的规定，是我国禁毒法律难以适应禁毒工作需要的重要原因之一②。本书认为，在统一刑法典模式下，存在着对不同治理措施之间存在的交叉、衔接问题难以明确规定的问题，是导致前述问题出现并进而影响治理效果的原因所在。以戒毒措施与刑罚的衔接为例，在当前统一刑法典的立法模式下，为了保持刑法典的体系性与独立性，属于禁毒法规定的戒毒措施显然不会被规定在刑法典之中。在《大连会议纪要》与《武汉会议纪要》

---

① 付立庆：《中国〈刑法〉中的环境犯罪：梳理、评价与展望》，载《法学杂志》2018 年第 4 期。

② 梅传强：《回顾与展望：我国禁毒立法之评析》，载《西南民族大学学报（人文社科版）》2008 年第 1 期。

中，对于吸毒者实施的毒品犯罪行为，“吸毒者”这一身份也只是在认定是否成立犯罪和量刑上有所影响，而与如何采取戒毒措施无关，《戒毒条例》中也只简单规定戒毒人员与强制措施的衔接。那么，对于有吸毒情节的毒品犯罪分子，是否应当采取戒毒措施？由哪个主体采取？应当采取何种措施？在刑罚执行期间还是执行后采取？若在刑罚执行期间采取，戒毒表现良好的，是否可以采取减刑或假释？在许多毒品犯罪分子兼具吸毒者的身份，且易因毒瘾或吸毒者的社会边缘地位而实施毒品犯罪的情况下，若不能明确这些问题，刑罚的特殊预防效果恐怕要大打折扣。但对于这一系列同时涉及刑法与行政法内容的问题，不论是规定在刑法中还是规定在行政法中，都有违统一性的立法理念与体系性、独立性的特征。

有关毒品犯罪的法规与其他规范密切相关。毒品犯罪行为的认定是建立在毒品管制规定的基础上，毒品犯罪分子中有许多也兼具吸毒者的身份。显然，毒品犯罪治理中必然存在着不同治理措施和规范的交叉、衔接等问题，需要予以明确。但基于上述特征，在当前的统一刑法典下采取将刑法与其他部门法完全独立的做法，却使得这一问题难以解决：不仅可能存在涉及不同部门法内容、兼具不同部门法属性的衔接规范不知道应当由哪一部法律进行规定而搁置的尴尬情形，也可能由于规范的制定主体、规范层级、效力等存在较大差异，难以实现规范内容的有效衔接；且一旦某一部法律法规修改，则相关法律法规也要随之修改，导致立法负担过重，容易导致规范的冲突与矛盾[①]。在当前的立法模式下，并不具有不同制度之间避免冲突、充分衔接的“土壤”，难以形成有效的治理体系。

总而言之，在当前的立法模式下，存在着毒品犯罪治理的“恶性循环”。一方面，毒品犯罪中过于依赖刑法乃至重刑手段的作用，进而影响了其他治理措施的发挥；另一方面，在当前的统一刑法典模式下，难以构建完善的治理体系，发挥其他措施在毒品犯罪治理中的作用。在其他措施难以发挥作用，缺乏刑法以外机制，使得毒品犯罪态势得不到控制甚至恶化的情况下，采取重刑是最为直接、短期内也最有效的举措。而这又将进一步影响其他手段的发挥。显然，要解决这一系列问题，除了需要观念转变等措施之外，改变当前的统一刑法典模式，不失为打破循环的有效举措之一。

---

① 张明楷：《刑事立法的发展方向》，载《中国法学》2006年第4期。

三、毒品犯罪立法模式与毒品犯罪态势的冲突

（一）毒品犯罪态势的活跃化

当前，新型毒品、新精神活性物质与新型涉毒行为不断出现、蔓延，对毒品犯罪治理提出了新的挑战。所谓新型毒品，是指冰毒、甲基苯丙胺等区别于大麻、海洛因等传统毒品，通过对化学品或药品人工合成所获得的毒品[①]；而新精神活性物质，是指通过人工方法，使结构上与国家管制的麻醉药品、精神药品迥异但成瘾性等理化属性极为相似，甚至精神作用可能更强，但由于物质结构不同而无法根据管制目录进行规制的物质[②]。由于新精神活性物质尚未受国家明文管制，尽管其具有严重的精神毒性，但却可以打着“合法”的名义流入市场，骗取人们吸食、滥用，且难以被察觉并被及时规制，极易使犯罪分子逃避制裁。从国家禁毒办发布的《2018 年中国毒品形势报告》来看，冰毒已经取代海洛因成为我国滥用人数最多的毒品；而新精神活性物质的蔓延发展也是目前面临的突出问题，“笑气”“神仙水”等包装性、伪装性极强的新精神活性物质在娱乐场所、青少年群体中大量滥用。中国社科院等发布的《国际禁毒蓝皮书》也指出，新精神活性物质滥用有取代传统毒品之势，自 2009 年开始监测以来，正约以每周一种新品种的平均速度出现，数量之多，更新之快，是传统毒品无法比拟的[③]。

除此之外，随着社会发展，涉毒行为的行为类型也在不断发展、变化。尤其是在互联网不断发展的当下，滋生了行为主体、行为方式、危害后果不同于传统毒品犯罪行为的新型网络涉毒行为，例如，通过开设聊天室、虚拟平台交流吸毒经验、讨论涉毒信息、在聊天室中“聚众滥用”毒品的行为，以及利用直播平台直播吸毒以赚取收益等行为。

但当前对于网络涉毒信息和行为的规制，仍然处于并不明确的状态。《关于加强互联网禁毒工作的意见》也指出，互联网在毒品犯罪中几乎形成了制毒、贩毒、吸毒、分享交流的全产业链条，而其中大量的新型涉毒行为的认定及量刑缺少规范或规范尚未明确，相关政府职能部门、相关互联网机

---

① 李莉：《关于新型毒品犯罪立法完善的几点思考》，载《前沿》2010 年第 5 期。

② 包涵：《新精神活性物质管制的国际经验和中国路径》，载《公安学研究》2018 年第 3 期。

③ 张勇安：《全球毒情的新趋向与毒品治理的新转向》，载张勇安主编：《国际禁毒蓝皮书：国际禁毒研究报告（2019）》，社会科学文献出版社 2019 年版，第 6 页。

构在其中的职责、工作机制、法律责任等也需要予以明确或加强，以起到相应的监管作用①。而这也为违法犯罪分子提供了可乘之机，利用网络技术与传统毒品违法犯罪行为相结合，不断产生新的行为类型以躲避监管。正如有学者所指出的，基于网络的交互性、信息的可复制性，使得毒品信息（毒品的种类、数量、纯度等）以及涉毒行为信息（毒品滥用、毒品流通等）具有了不同于现实的毒品以及毒品违法犯罪行为的独立意义②。这些信息可以通过多种网络渠道广泛复制、传播，成为一种全新的行为类型，并使得现实中的毒品滥用、毒品交易等行为的危害通过网络不断放大，难以监测、极易蔓延且指向不特定的对象，具有不同于传统毒品犯罪行为的危害性。此外，网络涉毒行为涉及网络服务的提供者、管理者、所有者，涉毒信息的传播者、接收者等多方主体，这些主体身份之间不仅可能存在重合，且这之中又可能存在与现实中的毒品违法犯罪行为的实施主体的身份相交织，导致多方主体与多重身份、多重责任的混杂。并且，网络空间本身处于各类主体不断“进出”的流通过程中，这就导致网络涉毒行为的参与主体也随时处于流通、变化之中，存在着显著的不确定性。而随着科技的发展，法律对各类主体的行为认定，风险、责任的分配也在发生着不断变化。总而言之，由于涉及多方主体、多种形式，网络涉毒行为及其法律规制将处于不断变化之中。

可见，当前的毒品犯罪态势呈现“活跃”趋势，社会、科技的发展带来毒品与毒品犯罪行为的“更新速度”所产生的规制需要与法律秩序本身所具有的稳定性之间产生了难以调和的矛盾。如何完善法律规定是当下毒品犯罪刑事政策的重要发展方向。

（二）毒品犯罪态势的活跃化与统一刑法典模式的冲突

从我国当前的毒品犯罪立法模式来看，应对活跃态势主要有以下两种进路：

1. 刑法解释的进路

前已述及，我国毒品犯罪立法具有抽象性、模糊性，对于毒品概念、构

---

① 张年亮：《明确责任提供依据 深入推进互联网禁毒》，载《人民公安报》2015 年 4 月 29 日。

② 莫洪宪、王肃之：《毒品滥用行为网络防控体系的多维建构》，载《政法论丛》2020 年第 1 期。

成要件以及定量标准等，都并未明确规定，而这也为司法实践中对条文进行解释，对各类新型毒品、新精神活性物质的管制（目前来看，主要是对行政上已经列管的物质）以及对新型涉毒行为的认定留出了充分的空间。这也是目前毒品犯罪的刑法规制中通常采用的进路。同时，为了统一、规范刑法适用，也出台了相应的司法解释对上述问题进行规定。例如，最高人民法院《关于审理毒品犯罪案件适用法律若干问题的解释》（以下简称《毒品犯罪解释》）的第 1 条确定了苯丙胺类毒品（除甲基苯丙胺）的量刑标准；《武汉会议纪要》对随着社会发展出现的代购、居间、蹭吸行为等情形，在《大连会议纪要》的基础上作了进一步的明确规定。这些规定也可以看作对模糊的构成要件进行解释，进而在司法解释中规定、明确对应犯罪的具体犯罪类型。

诚然，在立法的抽象性下，具有较为充分的解释空间。但是，解释能够起到的作用终归是有限的，尤其是新精神活性物质、新型涉毒行为在科技、社会的发展下，其性质、形态具有了现行规定难以容纳的内涵。例如，新精神活性物质与麻醉药品、精神药品只是在成瘾性上类似，但其理化性质完全不同，也不作为药物使用，能否将其解释为“药品”是值得怀疑的。又如《毒品犯罪解释》将设立组织他人吸食、注射毒品的网站以非法利用信息网络罪定罪处罚。但对于非法利用信息网络罪的设立，是对利用信息网络实施传统犯罪的行为的早期介入，所谓“非法利用”行为，基于罪刑法定原则的要求，应当限于刑法已经明文规定的行为①。而显然，单纯设立组织吸食、交流的聊天室、群组难以为当前的刑法分则罪名所涵盖。在解释进路下，随着社会发展，需要对原有含义不断赋予新的内涵，但网络行为与现实行为毕竟存在着多方面的不同，不断扩大解释以容纳更多的内容，最终将致使对应概念的内涵与外延虚化，或有进行类推解释之嫌。而刑法也丧失其明确性，一般民众难以根据刑法预测行为后果、引导自身行为，最终导致统一刑法典所具有的权威性、威慑功能也受到影响。

同时，从表面上看，虽然基于立法的抽象性，通过发布司法解释的方式使得不需要通过频繁修改立法即足以应对当下活跃的毒品犯罪态势，能够在保持法律秩序的稳定性的同时，一定程度上实现对及时管制的需求。然而，

---

① 缐杰、吴峤滨：《〈关于办理非法利用信息网络、帮助信息网络犯罪活动等刑事案件适用法律若干问题的解释〉重点难点问题解读》，载《检察日报》2019 年 10 月 27 日。

如此多的司法解释等规范性文件将使得毒品犯罪规范体系愈发庞杂。以毒品数量为例，作为毒品犯罪量刑的基础，所涉及的规范性文件就包括《南宁会议纪要》，《大连会议纪要》，《武汉会议纪要》，《昆明会议纪要》，《毒品犯罪解释》，最高人民法院、公安部《关于公安机关管辖的刑事案件立案追诉标准的规定（三）》（以下简称《立案追诉标准（三）》），最高人民法院刑一庭《关于审理若干新型毒品案件定罪量刑的指导意见》以及《非法药物折算表》等。其中的具体规范则更为复杂，一般民众极难明确毒品犯罪处罚范围，缺乏行为后果的可预测性，甚至连司法工作人员在适用规范上都存在一定的困难。在刑法规定不明确的情况下，难以为刑事司法提供法律依据，转而依赖于数量庞大、事实上制定了抽象的刑事规范的司法解释。在如此多的具体规定下，不仅毒品犯罪的定罪量刑早就“知司法解释而不知刑法典”，连司法解释的内容也过于零散、不成体系。如此，刑法典又何谈得上“统一”和“完备”呢？并且，在活跃的犯罪态势下，司法解释频繁出台，可以说，刑法典的稳定性与明确性早已被司法解释所削弱，零散、复杂的司法解释也使得刑法典事实上仅保留了形式上的法典体例。

更为重要的是，虽有这一系列规定，却难以应对毒品犯罪的活跃态势。当前毒品范畴的确立及对应的刑法规制，是由“行政法 + 刑法”共同完成的；行政规范确立管制目录，司法解释规定量刑标准。然而，在这一体系之下，仍然存在着前述的行刑衔接问题：对新精神活性物质进行增补列管之后，却缺乏对应量刑的数量标准与程序。而最高人民法院也并未及时出台相关规定，导致在 2015 年 10 月增补 116 种新精神活性物质之后，直到 2016 年 4 月 6 日《毒品犯罪解释》出台，7 个月内，缺少对应的罚则而处于有罪无刑的状态。而 2017 年增补的 8 种新精神活性物质，也仍未出台相应的数量标准，大大减少了列管的意义。

2. 立法补充的进路

在解释进路难以发挥作用的情况下，通过立法进行补充、完善是应对毒品犯罪态势的应然选择。然而，本书认为，这一进路依然不适用于我国的统一刑法典模式。

一方面，毒品犯罪态势的活跃化与刑法典的稳定性之间存在冲突。前已述及，不仅新型毒品、新精神活性物质频繁更新，网络涉毒行为由于多种行为方式、行为主体相交织，加之新技术的不断出现，也极易频繁变化，加剧了犯罪态势的活跃化与刑法典的稳定性之间的冲突。诚然，刑法典并不是不变的，必要的修改并不会影响刑法典的稳定性。但是，新型毒品、新精神活性物质以及新型涉毒行为的刑法规制是以行政管制为前提、以规制的及时性和合目的性为导向的，面对社会的发展需要反复修改立法以实现规范的有效性、准确性。而这与作为基本法，事关基本法律秩序、国民基本生活安定的刑法典所追求的稳定性目标不同。在刑法典不适宜规定得过于抽象的情况下，要么频繁修改而影响刑法典的稳定性，要么追求刑法典的稳定性而难以及时应对，都难以应对当下的活跃态势。

另一方面，当下的毒品犯罪态势对传统的刑法规范提出了新的要求，也与刑法典的体系性之间存在冲突。对于新型毒品、新精神活性物质的立法规制，需要庞大的毒品目录以及对应法定刑；对于网络涉毒行为需要更为精确、专业的用语，在复杂的网络环境下要求更为精确的用语描述，且由于涉毒信息可以在不特定主体参与下迅速传播，使得毒品滥用、毒品交易的危害后果处于难以预测、难以把控且可能“无限延展”的状态[①]，需要更全面的考量，加之涉及多方主体的责任分配等问题，都将使得“毒品犯罪”一节相较于其他章节更为臃肿，使得刑法典丧失其体系性。此外，在网络带来的对象不特定、行为的虚拟性与现实性交织等新特性的情况下，若要对于网络涉毒行为进行刑事立法，则必然要考虑：传统的刑法概念、刑法规定以及刑法解释能否适用于网络涉毒行为的刑法规制？另外，网络涉毒行为的危害性呈现出危害大小、危害范围的不特定性，不能与传统行为的危害性等同视之，属于刑法的提前介入，因此在刑罚上轻缓化的同时，需要引入更为细致、多幅度的刑罚配置，也要考虑发挥禁止令、财产刑等措施的作用。同时，在这些网络涉毒行为的主体、危害性具有不特定性的同时，行为人对应的主观认识可能具有不确定性，可能与刑法第 14 条规定的“明知”、刑法理论中对于共同故意的界定等存在冲突。在主体、主观、因果关系以及危害后果较为模糊的情况下，对于责任的分配依据也可能与传统的归责原理有不同。如果要将这些问题完全规定在刑法典中，将进一步导致上述概念的内涵、外延过分扩张，不符合通常含义而丧失明确性的同时，也具有使得刑法规定之间存在冲突的可能性，影响刑法典中的概念、理论、规范之间的体系性。

---

① 莫洪宪、王肃之：《毒品滥用行为网络防控体系的多维建构》，载《政法论丛》2020 年第 1 期。

总而言之，在当前的活跃态势下，统一刑法典或通过在刑法典之外制定大量的司法解释以应对，影响刑法典本身的统一性、明确性；或通过频繁修改立法、突破本身的稳定性、体系性以应对。对于不断发展变化的毒品犯罪，无论哪一种进路，以稳定、形式单一的刑事立法模式容纳，都与前述统一刑法典模式下毒品犯罪立法模式的特征不协调，将使得刑法典最终丧失其法典的实质特征，仅保持形式上的刑法典体例。

四、多元化立法模式是毒品犯罪立法的应然选择

正如储槐植教授所指出的，我国是世界上唯一一个将所有犯罪规定在刑法典中的国家，而这种单轨制的立法模式不适合时代发展需要，也困扰了刑事司法[①]。而在毒品犯罪治理中，当前的统一刑法典模式不仅过于强调刑法的作用，影响了其他治理手段的构建，也限制了刑法典本身的明确性与稳定性，难以及时、有效地应对犯罪，刑法典的作用反而受到削弱。对此，本书主张，应当改变统一于刑法典的毒品犯罪立法模式，将传统的、较为稳定的、性质最为严重的毒品犯罪规定在刑法典中，而对于毒品治理所需的特殊治理手段等，制定于附属刑法或单行刑法之中，以构建毒品犯罪治理的多元化立法模式。在打破统一刑法典带来的束缚的同时，也为毒品犯罪治理提供充分、合理的法律依据。

（一）采取多元立法模式符合科学立法的要求

从前述刑事政策分析中可以看出，不论是实现综合治理，还是应对毒品犯罪态势，都需要制定一系列行之有效的法律规范。而为了保证规范的合法性、内容的科学性，相较于当下的司法解释等规范性文件，由立法来进行制度构建显然是更为合理的选择。

一方面，采取多元立法模式，将当前刑法典难以容纳的、制定于司法解释或行政法规中的内容交由立法进行规定，符合宪法、立法法关于立法权限的要求。前已述及，毒品犯罪中所包含的犯罪类型较为复杂，但受限于刑法典的简短价值与体系性的要求，难以规定在刑法典中，所以依赖于司法解释予以明确。而其中包括对特情引诱的认定、吸毒者运输、持有毒品行为的认定、死刑适用等立法并未涉及的规范，甚至有诸如将非法购买、运输、携

① 储槐植：《犯罪学界的贡献》，载《江西公安专科学校学报》2007 年第 4 期。

带、寄递复方麻黄碱制剂这一制毒物品的行为认定为贩卖毒品罪的“类推”性质的解释。这些规定都表明当前司法解释存在着在立法之外进行超越立法法第104条规定的针对具体法律条文、具体应用法律的解释权限，具备了对刑法典尚未规定的范畴，一般性地确定抽象行为规则的立法活动的实质内容[①]。相比之下，将这些内容通过附属刑法或单行刑法进行规定，在符合立法权与司法权分野的同时，也能够避免由于规范制定主体的不合法而影响规范效力，进而对司法实践产生负面效果。

另一方面，制定单行刑法或附属刑法具有更高的立法质量。当前的规范制定处于立法稳定而司法解释活跃的状态。从制定主体来看，司法解释是由最高人民法院、最高人民检察院单方制定，制定所依赖的也是司法实践所获取的、较为有限、单方面的信息，难以全面考虑多方面的问题与需求。在许多情况下，司法解释的出台目的是为司法实践尽快提供法律依据、避免因无法可依而放纵犯罪。这在一定程度上导致了司法解释的制定极易受当下仍然严峻的毒品犯罪态势的影响，导致缺少对不同领域、不同权利、不同因素的考量，影响其合理性。相反，作为一项立法活动，单行刑法与附属刑法的制订能够凭借立法活动所具有的立法技术、立法程序等，在人大的主导下，让代表人民利益的多方主体参与，充分表达不同的信息与意见。通过大量、公开、民主的表达、沟通、协调机制，对法律适用中的问题、分歧等进行全面讨论；全面地收集信息，分析当下毒品问题治理的制度与措施、重点与不足等，实现主体职责的合理分配、治理机制的协调运作，从而尽可能地保证立法的合理性、民主性，构建科学的法律体系。

（二）构建多元立法模式符合综合治理与灵活应对的需要

正如有学者指出，为了进行刑事法治建设，理当以刑法典为中心，树立刑法典的核心地位，但这并不意味着以刑法典为刑事规范的唯一表现形式，忽视单行刑法与附属刑法在立法技术、对抗犯罪方面的优势[②]。在毒品犯罪治理中固守统一刑法典模式，意味着对于毒品犯罪基本只能简要规定罪状与法定刑以尽可能实现内容上协调一致，并以这样一种不变的规范形式去应对始终随着社会发展变化而变化着的毒品犯罪，忽略毒品犯罪与其他犯罪之间在刑罚作用、治理方式等各方面的差异。这显然是过于理想的，也不能满足

---

① 袁明圣：《司法解释“立法化”现象探微》，载《法商研究》2003年第2期。
② 卢建平、姜瀛：《犯罪“网络异化”与刑法应对模式》，载《人民检察》2014年第3期。

活跃的毒品犯罪态势及实现综合治理刑事政策的要求。

构建多元立法模式，发挥单行刑法与附属刑法的优势，其重要作用之一即在于“去刑法中心化”，打破以刑法典、刑罚处罚为核心的现行模式。在多元立法模式下，规范的制定不再受制于刑法典的体系性、独立性特征。可以直接规定在附属刑法、单行刑法之中，可以在法律中具体规定毒品的行政管制、戒毒措施、禁毒宣传教育等内容，从而使毒品犯罪治理所依据的法律规范不再仅仅局限于刑法典的规定，以明确刑法规制与其他治理手段的地位、关系、作用及如何衔接，从而构建分工明确、协调统一的毒品犯罪治理体系，真正意义上在法律中实现综合治理，以改变当前禁毒法中的“有禁无罚”“补充立法”的定位，避免刑事规范成为脱离于禁毒法之外、由刑法典单独规定、更具优先效力的一部分。

此外，单行刑法与附属刑法具有刑法典所不具有的灵活性。这种灵活性不仅体现在规范的制定上更为灵活、便捷，可以及时出台、修改规范以及时应对新的犯罪治理需要；同时，在不受刑法典的体系性约束下，在规范的内容上也可以更加灵活，根据应对犯罪的需要以构建毒品犯罪治理特有的治理措施、罪刑规定等，而不会对刑法典本身的统一性、体系性造成冲击。

例如，可以将戒毒措施规定为一项对实施毒品犯罪行为的吸毒者特有的保安处分，由司法机关在特定情况下对于反复、多次实施毒品犯罪行为的毒品犯罪分子实施，既能够防止长时间的人身限制决定由公安机关单方作出，有助于保障吸毒者的权利，也有助于实现对毒品犯罪分子的特殊预防。可以将这一措施与社区矫正制度相结合，二者在社会机构、人员专业化以及社会治理作用的发挥上具有一定的一致性，不仅能够促进毒品犯罪分子的再社会化，而且避免了社会资源在社区戒毒与社区矫正制度上不必要的双倍支出，也更有助于构建完善的社区戒毒制度，发挥社会治理在毒品犯罪治理中的作用。

又如，可以通过毒品分级制度与临时列管制度的构建，将行政管制的合目的性与刑法规制的及时性需要相连接，将行政的效率性与法律制度的稳定性相结合，使得法律的滞后性带来的影响尽可能减少。一方面，根据不同毒品的成瘾性、危害性以及滥用情况、犯罪态势、药用价值的不同进行分级，并根据不同的分级各自配置刑罚、量刑情节，规定不同的行政管理制度、戒毒措施等，同时根据毒品犯罪态势的变化及时对分级进行调整；另一方面，采取临时列管制度，即由行政机关对某一可能危害社会的精神物质在列管程序上进行简化以满足管制的及时性，并在之后一定期限内统一评估，决定是否正式列管的制度[①]。通过两种制度的结合，可以将列管与对应的刑法规制相结合，避免了在行政列管之后缺乏具体罚则的“有罪无刑”。同时，可以减少规范制定在应对上的滞后，将刑法规制的需要与行政管制的及时性优势相结合。除此之外，还可以对临时列管从轻处罚等以保证罪刑均衡，以及在临时列管后的合理期限内科学评估、正式列管、修改立法以完善具体制度，兼顾管制的及时性与法律稳定性的需要。

（三）立法技术是避免立法零散和冲突的有效手段

众所周知，在1979年刑法制定后，我国为了应对犯罪治理的需要而采取了多元立法模式，致使大量特别刑法的制定带来了法律体系、适用混乱，并基于这一历史经验采取了当前的统一刑法典、刑法修正案相结合的立法模式。因而有学者提出了担忧，认为特别刑法的制定会出现与刑法典不协调、造成法律适用的混淆以及罪名过滥、刑罚范围的大幅度扩张[②]，而刑法典更有助于实现法治的统一与明确性，限制刑罚权的同时通过刑法修正案的方式实现修改的灵活性与法典的完整性、稳定性[③]。

必须承认的是，构建多元立法模式，确实可能导致立法数量增多的情况，且由于立法主体不一、立法理念不同等原因，这些担忧有一定的道理。但是，本书认为，特别刑法与刑法典结合对刑事法治带来的不良影响，与我国当时的立法技术、立法理念与改革开放后的社会变化具有密切的联系。彼时，我国法律事业可以说是处于“开荒扩土”的阶段，在立法的程序、技术等方面较之当下都有不足。如前所述，当时法律适用的不统一，与司法工作人员的水平、素质不高等问题也有密切联系。显然在法学教育、法治建设事业逐步发展的当下，这些问题可以得到改善，并非不可避免的、阻碍特别刑法制定的理由。并且，前文所述条文泛滥、频繁修改等问题也并非附属刑法与单行刑法所特有。即使是统一刑法典、刑法修正案修改的模式，也由于为了应对民情、社会的需要而由全国人大常委会以更为便捷的程序制定、出台，导致了频繁制定以及内容上与刑法教义学的冲突和合理性不足，而受到

① 包涵：《新精神活性物质管制的国际经验和中国路径》，载《公安学研究》2018年第3期。
② 时延安：《刑法立法模式的选择及对犯罪圈扩张的控制》，载《法学杂志》2013年第4期。
③ 高铭暄、郭玮：《我国刑法修正模式辨正》，载《法学杂志》2018年第12期。

了现象立法、不符合刑法谦抑性原则的质疑[①]；也出现了司法解释的大量且频繁制定、出台，成为刑法典之外的、指导司法实践的重要和主要依据的“准立法”，影响了刑法典的明确性、统一性、稳定性。

况且，虽然在立法时需要具有一定的前瞻性、全面性，但立法总是为了应对当下的社会需要而进行的，立法者在立法时对于社会的考量也总是有限的。随着社会发展，原本适当的规范也可能出现冲突。这些问题并不是采取某一立法模式就能够解决的。立法模式只是规范制定、编排的基础，而立法质量则取决于立法技术的提升与适用。因此，首先，在立法期间，应当通过完善立法程序与各方主体表达意见的机制，促使权责的合理分配；其次，在立法后，由于法律面对社会发展始终处于滞后，应当通过对立法的及时评估、修改，以完善法律体系，让立法与社会发展始终处于互相作用的动态协调之中，以保证立法质量；最后，在单行刑法与附属刑法制定后，对已经趋于成熟的法律制度，通过法律编纂实现规范的再整理、修改，进一步实现毒品治理的体系化，避免立法零散、冲突，提高立法质量。总之，立法模式并不必然导致规范冲突、罪名过多、刑法不当扩张，提高立法技术才是避免上述问题的有效手段和应然选择。

综上所述，就毒品犯罪的立法模式选择而言，统一刑法典的稳定性、统一性并不意味着规范实质上的体系性、内容的科学性。多元立法模式带来的灵活性、多样性特点，并不必然意味着规范的零散性、立法的随意性。但在综合治理的需求与活跃的毒品犯罪态势下，统一刑法典导致毒品治理规范制定上的单一性所带来的规范内容的局限性是不可避免的。基于当前的刑事政策要求，应当采取刑法典、单行刑法、特殊刑法并行的多元立法模式。

第二节　非传统安全视角下多措并举模式的建构

自冷战结束以来，世界形势发生了重大变化，国际政治力量多极化趋势日益明显，国际关系相对缓和，大规模的世界战争不会发生，虽然当前世界

---

① 车浩：《刑事立法的法教义学反思——基于〈刑法修正案（九）〉的分析》，载《法学》2015 年第 10 期。

形势依旧严峻且面临着许多新的问题与挑战，但和平与发展依然是当今时代的主题。人们日益认识到，仅靠传统的国家安全理论远不足以适应时代的发展，需要扩大国家安全概念，区分“传统安全”和“非传统安全”，非传统安全理论得以发展。本节试以非传统安全为视角，重新审视毒品犯罪的危害性，并以总体国家安全观为指引，探索毒品问题的综合治理之策。

一、非传统安全与毒品犯罪

（一）非传统安全之由来

长期以来，国家安全理论基本是以“军事”为中心建立的，包括政治安全、军事安全、领土安全、国防安全等。这种理论是建立在威慑和战争的基础之上处理国与国之间的关系，主要目标是保护领土安全，维护国家统一，而对金融风暴、环境资源、公共卫生、毒品犯罪等安全威胁并没有给予足够的重视，或者说未从国家安全层面予以考量，而这些都是对国家安全极具破坏性的潜在威胁。传统安全只着眼于国家层面的“硬件”，与以公民个人权利保障为导向的新型安全理念相悖，有时以牺牲人类发展为代价来保证国家的存续。冷战结束以后，关于安全的议题发生了质的转变，各国不再单单关注于传统安全，其他的安全威胁日益引起了各国的重视。

现在的“安全”不再局限于传统的定义，而是包含了更广泛的内容。1994 年，联合国开发计划署发布了《1994 年人类发展报告》（HDR），该报告首次指出国际社会应当将关注的重心从“领土安全”转移到“人类的安全”，通过可持续发展来获得安全，而不是通过军备来寻求安全，并确立了经济、环境、卫生等七个人类安全要点，[①] 由此提出了一种新的安全概念——“人的安全”，这是一种不可剥夺的、保证个人在最低限度的安全和尊严下生活的权利，由此引起了国际社会的广泛关注和讨论，后来演化为“非传统安全”。非传统安全的产生是社会发展更广泛和更全面的必然结果，新的世界秩序中的安全应该通过防范世界性的经济危机、日益严重的环境恶化和突发的公共卫生事件等来实现，有些学者称之为“全球安全”“非军事安全”“新威胁”等。

---

① United Nations Development Programme, Human Development Report, New York: Oxford University Press, 1994.

（二）非传统安全之界定

“非传统安全”是当下的流行语，在国家治理、外交政策等中被广泛使用。但是非传统安全作为一个新兴的概念，相较于传统安全而言，它仍然缺少一个准确、权威的定义，范围也极为模糊。在 2003 年《世界经济与政治》杂志召开非传统安全会议的征稿中，更是出现了近 30 种非传统安全问题。[①] 有学者在非传统安全与传统安全的对比中得出，非传统安全是由非国家主体引发的、跨国的、非军事的、重视人的安全理念。[②] 也有学者认为，非传统安全则是指传统安全问题之外的其他安全问题。[③] 总的来说，非传统安全主要是指威胁到人民福祉和国家生存的非军事因素，诸如气候变暖、环境恶化、资源枯竭、传染病、自然灾害、非法移民、粮食短缺、人口走私、毒品贩运等，本质上是将这些社会问题纳入国家安全层面进行考察，所以，非传统安全更是一种理念，是一种系统的、全面的、综合的安全观。

非传统安全是“以人为本”的安全观。以往的安全研究主要是以国家为中心，非传统安全的提出导致国家安全内容的重新排位，而“人的安全”则直接挑战以国家为中心的安全观，使安全问题的核心发生重大改变。[④] 安全的所指不再单单只是国家（国家主权、领土完整），更包括人（生存、幸福、尊严）。诸如环境恶化、公共卫生、毒品贩运等非传统安全都直接影响到人的生存与健康，它们通过犯罪、疾病等威胁社会结构，削弱了基本的经济和社会功能，与传统的军事威胁相比，非传统安全容易导致人的丧生，并且随着时间的推移对人们产生不可估量的影响。例如，2020 年侵蚀全球的新冠疫情，截至 2021 年 10 月 1 日，已造成全球 2 亿多人感染，死亡超 400 万例（这些数字仍在上升），没有任何一个国家为应对这种非传统的威胁做好充分准备，既缺乏切实有效的防范措施，又缺乏充足的防疫物资储备，军事实力最强的美国却成了世界感染、死亡人数最多的国家。英国的古典自然法学家洛克在论述政治社会的起源时曾提到：“人类天生就是自由、平等和独立的……任何人放弃其自然自由并受制于公民社会的种种限制，是为了同其他人协议联合组成一个共同体，以谋求他们彼此舒适、安全和和平的生

---

① 王逸舟：《中国与非传统安全》，载《国际经济评论》2004 年第 6 期。

② 朱锋：《“非传统安全”解析》，载《中国社会科学》2004 年第 4 期。

③ 徐坚：《非传统安全问题与国际安全合作》，载《当代亚太》2003 年第 3 期。

④ 柳建平：《安全、人的安全和国家安全》，载《世界经济与政治》2005 年第 2 期。

活，以便安稳地享受他们的财产并且有更大的保障来防止共同体以外任何人的侵犯。”[①] 人民组建国家的目的是保护自身安全，无论是传统安全，还是非传统安全，最终都要落实到人的安全。

（三）非传统安全视野下毒品犯罪的特殊性

毒品犯罪严重威胁着我国的经济、社会乃至边境国土安全，并与多种犯罪相交织，已经成为我国非传统安全领域的重大威胁。非传统安全较之于传统安全更具复杂性、多样性和突发性，在非传统安全视野下，毒品犯罪的特殊性主要体现在：在国家安全层面对毒品犯罪予以考察。

传统的国家安全观聚焦于政治和军事，而毒品犯罪对国家安全的威胁往往是潜在的、间接的，并未引起足够的重视，“非传统安全”概念的提出扩大了国家安全的内涵和外延，推动了中国“安全范式”的转换，诸如经济、社会、生态等问题逐渐被纳入国家安全体系中予以考察。2014 年，习近平总书记将传统安全和非传统安全统一纳入国家安全的范畴，提出了“总体国家安全观”的概念，使得国家安全的概念更加全面、系统。毒品犯罪作为非传统安全领域的重大威胁被逐渐提升到国家安全层面予以考察，这是新安全形势下毒品治理工作的必然要求，为毒品问题的研究提供了一种全新的思路。另外，非传统安全应当是一种全面、高级的安全观，仅讲非传统国家安全问题而忽略甚至排斥传统国家安全问题，那就只能是一种片面的、低级的非传统国家安全观。[②] 毒品犯罪也会间接甚至直接引发传统安全问题，其与恐怖主义、暴力犯罪、枪支贩运等犯罪相交织，严重威胁地区的安全与稳定，我国边境地区的毒品犯罪更是对我国的边境安全构成直接威胁，极易导致军事、外交冲突。在国家安全层面对毒品犯罪予以考察，不仅强调了毒品治理工作在整个国家治理体系中的重要地位，更意味着新时代毒品治理理念和治理范式的转变，有利于推进毒品治理体系和治理能力现代化。

二、非传统安全视野下毒品犯罪危害性的重新审视

传统的政治、军事手段无法应对突发的、不确定的非传统安全威胁。全球化的趋势使得世界各国相互依赖、相互影响，牵一发而动全身，大大加快

---

① ［法］洛克：《政府论（下）》，叶启芳、瞿菊农译，商务印书馆 1996 年版，第 59 页。

② 刘跃进：《非传统的总体国家安全观》，载《国际安全研究》2014 年第 6 期。

了非传统安全威胁的传播速度，扩大了非传统安全威胁的危害范围。毒品贩运是一个全球性的问题，关系到每一个国家的安全与稳定，不断扩大的毒品贸易为各国应对非传统安全带来了严峻的挑战。当前我国毒品问题形势依然较为严峻，毒品贩运通常与恐怖活动、暴力犯罪、武器贩运、走私、洗钱等犯罪相交织，毒品的滥用侵蚀着人们的身心健康，促进了传染性疾病的传播，跨境毒品贩运活动更是严重威胁着我国的边境安全。毒品犯罪成为非传统安全领域的极大威胁，同时也会直接或间接威胁到传统安全。下文将以非传统安全为视角，试图探讨毒品贩运如何与各种安全威胁相交织，对我国的国家安全构成严重威胁。

（一）毒品犯罪与恐怖主义相交织

自出现毒品滥用现象以来，毒品就与恐怖活动连在了一起，毒品贩卖始终伴随着暴力的使用。[①] 但近年来，毒品犯罪与恐怖主义之间的联系更加紧密，“毒恐结合”“以恐贩毒”“以毒资恐”趋势明显。自“9·11”恐怖袭击事件以来，国际社会加紧了对恐怖组织的打击，国家支持的恐怖活动锐减，恐怖组织的资金也大多被冻结，恐怖分子获取资金和技术支持的渠道日渐多元化，其中一个非常重要的途径就是毒品贸易。

毒品犯罪与恐怖主义的联系源于这两类群体之间的密切关系和经济利益的需要。毒品犯罪与恐怖主义的犯罪性质，决定了两者活动的秘密性，加之两者活动的重叠（洗钱、武器装备、暴力犯罪等），增加了组织间相互依存的互动机会，两者的某些需求可以通过组织间的交易甚至资源共享得到满足。恐怖组织可以为毒品犯罪提供武装保护，开拓新的毒品市场，保证毒品犯罪的存续和发展；而毒品犯罪助长了恐怖分子的嚣张气焰，增加了打击恐怖主义的难度，破坏国家及地区的安全与稳定。总的来说，毒品犯罪也可以通过以下几种方式助长恐怖主义：（1）为恐怖活动提供资金；（2）制造社会混乱，营造恐怖活动滋生的土壤；（3）共享情报信息和基础设施，例如毒品贩运的路线可用于输送恐怖分子、武器、爆炸物等；（4）传播恐怖主义、宗教极端主义、民族分裂主义思想；（5）加剧腐败，削弱政府打击恐怖组织和恐怖活动的能力。

---

① 马忠红：《毒品非法交易与恐怖主义活动》，载《公安研究》2003 年第 6 期。

（二）毒品犯罪与网络安全相交织

随着网络技术的发展，各国越来越重视本国的网络安全。从世界范围来看，网络安全威胁和风险日益突出，并日益向政治、经济、文化、社会、生态、国防等领域传导渗透。[①] 受网络技术发展的影响，毒品犯罪呈现出网络化的典型特征。[②] 近年来，越来越多的犯罪分子借助互联网进行吸贩毒活动，不仅使毒品犯罪更加隐蔽、复杂，而且客观上传播了各种违法犯罪信息，加剧了网络犯罪的发生，威胁着我国的网络安全。

互联网已经全方位地介入了社会各领域，在促进产品、资金和信息的跨国界流动的同时，客观上推动了在线毒品市场的发展。网络社交媒体在毒品市场中扮演着重要的角色，犯罪分子通常使用毒品俚语，并依托快捷的网络支付手段和物流寄送服务进行交易，买卖双方不用实际接触，保证了交易的安全性，仅 2019 年全国就破获了网络涉毒案件 6957 起。[③] 通常情况下，与贩毒有关的网站都是在所谓的"暗网"（Dark Web）中运行的，通过普通的搜索引擎无法访问暗网，它被隐藏起来了，只能通过特殊的软件、授权才能访问。暗网的开发是一种变革性的犯罪创新，它隐藏了交易双方的信息，保证了交易安全，客观上也扩大了毒品交易的市场，使得毒品可以在全球范围内流动，逐渐成为毒品交易的新平台。联合国毒品和犯罪问题办公室执行主任加达·瓦利（Ghada Waly）在一次会议中提到，"大约有一半暗网活动与毒品有关，通过暗网进行的毒品交易比例已经上升到 11%"[④]。例如，名为"丝绸之路"（Silk Road）的黑市交易平台通过将"Tor 浏览器"[⑤] 和比特币这两种技术结合起来，以保证其运营的双重隐蔽性。"Tor 浏览器"的使用使得用户的 IP 地址被屏蔽，比特币、莱特币等加密货币的使用使得无法追踪其流向。在提供匿名服务的同时，"丝绸之路"为卖家和买家提供了良好的在线交易环境，建立了专业的纠纷解决机制、卖家评级、会员论坛等。相关的暗网站点还有很多，如"丝绸之路 2.0""丝绸之路 3.0""Alpha Bay"

---

① 习近平：《在网络安全和信息化工作座谈会上的讲话》，载《人民日报》2016 年 4 月 26 日。

② 胡江：《毒品犯罪网络化的刑事治理》，载《西南政法大学学报》2020 年第 5 期。

③ 《〈2019 年中国毒品形势报告〉发布》，载《人民公安报》2020 年 6 月 25 日。

④ 《上合组织携手联合国如何打击暗网贩运毒品?》，载奔跑财经网，http://www.finacerun.com/home/news/detail/article_ id/36299. html。

⑤ 1996 年，为保证军队及情报部门数据的安全，美国海军实验室开发了洋葱路由（简称 Tor），可以像洋葱一样将情报数据层层加密通过多个节点进行发送。

“Hanza”等，这些站点都被陆续关闭，但更多的暗网平台也在相继涌现。

（三）毒品犯罪与公共卫生相交织

公共卫生问题直接影响到人类的生存与发展，不仅威胁着人的生命与健康，而且削弱了一个国家的政治、经济实力，引发各种社会问题，威胁着国家安全，2020年新冠疫情的全球蔓延更是引起了各国对公共卫生问题的重视。

毒品滥用是全球公认的主要公共卫生问题之一。毒品的滥用会给人们的健康带来一系列的负面后果，如心脑血管疾病、艾滋病毒感染、肝脏疾病、精神健康障碍甚至是兴奋致死等。其中，毒品与传染性疾病的联系更为紧密，部分吸毒者采用的是静脉注射吸毒的方法，通常缺乏严格的消毒措施，一个针头反复使用或者多个滥用者共用一个针头，从而通过血液传播了疾病。有调查数据显示，在我国的吸毒人群中，“人类免疫缺陷病毒（HIV）”“乙型肝炎病毒（HBV）”“丙型肝炎病毒（HCV）”的感染率分别为3.3%、25%、50.4%。[①] 联合国毒品和犯罪问题办公室也曾明确指出毒品的滥用与艾滋病传播之间的联系，据估计，2018年全球注射毒品的共计1130万余人，全球感染艾滋病毒的约有10%是由注射吸毒所导致的，每8个注射毒品的人中就有1个携带艾滋病毒。[②] 而且，吸毒有时伴随着性滥交、聚众淫乱的发生，从而导致了梅毒、淋病等性病的传播。在经济发展水平低的国家和地区，由于缺乏完善的公共医疗卫生保障，毒品滥用引发的公共卫生危机愈加恶化。另外，贫困、缺乏教育等使得社会底层的人更容易染上毒品，增加了失业、贫困等风险，间接促进了卖淫、盗窃、抢劫等事件的发生，造成了长期的恶性循环。

（四）毒品犯罪与边境安全相交织

边境作为保证国家安全的第一道屏障，是现代国家的关键要素。[③] 我国紧靠“金三角”“金新月”两大世界毒源地，贩毒分子通过漫长的边境线向我国输送毒品，对我国的边境安全也造成了客观直接的威胁。

首先，两大世界毒源地的毒枭大多是地方民族割据势力，拥有自己的武

---

① 王昊鹏等：《中国大陆吸毒人群HIV、HBV、HCV感染状况及其相关因素的Meta分析》，载《中华疾病控制杂志》2010年第4期。

② United Nations Office on Drugs and Crime（UNODC），World Drug Report 2020.

③ 王利文：《东南亚边境安全与地区恐怖主义》，载《南洋问题研究》2017年第4期。

装力量与政府抗衡。这些民族割据势力多盘踞在隐蔽闭塞的山区，经济落后，加之政府军的压制和封锁，为获取经费支持转而从事武装贩毒活动，导致我国边疆地区的毒品、枪支走私猖獗，极易引发武装冲突，诱发政治、军事等问题。其次，从事贩毒活动的民族地方武装与当地政府军时常发生冲突，中国作为邻国必然会受到一定的威胁，军事冲突导致大量的难民涌入我国边境地区，成为威胁我国边境社会稳定的潜在因素，同时也给西方列强染指东南亚事务、建立军事据点以遏制中国崛起提供了借口。最后，我国边疆地区多为少数民族聚居区，存在大量的跨界民族。由于生活习俗和语言的共通性，使得我国边疆地区人口的双向流动更加便捷，给不法分子利用这一优势从事毒品贩运活动提供了可乘之机，同时也夹杂着各种犯罪活动，如恐怖主义、人口贩运等，严重威胁我国的边境安全。

三、非传统安全视野下毒品犯罪的治理路径探析

非传统安全视野下毒品犯罪的危害性更加凸显，各种非传统安全威胁错综相连，牵一发而动全身，毒品犯罪及其产生的“多米诺效应”会对社会安全、国家安全乃至世界安全构成严重威胁，必须重视和加强毒品的治理工作。毒品治理是一项长期而艰巨的系统性工程，需要多层次、多领域的综合治理。新时代的禁毒工作要注意及时更新转变治理理念，有必要在禁毒工作中融入国家安全的理念。习近平总书记指出，贯彻落实总体国家安全观，必须既重视外部安全又重视内部安全，对内求发展、求变革，求稳定，建设平安中国，对外求和平、求合作，求共赢，建设和谐世界。习近平总书记关于总体国家安全观的论述是各项国家安全工作的行动指南，禁毒工作的开展同样要重视外部安全与内部安全。

（一）更新毒品治理理念，融入国家安全

非传统安全的提出丰富了国家安全的内涵和外延。当前我国的安全威胁比任何历史时期都要复杂多样，毒品安全作为国家安全的一个重要派生要素，理应给予足够的重视。在新的安全形势之下，必须在禁毒工作中确立总体国家安全观的指导思想，以总体国家安全观为指引，全面推进新时代的禁毒工作。

非传统安全的研究促进了刑法理念更新和发展，对于如何认识犯罪、犯罪圈的设定、刑法在社会治理中的作用以及刑事政策的制定都产生了深远的

影响。随着非传统安全问题被逐渐重视，毒品犯罪作为非传统安全领域的重要威胁被赋予了新的身份。按照既往的认识，危害国家安全的犯罪专指刑法分则第一章的罪名，毒品犯罪是侵犯社会管理秩序、危害社会的一类犯罪，充其量是社会机体上的毒瘤，未被提升到国家安全的层面予以考察。非传统安全更加强调各种安全要素的相互协调，使得国家安全的研究不单单局限于政治、军事等领域，越来越多的社会问题被纳入进来，危害国家安全的犯罪不再单指刑法分则第一章，刑法所规定的全部罪名其实都可以隶属于国家安全的范畴，只是重要层级有些许不同，由此构成了一个全面、系统、综合的安全观。非传统安全视野下的毒品犯罪，如若处理不好，任其蔓延、嬗变，将会对国家安全造成极大侵害。因此，必须将毒品犯罪上升到国家安全的高度，树立总体国家安全观的意识，统筹应对毒品犯罪及其衍生出的各种安全威胁，从多个维度对毒品问题进行社会综合治理。

（二）深化禁毒的国际合作关系，保证外部安全

世界政治经济一体化的趋势促进了各要素在全球范围内的流动，诸如金融危机、毒品犯罪等非传统安全问题也随之扩散。相较于传统安全，非传统安全没有明确的物理边界，具有较强的连带性和跨国性。想要单凭一己强势就能一劳永逸解决所有安全问题，在当今国际社会已然难以实现，也难以想象。① 因此，加强非传统安全视野下毒品的治理工作，必须从谋求共同的安全出发，深化禁毒领域的国际合作，保证外部安全。

毒品问题是一项全球性的治理难题，需要国际社会的共同努力。我国历来是国际禁毒合作的积极倡导者和参与者，并认真履行国际禁毒义务，展现负责任大国的担当作为，积极借助东盟、上海合作组织等国际平台，建立与东南亚、西亚、中亚等国家的多边、双边禁毒合作机制，并与数十个国家或部门签署了禁毒合作文件，建立了长期密切的禁毒合作关系，推动国际禁毒合作的稳步向前。当前我国的毒品大多数来源于境外输入，我国毗邻“金三角”“金新月”两大制毒基地，地缘便利，贩毒分子依靠漫长的边境线不断从我国的云南、广西、广东等边境走私毒品，在2019年缴获的海洛因、冰毒等主要毒品中，来源于“金三角”地区的占82.7%。② 虽然我国不是

---

① 黎宏：《论总体国家安全观的变革性特征》，载《重庆大学学报（社会科学版）》2015年第3期。

② 《〈2019年中国毒品形势报告〉发布》，载《人民公安报》2020年6月25日。

“金新月”毒品基地的主要消费国，但近年来该地区的贩毒分子也尝试开拓我国市场，是我国毒品治理的潜在威胁，仅阿富汗一年就可以产出360—610吨的海洛因。[1] 因此，必须加强禁毒领域的国际合作。一是继续积极参与到全球毒品治理工作中，积极建言献策，加强与联合国毒品和犯罪问题办公室的交流协作，贡献中国力量和中国智慧，同时深化与周边国家的禁毒合作，完善双边、多边禁毒合作机制，建立长期而稳定的禁毒合作关系。二是加强毒品情报交流，建立全面而及时的涉毒信息共享机制，确保对毒品犯罪的精准打击，避免因信息时间差导致的打击漏洞，定期开展双边、多边禁毒合作会晤，交流禁毒经验，适时调整双边、多边禁毒战略和政策，商讨进一步的禁毒合作计划。三是联合开展跨国禁毒专项行动，提高毒品犯罪的打击力度和打击能力，保证区域间安全稳定的毒品环境，以区域合作带动全球的禁毒国际合作。四是完善国家间的刑事司法协助，着重解决有关案件管辖、刑事法律和刑事证据等方面的差异问题，保证后续刑事程序的顺利运作，完善毒品犯罪的国际追赃追逃机制，携手共建安全稳定的国际环境。

另外，“金三角”地区毒品泛滥的一个重要原因就是该地区民族地区武装割据，政治局势动荡不安，政府军无力管控。该地区不稳定的政治局势会引发各种非传统安全问题，并迅速向外蔓延，严重影响我国的国家安全。该地区政治局势的稳定，不仅有利于该地区的毒品治理工作的顺利开展，也会对我国的毒品防控产生重要的积极效应。因此，一方面，我们要继续秉持和平共处五项原则，不干涉他国内政；另一方面，随着中国国际地位的提高，中国在世界上拥有越来越多的话语权，承担着更多的国际责任，应当打破固化的传统思维，逐步树立“创造性介入”[2] 的外交战略，积极参与国际事务的处理，为促进区域政治局势的稳定、谋求共同安全贡献中国力量。

（三）完善毒品的打击阻控体系，保证内部安全

从规范层面来看，我国的禁毒规范体系主要由禁毒法、刑法、治安管理处罚法、社区矫正法、《易制毒化学品管理条例》、《戒毒条例》等一系列的刑事、行政立法构成。虽然这些立法打击的侧重点有较大差异，但综合来看，都是建立在毒品犯罪的三个主要环节，即“生产—流通（贩卖）—消费”。鉴于我国毒品大多数来源于境外，国内罂粟、大麻等原植物的种植较

---

① United Nations Office on Drugs and Crime（UNODC），Afghanistan Opium Survey 2018.

② 王逸舟：《创造性介入——中国外交新取向》，北京大学出版社2011年版，第4页。

少，国内的毒品制造主要以新型合成毒品为主，所以在生产方面，毒品治理应当侧重于国内易制毒化学品的管控。另外，毒品犯罪多发生于毒品流通环节，受制于毒品市场供求关系。[①] 因此，要着力打击毒品的流通，遏制毒品的蔓延，但最根本的还是要降低毒品市场需求。

1. 堵源：加强易制毒化学品的管控

近年来，我国加大了对国内制毒活动的打击力度，对易制毒化学品进行了全面深入的整治，国内制毒活动暂时得到了有效遏制，但易制毒化学品本身属于生产、医疗等活动中的重要原料，所以仍然存在不法分子借助监管漏洞进行收购，导致大量易制毒化学品非法流失，被用于制毒活动。

一是探索建立易制毒化学品的预警和临时列管机制。随着我国对易制毒化学品的全方位管控，犯罪分子获取易制毒化学品的机会和获取数量受到了严格限制，犯罪分子转而寻求未被列管的代替品，加之国家化工行业的发展和科学技术的进步，更多易制毒化学品可能被研制出来。因此，一方面，要组织专业的人员分析研判制毒的新手法、新原料、新配剂，掌握潜在的易制毒化学品，提醒有关部门重点关注；另一方面，新的非列管易制毒化学品从发现到被列管需要层层上报，耗费大量的时间，犯罪分子可能会大量储存该非列管易制毒化学品，因此可以建立临时的列管机制，限制该化学品的非法流失，在此期间由相关部门分析评估该化学品是否应当被列管。

二是针对重点管制的易制毒化学品建立分层次的“互联网＋监管系统”。所谓重点管制，可以理解为用于制毒的原材料，《易制毒化学品管理条例》将易制毒化学品分为三类，第一类是指 1－苯基－2－丙酮、麻黄素等化学品，这是合成毒品的重要原材料，对其生产、经营、购买采用严格的审批许可制度；第二、三类主要是指苯乙酸、高锰酸钾等化学品，不是制毒原料，属于制毒配剂，可代替性强，对其生产、经营、购买采用宽松的备案制度。所以，“互联网＋监管系统”应当以《易制毒化学品管理条例》所列举的第一类易制毒化学品为重点，为化工企业合法生产的每一单位的化学品设定专属“身份证”，在其物流运转、仓储入库、加工使用的各个环节进行

① 何荣功：《十年来我国毒品滥用趋势与特点的实证分析——兼论我国毒品治理方向的调整》，载《辽宁大学学报（哲学社会科学版）》2012 年第 2 期。

标签扫描与信息录入，[①] 实时监测第一类易制毒化学品生产、流通、使用，遏制其非法流出；针对第二、三类易制毒化学品和其他未列入管控的潜在易制毒化学品，则可继续使用备案制度，并录入信息系统，方便追查即可。

三是深入推进全民参与的易制毒化学品社会治理。防范易制毒化学品的非法流失离不开社会各界的共同努力。要进一步完善党委政府主导、各部门协同发力、社会广泛参与、企业落实主体责任的共建、共治防范制毒工作格局。[②] 公安、海关、行政管理部门等要加强协作，严厉打击易制毒化学品的非法生产、经营、运输等。同时，要强化对化工企业的宣传教育，普及易制毒化学品的专业知识，促进行业自律。建立举报奖励机制，落实企业的主体责任。

2. 截流：完善打击阻控体系

当前我国的毒品犯罪遍及全国各个省份，主要分布于以广东、云南、四川为主的沿海、边境地区，[③] 是境外毒品渗透进国内的主要入境地，制毒活动也较为猖獗，其走私、制造的毒品不断流通到全国各地，危害地域不断扩大。究其原因，主要是在毒品流通环节的打击效果不理想，新型毒品的不断翻新、互联网涉毒案件的频发等都促进了毒品在全国范围内的流通。

一是完善新精神活性物质的管控策略。当前新精神活性物质主要是由《非药用类麻醉药品和精神药品列管办法》（以下简称《列管办法》）进行列管，对于新发现的新精神活性物质，加入列管的期限最长为 9 个月，周期较长，为应对新精神活性物质的高更新频率，可以组织专业人员对已列管的精神活性物质进行化学结构分析，推算出可能借由更改化学结构而得来的新物质，当毒品市场中出现该新物质时，直接列管。[④] 另外，2019 年，我国一改以前的单一列管模式，将芬太尼类物质进行了整类列管，是对我国新精神活性物质列管模式的重大创新，可以进一步探索适用。

---

① 陆垚：《基于数据分析的制毒物品犯罪侦防对策》，载《北京警察学院学报》2016 年第 6 期。

② 刘静：《积极构建全要素监管制毒物品体系》，载《人民公安报》2019 年 2 月 17 日。

③ 根据《人民法院禁毒工作白皮书（2012—2017）》所提供的数据，2012 年至 2016 年，一审审结毒品犯罪案件数排名前十位的省份分别为广东、湖南、浙江、四川、贵州、云南、广西、重庆、江苏、湖北。虽然广东的案件数量全国第一，但就缴获毒品的数量来看，云南省缴获的毒品数量位居全国第一。

④ 姜宇、王雪、陈帅锋：《论我国新精神活性物质管制模式的完善》，载《中国药物滥用防治杂志》2019 年第 2 期。

二是全方位打击网络涉毒行为。首先，加强对互联网服务商的监督管理，及时查处关闭违法服务器、网站等，及时发现、屏蔽敏感词汇，落实互联网服务商的主体责任，净化网络环境；其次，物流行业要落实寄送实名制，严格履行“寄件验视、过机安检”制度，向物流从业人员普及毒品的基本知识，保证能够及时发现新类型的毒品；最后，网络涉毒案件必然涉及网络支付，要加强对互联网金融行业以及第三方支付平台的监管力度，能够准确追踪到资金流向，防范毒品洗钱犯罪。

3. 降需：萎缩毒品市场需求

从经济学的供求理论来看，在国家严厉打击毒品犯罪的态势下，毒品的供给短期会大幅削减，此时毒品供给小于毒品需求，会导致毒品价格的上升，一个经济理性的人会减少毒品的消费，但吸毒者消费毒品的行为不是能科学、自觉控制的经济行为，不是一种经济意义上的消费行为，不具有任何经济理性。[①] 毒品需求在短期内并不会发生明显变化，而价格攀升会吸引更多的毒品犯罪分子铤而走险。近年来，我国的毒品治理取得了不错的成绩，但从长期来看，仅靠国家层面的打击势必会遭遇无法逾越的瓶颈，所以我国毒品治理要以降低毒品市场需求为根本。一方面，要加强对吸毒人员的管控，戒除毒瘾，减少“库存”；另一方面，要加强宣传教育，遏制新吸毒人员的增长。

一是加强对吸毒人员的“特殊预防”。首先，探索多样化的毒瘾戒除机制，制定科学的戒毒医疗方案，尽量减少戒毒者的身心痛苦，同时辅以心理疏导、亲情感化，强化其信心；其次，对戒除毒瘾者进行严格的动态管控，将责任落实到社区，重点关注其是否频繁进出娱乐场所，是否与其他吸毒人员接触，要定期进行摸排工作，不定期对戒除毒瘾者进行毒品检测，防止其复吸；最后，加大资金投入，建立社区康复机构，尽量对每一个戒除毒瘾者进行社区康复工作，提供必要的戒毒康复、职业技能培训和生产劳动条件，帮助其回归社会。

二是加强对社会大众的“一般预防”。加大禁毒宣传力度，举办丰富多彩的禁毒活动，组织志愿者进社区进行毒品知识的普及，使其认识到毒品的危害性，增强自我防范意识，鼓励社会大众积极举报吸贩毒行为，增强全民的防范意识，在全社会形成良好的禁毒氛围。另外，青少年群体好奇心强，

---

① 郑永红：《毒品犯罪的法经济学分析》，载《贵州警官职业院学报》2008 年第 2 期。

防范意识薄弱，应当重点对其进行宣传教育，将禁毒教育纳入教材，定期举办禁毒主题班会、禁毒趣味活动等。

作为国际社会所共同面临的严峻挑战，毒品问题的持续积极改观，对于社会的和谐安宁、国家的安全稳定以及世界的和平发展具有重要意义。习近平总书记指出，做好新时代国家安全工作，要坚持总体国家安全观；把国家安全贯穿到党和国家工作各方面全过程；统筹应对传统安全和非传统安全。总体国家安全观是全面综合的安全观，涉及社会生活的方方面面，毒品问题作为非传统安全领域的重大威胁，理应提升到国家安全的层面予以重视。此外，当前学术研究越来越呈现出多学科相互交叉、互相渗透、紧密融合之势，毒品问题属于刑法学的范畴，非传统安全属于政治学范畴，两者同从属于法学门类之下，理应具有一定的互通性。但是，从目前的研究来看，毒品问题的研究未与非传统安全（或者国家安全）的研究进行紧密结合，虽然在非传统安全的论述中也会提及毒品问题，但也只是浅尝辄止，未有深入阐述。习近平总书记关于总体国家安全观的论述为我国毒品问题的治理提供了一些新思想、新路径，推动了毒品问题研究范式的转变，新时代的禁毒工作必须以总体国家安全观为遵循，重视国家安全与毒品治理的交融互通，着眼于我国国内和国际的毒品态势，综合考虑各种非传统安全威胁因素，统筹毒品的外部安全与内部安全，努力构建大安全格局。

第三章
毒品犯罪主观方面的规范认定

第一节　新型毒品案件中“明知”的司法认定

近年来，伴随着国际毒潮的兴起，以新精神活性物质为代表的新型毒品案件不断蔓延，为毒品犯罪主观方面的认定带来了新的挑战。准确认定行为人的主观明知，不仅是毒品犯罪理论构建的需要，也是尊重人权的刑法基础理念的要求。行为人在行为时的心理状态是判断其是否构成犯罪的关键要素。依据行为人对行为对象的认识或者存在可能认识的情况，可以推断出其对行为结果的态度，进而成为其是否需要承担法律责任的重要依据。如果不能证明其主观明知，为兼顾实体正义与程序正义，按照疑罪从无的刑事诉讼法原则，则不能认定其构成犯罪，无法实现惩罚犯罪的目的。所以，我国惩治毒品犯罪的司法实务必须采取有效措施，积极应对更加严峻的挑战。

一、新精神活性物质蔓延的态势考察

（一）数量巨大，更迭迅速

2001 年，我国首次将氯胺酮作为新精神活性物质进行列管；2015 年 10 月，多达 116 种新精神活性物质被列管；2017 年，卡芬太尼等 4 种芬太尼类物质和 U－47700 等 4 种新精神活性物质被列入增补目录；2018 年 9 月 1

日起，包括 4－氯乙卡西酮在内的 32 种物质被列入增补名录；2019 年 4 月，芬太尼类物质进入增补名录；2021 年 7 月，合成大麻素类物质和氟胺酮等 18 种物质也被列入增补目录。截至 2023 年底，国内已经累计列管新精神活性物质 174 种，同时列管整类芬太尼类物质和合成大麻素类物质。

目前，全球累计共发现了 9 大类 1100 余种新精神活性物质。从 2009 年发现新精神活性物质 166 种起，在此后的 11 年间，新精神活性物质的数量不断增长，且在 2020 年突破 1000 种，远超传统毒品和合成毒品的种类之和。2014 年至 2015 年，新精神活性物质从 388 种陡增至 602 种，1 年内增幅高达 55%，种类更新迅速、数量急剧增加，蔓延势头远远超过第一代和第二代毒品①；2020 年后，全球新精神活性物质数量超过 1000 种且仍呈现逐年增加趋势。

（二）形式多样，难以辨别

近年来，新精神活性物质多以伪装形式（如“咔哇潮饮”“彩虹烟”“咖啡包”“小树枝”等）活跃在毒品市场上。与传统毒品相比，因外在形式的时常翻新，新精神活性物质具有“天然”的时尚性、伪装性和迷惑性。青少年群体由于了解不深，存在认识误区，误以为危害不大，成瘾性不高，因此，在尝到了一时的快感后，无法克制自己，深陷其中。调查发现，不法分子利用其易溶、无色等物理特性伪装成为生活中常见“食品”，披着合法外衣公开出售，达到牟利和逃避监管的双重目的。例如，卡西酮类物质常被冠以“浴盐”等名称进行兜售。再如，重庆市查获的“果冻”，其主要成分是芬纳西泮，属于国家列管对象，但不论是外部包装还是内部形态，看上去都与普通果冻无异，很难区别辨认。

（三）第一代和第二代毒品的替代品

新精神活性物质的“新”并非意味着“新近发明”，而是指“最近（或者以新的方式）被滥用”，它们中的大多数在很多年前就已经被制造出来了。我国当前仍是以打击海洛因、冰毒等第一代和第二代毒品为主，并没有将新精神活性物质作为主要打击对象。然而，近几年开展的多项禁毒、扫毒活动，深挖制贩毒窝点，保持高压态势严打毒品犯罪，导致毒品市场上的

① 《〈2017 年世界毒品问题报告〉：全球 2950 万人患有药物滥用障碍　阿片类药物最具危害》，载中国禁毒网，http：//www. nncc626. com/2018－06/11/c_ 129892175. htm。

供需不平衡，冰毒等毒品价格飙升，超出吸毒者的承受能力，促使其转向价格相对低廉的毒品替代物以缓解毒瘾。新精神活性物质的市场价格低廉，致瘾性更强，恰好满足其需求。

二、新精神活性物质案件中主观明知认定的困难

（一）行为人主观认识不足

1. 行为人对新精神活性物质认识不足

新精神活性物质较海洛因、冰毒等常见毒品的外观迷惑性更强，常以“食品”的形式潜伏在人们身边，一般人甚至相关领域的专业人士在不借助科技手段的情况下难以准确辨认。行为人在不知情的情况下很难明确认识到其行为对象是新精神活性物质，更不会认识到行为对象是具体的哪一种物质，具有何种性质。由于行为人对新精神活性物质认识不足，很难达到主观明知的认知程度，在主观上也没有犯罪的故意，不能认定其构成犯罪。

2. 行为人对其行为的社会危害性认识不足

通常观念下，行为人只会站在利己角度考虑行为结果，极少考虑行为的社会危害性。新精神活性物质刚刚兴起，其危害性并不广为人知，行为人在进行相关活动的过程中对行为结果估计不足，更不会认识到其行为具有相当的社会危害性。社会危害性认识的缺乏或不足，不能证明行为人具有积极追求或者放任危害结果发生的主观恶性，即不具有主观故意。由此，主观明知的认定陷入僵局。

（二）法律规范的滞后性与不明确

1. 法律规范存在滞后性

我国刑法总则第 14 条明确规定了犯罪故意的认定标准，并适用于各分则条文，具有普适性。当前现行有效的相关司法解释是最高人民法院于 2016 年 4 月 6 日出台的《毒品犯罪解释》的第 1 条规定，持有 3，4 - 亚甲二氧基甲基苯丙胺（MDMA）等苯丙胺类毒品 100 克以上、芬太尼 125 克以上、甲卡西酮 200 克以上的行为认定为刑法第 348 条规定的“其他毒品数量大”。明确表示对新精神活性物质进行法律层面的列管治理，但是该司法解释并未对新精神活性物质犯罪的主观认定及其法律适用问题作出积极响应和明确规定。由此可见，我国在具有较高司法效力的刑法及其司法解释层面，存在对新精神活性物质犯罪行为主观认定的规定空白的情况，存在一定的滞

后性。司法实践中，对于新精神活性物质犯罪行为的主观认定、法律适用等方面仅能参照国家对传统毒品的主观认定方法，照搬原有模式，并不具有针对性，导致司法实践对于行为人主观故意的认定困难。

在相关司法文件中，最高人民法院于2008年12月1日发布的《大连会议纪要》和2012年最高人民检察院、公安部联合发布的《立案追诉标准（三）》均对毒品犯罪的主观明知的认定问题作出规定，指导毒品犯罪案件的审判工作，而且后者在前者的基础上，进一步贯彻慎用推定的原则，细化明确了五种例外情形。《大连会议纪要》是最高人民法院印发的法院系统内部司法文件，是最高人民法院对地方各级法院的司法审判工作进行指导的一种体现，对外缺乏法律约束力；《立案追诉标准（三）》是国家对于毒品犯罪主观明知认定的进一步详细具体规定，是最高人民检察院、公安部指导各级检察机关进行审查批捕、审查起诉以及各级公安机关进行立案侦查工作的重要司法文件。但是无论哪份司法文件都没有涉及新精神活性物质，所以相关规定对于新精神活性物质类毒品犯罪并不完全适用。

2. 法律规范对于推断标准尚不清晰

相关法律规范均以列举的方式规定适用推定的情况，但文字表述仍旧笼统、概括，难以有效地指导司法实务工作。以《大连会议纪要》第10条第5项规定为例，纪要中只规定“不同寻常的高额、不等值报酬”可以作为推定行为人主观明知的依据，但是高额的标准并不明确，怎样的情况下才符合“等值”的条件也没有规定，而且对于新精神活性物质而言，其市价和盈利状况尚未被司法机关充分掌握，缺乏明确的认定标准，司法者往往不敢轻易进行主观推定，在一定程度上使传统的推定方法难见成效。

（三）证明明知更加困难

从认识层面来看，新精神活性物质属于行为人必须对犯罪对象有所认识，否则不构成犯罪，即行为人确实不知道行为的对象毒品，则不构成毒品犯罪。在传统毒品犯罪中，通过交易价格、包装、外形等因素并结合行为人智力、阅历以及被抓获时的反应等证据，能够推定出行为人对于所持有或者运输的物质是否是毒品具有盖然性的认识。然而，新精神活性物质的出现使传统的推定方式难见成效：行为人利用其外观迷惑性强的特点，辩称持有的只是普通的食品或生活用品，并不知晓其是国家列管的新精神活性物质，规避认识可能性，钻法律的空子。由此也无法追究行为人的刑事责任，更无法实现打击毒品犯罪的目的。

从意志层面而言，行为人持有积极地追求或者放任的心理，一般需要侦查、审判机关通过现有收集到的客观证据来推定。但是客观行为受到实践因素的影响，往往会和主观相分离甚至相背离。同样的行为可能反映出行为人行为时的不同心态，而不同的心态可能直接影响行为的法律效果。新精神活性物质的制造比较简单，技术要求水平不高，只要具有大学二年级有机化学基本知识或受过初级药剂师专业培训，即可制造出新精神活性物质。[①] 而且，制造时间的不确定，可能会出现行为人制造出新精神活性物质的时间与国家的列管时间存在时间差，行为人可以利用这一点，在被查获时辩称在国家列管之前制造出来，并不知道国家会将其列管，在意志层面并不希望或放任危害结果的发生。受法不溯及既往、保证国民免受不可预测的刑法惩罚的要求，不能认定行为人存在制造的主观故意，也不能据此追究行为人的刑事责任。

（四）客观证据收集难度更大

一般犯罪活动，都会涉及个人或者单位的法益受到侵害，都会产生客观证据，具有明确的指向性和确定性，而毒品犯罪一般没有现实的危害结果，所以缺乏充分的客观证据证明其主观明知。此外，毒品的形状和物质属性又超出一般人的接触范围和认识能力，特别是日趋泛滥的新精神活性物质，其外观迷惑性较之前两代毒品更强，一般人更是无法对其准确辨识。一个普通人根本无法区分“小树枝”伪装成的香烟和普通香烟，更无法准确识别两人是在进行毒品交易，还是普通的吸烟行为，进一步加大了证明其主观明知的困难。

在司法实务中，新精神活性物质系列犯罪和传统的毒品犯罪相同，基本是没有受害人的犯罪，通常情况下难以通过被害人陈述等证据证明其主观明知。同时，这类犯罪隐蔽性极强，仅发生在买方和卖方之间，不会有第三人参与，交易双方越来越狡猾，在国内通常通过暗语讨论毒品交易、把关键信息发出后又撤回；甚至“打卡埋雷”式的毒品交易方式，交易双方互不认识、也不知道对方的信息，只是通过移动终端进行告知毒品藏匿地点和毒赃收取。国际上，暗网已经成为新的毒品贩运与交易的重要平台，与传统犯罪不同，行为人利用暗网在网络空间内隐藏身份，使用虚拟货币，进行跨国、

① 游彦、邓毅、赵敏：《第三代毒品——新精神活性物质（NPS）发展趋势评估、管制瓶颈与应对策略》，载《四川警察学院学报》2017 年第 1 期。

跨地区犯罪活动。他们不需要与犯罪现场亲密接触，甚至从未到过毒品生产国，用最小的行为和风险进行犯罪。行为人也正是利用了毒品市场上已经形成的暗网渠道，将新精神活性物质销售到世界各地。美国参议院听证会报告也注意到暗网已经成为新精神活性物质进行产供销用一条龙服务的主战场。[①] 利用网络组织犯罪身份难以确定，毒赃难被认定，鲜有证据可循。

侦查机关、检察机关很难找到相关证据，形成完整的证据链。即便犯罪嫌疑人在公安机关承认犯罪事实的情况下，但是在起诉、审判阶段翻供、毁供，在被告人的供述无法被有效印证的情况下，被告人供述无法作为定案的依据，更加难以证明其存在主观上的明知。

三、新精神活性物质案件中主观明知认定的对策

2007 年《办理毒品犯罪案件适用法律若干问题的意见》、2008 年《大连会议纪要》、2012 年《立案追诉标准（三）》中都明确规定了对于被告人主观明知的推定适用。依据被告人实施犯罪行为的地点、过程、方式、被查获时的情形，根据被告人年龄阅历、智力等情况，进行综合分析判断，证明行为人主观具有认识的可能性。但是，来势迅猛、创意迭出的新精神活性物质对主观认定提出了新的挑战。

（一）正确把握案件性质

1. 行为人明知而为

行为人明知是国家列管的新精神活性物质仍贩卖、运输、使用的，其主观上对于行为对象有明确的认识，具有贩卖、运输毒品的故意，客观上实施了侵犯国家对毒品的管理制度和公民的健康权利的行为，认识到自己行为所造成的危害结果并积极追求或放任，应当严格按照刑法第 347 条至第 355 条的规定进行定罪量刑。

2. 行为人认识不足而为

其一，行为人不知是国家禁止的新精神活性物质而持有、运输的，即确有证据证明行为人没有毒品犯罪的主观故意，对行为对象不知，不具有违法性认识与社会危害性认识的可能性。显然，其成为毒贩进行犯罪的“工

---

① U. S. Senate Permanent Subcommittee on Investigations. Combatting the Opioid Crisis: Exploiting Vulnerabilities in International Mail, 2018 (1).

具”，和毒贩亦没有犯罪意思联络，不构成刑法层面的共犯、帮助犯，故不应对其追究刑事责任。

其二，行为人不具有社会危害性认识的情况下，行为人实施了制造、贩卖的犯罪行为，仍应按照法律规定进行定罪处罚。虽然社会危害性的认识在一定程度上反映了行为人的主观明知程度和主观恶性大小，但这种认识应在量刑时予以考虑，不应成为定罪的依据。通常情况下，行为人是出于自我利益的考虑的事实行为，并不会考虑到社会危害性，如果不具有社会危害性认识则不构成犯罪，那么会加大控诉方的证明责任，不利于打击犯罪。

其三，行为人认识错误的情况下，按照保护人民、惩罚犯罪的立法目的进行判断。行为人误认为是毒品，而对实际上未被列管的新精神活性物质进行制造、销售的，即行为人存在主观上的故意，具有违法性认识，此时符合假想犯罪，不符合毒品犯罪的构罪条件，如果按照罪刑法定的原则，判其无罪，客观上放纵侵害公民健康的行为的发生，与刑法的立法目的相违背。从根本上讲，新精神活性物质是“纯药物或制剂形式的滥用物质”。[①] 它们中的大多数在很多年前就已经被制造出来，是具有麻醉性和致瘾性的药物。换言之，新精神活性物质在本质上是被滥用的“药品”，只是因为在国家立法层面尚未对其进行管制，并不能因此否认其行为会对公民法益造成侵害的潜在可能性。所以，此种行为并不能简单地等同于行为人不知是毒品而当然不构成犯罪的通常情况，而应当严格按照客观证据，对于制造行为可以认定为“生产药品”的行为，该“药品”不符合药品管理法的规定，故为假药，应追究其生产、销售假药的刑事责任；对利用新精神活性物质易溶、无色等物理特性将其添加到棒棒糖、果冻、巧克力、烟卷、凉茶等常见物品中而销售的行为，应当认定为向生产、销售的食品中掺入有毒、有害的非食品原料，符合生产、销售有毒、有害食品的犯罪构成要件，应按此罪追究其刑事责任；从当前的立法态度和对新精神活性物质列管趋势来看，我国对于新精神活性物质是严格管控，至少是限制买卖，故对于直接贩卖的行为，可以认定为“未经许可经营其他限制买卖的物品”，满足非法经营罪的入罪条件，以此追究其刑事责任。

（二）完善举证证明制度

针对我国刑法和相关司法解释对于认定主观明知的空白，可以考虑借鉴

---

① UNODC. World Drug Report 2014, United Nation, 2014.

域外经验，出台相应的司法解释，完善相关规定，为我国打击新精神活性物质犯罪提供法律上的支持。例如，借鉴英国控辩双方负有同等的举证责任的制度设计。赋予行为人一定的证明责任，其在接受警方讯问时，如果没有提供其赖以进行辩护的任何事实，法庭即“可以从被告人没有提供上述事实中做出适当的推论”。警察在犯罪嫌疑人的身边或住处查获可疑物品后，根据这些事实基础，控方有权要求犯罪嫌疑人对此作出解释，在当事人不愿或不能作出合理解释的情况下，即可推定其对持有物品的性质具有概括的认识。[①] 毒品犯罪中，行为人对其主观是否明知是最清楚的，证明行为人的主观明知，由行为人来证明是最简便、最容易的。而且在刑法第395条巨额财产来源不明罪中也能看到行为人承担举证责任的立法影子，在认定主观明知方面倾向适当分配证明责任的方法是有现实实践要求和法律先例可循的，建立此项制度对打击毒品犯罪提供有力支持。

（三）主观需达到概括性认识

对于行为对象的明知程度不能阻却刑事责任的追究。面对新精神活性物质极强的外观迷惑性以及毒品犯罪手段的隐蔽性等特征，过分苛责证明一个普通人对行为对象具有明确的认识并不可取，客观上增加了证明难度，与司法实务相脱节，人为地制造法律漏洞，加大打击毒品犯罪的难度。故可以在证明明知的程度上要求行为人在行为时认识到行为对象非同寻常，达到了概括性认识的程度即可，对于具体是不是新精神活性物质，是哪种物质不再要求。

概括性认识是行为人对具体犯罪对象的“不确定”认识，而“明知”是行为人对于犯罪结果的可预见性，不能因行为人对毒品的认识处于不确定状态，便否认行为人对危害结果的明知。只要行为人对于犯罪对象达到概括性认识的程度并为之，就可以认为行为人希望或者放任危害结果的发生。所以，行为人对行为对象的概括性认识表明行为人“明知故犯”的主观意志，是行为人负担刑事责任的主观根据，并不违反罪刑法定原则。此外，新精神活性物质虽然具有极强的外观迷惑性，但是其外在形态具有普遍性，是容易买到的外形相同的物品。以运输毒品罪为例，行为人在帮人运输之前，根据运输发生地、对象、价格及方式等因素，经过一般人的分析判断，至少会产

---

① 崔敏：《查处毒品犯罪中的疑难问题与解决问题的思路》，载《中国人民公安大学学报》2004年第6期。

生疑惑，可以推断出运输物品可能是国家违禁品，此时行为人的主观对运输物具有概括性认识，对于运输行为具有期待可能性，对于危害结果当然具有有责性。

（四）完善客观证据的收集

行为人行为时的内在心理活动，只有行为人内心最清楚，其他人只能通过客观证据来推测行为人的主观心理状态。因此，在认定行为人主观明知时，客观证据尤为重要，必须形成完整的证据链，保证证据的真实性、合法性、关联性。新精神活性物质的犯罪与传统毒品犯罪在证据收集方面并无二致，故其完善对策也具有普适性。

1. 注重同案犯供述

新精神活性物质类犯罪是典型的上下家交易作案，受制于犯罪行为的隐蔽性、客观证据难以收集等客观问题，同案犯的供述成为认定行为人是否具有主观明知的重要依据。即使行为人辩称不明知，但是利用其上下游交易特点，通过上家和下家的供述相互印证，辅以行为人持有物的来源、使用，上下家以及双方以往的往来次数、内容、交易货物（如针管、吸管、尿检板等）情况等方面证据，证明其主观明知的心理状态，司法机关由此可以认定行为人的主观明知。

2. 诱惑侦查的合理使用

在司法实践中，特别是毒品犯罪中经常使用诱惑侦查的方法，但是目前我国对于诱惑侦查没有明确的立法加以规制，缺乏明确的立法标准，获得证据的合法性就有待进一步证实，这就要求侦查机关在进行诱惑侦查明确其主观明知的过程中，严格把握使用限度，避免证据因非法被排除。侦查机关在进行侦查活动时，要掌握好诱使行为的程度，始终把引诱控制在消极的范围内，其所采用的手段要给行为人充分的自由、理性的选择空间，行为人自发地产生犯意，不能积极地诱使、提醒行为人，否则行为人在本无犯意的情况下，产生了原本不具有的意图，使得诱使行为成为认定主观明知的阻却因素。犯意若超过了一般人可以抗拒的程度，同时诱使人的意志压制和支配了被诱使人的意志，那么就不能认为行为人仍然存在犯罪的故意，而变成了单纯的工具。[①] 此时的诱惑侦查手段便是超出了限度，即便获得了相关证据，

① 高巍：《贩卖毒品罪研究》，中国人民公安大学出版社2007年版，第159页。

也系非法证据。

总之，对于主观明知的认定，应建立在客观、真实、全面的事实基础上，兼顾保障人权，坚持“以事实为依据，以法律为准绳”的裁判原则，合理运用经验法则，利用同案犯的供述、举证证明责任的合理分配、正确认定案件性质等方法。切实保障被告人拥有抗辩、反驳的权利，允许被告人提出质疑，以错误、不知情作为抗辩理由。同时，坚持排除性规则：若推定结论存在合理怀疑、推定所依据的事实基础发生动摇，或者推定的基本规则不符合经验法则，都应当排除推定结论的成立。新精神活性物质作为新兴的毒品种类蔓延在毒品市场上，更迭速度快、种类繁多、迷惑性强等特点使我国司法实务主观认定的推定方法难见成效，陷入认定困境。应当进一步完善主观推定的方法，明晰案件性质，规范客观证据收集，更加准确地认定主观明知，充分应对新精神活性物质类毒品犯罪带来的挑战，铲除新精神活性物质生存的土壤，还人民一片净土，坚决打赢新时代禁毒人民战争。

第二节　明知认定中“合理解释”的司法认定

行为人主观方面的证明一直是我国司法实践中的证明难题。目前，司法机关对于行为人主观方面的证明方式主要有两种：一种是通过直接证据予以证明，如利用犯罪嫌疑人、被告人供述，物证、书证等证据证实；另外一种便是刑事推定，即在行为人具有某些客观行为时，依据经验法则，推定行为人的主观明知和目的，但推定只能无限接近案件事实，它所得出的结论的精确性无法得到保证。因此，近年来，我国的司法规范性文件在规定“刑事推定明知”时，也规定了行为人可以作出合理解释——针对刑事推定明知所做的一种符合常识、常理的辩解与说明。然而，司法规范性文件仅规定了行为人作出“合理解释”，却未规定“合理解释”的性质、合理解释与证据之间的关系以及合理解释的认定标准等，导致实践中司法机关对“合理解释”的认定缺乏统一的标准，部分司法机关以行为人不能作出合理解释为由认定行为人的主观明知，也有司法机关对只提供线索、未提出证据的解释不予审查和认可，导致某些案件在不同审级中对明知、合理解释的认定结论大相径庭，且大多法院在裁判文书中未对“明知的判定过程”进行说理，即使少数法院进行说理，也容易陷入“因为明知所以明知”的循环论证。

一、明知推定中“合理解释”的规范考察

关于明知推定中的“合理解释”，我国刑法、刑事诉讼法等法律中并未作出规定，而仅仅存在于司法解释、规范性文件中。我国目前在推定明知中规定“合理解释”的规范性文件一共有5个，分别是最高人民检察院于2005年发布的《最高人民检察院公诉厅毒品犯罪案件公诉证据标准指导意见（试行）》，最高人民法院、最高人民检察院、公安部于2007年发布的《办理毒品犯罪案件适用法律若干问题的意见》，最高人民法院于2008年发布的《大连会议纪要》，最高人民法院、最高人民检察院、公安部、司法部于2018年发布的《关于办理恐怖活动和极端主义犯罪案件适用法律若干问题的意见》，最高人民法院、最高人民检察院、公安部、司法部、生态环境部于2019年发布的《关于办理环境污染刑事案件有关问题座谈会纪要》。在上述规范性文件中，规定的方式皆为“具有下列情形之一，且被告人不能作出合理解释的，可以认定……，但有证据证明确实不知或受蒙骗的除外”。类似于上述规定方式的还有最高人民法院、最高人民检察院、公安部于2009年发布的《关于办理制毒物品犯罪案件适用法律若干问题的意见》、最高人民法院于2009年发布的《关于审理洗钱等刑事案件具体应用法律若干问题的解释》等司法规范性文件，但此类规范性文件规定方式为“具有下列情形之一的，可以认定……，但有证据证明确实不知或受蒙骗的除外”。

通过考察明知推定中有关“合理解释”的规范可以发现，并非每一个推定明知的规范性文件都对“合理解释”作出了规定，合理解释目前仅仅规定在毒品类犯罪、恐怖主义类犯罪、环境污染类犯罪之中。但是，在这5个规范性文件中，有关“合理解释”的规定却存在理解和适用上的问题，例如，条文规定为“……且被告人不能作出合理解释的，可以认定……”。那么是否可以解读为因为行为人不能作出合理解释，所以被推定具有明知，这就需要明确“合理解释”究竟是行为人的权利还是义务。同时，条文中规定“……且被告人不能作出合理解释的，可以认定……，但有证据证明确实不知或受蒙骗的除外”，那么是否意味着作出合理解释可以不提供证据，这也是目前亟须明确的问题。此外，5个规范性文件都仅规定了能不能作出“合理解释”，但是未规定如何认定“合理解释”。因此，通过对有关“合理解释”的规范进行考察，可以了解我国目前有关“合理解释”的规定

现状以及不足之处。

二、主观明知推定适用中“合理解释”的认定困境

（一）“合理解释”的基本性质不明

通过对“合理解释”的规范考察可以发现，相关规定对于合理解释是应当作出还是可以作出并不明确。换言之，作出“合理解释”究竟属于行为人权利的行使还是义务的履行，司法规范性文件并未作出规定。即便在地方规范性文件中，对于该问题的规定也不明晰，2005 年浙江省检察院发布的《毒品类犯罪案件疑难问题专题研讨会会议纪要》一方面规定“被告人应当承担举证责任”，另一方面又强调“容许犯罪嫌疑人、被告人进行合理解释”。

对此，理论上有三种观点。第一种观点是权利论。主张权利论观点的学者认为，推定的结果并非逻辑推理的必然结果，为了使公民的生命权和自由权免受刑事推定的不当剥夺，应当给予嫌疑人反驳的权利和机会。[①] 第二种观点是义务论，认为合理解释是证明责任的承担。主张义务论的学者认为，在刑事公诉中，原则上应由控方承担证明被告人有罪的举证责任，但在刑事推定中，控方证明“主观明知”的证据并未达到确实、充分的标准，只要行为人不能证明其确实不知是毒品，便可推定行为人“明知毒品”，因此，这实际上是公诉机关证明行为人“明知毒品”的证明责任转移为行为人不知毒品的证明责任。[②] 第三种观点是权利加义务论。持该观点的学者认为立法规定行为人对推定事实进行辩解和说明，这种“合理解释”既是行为人的权利，也是行为人的义务。“合理解释”如同劳动权、教育权一样，既是权利也是义务，既为辩解也为说明。因此，这种权利是一种附义务的权利。[③]

“合理解释”的性质将会直接影响司法实践中控辩双方的对抗。若将合理解释视为行为人的权利，则意味着行为人可以选择行使也可以选择放弃，

---

① 薛思瑜：《假冒伪劣烟草制品运输者“主观明知”之推定》，载《中国检察官》2017 年第 22 期。

② 古加锦：《明知毒品的推定风险与证据证明》，载《西南政法大学学报》2017 年第 1 期。

③ 李世清、吕彬：《“箱包带毒”案件行为人主观明知的推定》，载《检察日报》2011 年 6 月 28 日。

控方不得以行为人未作出合理解释为由而使其承担不利后果。若将合理解释视为行为人的义务，就意味着行为人在不履行该义务时，可能需要承担相应的不利后果。因此，有必要明确明知推定中“合理解释”的相关性质。

（二）“合理解释”是否必须提供证据存疑

关于行为人提出合理解释时是否必须提供一定的证据，这在理论上存在着巨大争议，在实践中则会成为认定“合理解释”的关键所在。理论界对于“合理解释”的研究文献较少，对于合理解释是否必须提出证据的问题，大多学者仅在论述行为人的反驳时予以探讨，但不同学者之间对于该问题的看法存在差异。本书通过整理文献，大致梳理出三种观点。第一种观点认为，合理解释不必须提供证据，行为人对推定事实作出辩解，提供证据的目的也仅仅在于加强该辩解事实的真实性，使司法机关采信其辩解，但如果辩解本身遵循经验法则，即使未提供证据，司法机关也可以采信其辩解。[①] 第二种观点则认为，行为人提出合理解释必须提出证据。赞成该观点的学者认为，推定转移了证明责任，被告人理应提出证据证明推定事实不成立，如果不能提出相应证据，推定事实应当成立。[②] 第三种观点认为，作出合理解释不必提出一定证据，但需要提供一定的线索。持此观点的学者认为，为了充分保障行为人的反驳权利，同时又考虑到举证分配的原理。因此，行为人反驳需要提供一定的证据或线索，即当行为人反驳推定提出的证据存在调查取证困难时，法官应当依职权提供帮助。[③] 理论上对于合理解释是否必须佐证有着不同的观点，至今仍无统一的定论。

在司法实践中，对于行为人是否必须提出证据证明合理解释已经成为影响诉讼进程，以及决定控辩双方的主张成立与否的重要因素。在侦查程序中，侦查机关运用推定认定行为人主观具有明知后，往往就开始着力收集行为人犯罪的证据，对于行为人提出的辩解不予重视，或者即使行为人辩解存在合理性，并提供了线索，但侦查机关往往以行为人不能提出证据为由不予采纳。例如，在云南省高级人民法院对骆小林运输毒品案作出的二审裁定书

---

① 孙秀丽、肖友广、金华捷：《犯罪对象“明知”认定问题的研究——以走私犯罪为例》，载《经济刑法》2018年期。

② 李明：《诈骗罪中“非法占有目的”的推定规则》，载《法学杂志》2013年第10期。

③ 刘宗武：《明知推定研究》，载《黑河学刊》2017年第1期。

中，[①] 高级法院发回重审时，要求公安机关就行为人辩解中附带的线索进行证据补充：行为人解释曾在某某旅馆及服务员阿信帮其买水果，调查是否有该旅馆以及让服务员辨认；行为人提出“二哥”曾用过其车，请公安机关根据行为人提供的线索查找“二哥”等。这表明在侦查至一审程序中，司法机关运用推定认定行为人主观具有明知后，并未对行为人的辩解进行审查，也未对行为人提出的线索进行调查核实。其中很大的一个问题在于侦查以及控诉机关认为，法律规定了推定的方式认定明知，控方已经就行为人客观行为进行了证明，而主观是否明知只有行为人自己才知道，行为人提出不知应由其提供证据证明。因此，行为人只提出辩解，未能提供证据证明时，行为人并未履行自己的证明责任，司法机关亦不必对其提出的线索进行调查核实，类似案例在我国司法实践中并不少见。

（三）“合理解释”缺乏统一的认定标准

司法规范性文件未规定合理解释的认定标准，有学者提出合理解释的标准在于合理性的判断，所谓合理就是合情合理。[②] 本书认为，该解释并无不当，但是需要进一步进行明确。例如，所谓的合情合理是否可以推翻明知的推定，或者该解释具有合理性是指解释必然成立还是可能成立，只有明确了这些问题，才能为司法实践认定合理解释提供帮助。

对于合理解释需要达到什么样的标准，是否需要达到推翻推定事实或使推定事实无效的程度，理论上存在推翻论和动摇论两种观点。持推翻论的学者认为，推定作为证据规则，当一方当事人证实了某一事实，另一事实基于推定而被证实，除非提出的反证能推翻这种推定，或者使推定处于前后矛盾。[③] 持动摇论的学者认为为了平衡控辩双方的诉讼地位和对抗能力，法官不应对被告方过高的证明标准，在推定的案件中，被告方对推定事实的证伪达到高度可能性即可，即令法官产生高度的可信性，对推定的事实产生合理的怀疑。[④]

立法规定的不完善，以及学理缺乏统一的定论，导致在实践中对于合理

---

① 中华人民共和国最高人民法院刑事审判一、二、三、四、五庭主办：《刑事审判参考》（总第99集），法律出版社2015年版，第1013号骆小林运输毒品案。

② 赵志华：《论毒品犯罪中“明知”的证明标准》，载《证据科学》2013年第3期。

③ 李学灯：《证据法比较研究》，台湾五南图书出版公司1992年版，第252页。

④ 陈瑞华：《论刑事法中的推定》，载《法学》2015年第15期。

解释的认定标准不一。即使是同一起案件，但不同的审判程序中对合理解释的认定结论却不一致。例如，在马某某贩卖、运输毒品案中，[①] 一审法院认可马某某的解释，认定马某某主观上不具有明知，但二审法院却在相同的事实基础上认定马某某主观上具有明知，不认可其不知毒品的辩解。又如，在莫某某运输毒品案中，[②] 一审法院对莫某某提出的辩解不予认可，推定莫某某主观具有明知，但二审法院认定莫某某的辩解具有合理性，认定莫某某主观上不具有明知，从而判决其无罪。主观是否具有明知对于案件的定性至关重要，无论是马某某案还是莫某某案，主观是否具有明知是决定双方是否有罪的关键所在，而合理解释是对主观明知推定正确与否的检测，合理解释认定标准缺乏统一性，将会使该检测具有不确定性，会使无辜者的权益遭受不当的侵害。同时，有些法院在合理解释的认定上说理不充分或进行循环说理的现象。例如，在张某走私、贩卖、运输、制造毒品案的一审刑事判决书中，[③] 法院认定张某主观具有明知的理由是，张某的行为属于最高人民法院《大连会议纪要》第10条第3项规定的明知行为，并且对于张某提出的辩解——“自己与湖北公安县刘医生联系和雇用柏某运药的行为是帮妻子拿回治疗丙肝病药品的行为，对药品是否是毒品不明知”未进行回应。毫无疑问，该法院对于明知的认定进行了“因为法律规定，所以具有明知”的循环说理，而对于被告人的解释却未予以回应，司法实践中此类的判决书不在少数，这也是我国目前有些法院判决书、裁定书遭受质疑的原因所在。

三、主观明知推定适用中“合理解释”认定的标准建构

（一）“合理解释”具有双重性质

对于“合理解释”的性质究竟是权利、义务还是权利加义务，本书赞同“合理解释”具有双重性质，即“合理解释”既是行为人的权利，也是行为人对推定转移的证明责任的履行，但该证明责任并非结果意义上的证明责任，而是行为意义上的证明责任，即举证责任。就“合理解释”的权利属性而言，一方面，刑事推定作为一种特殊的案件事实认定机制，免去了逻辑推理环节，使司法机关只需确认相对简单的基础事实，运用推定规则认定

---

① 甘肃省高级人民法院（2015）甘刑二终字第50号刑事判决书。

② 云南省德宏自治州中级人民法院（2008）德中刑法395号刑事判决书。

③ 湖南省安乡县人民法院（2018）湘0721刑初109号刑事判决书。

案件事实即可，极大地减轻了司法机关的证明负担。[①] 如果此时再将合理解释作为被告人的义务，无异于再次加重了被告人的负担，使得控辩对抗的天平更加倾斜。另一方面，考虑到司法实践中的实际情况，行为人被捕后往往处于一种惊恐、紧张的心理，同时也会基于对司法人员的信任问题不能而不愿作出“合理解释”，若对实际情况不加以审查而仅以未履行义务为由推定主观明知，将会对行为人的权益造成巨大损害。因此，将“合理解释”视为行为人的权利不仅有助于实现控辩平等对抗，更有助于保障行为人的权益。

就“合理解释”属于行为人证明责任的履行而言，首先，刑事推定转移的是行为意义上的证明责任，这种证明责任类似于英美法系中的“提供证据”责任，并非“说服责任”，因此被告人承担证明责任也并未影响法院及公诉机关对于辩护事实的职权澄清义务或者客观义务；[②] 其次，如果将合理解释仅仅视为行为人的权利，那么就意味着行为人可以不提出任何线索或证据，那么将无异于行为人提出的解释理由无法查证，这无异于助长“幽灵抗辩”的产生，易使真正的犯罪者逃脱法律制裁，这显然令人难以接受；再次，依据证明法则，证明存在的事物比证明不存在的事物容易，对于明知要素的证明而言，是否有阻却明知的事由，控方是无法把握和预测的，允许辩方承担部分证明责任可以缓解证明困难，降低诉讼成本；[③] 最后，将合理解释视为行为人的义务并未违反刑事诉讼法规定的有罪的证明责任由控方承担的原则。在刑事推定中，犯罪嫌疑人、被告人承担的是举证责任，有罪的证明责任始终由控方承担。[④] 行为人作出合理解释之后，控方仍需承担该合理解释不成立的证明责任，行为人即便未作出合理解释，并不必然导致主观明知，主观是否具有明知应当由法官根据全案综合判定，而控方一旦未能承担证明责任或未达到证明标准，将会承担败诉的不利后果。

（二）“合理解释”需要提供线索

行为人提出解释是否必须提出证据，理论上存在不同的观点，在实践

---

① 阮堂辉：《犯罪主观要件的证明问题研究》，中国社会科学出版社 2017 年版，第 192—193 页。

② 欧卫安：《论刑事被告人的证明责任及其履行——以积极辩护为中心》，载《法学评论》2018 年第 5 期。

③ 游伟、肖晚祥：《论推定与刑事证明责任》，载《华东刑事司法评论》2004 年第 2 期。

④ 万春安：《论刑事诉讼中证明责任与举证责任的分配》，载《湖北警官学院学报》2010 年第 3 期。

中，相较于行为人提出的辩解，司法机关更加重视其提出的证据，因此不少地方都出现了“唯证据论”的观点。对此，本书认为，行为人在作出合理解释时并非必须提出证据，但需要提供相关线索。

首先，行为人的合理解释本身亦属于履行证明责任的方式，属于犯罪嫌疑人、被告人的辩解。如果该解释符合证据的形式与实质要求，就具有证据效力，至于其解释能否被采纳，应当视其是否具有合理性而定，行为人针对解释而提出的证据也仅仅在于增强解释自身的合理性。同时，为了更好地保障行为人的辩解权益，将“合理解释”与“提供证据反驳”同等看待较为合适。例如，在某些案件中，行为人主观确实不知，因此对于其行为作出的某些解释，符合常识、常理，但行为人处于被羁押的状态，而辩护律师取证又存在诸多困难，若此时以行为人未能提供证据支撑而不审查其解释的真实、合理性将其定罪，显然违背公平正义的刑事理念。

其次，针对“幽灵抗辩”的问题，域外证据法上有两种应对模式。英美法系国家更加注重控辩双方的对抗。在刑事诉讼中，检察官就刑事推定的基础事实进行举证，被告人保持沉默，法官或陪审团会依据检察官的举证作出判决，被告人一旦提出积极抗辩，其应就其抗辩事由承担举证责任，若未能提出证据或提出的证据不足以支撑其论点，则法院无须实体审理，即作出对被告人不利的判决。若被告人提出证据，则举证责任完成，检察官就需要承担反驳被告人之抗辩的举证责任，说服裁判者相信其主张，否则判决其败诉（被告人无罪）。而大陆法系国家推崇法官依职权积极、主动地调查证据，借以发现真相。在诉讼中，被告人提出抗辩却无法提供证据时，并非当然地承担不利后果，而是由法官依职权进行调查，调查后若认为被告人的抗辩真伪不明，则等待诉讼程序结束，对全案证据作整体评价，视检察官的举证能否使自己形成“有罪的确信心证”的程度而作出有罪或无罪判决。因此，英美法系和大陆法系对于“幽灵抗辩”是按照不同的思路和程序来处理的，英美当事人主义诉讼将积极抗辩的举证责任转移给被告人承担，一旦出现“幽灵抗辩”，法官不待实体审理，即判决被告人承担不利判断；而大陆职权主义诉讼则免除被告人举证责任，在被告人提出“幽灵抗辩”时，启动法官依职权调查程序进行证据调查，进而依据调查结果作出不同的处理。①

---

① 龙宗智主编：《刑事证明责任与推定》，中国检察出版社2009年版，第285—296页。

最后，本书认为，我们可以借鉴域外大陆法系国家的部分做法，让行为人就其“合理解释”提供一定线索，但该线索的查证应当由控方完成。一方面，自古以来，我国便强调案件事实应由官府查明、裁决，较少主张当事人之间的对抗，这与大陆法系国家的职权主义相似。近现代以来，我国法律体系、法律制度深受大陆法系的影响，众多法律规范借鉴了大陆法系国家的法律。而英美法系所追求的当事人平等对抗、陪审团裁决制度在我国发展较为缓慢，在刑事诉讼中，控辩双方地位、对抗远未达到英美法系国家的要求。因此，相较于英美法系，借鉴大陆法系国家对“幽灵抗辩”的做法无疑更加合适。另一方面，在我国刑事诉讼初始阶段，被告人往往就被采取了强制措施，这导致行为人即便作出了合理解释，也无法提供证据证明，而辩护律师基于自身安全等方面的考虑，往往也不愿意亲自取证，大多申请法院或检察院调取证据。因此，当行为人作出合理解释后，提供一定的线索，由控方就线索进行调查取证更加符合现实情况。

（三）“合理解释”的认定标准系盖然性

在刑事诉讼中，一般情况下，被告人不承担证明责任。但是，为了打击犯罪，保障国家、社会公众利益，在某些特殊情况下，被告人需要承担一定的证明责任。目前，大多数学者认为，即使被告人承担证明责任，证明标准也应当比控诉方证明标准低。本书亦赞同这一观点，在这些特殊的情况下，证明责任的转移减轻了控方的证明责任，同时也有实现刑事政策的目的，但其本身是对无罪推定原则的例外或违反，使得原本的控辩双方能力的差距更加明显。在这种情况下，为了平衡双方的控辩能力，同时也是为了保障被告人的权利，有必要降低被告人的证明标准。

在刑事推定中，被告人承担一定的证明责任，即作出合理解释，但是该合理解释是需要推翻推定事实还是仅需要动摇推定事实。本书认为，被告人的证明标准应当低于控方证明标准，合理解释的证明标准也应当低于推定事实成立的标准。程序法中依据证明程度的不同，可以将证明标准的概率从低到高分为：不需要证明、初步证明标准、盖然性标准、高度盖然性标准、排除合理怀疑标准。在刑事推定中，控方就基础事实承担证明责任，运用推定规则，推定待证事实的成立。但是，这种待证事实的成立并非准确无疑。推定规则是一种基于逻辑经验、符合大众一般认知的规则，这种规则下认定的事实也仅是一般情形下成立，这种一般情形下的事实成立可以认为属于事实高度成立，即具有高度的盖然性，不能排除特殊情况的存在。[①] 因此，控方虽然对基础事实承担排除合理怀疑的高标准，但对于刑事推定中的推定事实，控方承担的证明责任实际上不再是“排除合理怀疑”的高度证明标准，而是属于高度盖然性的证明标准。

而行为人的证明标准理应低于控方证明标准。因此，被告人所作出的合理解释的证明标准应当低于高度盖然性标准。而目前对于该标准的理论争议与实践疑难在于，合理解释是动摇待证事实的成立还是推翻或使该待证事实无效。由于推定认定的事实的成立属于高度盖然性标准，如果要使该推定事实无效或推翻该推定事实，让法官形成内心确信，应当达到比推定事实更高的证明标准，从这个程度来说，行为人必须达到排除合理怀疑的标准，但如此高的证明标准既是不公平也是不合理的。而通过上述分析可以发现，行为人即使承担证明责任，其证明标准也应低于控方的证明标准，因此行为人作出的合理解释的证明标准必然低于高度盖然性标准。对于刑事推定明知的合理解释规定，其目的在于保障行为人的辩解权利，同时检测是否出现推定明知的例外情形。但这并非意味着行为人作出的任何解释都属于合理解释，是否属于合理解释，应当在于其解释是否符合大众的一般常识、常理认知，是否能使一个理性的人对证据是否足以支撑指控犯罪的理性怀疑。[②] 若行为人提出的辩解意见毫无成立的可能，很难说明其解释具有合理性。因此，行为人的解释至少应当具有成立的可能，即解释应当达到盖然性的标准。综上所述，行为人的合理解释的证明标准应当不低于盖然性的标准，但又低于高度盖然性的标准，则行为人作出合理解释的证明标准属于盖然性标准，该解释并不能够推翻推定所认定的事实，而仅仅在于动摇推定事实的成立。

明知推定是解决明知证明难题行之有效的规则与方法，它的设立减轻了控方的证明负担，有助于打击犯罪，保护国民的法情感。明确界定明知推定适用中的“合理解释”可以消解明知推定带来的弊端，有助于实践中对明知的认定。本书认为，明知推定转移了证明责任，但是这种证明责任并非结果意义上的证明责任，而是行为意义上的证明责任，结果意义上的证明责任始终由控方承担，“合理解释”是行为人针对刑事推定明知所做的符合常

---

① 李玉华:《刑事证明标准研究》，中国人民公安大学出版社 2008 年版，第 145—146 页。

② 张勇玲:《英美法系排除合理怀疑的借鉴与运用——以江西“精彩生活”非法传销特大经济犯罪案件为例》，载《江西财经大学学报》2017 年第 2 期。

识、常理的一种辩解与说明，既是行为人的权利，也是行为人对推定转移的证明责任的承担；“合理解释”的认定应当依据案件客观事实和证据，但合理解释与提出证据证明之间有区别，行为人作出合理解释不需要提供证据，但为了防止“幽灵抗辩”的产生、保障行为人权益、辅助司法机关正确认定明知等，行为人需要就自己的解释理由提供相应的证据线索，以支撑其解释的合理性；解释是否具有合理性，应当综合行为人的解释理由及线索判断，即在一般理性人看来该解释符合常识、常理，具有成立的可能，即达到盖然性的证明标准，动摇推定事实的成立，就应当认定为合理解释。然后，由控方就解释的线索进行查证核实，法官综合全案作出最后认定，从而认定行为人主观是否具有明知。

第四章
网络毒品犯罪的既未遂形态认定

中国互联网络信息中心第52次《中国互联网络发展状况统计报告》显示，截至2023年6月，我国网民规模达10.79亿人，较2022年12月增长1109万人，互联网普及率达76.4%。[①] 然而，随着互联网技术的迅猛发展，网络在为人们的生活与工作带来便利的同时，也被毒品犯罪分子借机滥用，涉毒违法犯罪活动在网络空间中愈演愈烈，呈现出典型的网络化特征。《2018年中国毒品形势报告》指出，"互联网+物流"已成为贩毒活动主要方式，而这一点目前并未得到有力遏制。[②]《2020年中国毒品形势报告》显示，"互联网+物流寄递"贩毒活动依然呈现持续上升的态势，2020年，全国共破获物流寄递渠道贩毒案件3011起，缴获毒品4.3吨，分别上升9.5%和1.1%。[③]《2022年中国毒情形势报告》指出，非接触式贩毒模式突出，全年共破获涉互联网贩毒案件2761起，缴获毒品1.2吨，同比增长119%。[④] 网络毒品犯罪的猖獗正严重威胁人民身心健康、扰乱社会管理秩序。

---

① 《第52次〈中国互联网络发展状况统计报告〉》，载中国互联网络信息中心网，https://cnnic.cn/n4/2023/0828/c199-10830.html。

② 《2018年中国毒品形势报告》，载中国禁毒网，http://www.nncc626.com/2019-06/17/c_1210161797.htm。

③ 《2020年中国毒情形势报告》，载中国禁毒网，http://www.nncc626.com/2021-07/16/c_1211244064.htm。

④ 《2022年中国毒情形势报告》，载中国禁毒网，http://www.nncc626.com/2023-06/21/c_1212236289.htm。

第一节　网络毒品犯罪既遂标准的现行认定

一、网络毒品犯罪既遂标准的现有规定

（一）全国性规范

在全国性规范上，目前并无对于网络毒品犯罪既遂标准的直接性规范表达。当然，由于刑法总则对刑法分则的统领、指导作用，刑法总则中关于犯罪形态的规定同样可以适用于网络毒品犯罪既遂标准的判断。刑法分则中的规定也印证了这一点，根据刑法第 287 条规定："利用计算机实施金融诈骗、盗窃、贪污、挪用公款、窃取国家秘密或者其他犯罪的，依照本法有关规定定罪处罚。"这一规定在性质上属于注意性规定。所谓注意性规定，系指在存在法律基本规定的前提下，对其内容进行重申，意在提醒司法人员注意正确适用法律的规定。[①] 即使删去这一条注意性规定，发生了利用计算机实施的金融诈骗、盗窃、贪污等传统型犯罪的时候，也应按照刑法的有关规定进行定罪处罚。参考这一内容，利用计算机实施的毒品犯罪，也应依照刑法的有关规定定罪处罚，其中当然就包括适用刑法第二章第二节有关"犯罪的预备、未遂和中止"的规定。

按照这一逻辑，网络毒品犯罪的既遂标准问题看似迎刃而解。传统犯罪的网络异化一般并未改变其犯罪构造所最终决定的不法与罪责的内涵，[②] 这就意味着，刑法的教义学原理仍然可以在相当程度上适用于网络环境下的传统犯罪，网络毒品犯罪也不例外。然而，值得注意的是，一方面，利用网络实施的毒品犯罪虽然犯罪构成要件并未改变，但其不法属性与不法程度在相当程度上受到了互联网络的影响，对原有的规定造成了一定的冲击，在实际处理问题的过程中并非可以简单照搬传统毒品犯罪既遂标准的规定；另一方面，以网络为犯罪空间的（涉）毒品犯罪，在性质上与传统的毒品犯罪往

---

① 吴江：《刑法分则中注意规定与法律拟制的区分》，载《中国刑事法杂志》2012 年第 11 期。

② 梁根林：《传统犯罪网络化：归责障碍、刑法应对与教义限缩》，载《法学》2017 年第 2 期。

往已经有极大的不同，其犯罪构成要件或已发生根本性改变，“网络犯罪则必须关注由于网络因素的介入导致在刑法规范的适用上可能存在困境的犯罪类型”①。因此，对于以网络为犯罪空间的（涉）毒品犯罪，能否直接采用传统毒品犯罪的既遂标准，尚需要进一步研究。

（二）地方性规范

在地方性规范上，目前可公开查询的涉及网络毒品犯罪既遂标准问题的文件，仅有上海市高级人民法院发布的《关于审理毒品犯罪案件具体应用法律若干问题的意见》关注到了互联网背景下毒品犯罪的新形势，对涉及网络的走私、运输毒品罪的既遂标准问题作出了解答。上海市高级人民法院认为：走私毒品入境，只要行为人将毒品带至我国（边）境线内即为既遂；走私毒品出境的行为，只要行为人已将毒品带至运输出境的动态过程即为既遂，即使行为人在办理邮寄出境手续时被查获毒品的，也应当被认定为既遂。对于运输毒品罪，该意见规定，行为人以长途贩运为目的实施邮寄行为，正在办理邮寄外地的手续被查获的，应认定运输毒品罪的既遂。可见，该意见对于网络毒品犯罪的既遂标准整体把握偏向于严厉。

综上所述，网络毒品犯罪既遂标准的现有规定不论在全国性规范还是在地方性规范上均不够健全，亟须找到网络毒品犯罪在规则适用上的解释路径。

二、网络毒品犯罪既遂标准的司法现状

通过在中国裁判文书网、北大法宝、威科先行等法律案例检索平台上查询 2019 年 6 月 30 日至 2021 年 6 月 30 日的毒品犯罪相关判决文书，限定案由为“走私、贩卖、运输、制造毒品罪”“非法利用信息网络罪”“传授犯罪方法罪”，文书类型为“判决书”，并在以上基础的前提下以“毒品”“既遂 + 网络”“既遂 + 互联网”“既遂 + 快递”“既遂 + 物流”“既遂 + 暗网”等为关键词进行检索，共计得到 495 个判例。经过严格筛选，剔除重复判例及无关判例，保留含有对网络毒品犯罪的既未遂问题进行过专门讨论的判例，共计 163 个判例。在对以上 163 篇判决文书进行整

① 阎二鹏：《犯罪的网络异化现象评析及其刑法应对路径》，载《法治研究》2015 年第 3 期。

理归纳后，本书发现，在司法实践中，对网络毒品犯罪的既遂未遂问题的处理存在如下特点：

（一）罪名的分布

通过图 1 可以很直观地看到，在研究的判例样本中，贩卖毒品罪、运输毒品罪、制造毒品罪、非法持有毒品罪相对多发，如将贩卖、运输毒品罪（行为类型同为物流寄递型贩卖毒品行为，但在罪名认定上有差异）也计算在内，合计占比超过 90%。行为人被认定为贩卖毒品罪的占比高达 53.3%，占据所有罪名的 50% 以上，最为常见。运输毒品罪紧随其后，占比 13.0%。网络环境下，毒品制作技术及原料、制作设备的获取难度大大降低，导致制造毒品罪频频现于判例样本中，占比 11.8%。非法持有毒品罪则位列第四，占比 10.7%。

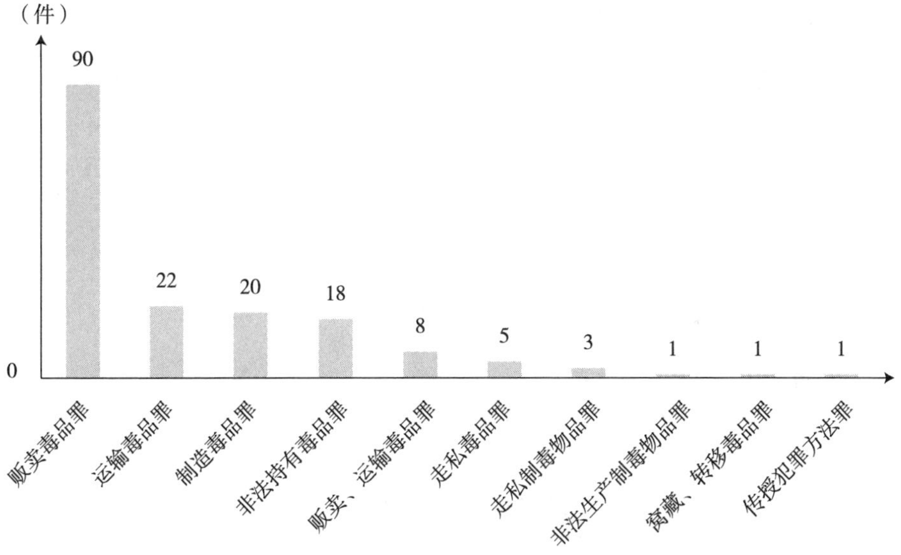

图 1　罪名认定分布情况

（二）犯罪形态的认定分布

由图2可知，在研究判例样本对于犯罪停止形态存在争议的情形下，更多的法官还是倾向于将行为人的行为认定为既遂，占比为55%；认定为犯罪未遂的情形占比41%，看似比例较高，但实际上，其中有相当一部分涉及行为人不知道是假毒品而将其当作真毒品进行贩卖、运输、走私的情形，在刑法理论上系对象不能犯，当然无法成立既遂。筛除关涉假毒品问题的判例后，认定为犯罪未遂的实际占比为30%左右，相对偏低。另外，还有少部分判例出现了犯罪预备、犯罪中止的认定。总的来说，法院对于将网络毒品犯罪行为认定为既遂的偏好较为明显。

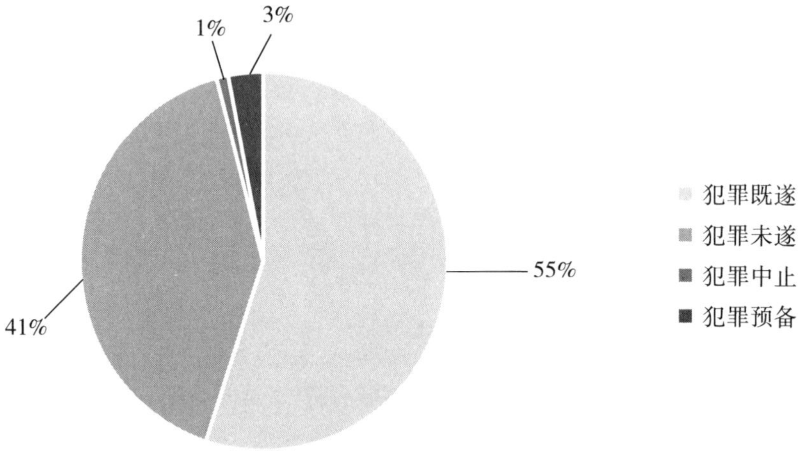

图2 犯罪形态认定分布情况

（三）不同行为类型下的犯罪形态认定

1. 贩卖毒品罪

“贩卖毒品，是指明知是毒品而非法销售或者以贩卖为目的而非法收买毒品的行为”，这一表述，最早出现在1994年12月20日发布的最高人民法院《关于适用〈全国人民代表大会常务委员会关于禁毒的决定〉的若干问题的解释》中，该文件虽已于2013年废止，但《立案追诉标准（三）》第1条沿袭了这一规定，并深刻影响到实践中对于网络相关贩卖毒品罪的既遂标准认定问题，以下分情况论述。

第一种类型，对于明知是毒品而非法销售行为，根据表1，在判例样本中有如下行为节点：(1) 线上达成合意，尚未交付毒品。7.1%的判例认为此时被查获尚属犯罪预备，因为此时属于为了犯罪，准备毒品、制造条件。57.1%的判例认为此时为犯罪未遂，因为此时即使已经达成合意，收取毒资，但毒品并未实际交付，毒品交易并未完成。35.7%的判例认为此时买卖双方已达成毒品买卖的合意并支付了相应价款，毒品买卖已进入实质交易环节，应认定为贩卖毒品的既遂，其中包含毒贩准备交寄的情形。此时，贩卖毒品罪的既遂节点实际上为线上达成合意，收取毒资。(2) 完成快递或物流的交寄手续（含交寄未运输情形）。18.1%的判例认为，在交寄后未实际寄出的情形下，应当认定犯罪未遂，而有81.9%的判例则阐明，无论是否进入运输流程，完成交寄手续即构成犯罪既遂。(3) 毒品包裹进入运输阶段。现有判例均认为，此时被查获应为犯罪未遂。但需要说明的是，其中包含了包裹中并无毒品、共同贩卖毒品一方在向另一方邮寄毒品过程中被举报的特殊情况。(4) 毒品包裹抵达目的地。此时判例中认为构成犯罪既遂。(5) 收买人或代收人收取毒品包裹（含已取得情形），所有相关判例均认为此时被查获构成犯罪既遂。

表1　明知是毒品而非法销售行为的形态认定

<table>
<tr><th>行为类型</th><th>行为节点</th><th>认定情况</th><th>数量分布（件）</th><th>占比</th></tr>
<tr><td rowspan="9">明知是毒品而非法销售</td><td rowspan="3">线上达成合意，尚未交付毒品</td><td>犯罪预备</td><td>1</td><td>7.1%</td></tr>
<tr><td>犯罪未遂</td><td>8</td><td>57.1%</td></tr>
<tr><td>犯罪既遂</td><td>5</td><td>35.7%</td></tr>
<tr><td rowspan="2">完成快递或物流的交寄手续（含交寄未运输情形）</td><td>犯罪未遂</td><td>2</td><td>18.1%</td></tr>
<tr><td>犯罪既遂</td><td>9</td><td>81.9%</td></tr>
<tr><td>毒品包裹进入运输阶段</td><td>犯罪未遂</td><td>4</td><td>100%</td></tr>
<tr><td>毒品包裹抵达目的地</td><td>犯罪既遂</td><td>3</td><td>100%</td></tr>
<tr><td>收买人或代收人收取毒品包裹（含已取得情形）</td><td>犯罪既遂</td><td>6</td><td>100%</td></tr>
</table>

第二种类型，对于以贩卖为目的而非法收买毒品的行为，根据表2，在样本判例中有如下行为节点：（1）线上达成合意，尚未交付毒品。此时相关判例均认为成立犯罪未遂。（2）完成快递或物流的交寄手续（含交寄未运输情形）。此时相关判例均认为成立犯罪既遂，因为此时已进入实质性交易环节。（3）毒品包裹进入运输阶段。75%的判例认为，此时被查获，收买人在客观上已无实际占有其所购毒品的可能，应认定为犯罪未遂。而25%的判例则认为，此时为贩卖毒品而实施的购买毒品行为已经完成，应认定为既遂。（4）毒品包裹抵达目的地。现有相关判例认为，毒品通过物流寄递方式到达毒贩指定地点的快递公司，应认定为既遂。（5）贩毒人或代收人收取毒品包裹（含已取得情形）。88%的判例认为，此时已经进入实质交易阶段，不论是否采取控制下交付手段，均应认定为犯罪既遂。12%的判例认为，此时被查获仍可成立犯罪未遂，其中一例为警方提前调包了邮寄的毒品，剩余两例并未详细说明理由。

表2 以贩卖为目的而非法收买毒品行为的形态认定

行为类型	行为节点	认定情况	数量分布（件）	占比
以贩卖为目的而非法收买毒品	线上达成合意，尚未交付毒品	犯罪未遂	3	100%
	完成快递或物流的交寄手续（含交寄未运输情形）	犯罪既遂	2	100%
	毒品包裹进入运输阶段	犯罪未遂	3	75%
		犯罪既遂	1	25%
	毒品包裹抵达目的地	犯罪既遂	1	100%
	贩毒人或代收人收取毒品包裹（含已取得情形）	犯罪未遂	3	12%
		犯罪既遂	22	88%

总而言之，实践中普遍认可贩卖毒品罪进入实质性的交易环节，完成毒品的交付，即构成犯罪既遂。但对于何为“进入实质性的交易环节”，在判

断理由和判定结论上差异化非常显著；相对一致的地方在于，如果毒品包裹实质性抵达了邮寄目的地，则一般应认定为既遂。

2. 运输毒品罪

网络环境下的运输毒品罪往往体现为在上线的指令下帮助毒品进行邮寄中转运输的行为。根据表3，在不同的时间节点上，司法机关对犯罪停止形态的认定同样千差万别。（1）行为人准备收取毒品包裹时被抓获。现有判例样本中均认为构成犯罪未遂，因为此时行为人对毒品已失去控制，不可能再将毒品送达给毒贩，无法完成整个运输毒品的流程，符合犯罪未遂的构成要件。（2）行为人收取毒品包裹时被抓获。33.3%的判例认为犯罪未遂。66.7%的判例认为犯罪既遂，理由在于行为人与其上线（或同伙）构成共同犯罪，事前均有运输毒品的意思联络，并按照其上线（或同伙）安排着手实施犯罪行为，实际上已经侵害了国家对毒品的管理制度，应被认定为犯罪既遂。（3）行为人完成快递或物流的交寄手续（含交寄未运输情形）时被查获。37.5%的判例认为，如果交寄后未实际运输，没有起运的状态，则没有完成运输毒品罪构成要件。62.5%的判例认为，完成快递或物流的交寄手续，即构成运输毒品罪的既遂。（4）毒品包裹进入运输阶段后被抓获。现有判例样本均认为，行为人运输的毒品已经发生空间上的位移，构成犯罪既遂。

表3　帮助上线通过物流寄递途径运输毒品行为的形态认定

行为类型	行为节点	认定情况	数量分布（件）	占比
帮助上线通过物流寄递途径运输毒品	准备收取毒品包裹	犯罪未遂	2	100%
	收取毒品包裹	犯罪未遂	2	33.3%
		犯罪既遂	4	66.7%
	完成快递或物流的交寄手续（含交寄未运输情形）	犯罪未遂	3	37.5%
		犯罪既遂	5	62.5%
	毒品包裹进入运输阶段	犯罪既遂	3	100%

不难发现，从现有判例样本观察，法院普遍认可运输毒品罪在毒品起运

后属于犯罪既遂，但在之前的行为节点被查获，其犯罪终止形态的认定则存在诸多争议。

3. 制造毒品罪

虽然同受网络环境的影响，相较于贩卖毒品罪及运输毒品罪，制造毒品罪的犯罪终止形态问题相对清晰很多，在目前的司法环境中认定结果高度一致。根据表4，分析现有的判例样本，可以总结得出，司法机关基本遵循这一判定思路：为制造毒品购买原料及设备，制造条件，系犯罪预备；开始试制毒品，尚未制作成功，为犯罪着手，制作出毒品或者半成品，则为犯罪既遂。这一做法明显与《立案追诉标准（三)》第1条第7款的规定相吻合，即“为了制造毒品而采用生产、加工、提炼等方法非法制造易制毒化学品的，以制造毒品罪（预备）立案追诉。购进制造毒品的设备和原材料，开始着手制造毒品，尚未制造出毒品或者半成品的，以制造毒品罪（未遂）立案追诉”。

表4 涉网络制造毒品罪的犯罪形态认定

行为类型	行为节点	认定情况	数量分布（件）	占比
网络学习制毒方法，购买制毒原料及设备，制作毒品	为制造毒品购买原料及设备，制造条件	犯罪预备	4	100%
	开始试制毒品，尚未制作成功	犯罪未遂	13	100%
	制作出毒品或者半成品	犯罪既遂	3	100%

4. 非法持有毒品罪

针对非法持有毒品罪，根据表5，现有判例样本中共涉及如下行为节点：(1）卖方完成快递或物流的交寄手续（含交寄未运输)。现有判例认为此时犯罪既遂，因为买受方虽未直接持有毒品，但从毒品投递开始其已经对毒品具有了事实上的支配权，属于间接持有，其非法持有行为已经既遂。(2）毒品包裹进入运输阶段。现有判例为买方在卖方寄出毒品后主动放弃犯罪，如实向警方供述，被认定为犯罪中止。显然，这一判例中并不赞同卖方完成交寄手续即成立非法持有毒品罪的既遂。(3）收买人或代收人收取毒品包裹（含已取得情形)。在该行为节点上，不同观点的争锋最为凸显。

25%的判例认为，此时行为人尚未实际取得、控制毒品，属犯罪未遂。75%的判例则持相反观点，认为行为人收取毒品包裹可视为毒品已处于行为人持有状态，行为人已实质性地对涉案毒品进行了有效控制和支配，控制下交付不影响犯罪既遂的认定。

表5　线上购买毒品后物流寄递行为的形态认定

行为类型	行为节点	认定情况	数量分布（件）	占比
线上联系购买毒品并通过物流寄递持有、获得毒品	完成快递或物流的交寄手续（含交寄未运输）	犯罪既遂	1	100%
线上联系购买毒品并通过物流寄递持有、获得毒品	毒品包裹进入运输阶段	犯罪中止	1	100%
	收买人或代收人收取毒品包裹（含已取得情形）	犯罪未遂	4	25%
		犯罪既遂	12	75%

经过整理可知，非法持有毒品罪的既遂标准认定更为错综复杂，甚至难以得出一个普遍接受的共识，需要进一步加以分析研究。

5. 贩卖、运输毒品罪

在筛选的判例样本中，贩卖、运输毒品罪的行为类型往往与贩卖毒品罪高度重合，均为以物流、快递寄递方式贩卖毒品，但在罪名认定上，被部分法院认定为同时触犯贩卖毒品罪及运输毒品罪。对贩卖、运输毒品罪犯罪既遂节点的认定同样五花八门。其中，40%的判例认为完成毒品包裹交寄手续即为犯罪既遂，其余判例在毒品包裹进入运输阶段被查获、毒品包裹抵达目的地被查获、收取毒品包裹被查获的节点上均认定为犯罪既遂。

6. 走私类毒品犯罪

对于该类犯罪，实务中的法律评价同样相对割裂。有的判例认为，完成国际快递交寄手续即为犯罪既遂，当然，绝大部分判例还是倾向于认定毒品走私入境为犯罪既遂的节点。

7. 传授犯罪方法罪

在现有案例研究样本中，法院认为，向他人传授制毒方法，他人实际实施了制毒行为，成功制造出毒品，系传授犯罪方法罪的既遂。

三、现行网络毒品犯罪既遂标准认定之评析

在当前司法实践中，对于网络毒品犯罪既遂标准的认定存在以下问题：

一是认定犯罪既遂的裁判标准混乱。即使针对同一行为类型的同一行为节点，司法者对于法律语句中“既遂”意蕴的解读也往往存在较大出入。以贩卖毒品罪为例，当买卖双方达成合意，毒品尚未交付的情形下，法院对犯罪停止形态的认定就有犯罪预备、犯罪未遂、犯罪既遂之差别，其他常见网络毒品犯罪的既遂标准认定标尺也是难以实现相对统一。犯罪停止形态直接影响刑事责任承担的轻重，是量刑考虑因素的重要构成部分，对犯罪停止形态认定不清，或将导致出现“同案不同判”的司法漏洞，有损司法的公正性与权威性。

二是对网络环境下毒品犯罪的特殊性认识不足。从当前的判决结果来看，许多司法工作人员的目光普遍还是局限在传统的毒品犯罪问题中，以传统的毒品犯罪既遂标准来生搬硬套网络毒品犯罪既遂标准，缺乏对新问题的详细阐释与说理，难以将传统的毒品犯罪既遂标准向网络毒品犯罪既遂标准合理过渡，在最后判断上也有欠精准。

三是在判断网络毒品犯罪既遂标准问题时，总体把握比较严格，认定涉及“未遂”的占比低。在大部分涉及网络毒品犯罪的判决中，审判者往往回避讨论犯罪既遂问题，或以刑法条文简单回应辩护律师的关于犯罪形态的辩护意见。同时，在司法判决中，法官明显倾向于作出认定被告人犯罪既遂的结论。有许多判例认为，为贩卖而购入毒品，即使尚未购得毒品但完成交寄手续，即可成立贩卖毒品罪的既遂，这实际上是把认定犯罪既遂的时间节点进一步前移。

第二节　网络毒品犯罪既遂标准的认定困境

一、犯罪性质的认定困境

根据我国刑法理论通说的理解，不同的犯罪性质指向不同的犯罪既遂标准。如结果犯要求出现刑法规定的实害结果方才构成犯罪既遂，而行为犯仅要求实施了刑法规范中所规定的构成要件行为即成立犯罪既遂。对于犯罪性质的理解直接影响犯罪既遂标准的确立，而毒品犯罪的性质问题，向来存在诸多争议，在网络环境下，则显得更为复杂。

传统毒品犯罪问题中，最受关注的无疑是走私、贩卖、运输、制造毒品罪。一般认为，走私、贩卖、运输、制造毒品罪作为一个选择性罪名，其中并列的每一个单独罪名在社会危害性和不法程度上具有相当性，即其犯罪性质一般应当是相同的。对于走私、贩卖、运输、制造毒品罪的性质认定，有两派影响较大的观点：一派认为走私、贩卖、运输、制造毒品罪为行为犯，另一派则认为走私、贩卖、运输、制造毒品罪应为抽象危险犯。

所谓行为犯，是指完成刑法所规定的犯罪行为即可成立既遂的犯罪，并不要求出现对法益侵害的结果。支持走私、贩卖、运输、制造毒品罪为行为犯的学者对其性质进行了进一步的精细划分，认为本罪在犯罪的理论分类中，应被划归为过程行为犯。过程行为犯并非一旦在形式上违背刑法的禁止性规范就成立犯罪既遂，而要求实施的过程性，需要将实行行为实施到一定程度，才成立犯罪既遂。① 有学者进一步指出，行为犯并不意味着一旦着手实施毒品犯罪即成立既遂，刑法实际上对行为犯的既遂有量上的要求，这种量上的要求主要体现在行为的“堆积”性上。② 也有学者认为，过程行为犯的过程行为需要达到刑法分则规定的犯罪构成客观方面要件意义上的“完整行为”，或者相应行为过程需要达到特定的精神上的或者制度上的危害结果

① 史卫忠：《行为犯研究》，中国方正出版社 2002 年版，第 140 页。

② 张建、俞小海：《贩卖毒品罪未遂标准的正本清源》，载《法学》2011 年第 3 期。

（相应的非物质性危害结果）这一“实然危害”，才能够成立犯罪既遂。①

所谓抽象危险犯，是指不以出现现实的法益损害或法益损害的紧迫危险为既遂条件的犯罪。支持走私、贩卖、运输、制造毒品罪为抽象危险犯的学者认为，在购买毒品的人员实际吸食使用毒品造成身体健康之前，刑法已经提前介入在产生健康损害的抽象危险时即对贩卖者进行处罚，这其实体现了抽象危险犯提前保护的立法逻辑，即一旦毒品进入交易流通领域，不论其是否实际被使用，均有损及购买者身体健康的危险。②

新的研究视野的拓展，则为走私、贩卖、运输、制造毒品罪的犯罪性质研究带来了更多的可能性。有学者指出，在传统刑法视野下，贩卖毒品罪属于行为犯，不以实害结果的发生为既遂要件。而在风险社会视野下，贩卖毒品罪属于抽象危险犯。③ 风险社会理论认为，为了应对现代社会中不确定以及不可控的风险，有必要对法益进行提前保护，以预防和控制风险，维护社会的安定性。风险社会理论表现出“处罚的早期化”的特征，针对对于不特定公众的健康具有重大威胁的毒品犯罪，采取严厉处罚的立场，在毒品犯罪尚未造成危害后果的情形下，也对其进行刑法规制。

上述对于走私、贩卖、运输、制造毒品罪的定性争议的意义在于，行为犯和抽象危险犯之间存在区别。有学者认为，行为犯的本质在于对刑事规范的违反且其行为本身有一定的危险性，抽象危险犯的本质在于行为导致了侵害法益的危险结果，在认定方式上，抽象危险犯存在反证的空间，行为人可主张其行为并未造成高度危险结果，而行为犯则不允许。④ 即行为犯一旦违反刑事规范，可推定其具有侵害法益的危险，而侵害法益的危险对于危险犯而言，应属于犯罪构成要件。因此，二者虽然界限很模糊，但在特殊情况下也可能出现不同认定的情况。

在网络环境下，毒品犯罪呈现出高度的隐蔽性，案件侦查难度较传统的毒品犯罪大大提高。网络毒品犯罪的便捷性则使得毒品犯罪分子的犯罪成本

---

① 魏东：《毒品犯罪的解释性疑难问题》，载《政法论丛》2017 年第 2 期。

② 赵拥军：《从毒贩住处等地查获的毒品数量计入贩卖数量应允许反证推翻——兼论贩卖毒品罪的既遂应当区别行为方式的不同进行认定》，载《法律适用》2015 年第 4 期。

③ 沙良旺：《贩卖毒品罪既遂标准理论建构与实践运用》，载《云南警官学院学报》2020 年第 4 期。

④ 江岚、赵灿：《抽象危险犯与行为犯之界限——以“抽象危险”的认定为路径》，载《湖北大学学报（哲学社会科学版）》2012 年第 2 期。

进一步降低，犯罪欲望进一步膨胀。而网络的跨空间性与跨时间性，则使得毒品犯罪有机会泛滥到互联网的每一个角落，其影响人群范围大为扩张，对刑法所保护法益的威胁性进一步增强。在此种背景之下，如何既尊重刑法原有规定与法治精神，又考虑适当加大网络毒品打击力度，从而正确理解网络毒品犯罪中不法的意蕴，正确判定各类网络毒品犯罪的犯罪性质，进而引导网络毒品犯罪既遂标准的认定，则是一个亟待解决的难题。

二、犯罪既遂的认定困境

（一）网络贩卖毒品罪

毒品买卖由一系列的环节构成。一般的贩卖毒品行为按照先后顺序可以分为买卖双方相互联系、达成毒品买卖合意、进行毒品交易、毒品交付、毒品转移和毒资支付等环节。对于传统的贩卖毒品罪的既遂标准问题，有如下几种学说：（1）契约说。契约说认为只要贩卖毒品和购买毒品的双方当事人就毒品交易的事项达成一致，即可成立犯罪既遂。[①]（2）进入交易说。进入交易说主张以毒品是否进入交易环节作为贩卖毒品罪是否既遂的依据，至于毒品是否实际卖出、获利或转移，则在所不论。[②]（3）毒品交付说。毒品交付说认为贩卖毒品罪的既遂标准为毒品的实际交付，在毒品尚未实际交付前，不能成立犯罪既遂，在毒品实际交付后，不论是否取得毒资，均可认定成立犯罪既遂。[③]（4）毒品转移说。毒品转移说提出，贩卖以毒品实际上转移给买方为既遂。即使双方已经就毒品的转移达成一致意见，或者贩卖者已经取得了毒资，只要毒品没有实际上由贩毒者向购毒者完成转移，也不宜认定为既遂。[④]

在便利的网络环境下，毒品犯罪打破了原本的一手交钱、一手交货的交易模式，往往不存在一个线下实体的面对面的交易环节。[⑤] 毒品交易的买卖双方通过网络通讯工具即可在线上达成交易的合意。不法分子可以利用微信、

---

① 梅传强、张喆锐：《论贩卖毒品罪既遂标准的模糊化认定》，载《河北大学学报（哲学社会科学版）》2019 年第 3 期。

② 黄祥青：《刑法适用要点解析》，人民法院出版社 2011 年版，第 341 页。

③ 王作富主编：《刑法分则实务研究》，中国方正出版社 2013 年版，第 1443 页。

④ 张明楷：《刑法学（下）》（第六版），法律出版社 2021 年版，第 1514 页。

⑤ 胡江：《毒品犯罪网络化的刑事治理》，载《西南政法大学学报》2020 年第 5 期。

飞信、QQ 等聊天工具进行毒品贩卖，或把有关交易信息以附件的形式准确发送到特定的电子邮箱，效率极高，且双方能在线上即对交易毒品的种类、数量、质量等细节作出清晰的确定。在买受毒品的一方通过第三方支付的方式支付毒资后，贩卖毒品的一方可通过线上或线下雇用他人代为传递毒品或者使用物流寄递渠道寄送毒品。即在网络背景下，对于互联网通讯及支付设施的利用，使得在现实中的毒品交易现场直接被线上简单点击操作所取代，此时，毒品交付和毒资转移完全可以在两个毫不相干的时空独立发生。

传统的贩卖毒品罪既遂理论主要建立在“一手交钱一手交货”的交易模式之上。网络毒品犯罪割裂了毒品的交付和毒资的转移，传统的贩卖毒品罪既遂理论难以解释何时成立贩卖毒品罪的既遂。一方面，在网络背景下，所谓的“进入交易”“毒品交付”“毒品转移”的界定变得相对模糊。比如，尽管司法实践中普遍认可进入交易环节说，但由于并不存在一个现实中的交易现场，在裁判标准上存在较大差异，有的判决以线上达成合意支付毒资为进入实质性的交易环节，有的判决中以贩毒者完成快递交寄手续（不论是否成功寄出）为进入实质性的交易环节，还有的判决中则以毒品包裹成功寄出为进入实质性的交易环节。而在委托同城跑腿业务员寄送毒品、利用快递柜存放毒品等场合，这一认定又面临着新的挑战。原本颇具争议的既遂标准认定陷入更大的混乱之中。另一方面，网络因素的介入使得毒品交易的各环节之间的紧密联系被打破，毒品不一定在进入交易现场后交付，而毒品的交付不一定意味着毒品的转移，如贩卖者向快递公司交寄毒品，但毒品快件还要运输较长的距离才能抵达购买者手中，此时的贩卖毒品罪应于哪个行为节点既遂，尚处于争议之中。

（二）网络运输毒品罪

目前，对于传统运输毒品罪的既遂标准，有多种学说争议。第一，起运说。起运说是我国当前的通说观点，其认为行为人开始运输毒品，即成立运输毒品罪的既遂。在这种学说之下，不考虑开始运输后的运输状态与距离，也不考虑是否抵达目的地。至于何谓“起运”，有学者认为应以毒品进入交通工具为运输毒品的起点，[①] 亦有论者主张，运输毒品罪的“起运”应以

① 曹坚：《贩卖、运输毒品罪的罪名、罪数及既未遂形态研究》，载《江苏警官学院学报》2003 年第 1 期。

“进入运输状态”为标准，因为进入运输状态后毒品已经发生了流通。[①] 第二，合理位移说，行为人在毒品起运后，使毒品发生一定的合理位移，即成立既遂，不要求以抵达运输毒品目的地为其完成形态。[②] 也有学者对其进行限定，认为运输毒品罪要达成既遂，不仅要求在空间上具备位移，也要求在主体间有占有转移的风险。[③] 第三，到达说。该学说认为，毒品的起运应视为运输毒品罪的着手，毒品运输到达目的地，才能成立运输毒品罪的既遂。支持这一学说的学者认为，只有当毒品靠近消费终端、能够达到被下线所控制的范围时，其内含的法益危害才真正发生。[④]

传统运输毒品犯罪的既遂标准，主要是基于实践中人货合一的运毒模式提出的。在传统运毒模式下，运毒人员以人力或使用交通工具直接运载毒品货物，运毒者和毒品在时空上是紧密结合的状态。只要运毒人员实施了运输毒品的行为，就可以使毒品进入运输状态，对法益产生危险或实害。而在网络运输毒品犯罪中，这一局面被打破。毒品运输已经和“互联网 + 物流寄递”强绑定，在此种背景下，毒品犯罪分子往往选择雇用他人代为运输毒品，自己隐藏在幕后，或者利用快递、物流渠道邮寄毒品。也即毒品在运输过程中，实际上正处于物流、快递公司及其工作人员或受雇用人的控制之下，此时，运毒人员和毒品在时空上是相分离的，完全有可能出现运毒人员已经完成交寄手续但毒品包裹后续并未进入运输状态的情形。针对这种人货分离的运输模式，有学者认为，如果利用邮寄、托运等方式运输毒品，运输手续完毕就属于运输毒品既遂。[⑤] 也有学者提出不同观点，认为如果使用快递、托运运输或利用他人运输，应当以运输的毒品进入运输状态作为犯罪既遂的实质标准。[⑥]

不同的既遂观点背后是对“运输”的不同理解。目前，我国对于运输毒品罪的“运输”主要有两种观点。第一种是“距离说”，认为“运输”

① 邓维聪：《运输毒品罪既、未遂的认定》，载《人民法院报》2007 年 12 月 19 日。

② 黎宏：《刑法学各论》（第 2 版），法律出版社 2016 年版，第 464 页。

③ 谢暄：《运输毒品罪的限缩解释与类型分析》，载《江西警察学院学报》2021 年第 4 期。

④ 莫洪宪、薛文超：《“厉行禁毒”刑事政策下运输毒品罪的死刑废止》，载《广西大学学报（哲学社会科学版）》2016 年第 2 期。

⑤ 刘凌梅：《运输毒品罪司法适用争议问题探讨》，载《法律适用》2015 年第 7 期。

⑥ 刘念：《论运输毒品罪的既遂判断标准——以 116 份运输毒品罪刑事裁判文书为样本》，载《铁道警察学院学报》2020 年第 6 期。

是指将毒品从一地运输到另一地，在空间上有位移的距离，且该距离应当限于国境之内。第二种是“流通说”，认为“运输”不应限于必须让毒品实现物理上的位移，关键在于判断毒品流通的风险。对毒品空间场所的改变并非运输毒品的必要条件，运输毒品的实质性问题在于，是否以流通目的采用各种方式使毒品进行流通。[①] 在网络背景下，由于对毒品的运输采取的是人货分离的模式，还需要回答的问题是，行为人何时可以排除外界的干扰使毒品进入运输状态，以及何时造成了毒品向社会公众流通的风险。而这一判断在现代物流体系的冲击下并不容易。具体而言，运输毒品罪的既遂应该以行为人邮寄毒品的时间节点为准，或是以毒品通过物流渠道开始运输时为准，抑或是以毒品邮包抵达目的地时为准，尚需要进一步探讨。

（三）网络走私毒品罪

走私毒品在形式上有输入毒品和输出毒品之分，由于二者在既遂标准的认定上具有相通性，本书只讨论毒品输入的情形。毒品走私可以分为陆路走私、海路走私和空路走私三种类型。其中，陆路走私中得到广泛认可的既遂标准，是认为将毒品逾越国（边）境构成走私毒品罪的既遂。而在海路走私和空路走私类型下，对于既遂标准则有较大争议，存在“领海、领空说”“登陆说”“关税线说”“搬出可能说”“到达说”等多种学说。[②] 其中“到达说”以装载毒品的船舶到达本国港口或航空器到达本国境内，对于既遂标准的把握相对适宜。

但在互联网环境下，跨国毒品犯罪呈明显的上升趋势，毒品交易双方通过暗网等渠道达成毒品买卖意向，而后利用国际快递寄送毒品。和网络运输毒品罪相似，此时毒品走私的行为人和被走私的毒品之间是彼此分离的关系，人货合一的原有格局被打破，出现了不统一的情况。此时的毒品走私至少可以被分为以下几个关键节点：行为人在货运公司完成国际快递交寄手续、快递公司在入境海关进行货物申报并接受检查、交付邮寄的毒品逾越国（边）境、交付邮寄的毒品抵达目的地。可以肯定的是，如果行为人在主观上持有走私毒品的犯罪故意，在客观上实施了走私毒品的行为，当交付邮寄的毒品侥幸躲过海关检查抵达邮寄目的地时，走私毒品罪的犯罪形态无疑是既遂。但网络走私毒品犯罪应以哪个节点作为既遂的时间点，目前法律上并

---

① 高贵君主编：《毒品犯罪审判理论与实务》，人民法院出版社 2009 年版，第 207 页。

② 张明楷：《刑法学（下）》（第六版），法律出版社 2021 年版，第 1513—1514 页。

没有明确规定。

对于走私犯罪的犯罪形态，最高人民法院、最高人民检察院《关于办理走私刑事案件适用法律若干问题的解释》与最高人民法院研究室《关于对海关监管现场查获的走私犯罪案件认定既遂、未遂问题的函》意见一致，如果实施走私犯罪，在海关监管现场被查获，或申报完毕的，均成立犯罪既遂。在这些规定的影响下，有司法实务人员认为，采用邮寄方式走私毒品的行为人，完成毒品交寄手续时即成立走私毒品罪的既遂。因为此时能由其自主支配的行为已经全部实施完毕，其后毒品被第三方承运公司运输的过程不以行为人的个人意志为转移，无法存在犯罪未遂或者犯罪中止的未完成形态。[①] 这一观点是否合理，尚有待研究。

（四）网络非法持有毒品罪

非法持有毒品罪系持有犯，其能否成立既遂，在刑法理论上尚有争议。有的学者认为，非法持有毒品罪不存在既遂，其作为一种非法持有行为及其伴随的持有状态，只有成立与否的问题，不涉及犯罪形态，非法持有行为的实施即意味着非法持有毒品罪的成立。[②] 而另有观点认为，非法持有毒品罪有既遂形态，非法持有毒品罪是一种直接故意犯罪，以实际持有毒品为既遂，并当然地拥有犯罪预备等犯罪未完成形态。[③]

在支持本罪存在未遂形态的观点中，对“持有”的性质认定也多有不同，存在作为说、不作为说、状态说、独立行为说等争议。有人认为，非法持有中的“持有”只能是实际持有，这要求行为人将毒品置于自己掌控的领域之内。[④] 另有学者认为，非法持有毒品罪中的“持有”既可以是直接持有，也可以是间接持有，其不要求对毒品具有所有权，只需要行为人对毒品具有事实上的支配能力。[⑤]

在传统的非法持有毒品犯罪中，针对“持有”的性质及其认定存在诸多争议。而在网络环境下，毒贩以物流寄递方式向购毒者交付毒品，没有证据证明其是为了实施贩卖毒品等其他犯罪，在购毒者持有的毒品数量达到法

---

① 陈明蔚：《邮寄型走私毒品犯罪的既遂标准》，载《人民司法（案例）》2016 年第 2 期。

② 郭竹梅：《持有型犯罪的特征与认定》，载《法学杂志》2009 年第 4 期。

③ 王路真：《非法持有毒品存在未遂状态》，载《人民司法（案例）》2018 年第 17 期。

④ 肖光坤：《简析非法持有毒品罪的司法认定》，载《湖南经济管理干部学院学报》2002 年第 4 期。

⑤ 李静然：《非法持有毒品罪的司法疑难问题探析》，载《法律适用》2014 年第 9 期。

定的入罪标准时，成立非法持有毒品罪。此时，毒贩的毒品交付与购毒者的毒品取得在客观上是相分离的，二者甚至可以间隔很长的时空距离，这就使得购毒者对于毒品的非法持有状态并不明确。在实务操作中，部分法院以贩卖者向购买者寄出毒品为既遂时点，有学者认为，应以毒品寄达目的地购毒者可前去提领时为既遂时点，[①] 也有学者批判前两种观点将既遂时点过度前移，认为毒品寄达且行为人实际接触毒品之后才能成立既遂。[②]

三、犯罪着手的认定困境

犯罪的实行行为以着手为起点，着手的认定发挥着介分犯罪预备与犯罪未遂、犯罪既遂的重要作用。学理上对于犯罪着手的争议主要集中在行为对法益造成的危险达到何种程度方能被认定为犯罪着手。我国学者对此主要有两派观点：一是主张具体的危险说，认为只有当行为产生了侵犯法益的具体危险状态时，才是着手，[③] 即要求着手产生侵害法益的紧迫性危险；二是抽象的危险说，主张着手不必要求对法益产生紧迫的、具体的危险，只需产生抽象的危险即可认定着手。[④]

在网络毒品犯罪既遂标准的认定问题中，犯罪着手相关更突出的争议在于，是否过度提前了犯罪既遂节点，忽视了犯罪着手问题，将犯罪预备与犯罪既遂相混同。

例如，在网络贩卖毒品罪的犯罪既遂认定中，实务中往往认为“贩卖”既包含直接非法销售毒品的行为，也包含为了卖出而非法收买毒品的行为，后者也可单独成立贩卖毒品罪的既遂。在网络背景下，针对贩毒人员邮寄购毒的行为，实务人员或是主张进入与物流公司约定收货地点区域成立该罪的既遂，[⑤] 或是将该既遂节点进一步前移，认为只要行为人可以自行决定何时由何人提取毒品包裹，即可认定取得实际的处分权，即使毒品包裹送达快递

---

① 史令珊：《物流领域毒品犯罪既未遂状态的认定》，载《黑龙江省政法管理干部学院学报》2019 年第 3 期。

② 唐逸伦：《非法持有毒品罪未遂时点认定规则探究》，载《新疆警察学院学报》2021 年第 2 期。

③ 张明楷：《刑法学（上）》（第六版），法律出版社 2021 年版，第 441 页。

④ 陆诗忠：《对“犯罪着手”若干问题的再思考》，载《青少年犯罪问题》2021 年第 1 期。

⑤ 陈峰、吴诗翔、田丹：《为贩卖而用邮寄方式购买毒品的既遂标准》，载《人民司法（案例）》2017 年第 2 期。

站点后行为人并未前往快递公司取货，也应当认为此时可以成立贩卖毒品罪的犯罪既遂。[①] 而反对者则认为，应当将以销售为目的购买毒品的行为排除在贩卖毒品罪的实行行为之外，为了贩卖而购入毒品至多只能成立贩卖毒品罪的预备犯和非法持有毒品罪的想象竞合犯。[②]

又如，在网络运输毒品罪的犯罪既遂认定中，支持起运既遂说的实务人员以毒品交付运输完毕作为运输毒品罪的既遂，只要行为人将毒品快递交付给快递公司承运，双方达成运输合同，后续毒品快递是否实际寄出，是否实际进入运输状态，则在所不问。[③] 而在支持到达既遂说的学者认为，毒品快递的交付运输往往只是运输毒品罪的着手。

在网络环境下，行为人的行为对于法益带来的危险状态的判定更为复杂，这就使得犯罪着手的判断更容易被犯罪既遂所覆盖。在存在争议的情况下，将网络毒品犯罪的形态认定为犯罪既遂的倾向，也使得犯罪着手更容易忽略，而直接越过犯罪预备将行为认定为犯罪既遂。因此，有必要厘清着手这一犯罪实行行为的起点，从而更好地认定网络毒品犯罪的犯罪形态，避免既遂判定节点过度前移，造成对行为人合法权益的侵害。

第三节　网络毒品犯罪既遂标准的理论构建

在构建网络毒品犯罪既遂标准之时，必须首先从刑法本身出发，分析网络毒品犯罪背后的法益之所在，研究网络毒品犯罪的犯罪本质，考察网络毒品犯罪的构成要件要素，逐一判定各类网络毒品犯罪所应采取的具体既遂标准。在对网络毒品犯罪构成要件要素进行解释时，既要关注网络毒品犯罪的犯罪态势、理解“重刑治毒”刑事政策的指导作用，也要始终严守罪刑法定原则，警惕刑法的过度刑事政策化，避免犯罪既遂认定节点的过度前移。

---

① 邵宁：《以邮寄方式购进毒品的犯罪形态认定》，载《中国检察官》2018 年第 14 期。

② 温登平：《贩卖毒品罪司法现状的刑法学分析》，载《金陵法律评论》2016 年第 2 期。

③ 曾娜、孙强：《寄递型运输毒品罪既遂标准辨析》，载《中国检察官》2021 年第 24 期。

一、刑法体系与刑事政策关系之协调

所谓刑事政策，即系“一定社会对犯罪反应的集中体现”[①]。在犯罪的综合治理过程中，刑事政策作为宏观策略而存在，以对犯罪基本态势的评估为基础而形成，其背后是政党、国家及社会群体等犯罪防治集体观念的现实映射。[②] 刑法体系与刑事政策至少存在以下三个方面的重要区别：第一，地位不同。刑法体系是定罪量刑的依据，刑事政策则被排斥在定罪量刑的直接依据之外，在宏观层面发挥着指导、引领对犯罪人的定罪量刑特别是刑罚裁量的作用。在层级上，刑事政策高于刑法体系，“刑事政策是刑法的灵魂”。第二，作用领域不同。刑法体系主要作用于刑事司法活动中，作用领域相对局限；刑事政策则贯穿于刑事立法、刑事司法与执行活动之中，在刑事法律的生成与运行的整个过程中都发挥着无法忽视的重要作用。第三，特性不同。刑事政策系国家和社会针对犯罪作出的有组织的反应的总和，具有鲜明的政治性，刑事政策会随着犯罪治理态势的变化而相应调整，具有较强的灵活性；而刑法体系则表现出法律性，且一经制定颁布，非经法定程序不得修缮变动，具有明显的稳定性与司法理性。[③]

关于刑法体系与刑事政策之间的关系问题，现有的法律理论一般认为存在两种模式：一是将刑事政策放在刑法体系之外处理的分离模式；二是将刑事政策融入刑法体系之中的贯通模式。前者将刑事政策排斥在刑法体系的构建之外，仅仅作为立法政策或者刑罚政策而存在。后者则是将刑事政策以目的为管道融入刑法体系的构建之中，引领犯罪论与解释论。[④] 在我国，尽管并未将刑事政策的价值判断融入刑法体系之中，即刑事政策尚在刑法体系之外，但实际上，刑事政策长期处于很高的地位，发挥着全面指导刑法体系运行的作用，这一点在刑事司法过程中尤甚。[⑤] 显然，刑事政策由于具有“目的性”这一价值要素，不可避免地呈现出了功能性倾向，在刑事政策具有

---

① 陈兴良：《宽严相济刑事政策研究》，载《法学杂志》2006 年第 1 期。

② 石聚航：《刑事政策司法化：历史叙事、功能阐释与风险防范》，载《当代法学》2015 年第 5 期。

③ 张建、俞小海：《贩卖毒品罪未遂标准的正本清源》，载《法学》2011 年第 3 期。

④ 劳东燕：《刑事政策与功能主义的刑法体系》，载《中国法学》2020 年第 1 期。

⑤ 苏永生：《德国刑事政策与刑法关系的理论及其借鉴意义》，载《法学杂志》2017 年第 10 期。

强势话语权的现实下，产生了突破刑法体系基本规则的风险："作为刑法基本规则的犯罪构成这个犯罪认定标准，在刑罚权干预下有时不免会成为一个犯罪认定的下位标准，而在这个标准之上，还存在一个超然的不受犯罪认定基本规则拘束的上位标准，那就是刑事政策标准"①。而这一点，在长期奉行严厉打击的刑事政策的毒品犯罪领域，表现得尤为突出。比如，在犯罪形态存在争议时倾向于将毒品犯罪认定为既遂；又如，将对毒品犯罪保护的法益过度前移，认定为了贩卖而非法购入毒品即可成立贩卖毒品罪的既遂。

本书认为，作为一个法治国家，刑事政策只能在罪刑法定的原则之下运行，"刑法是刑事政策不可逾越的藩篱"。因此，必须警惕刑法条文的过度刑事政策化。所谓"刑法的刑事政策化"，就是在刑法的制定和适用过程中，考虑刑事政策，并将其作为刑法的评价标准和指引和导向。而刑法条文过度刑事政策化，则是指以刑事政策超出刑法本身的界限，僭越刑法运行的框架。在网络毒品犯罪的既遂问题认定上，如果司法机关为了贯彻"重刑治毒"的刑事政策，而在争议案件的审理过程中将犯罪形态一律认定为既遂，则有着缩减公民的权利和自由、重刑主义泛滥、国家刑罚权肆意扩张等风险。②

值得特别注意的是，当前"重刑治毒"的刑事政策虽意在通过严厉的刑罚处置以达成毒品犯罪防治效果最大化的状态，但毒品犯罪的生成机理决定了单纯的严刑峻法难以根治毒品泛滥问题，事实上，从长期来看，严厉的毒品犯罪刑事政策的施行效果也相当有限。③ 因此，面对"重刑治毒"的刑事政策，持有审慎的态度或更为妥当。

总之，在网络毒品犯罪的既遂认定标准上，一方面，应当肯定刑事政策在宏观层面的指导作用；另一方面，应当警惕刑法的过度刑事政策化，刑事政策不可突破刑法指导定罪量刑。面对刑事政策在刑法领域的过度扩张和泛化，应当始终坚守法律的尊严，始终遵循法治的精神，以实现刑法与刑事政策的良性互动。

---

① 冷必元：《论刑事政策对刑法基本规则的突破》，载《河北法学》2017 年第 3 期。

② 蔡庆：《贩卖毒品罪既遂标准的理性思辨与去情绪化》，载《黑龙江省政法管理干部学院学报》2017 年第 3 期。

③ 曾粤兴、孙本雄：《当代中国毒品犯罪刑事政策的检讨与修正》，载《法治研究》2019 年第 2 期。

二、网络毒品犯罪既遂标准之主张

（一）网络毒品犯罪的法益

刑法设立禁止规范的目的及犯罪的本质，可从对法益的探寻之中求得。至于何谓“法益”，有诸多不同的理解。有学者认为，法益是生活利益中具有重要性的部分，既包含生命、财产、健康等个人利益，也包含支持这些利益的国家、社会的利益。[①] 也有学者从刑法规范的角度来理解法益，认为法益应当是刑法规范所确认的由刑法加以保护的利益。[②] 另有学者从法益的原则对其进行界定，认为法益是由法所保护的、客观上可能受到侵害或者威胁的人的生活利益。其中由刑法所保护的人的生活利益，就是刑法上的法益。[③] 本书认为，刑法上的法益是与人的生命、健康、财产等有关的生活利益，且该生活利益由刑法加以确认并进行保护。法益的概念与我国刑法理论中的犯罪客体具有相通性。

毒品犯罪同样因其背后的法益保护的需求而设立，在传统理论中，毒品犯罪的法益是国家对毒品的管理制度。[④] 问题在于，国家毒品管理制度的具体内容并不清晰，这种抽象的表述对于毒品犯罪的构成要件难以发挥解释作用，也无法体现不同毒品犯罪中在不法程度上的区别。同时，它也无法解释毒品犯罪的处罚范围。例如，我国毒品管理制度中将吸毒列为违法行为，但单纯的吸毒行为并未作为毒品犯罪加以处罚。越来越多的学者认识到，毒品犯罪的法益应为公众的健康，如认为毒品犯罪的保护法益是“公众的生命健康权”[⑤]，或“贩卖毒品罪的本质应该界定为……对人民健康的侵害”[⑥]。本书认为，“公众的健康”更适宜作为毒品犯罪的法益，而何谓“公众的健康”，则需要结合网络毒品犯罪的特性进行讨论。

---

① 周光权：《刑法总论》（第三版），中国人民大学出版社 2016 年版，第 4 页。

② 胡莎：《法益批判论——以犯罪未完成形态基本理论为突破口》，载《中国刑事法杂志》2013 年第 10 期。

③ 张明楷：《刑法学（上）》（第六版），法律出版社 2021 年版，第 78 页。

④ 高铭暄、马克昌主编：《刑法学》（第九版），北京大学出版社、高等教育出版社 2019 年版，第 591 页。

⑤ 莫洪宪、薛文超：《“厉行禁毒”刑事政策下运输毒品罪的死刑废止》，载《广西大学学报（哲学社会科学版）》2016 年第 2 期。

⑥ 高巍：《贩卖毒品罪的本质》，载《云南大学学报（法学版）》2007 年第 1 期。

"公众的健康"这一概念尚相对模糊，要深入挖掘"公众的健康"的内涵，可以从个人利益和社会利益两个方面入手。

1. 个人利益

毒品因其成瘾性和毒害性，对于接触毒品的人员的身体健康带来严重的损害，即毒品需要实际使用吸食才能对人体健康造成破坏。但这并不意味着，只应将吸食毒品人员的身体健康纳入毒品犯罪的保护法益范围。恰恰相反，"公众的健康"应该是可能受到毒品毒害的不特定多数公民的健康。

从理论上来说，如果吸毒者在完全明了吸毒的风险性及其可能带来的严重后果的情形下，通过自由意志选择吸食毒品，所造成的对身体健康的损害，应由其自担风险。即如果对身体健康的损害系受害人在个人权利领域的自由选择的结果，则不应对此追究所涉及的走私、贩卖、运输、制造毒品行为人的刑事责任。但在错综复杂的现实生活情景中，这一观点并不成立。一方面，吸毒人员尽管往往通过社会教育等途径而对毒品的危害性有一定的认识，但很难完全明确地认识到选择吸食毒品对自身身体健康所带来的毁灭性后果，或者存在侥幸心理，认为可以通过个人意志对抗毒品的成瘾性，从而避免毒品长期性危害后果。但显然，这一侥幸心理是十分错误的。另一方面，网络毒品犯罪具有极强的扩散性，毒品借助网络的便利，跨越了时间和空间的限制，毒品信息的泛滥及毒品犯罪的智能化，使得公众接触毒品的渠道增多，接触毒品的门槛则相对降低。在网络环境下，毒品对不特定公众的威胁性进一步提升，极易诱使公众陷入毒品的深渊。因而，对于不特定公众的身体健康进行提前保护是有必要性的。对于心智尚不成熟的青少年群体而言，其容易因为无知、好奇、追求刺激等原因接触毒品。对于成人群体而言，也可能对毒品的危害性认识不足，或出于缓解压力、追求刺激等原因吸食毒品。

2. 社会利益

本书认为，不宜将毒品可能损害的社会利益包含在网络毒品犯罪的法益之中。诚然，毒品犯罪的泛滥可能导致毒品犯罪上下游犯罪影响增强、危害社会治安，甚至由于治理毒品犯罪、推进救治及戒毒工作造成严重的财政负担，影响地区经济发展，但社会利益这一抽象的概念并不适合作为毒品犯罪的法益。第一，社会利益涉及内容过于宽泛，并非毒品犯罪所直接指向的利益，应将毒品犯罪的法益限制在毒品犯罪所直接侵害或带来风险的利益。[①] 毒品犯罪可能影响到的社会利益，并不都值得纳入刑法之中。例如，毒品的严重成瘾性会给吸毒人员的家庭带来沉重的负担，甚至家破人亡，但吸毒人员的家人在精神上的痛苦和经济上的损失却并未被纳入毒品犯罪的保护法益之中。社会法益并非毒品犯罪所直接涉及的法益，以其为毒品犯罪的法益或造成认定上的泛化，导致某些毒品犯罪既遂的认定标准过于提前。第二，社会利益不能对毒品犯罪的构成要件的解释发挥指导作用。事实上，刑法规范中几乎所有罪名都涉及对社会法益的或直接或间接的侵犯，这使得社会利益缺乏具体明确的内容，几乎任何犯罪都可以宣称对社会利益造成了侵害或侵害的风险。因此，很难利用社会利益去合理解释毒品犯罪的各个构成要件的应有内涵，其更多是一个空洞的价值口号。第三，"重刑治毒"刑事政策下，对社会利益的维护不应优先于个人利益而存在。我国在毒品治理中奉行"重刑治毒"刑事政策，对于危害性更强的网络毒品犯罪，当然更强调从严惩治的整体态度。在立法上，不仅对毒品犯罪规定了较重的法定刑，且采取了一个较为宽泛的处罚范围。在司法中，审判人员也明显倾向于从严认定毒品犯罪。对社会利益的保护最后也是为了落脚于对个人利益的保护，此时，唯有承认不特定吸毒人员在身体健康、生命等个人法益上的优越性，才能为毒品犯罪中的采取严厉的刑事政策的立场提供一个合理的解释。因此，网络毒品犯罪的法益应为可能受到毒品侵害的不特定多数公民的健康。

（二）网络毒品犯罪的性质

本书认为，网络毒品犯罪应属于抽象危险犯。刑法意义上的"危险"可以被分为"行为人的危险"和"行为的危险"，"行为人的危险"是指行为人的人身危险性和再犯可能性，而"行为的危险"则是指行为对于法益造成的客观上的侵害和危险。本书所讨论的网络毒品犯罪的"危险"是在"行为的危险"下展开的。"行为的危险"又可分为行为本身的危险和行为所导致的结果的危险，前者是行为自身所具备的造成法益侵害的可能性，后者则强调行为对法益造成的危险的结果的实际产生。网络毒品犯罪的行为实施本身即可对公众的健康带来法益侵害的风险，并不要求发生实害结果。因此，应认为利用网络实施的毒品犯罪为危险犯，且为抽象危险犯，这是

① 王钢：《运输毒品行为的限缩解释》，载《华东政法大学学报》2020年第1期。

因为：

从立法上看，刑法并未对毒品犯罪的构成要件要素设置具体危险的规定。在具体危险犯的场合，刑法会规定具体危险犯的既遂应当具有足以造成法益侵害后果的风险，如破坏交通工具罪的既遂要求足以使交通工具发生倾覆、毁坏的危险。但在毒品犯罪上，刑法并未以造成吸毒者的身体健康损害结果或危险规定为毒品犯罪的既遂标准，而仅列明实施毒品犯罪的客观行为即应受到刑法的规制。也即，立法者认为，毒品犯罪的行为模式具有典型的危险性，一旦实施毒品犯罪行为，即有造成法益侵害的危险，无须结合具体案件的情况进行司法判断（更加周延的说法是，抽象危险犯的司法判断被简化、抽象化了），通过一般生活经验即可认定对公众的健康造成了侵害。

从法益上看，网络毒品犯罪的法益是可能受到毒品侵害的不特定多数公民的健康。即不仅特定吸毒人员的健康权益受到保护，可能吸食毒品的不特定公众的健康权益也同样受到保护，这其实反映了法益保护的提前，符合抽象危险犯的特征。因此，即使吸毒人员在充分认识毒品危害性的前提下出于自由意志选择吸食毒品，也不能因为被害人自我答责而不追究走私、贩卖、运输、制造毒品的行为人的刑事责任。这是因为，毒品犯罪一旦实行，其危害的不仅仅是特定吸毒人员的健康权益，也危害了可能吸食毒品的公众的健康权益。

需要特别说明的是，网络运输毒品罪和网络非法持有毒品罪也呈现出抽象危险犯的本质特征。走私、贩卖、运输、制造毒品罪系并列的选择性罪名，一般认为，其中包含的可单独使用的四个罪名在行为的社会危害性和不法程度上具有相当性。但有学者认为，在司法实务的主要情形中，运输毒品罪或是没有独立的价值，或是应被视为走私、贩卖、制造毒品犯罪的辅助手段。[①] 也即，相较于源头型的走私、贩卖、制造毒品等犯罪行为，运输毒品罪具有从属性或者说辅助性特征，其社会危害性不可同日而语。相较于传统毒品犯罪显著的地域特征，便利的物流寄递渠道使得网络运输毒品行为打破了原本毒品源头地与毒品消费地的地域限制，使得毒品能够向全国乃至全世界铺开，大大助力了毒品生产与毒品消费之间的联结，对毒品的流通与扩散发挥

---

① 张洪成：《运输型犯罪废止论——以运输毒品罪为视角》，载《太原理工大学学报（社会科学版）》2013 年第 3 期。

了关键性作用,[①] 对不特定多数公众的健康带来巨大威胁。从这个意义上来说，网络运输毒品罪在社会危害性上与走私、贩卖、制造毒品等犯罪具有相当性，因此，也应将运输毒品罪作为抽象危险犯处理为宜。

至于网络非法持有毒品罪，其也符合抽象危险犯的特征。一般来说，吸毒者以自己吸食为目的持有少量毒品的行为，刑法不对此加以惩处。而当持有的毒品数量达到特定标准时，其所持有的毒品对外扩散的可能性增加，向不特定公众流通的风险极大增强，给不特定公众的健康带来危害，此时的持有毒品行为即为刑法所规制。从刑事立法上也可以看出，对于持有毒品罪，法定最高刑为无期徒刑，而走私、贩卖、运输、制造毒品罪的法定最高刑则为死刑，在刑罚设定相对轻缓的基础上，刑法还设定了非法持有毒品行为入罪的数量限定条件。也即，尽管持有毒品行为本身相较于走私、贩卖、运输、制造毒品行为的社会危害性更低，但在达到刑法设置的相当数量时，其同样蕴含着侵犯不特定公众健康的抽象风险。

（三）网络毒品犯罪的既遂标准

刑法学界对于犯罪既遂的标准向来存有较大的分歧，先后有多种观点提出并不断修正发展。时至今日，犯罪既遂标准在我国依然还是一个值得深入讨论的问题，而在网络化时代，这一问题变得更为复杂。

关于犯罪的既遂标准，学界先后提出过犯罪目的实现说、犯罪结果发生说、构成要件齐备说、法益侵害说等理论。目前，我国刑法理论的通说采构成要件齐备说。构成要件齐备说认为，所谓犯罪既遂，是指行为人所故意实施的行为已经充足刑法分则规定的某个罪名的全部构成要件。而犯罪未遂，则是行为人在着手后非因个人意志而未完全充足刑法分则中某个罪名的全部构成要件。认为刑法分则中的犯罪构成以犯罪既遂为立法模式，这是构成要件齐备说的理论前提。随着我国刑法理论的不断演进，构成要件齐备说受到了诸多的挑战，其主要受到以下三个方面的质疑：

一是构成要件齐备说无法区分犯罪既遂与犯罪构成的界限。按照构成要件齐备说的观点，犯罪既遂的成立要求充足刑法分则特定罪名的全部构成要件，而按照刑法的犯罪构成理论，一个行为如要构成犯罪，其应该具备某个犯罪的全部构成要件。在构成要件齐备说理论下，犯罪成立与犯罪既遂的条

---

① 王钢：《运输毒品行为的限缩解释》，载《华东政法大学学报》2020年第1期。

件混同，但显然在刑法上二者应具有区别。

面对这一质疑，构成要件齐备说进行了自我修正，提出犯罪既遂是“犯罪构成要件要素齐备”。犯罪论中的“犯罪构成”与构成要件齐备说中的“犯罪构成”具有不同的内涵。我国犯罪构成体系分为三个层次：第一个层次是作为构成整体的“犯罪构成”，其是犯罪概念的法定化和具体化；[①] 第二个层次是犯罪构成的“要件”，包括犯罪主体要件、犯罪主观要件、犯罪客观要件和犯罪客体要件；第三个层次是犯罪构成要件的“要素”，包括犯罪行为、犯罪结果、犯罪行为与犯罪结果之间的因果关系、犯罪对象、故意、过失等内容，其是在犯罪构成要件中最基本的组成要素。而犯罪构成要件要素齐备，则是在符合第二个层次的犯罪构成要件的基础上，以第三个层次的犯罪构成要件要素的充要与否来判断犯罪行为是否成立既遂。也即，在犯罪构成要件要素齐备说中，犯罪既遂应“以行为人所实施的行为是否具备了刑法分则所规定的某一犯罪构成要件的全部要素为标准”[②]。

二是构成要件齐备说缺乏实质性的内容，具有形式主义的缺陷。构成要件齐备说以刑法分则为判断依据，但刑法分则中并未明确说明犯罪既遂的类型：结果犯、行为犯、危险犯等。[③] 这说明构成要件齐备说存在形式主义缺陷。但有学者反驳，构成要件齐备说在立法层面为犯罪既遂设定标准，这意味着其本身即具有形式主义的色彩。[④] 可以通过进一步深化来解决构成要件齐备说这一宏观标准的形式缺陷问题。

三是“构成要件齐备说”逻辑前提并不真实。批评者认为，构成要件齐备说其实建立在刑法分则对个罪的规定以既遂为模式的理论预设之上，这与我国的立法实际并不相符，过失犯和间接故意犯罪一般不存在犯罪既遂，即使直接故意犯罪也有处罚预备犯的立法例。但这其实是将犯罪既遂理论限定在了直接故意的范围之内，而刑法对预备犯的处罚实际上体现了立法者的价值取向，是出于法益保护的需要，将犯罪既遂的节点提前，让自然行为的

---

① 肖中华：《犯罪构成及其关系论》，中国人民大学出版社2000年版，第147页。

② 高铭暄、马克昌主编：《刑法学》（第九版），北京大学出版社、高等教育出版社2019年版，第144页。

③ 陆诗忠：《对我国犯罪既遂标准理论的检讨》，载《法律科学（西北政法大学学报）》2012年第6期。

④ 王志祥：《犯罪既遂新论》，北京师范大学出版社2010年版，第114—115页。

预备或未遂在刑法意义上成立既遂。①

综上所述，本书认为，在研究网络毒品犯罪的既遂标准时，应当采取修正的构成要件齐备说，即网络毒品犯罪的既遂判断标准应为是否充足犯罪构成要件要素。

（四）网络毒品犯罪的着手

本书认为，着手是犯罪预备与犯罪实行行为的联结节点。犯罪预备是为犯罪构成要件的实行和犯罪的完成创造条件，为犯罪的继续推进提供可能性，而犯罪实行行为则旨在直接完成犯罪。二者既有区别，又有联系，在犯罪实施过程中，犯罪预备与犯罪实行往往是紧密相连、前后发展的两个阶段。犯罪的着手将犯罪预备推进到犯罪的实行，对法益创造了现实紧迫的危险。必须通过犯罪是否着手严格区分犯罪预备与犯罪既遂，即使在“重刑治毒”刑事政策的影响下，也不应该将网络毒品犯罪着手之前的预备行为认定为犯罪既遂。值得说明的是，尽管网络毒品犯罪是抽象危险犯，以对可能受到毒品侵害的不特定多数公民的健康产生抽象危险为既遂，但这里的抽象危险是犯罪性质意义上的，而着手所产生的危险，则是犯罪的危害程度意义上的，二者并不矛盾，不能认为一旦着手实施网络毒品犯罪即成立犯罪既遂。

三、网络毒品犯罪既遂标准的适用路径

（一）网络贩卖毒品罪

1. “贩卖”的定义

本书认为，贩卖毒品罪中“贩卖”只包含为了牟取非法利益销售毒品的行为，贩卖毒品罪的实质在于有偿地将毒品由一方转移到另一方，其核心点有二：其一为毒品的转移，其二为有偿性。

在司法实务中，由于《立案追诉标准（三）》将为了出卖而购买毒品的行为也纳入了贩卖毒品罪的行为射程之中，一般将为了出卖而购买毒品的行为达成认定为贩卖毒品罪的既遂。然而，本书以为，“买入既遂说”突破了文义解释的限制，在规范意义上也无法自圆其说，并不合理。一方面，从文

① 李永升、张超：《对犯罪既遂标准的反思与重构》，载《昆明理工大学学报（社会科学版）》2012年第1期。

义解释的角度来看，“贩卖”一词中须包含“收买”的意思，“买入既遂说”才有适用的空间。在词义学上，从词典释义来看，“贩卖”指“（商人）买进货物再卖出以获取利润”。单字“贩”则含有“卖”及“买进”两种意思，即“贩”的单字与“贩卖”词组的含义并不相同。本书认为，“贩卖”与冒充军警人员抢劫罪中的“冒充”在构造上都属于并列式合成词，对单字内涵的随意拆取易导致理解与适用上的困惑。“贩”“卖”均与利益相关涉，因其并列合成的构造而赋予了合成词新的内涵，而“贩卖”这一合成词极难在完整的句式中表达单纯的“收买”一意，即本书认为，“贩卖”没有单纯的“买入”的含义。就刑法规范层面，贩卖毒品罪中的“贩卖”系指以有偿的方式将物品的所有权由一方转移到另一方，而无须拘泥于具体的形式。另一方面，在毒品犯罪中，立法者明确区分“贩卖”与“买卖”，对“贩卖”没有进行相对解释的可能，贩卖型犯罪存在双向行为，有“卖”必有“买”，不然就无法完成贩卖行为（对向犯）。这就在规范层面也否认了“贩卖”含有单纯的“收买”的意思的可能性。在厘清了“贩卖”的实质内涵后，本书认为，为出卖而购入毒品的行为本身无法成立犯罪既遂，此时贩卖毒品并未着手进入实行阶段，只能成立犯罪预备，否则便有突破刑法体系之嫌疑。

2. 以“控制权转移”为既遂标准

本书认为，在网络贩卖毒品情境下，应以“控制权转移”作为贩卖毒品罪的既遂标准。尽管贩卖毒品罪具有牟利性，但其成立既遂并不要求贩毒者获得毒资等利益，而贩卖毒品罪中的“转移”的核心内涵，也不要求购买者实际取得毒品，而只需要贩卖者将用于交易的毒品的控制权移交给购买者即可成立既遂。

这是因为，一方面，“贩卖”的核心动作是一方以有偿的方式向另一方转移毒品，当用于交易的毒品尚处于贩卖者的控制之下，或者脱离了贩卖者的控制但并未移交到购买者的控制下时，很难认为此时的贩卖行为是完整的，也很难认定此时已经完全充足贩卖毒品罪的构成要件要素，因此，单纯的交付毒品但并未将控制权转移到购买者手中的行为，不宜认定为贩卖毒品罪的既遂。另一方面，贩卖毒品罪的法益是可能受到毒品侵害的不特定多数公民的健康，特定的购毒者是否利用其对毒品的控制权实际取得了毒品，并加以吸食损害了自身的身体健康，这并非构成犯罪既遂的必要条件。在这一过程中，更应该关注的是，毒品进入流通领域，对不特定公众的健康产生了抽象危险。因此，只要购毒者取得毒品的控制权，不论最后是否实际取得，均可认定成立贩卖毒品罪的既遂。

3. 具体适用

第一，在以物流寄递形式贩卖毒品的情形下，贩卖者交寄毒品包裹为贩卖毒品罪的着手，而毒品包裹抵达目的站点或代收点、快递柜等，购买者或其代收人可自行提取毒品包裹之时，为贩卖毒品罪的既遂。如系送货上门，则以购买者或其代收人完成签收之时为既遂。

在物流寄递形式下，贩卖者选择通过快递物流公司向购买者邮寄毒品包裹，开始进行交寄手续之时，其毒品流通的现实风险大幅度提升，对于毒品犯罪背后保护法益产生了现实紧迫的危险，此时应视为贩卖毒品罪的着手。贩卖者在将毒品包裹交付发出后，可以使用截件功能，要求在运输途中退回包裹。也即，当毒品包裹距购买者尚有一定时空距离时，贩卖者并未丧失对该毒品包裹的控制权，其依然有中止交易或放弃犯罪的可能性。而当邮包抵达目的地的快递站点、代收点、快递柜等时，一般应认为此时被邮寄的毒品已经脱离贩毒者的掌控，可由买受方自由提取。换言之，交易毒品的控制权已经从卖方转移到了买方，此时成立贩卖毒品罪的既遂。

第二，在雇用同城闪送或者使用跑腿服务进行毒品贩卖的情形下，贩卖者通过线上下单购买同城快送服务时，应视为贩卖毒品罪的着手。而贩卖者将毒品交给服务人员运送后，同样也可中途停止运送，与服务人员协商取消跑腿订单。因此，如服务人员与购买者面对面进行交接，则与传统的毒品犯罪无太多差异，交货之时即为毒品犯罪既遂之时。而如果服务人员将毒品投放在特定地点通知购买者前去领取，则毒品投放之时控制权已经发生了转移，此时构成贩卖毒品罪的既遂。

第三，在利用快递柜贩卖毒品的情形下，贩卖者准备使用快递柜移交毒品时，应为贩卖毒品罪的着手。当贩毒者将用于交易的毒品放入特定的快递柜中，并将取件密码告知购买者时，购买者即可自行提取毒品，此时成立贩卖毒品罪的既遂。

（二）网络运输毒品罪

1. “运输”的定义

在现有关于运输毒品犯罪中“运输”含义的学说中，“距离说”着眼于被运输的毒品的空间变化，认为“运输”应使得毒品在空间上实现一定的位移。“流通说”则立足运输毒品背后的风险问题，认为实现毒品在空间上的距离变化并非“运输”，“运输”要求有毒品流通的风险。从现有规范来看，《立案追诉标准（三）》中将“运输”界定为“明知是毒品而采用携带、寄递、托运、利用他人或者使用交通工具等方法非法运送毒品的行为”，但这一规定在形式上对“运输”进行了阐释，但并未体现“运输”背后指向的是空间位移还是流通风险。

本书认为，从文义解释上看，“运输”系指利用运输工具将物体由一地移动到另一地的行为，其效果在于实现物体的空间变化。从立法目的来看，惩治“运输”毒品行为系因在毒品源头地和毒品消费地之间形成了联结，帮助毒品在公众之间的流通，严重侵害了不特定公众的身体健康。换言之，刑法因“运输”造成的流通风险而惩治运输毒品的行为。在肯定“运输”具有流通目的的前提下，毒品在行为人的运输行为下实现空间位移，其本身就已经对不特定公众的健康制造了危险。而在毒品未能实现空间位移的情形下，认为其产生了流通风险，恐怕对于风险产生的认定过于提前。因此，本书认为，应当从实质上把握“运输”，运输毒品罪要求毒品在空间中实现移动，唯有如此，运输毒品罪中的不法程度才能与其并列的走私、贩卖、制造毒品罪相匹配。

综合来说，可以从主观和客观两个方面来理解“运输”。在主观上，行为人应有将毒品进行流通、向他人交付的目的；在客观上，行为人应当使得毒品实现一定的空间位移，并对毒品的运输实现支配和掌控。如仅仅只是短暂地帮助传递毒品，并无向他人移转占有的意思，不宜认定为“运输”。这是因为，运输毒品罪与走私、贩卖、制造毒品罪并列，均为正犯行为，这要求运输毒品的行为人对于运输行为具有支配、掌控的力量，也只有这样，方能契合这一罪名设置的较重的法定刑。因此，实践中并未支配毒品运输行为，仅仅只是代取毒品快递的人员，其不存在将自己对毒品的占有向他人移转的意思，不宜认定为运输毒品罪中的“运输”，至少不能认定为“运输”的正犯。

2. 以“合理位移”为既遂标准

在认可“运输”要求毒品从一地向另一地实现位移的前提下，本书认为，对于运输毒品罪的既遂，应采合理位移说。起运既遂说混淆了犯罪着手与犯罪既遂，将运输行为的起点视为犯罪既遂，否定了行为人犯罪中止或未遂的可能性，有违量刑均衡原则。到达既遂说将运输行为的终止与达到运输目的相混同，[①] 不论认为运输毒品罪是抽象危险犯，还是认为运输毒品罪是行为犯，可以达成的共识是，完成合理距离的运输行为，已经给法益造成了危险，产生毒品流通的现实危险性，将认定既遂标准定为到达运输目的地，无疑对法益的保护过于滞后，也与司法实践中严厉打击网络毒品犯罪的需要不相符合。相较而言，以实现“合理位移”作为犯罪既遂的标准，较为妥当。

至于何谓“合理位移”，有学者指出，这需要结合个案的具体情况进行判断，考察使用运输工具的特点、运输距离的远近与运输毒品的数量及对法益造成的侵害来综合判定。[②] 具体到网络毒品犯罪场景下，由于快递寄毒方式较寻常的交通工具运毒更为隐蔽，成本更为低廉，查处更为困难，应当考虑在起运后经过一段距离即可成立犯罪既遂。如果刚刚起运，则不宜认定为犯罪既遂，而如果抵达运输目的站点，则显然已经成立犯罪既遂，“合理位移”则是在这两个端点之间的相对平衡点。

3. 具体适用

当行为人出于令毒品流通的目的，去往快递公司或快递站点交寄毒品包裹，或通过上门取件方式寄出毒品包裹的，此时已经产生毒品运输的紧迫的危险，应当认定为网络运输毒品犯罪的着手。而不知情的快递公司收件后将毒品包裹投入运输，毒品包裹实现一定距离的位移后，即成立网络运输毒品罪的既遂。

根据《快递暂行条例》（2019 修订）第 33 条的规定，快递公司对于快递内件负有验视义务，如发现涉及违法犯罪的物品，应当及时向有关部门汇报并配合调查。因此，行为人以物流寄递方式运输毒品的，在完成交寄手续后，并不必然能够令所欲运输的毒品进入运输状态，事实上，有许多判例显示藏毒快递收寄后并未实际寄出便被快递公司工作人员发现而终止承运。因此，不宜以交寄手续的完成作为网络运输毒品罪犯罪既遂的节点，而应当要求毒品快件实际进入运输状态并经过一段距离后，方能成立网络运输毒品罪的犯罪既遂。

---

① 刘一亮、伍凌：《论铁路运输领域非法持有毒品罪与运输毒品罪的认定难点》，载《中国刑事法杂志》2014 年第 5 期。

② 杨高峰：《贩卖、运输毒品罪既遂标准探讨》，载《江西公安专科学校学报》2005 年第 3 期。

（三）网络走私毒品罪

1. “走私”的定义

刑法通说认为，走私毒品，是指“违反海关法规、逃避海关监管，非法运输、携带、邮寄毒品进出国（边）境或者在领海、内海运输、收购、贩卖毒品以及直接向走私毒品的犯罪分子购买毒品等行为”[①]。因此，网络走私毒品罪中的“走私”，可以理解为在形式上违反海关法规、邮寄毒品进出国（边）境等，在实质上对不特定公众的健康造成侵害的行为。

2. 以“逾越国（边）境”为既遂标准

走私毒品的实质在于毒品风险的跨国流通，即完成毒品走私逾越国（边）境这一行为，走私毒品罪的构成要件要素才归于充足。本书赞同通说观点，认为输入型毒品走私应以毒品越过国（边）境、进入我国领域内的时刻作为犯罪既遂的节点。

3. 具体适用

网络走私毒品犯罪的突出表现形式是国际快递寄毒。本书认为，应以行为人前往快递公司交寄跨国邮件的节点为网络走私毒品罪的着手，以含有毒品的包裹逾越国（边）境作为网络走私毒品罪的既遂标准。这是因为，毒品是否顺利进出国（边）境是判断走私毒品犯罪行为既遂与未遂的判断标准。在网络毒品犯罪的语境下，也不应突破这一标准，将犯罪既遂认定的节点大幅度提前，以通过邮寄方式走私毒品交付货运公司即认定为既遂，这一观点是站不住脚的。此时走私毒品罪的犯罪构成要件客观要素尚未充足，不宜认定为犯罪既遂。因此，本书认为，应以交付邮寄的毒品逾越国（边）境方为既遂。至于司法实务人员观点中主张的，完成交寄手续时行为人即已将能由自己自由支配的行为全部实行完毕，这一点并不准确，实际上，行为人可以选择联系承运公司中途退件，将既遂的节点提前到完成交寄手续，无疑剥夺了行为人成立犯罪中止的机会。

（四）网络非法持有毒品罪

1. “持有”的定义

本书认为，非法持有毒品罪中的“持有”，既是一种行为，也是一种状

---

① 高铭暄、马克昌主编：《刑法学》（第九版），北京大学出版社、高等教育出版社2019年版，第592页。

态，二者是在不同意义上来说的。一方面，认为“持有”是一种行为，这是在行为人将毒品纳入个人支配掌控之下的初始动作意义上而言的，且该行为在刑法上属于作为。而刑法并未对非法持有毒品罪设定积极义务，认为“持有”是一种不作为的观点将导致难以对非法持有毒品的行为定罪量刑，也难以解释非法持有毒品的行为人销毁毒品以逃避法律追究的行为。刑法理论上作为与不作为是一对相对的概念，独立行为说的观点只能考虑在多重的单一行为类型下成立，但显然这与非法持有毒品的行为类型并不相符。因此，“持有”应是一种作为。另一方面，认为“持有”是一种状态，这是在行为人持有毒品的长期特征的意义上来说的，“持有”这一状态要求行为人对毒品实现事实上的支配管理，这种支配掌控既包括直接支配，也包括间接支配，并不要求行为人对自己持有的毒品有所有权。持有应具有一定的稳定性，这种稳定性既体现在持有的效力上，也体现在持有的时间上。在持有的效力上，要求可以排除他人干扰而为行为人所自由支配，在持有的时间上，要求行为人持有一定的时间段。

2. 以“稳定持有”为既遂标准

讨论网络非法持有毒品的既遂标准问题，首先要考察网络非法持有毒品罪是否存在犯罪形态。本书认为，非法持有毒品罪存在完整的犯罪形态。从刑法总则对刑法分则的指导作用来看，刑法总则中关于犯罪形态的规定，当然可以适用于分则的罪名。而刑法基于公民非法持有毒品的行为极易造成危害性后果而对该行为予以明令禁止，非法持有毒品罪的设立具有其独立的意义，是一个独立的罪名，其当然应该具有包括犯罪未遂在内的犯罪形态。

网络非法持有毒品罪应以“稳定持有”为既遂标准。“稳定持有”包括客观和主观两个方面的内容。在客观上，“稳定持有”要求行为人事实上对毒品拥有足以排除他人干扰的支配力，并持有一段时间，不能认为一进入持有状态就成立犯罪既遂；在主观上，“稳定持有”要求行为人有持有的主观明知。

3. 具体适用

“稳定持有”是网络非法持有毒品罪的既遂标准，因此，要判断网络非法持有毒品罪何时既遂，就要判断行为人何时对毒品形成“稳定持有”。本书认为，行为人与相对方达成转移毒品占有的合意，相对方向行为人邮寄毒品时，系非法持有毒品罪的着手，行为人通过敦促相对方来实现毒品控制权的转移，以求实现自己的“稳定持有”，此时，行为人的行为已经对法益产生了现实紧迫的危险。但从毒品交寄到毒品抵达目的地之前，行为人并不必然能够“稳定持有”毒品，实际上，在毒品交运过程中，既可能面临快递公司的验视、公安机关的抽检等外界介入力量，又可能面临相对方反悔截件这一内部矛盾，这都阻碍了行为人对毒品包裹形成“稳定持有”。只有当毒品包裹抵达目的地，行为人可基于个人意志决定提取与否时，才能认为行为人已经对该毒品包裹实现“稳定持有”。行为人并不需要实际接触毒品包裹，即可利用与不知情的快递公司成立的承运合同关系支配、管理毒品。因此，当毒品包裹抵达目的地，行为人可随时前去收取时，成立网络非法持有毒品罪的既遂。

第五章 毒品代购行为的规范认定与完善

对于毒品犯罪，我国一直采取严厉打击的态度。然而，“毒品的危害虽大，但其要实现从制造商到吸毒者间的转移，必须经过商品的流通过程，即实现毒品的商流与物流”①，买卖毒品的行为被我国法律法规明确禁止，而对于起到“桥梁”作用的毒品代购行为的认定在司法实践中却存在相当多的问题，有必要予以深入研究。

第一节 毒品代购行为的规范考察

一、毒品代购行为的规范梳理

（一）刑法和司法解释中相关规范的缺失

有关毒品的犯罪，我国刑法主要规定在第六章“妨害社会管理秩序罪”的第七节“走私、贩卖、运输、制造毒品罪”中，从第347条至第357条

---

① 何鑫：《代购毒品行为定性进路之辩正——基于“贩卖”和“运输”的阶层审视》，载《上海公安高等专科学校学报》2017年第4期。

规定了12个毒品犯罪罪名。但是这12个罪名中都没有明确涉及代购毒品行为的表述，即我国刑法典中并不存在“代购毒品罪”这样的专门规制代购毒品行为的罪名。

2016年4月6日最高人民法院公布的《毒品犯罪解释》是唯一现行有效的关于审理毒品犯罪案件中法律适用问题的司法解释[①]。但遗憾的是，最高人民法院在该司法解释中并未对毒品代购行为的认定及法律适用问题作出明确规定。

由此可见，从我国司法适用中具有明确司法效力的法律和司法解释层面来看，毒品犯罪行为的认定存在着规范缺失的情况。司法人员在毒品代购行为认定、寻求法律适用的过程中并没有直接的法律依据，这也在规范层面导致了在司法实践中出现对毒品代购行为认定的困难。

（二）最高人民法院“会议纪要”中的规定

最高人民法院于2023年发布的《昆明会议纪要》对此前有关毒品犯罪审判工作的会议纪要的规定进行了吸收和整合，成为指导毒品犯罪审判工作现行唯一有效的司法文件。《昆明会议纪要》总结整合了《大连会议纪要》和《武汉会议纪要》中对于代购毒品类犯罪的有益可行的指导性规定，主要从三个角度对毒品代购行为的认定问题进行了界定：一是明知他人实施毒品犯罪为其代购，未从中牟利的；二是为他人代购仅供吸食的毒品，并从中牟利的；三是为他人代购毒品，既不明知他人实施毒品犯罪，又未从中牟利的[②]。《昆明会议纪要》是由最高人民法院印发的法院系统内部的司法文件，是最高人民法院对于地方各级法院的司法审判工作进行指导的一种体现。该文件对于毒品代购行为的规定较以往的相关会议纪要具有一定的详细性，但总体来说，还局限于对于类型化的行为进行规定。同时，在现实禁毒工作

---

① 此前，最高人民法院、最高人民检察院、公安部曾联合下发了三个关于处理毒品犯罪案件的意见，即《关于办理毒品犯罪案件适用法律若干问题的意见》（公通字〔2007〕84号）、《关于办理制毒物品犯罪案件适用法律若干问题的意见》（公通字〔2009〕33号）和《关于办理走私、非法买卖麻黄碱类复方制剂等刑事案件适用法律若干问题的意见》（法发〔2012〕12号），但均不是司法解释。同时，最高人民法院研究室《关于被告人对不同种毒品实施同一犯罪行为是否按比例折算成一种毒品予以累加后量刑的答复》（法研〔2009〕146号）、最高人民检察院法律政策研究室《关于安定注射液是否属于刑法第三百五十五条规定的精神药品问题的答复》（〔2002〕高检研发第23号）等司法文件亦不属于司法解释。

② 参见李睿懿等：《〈全国法院毒品案件审判工作会议纪要〉的理解与适用》，载《法律适用》2023年第10期。

中，公安机关、司法机关能够适用的、对于毒品代购行为进行规范指导的文件寥寥无几，以至于最高人民法院相关会议纪要在实践中突破了对于法院审判活动进行指导的作用范围，公安机关、检察机关也将其视为办理毒品犯罪中代购类案件的“宝典”。

二、毒品代购行为的规范难题

（一）毒品代购行为的共犯问题认定困难

根据《昆明会议纪要》的规定，没有证据证明代购者明知他人实施毒品犯罪而为其代购毒品，代购者亦未从中牟利，代购毒品数量达到刑法第348条规定的最低数量标准，代购者因购买、存储毒品被查获的，以非法持有毒品罪定罪处罚；因运输毒品被查获的，一般以运输毒品罪定罪处罚。该规定此处仅仅规定，代购者因购买、存储毒品被查获的，以非法持有毒品罪定罪处罚，并未明确托购者、代购者是否构成共犯，这对实践中毒品数量认定问题等均造成了一定障碍。

同时，该规定概括性地规定，对不以牟利为目的为他人代购仅用于吸食的毒品的代购者因运输毒品被查获的，一般以运输毒品罪定罪处罚，同样并未明确托购者、代购者是否构成共犯的问题。应当指出的是，《昆明会议纪要》的此规定是对《武汉会议纪要》中相关规定的完善与修正。《武汉会议纪要》规定行为人为吸毒者代购数量达到较大以上的，仅供吸毒者自己吸食的毒品，在运输过程中被查获的，对托购者、代购者以运输毒品罪的共犯论处。然而，现实中托购者对于代购者的指示不一定是明确的，其委托甚至可能只是“去给我搞点‘冰’来吸”这样的模糊表述，也未指明从何处购买，代购者在其中既起到了代购的作用，又在相当程度上充当了居间介绍者的角色。在这种情况下，很难说托购者对于代购者如何代购、从何处代购具有清楚的认识，甚至有可能其对毒品数量的认识都是模糊的。此时将代购者运输较大数量毒品的行为归属于代购者与托购者双方，并且认为双方具有共同的故意、具备共谋的情节，进而认定双方构成运输毒品罪的共犯，其合理性值得商榷。《昆明会议纪要》删除了“对托购者、代购者以运输毒品罪的共犯论处”这样过于绝对的规定，但对于具体如何认定代购者与托购者的共犯问题，仍然没有明确的指引。

（二）毒品代购行为的犯罪界限认定困难

“牟利”是判断为托购者代购仅用于吸食的毒品的代购行为是否属于贩卖毒品罪的重要情节，在毒品重量未达到非法持有毒品罪标准的情况下，甚至是决定行为犯罪与否的界限。有关会议纪要对于代购者牟利情节的规定发生了一定的变化，具体而言：《大连会议纪要》中规定，代购者从中牟利，变相加价贩卖毒品的，对代购者应以贩卖毒品罪定罪；《武汉会议纪要》中对此作了进一步规定并有一些在认定上的改变，认为在交通、住宿等必要开销之外收取“介绍费”“劳务费”，或者以贩卖为目的收取部分毒品作为酬劳的，应视为从中牟利；《昆明会议纪要》规定，代购者收取、私自截留部分购毒款、毒品，或者通过在交通、食宿等开销外收取“介绍费”“劳务费”等方式从中牟利的属于变相加价，并将收取、私自截留少量毒品供代购者自己吸食的行为排除在“变相加价”之外。

然而，设置“牟利”的规定首先在实际侦查中就会遇到困难。“从查办贩卖毒品犯罪案件的实际情况来看，以牟利作为本罪的构成要件，会导致查办该类案件存在证明难度，无法打击犯罪。”① 同时，对于代购者是构成贩卖毒品罪还是非法持有毒品罪的界定除了“牟利”，还要考虑“交通、食宿等开销”的认定。《昆明会议纪要》列举性地指明交通费、住宿费并将此规定设置了一定开放性，其实际上是《武汉会议纪要》相关规定中“必要开销”论述的延续。单就交通费、住宿费而言，从何角度判断其开销属于“交通、食宿开销”之内也是一个充满争议的问题。若是从司法机关的角度进行判定，很容易因为严厉打击毒品犯罪的政策影响进而使其划定的“交通、食宿开销”范围过窄而使行为入罪，对于行为人来说是不够公平的。若是从托购者的角度进行划定，以托购者与代购者事前约定好其食宿标准来判定代购者是否在交通、食宿等开销外牟利，固然对于代购者来讲相对公平，也是日常生活中一般的合法代购行为通常使用的标准，但是，以此为标准必然会放纵相当一部分实际上原本符合“牟利”的含义而触犯贩卖毒品罪的行为人。例如，代购者本是衣食无着的流浪人员，托购者许诺其乘坐飞机头等舱、住五星级酒店，代购者在代购毒品的过程中享受了其从未享受过的豪华待遇，实际上得到了物质上的利益。倘若以第二种标准认定代购者符

① 黎宏：《刑法学各论》（第2版），法律出版社2016年版，第460页。

合非法持有毒品罪而不是贩卖毒品罪，在一定程度上就是放纵了犯罪，也有违罪责刑相适应原则。如何认定“牟利”，成为司法实践中的一大难题。

第二节 毒品代购行为的实践处理

一、毒品代购行为的共犯认定

（一）不以牟利为目的为他人代购仅用于吸食的毒品行为的共犯认定

对于行为人不以牟利为目的为他人代购仅用于吸食的、达到非法持有毒品罪定罪数量标准的毒品时，对托购者、代购者间共犯问题的处理，本书分两种情况具体讨论。

第一，认为托购者与代购者不成立共犯。代购者为托购者代购仅用于吸食的、达到非法持有毒品罪定罪数量标准的毒品，其代购的整个过程自然属于非法持有毒品的行为。此时，行为人代购毒品行为本身便是构成非法持有毒品罪的正犯行为，对代购者以非法持有毒品罪定罪处罚并没有什么问题。在毒品交付后，托购者也实际存在了该罪的正犯行为，也当然可以被单独认定为非法持有毒品罪。但是，若代购者尚未将该毒品交付给托购者时即被公安机关抓获，那么托购者自始至终便不存在非法持有毒品罪的正犯行为。在托购者没有非法持有毒品罪的正犯行为的情况下，司法机关若按照《大连会议纪要》的规定来认定托购者单独构成非法持有毒品罪，显然是缺乏根据的。因此，认为代购者与托购者不成立共犯的观点在《大连会议纪要》有关规定的执行上会出现严重的无法适用的问题，此种观点在有关司法指导文件规定的层面上是错误的，实践中难以采纳。所以，二者应成立非法持有毒品罪的共犯，而不是单独成立非法持有毒品罪。

第二，认为托购者与代购者成立共犯。持有不仅仅限于单独持有，共同持有亦可成立，且只需要共同犯罪人互相明知并共同享有毒品支配权即可。代购者受托购者的委托，为了让托购者达到持有一定数量（达到非法持有毒品罪定罪数量标准）的毒品并且吸食的目的，为其进行购买的行为，促成了托购者非法持有毒品状态的达成。“在代购者接受托购者的委托时，彼此之间已形成了非法持有毒品的故意，如果共谋购买超过刑法第348条规定数量最低标准的毒品，则构成非法持有毒品罪的犯罪故意”①，此时代购者与托购者成立非法持有毒品罪的共犯。根据共犯从属性理论，一行为人在共同犯罪犯意之内的行为及结果要归属于共同犯罪人的全体，因此即使出现前述代购者尚未将该毒品交付给托购者即被公安机关抓获的情况，代购者和托购者也同样构成非法持有毒品罪的共犯。

《大连会议纪要》《武汉会议纪要》和现行有效的《昆明会议纪要》均存在着对于贩卖毒品同时又吸食毒品的贩毒人员进行定罪量刑时扣减或酌情考虑毒品数量的规定。非法持有毒品罪在社会危害性上较贩卖毒品罪要轻微。从会议纪要体现的刑事政策来看，国家针对具有吸毒情节的行为人在贩卖毒品罪量刑中加以酌情考虑，那么对于被指控犯非法持有毒品罪并具有吸毒情节的被告人来说，司法机关对其量刑时也应当酌情考虑其吸毒的情节。例如，托购者委托代购者为其购买仅供个人吸食的甲基苯丙胺20克，代购者成功购买后向托购者交付，整个过程中代购者无任何牟利。公安机关根据群众举报，将正在吸毒的托购者抓获并当场查获尚未吸食的甲基苯丙胺15克（代购的毒品已经被其吸食5克）。在此例中，托购者与代购者无疑构成了非法持有毒品罪，而在毒品数量的认定上便会出现一定的问题。如果认为非法持有毒品罪属于持有型犯罪，其社会危害表现为行为人持有相关违禁品时对于社会秩序的潜在危害，故应当以行为人持有的数量来定罪量刑。按照此观点，由于该20克甲基苯丙胺在代购者手中时尚未被吸食，对于代购者应当以20克甲基苯丙胺来定罪处罚，而相应地，就应该以15克甲基苯丙胺对吸毒的托购者进行定罪处罚，二人只是在非法持有毒品的行为上成立共犯，数量并不要求一致。

但是上述推论存在一定问题。按照共犯从属性理论，二人的毒品数量认定应该统一，而在上述对于持有型犯罪的解释中却出现了矛盾。这是因为上述观点是以两种标准来认定二人的毒品犯罪数量的：若代购者在途中被抓获，则因为代购者与托购者是共犯，则对于托购者也可以非法持有20克甲基苯丙胺的事实来定罪处罚；而当吸毒的托购者被抓时，二人非法持有的毒品不可能造成与之前20克甲基苯丙胺一样的危害结果，再以代购者曾经持

① 郦毓贝主编：《毒品犯罪司法适用》，法律出版社2005年版，第57页。

有20克甲基苯丙胺的行为来进行评价是缺乏合理性的，且割裂了共犯人的从属性联系。因此，对于代购者与托购者，均应该认定非法持有15克甲基苯丙胺的事实来定罪处罚。

（二）代购者在运输途中被抓获的情形下的共犯认定

代购者为托购者代购仅用于自身吸食的毒品且数量达到较大以上的，认定其构成非法持有毒品罪并无争议。根据《大连会议纪要》的规定，可以认定托购者与代购者此时构成非法持有毒品罪的共犯。此时，若代购者又实行了运输毒品的行为，《武汉会议纪要》中认定此时二者构成运输毒品罪的共犯。此时，二者既构成运输毒品罪又构成非法持有毒品罪，而由于运输毒品的行为必然伴随着持有毒品的行为，根据刑法上吸收犯的原理，只认定托购者与代购者构成运输毒品罪一罪即可。本书认为，《武汉会议纪要》此处的规定是一种提示性规定，因为正常情况下，行为人既非法持有毒品又运输毒品的行为就应当以运输毒品罪定罪处罚，其规定只是对于这类情况作了再次明确，从而起到提醒和指导司法人员的作用。

当然，若要认定此种情况的托购者与代购者成立共犯，应当首先认定托购者是否存在与代购者在主观上存在运输毒品的共同故意。由于理论上和司法实践中对于运输毒品罪中“运输”行为的理解和认定存在很大分歧，具体如何明确行为人的运输行为进而认定行为人运输毒品的故意尚存在相当大的困难，但是基于理论上对于“运输”的通常理解，如行为的主观性、空间性（距离不能过短）、运输工具（可以是交通工具也可以是人身）等，司法实践中对于一些明显的运输毒品行为以及运输毒品的故意是可以进行明确判别和认定的。但是，对于代购者自作主张进行“运输”行为并且已经超出托购者主观故意的，就不能认定托购者与代购者构成运输毒品罪的共犯，对于代购者的运输毒品行为只能单独定罪处罚。

此外，还应当强调的是，对于代购数量未达到较大且用于托购者自身吸食的毒品的代购者，若其同时实行了运输毒品的行为，同样应当认定为运输毒品罪，若托购者同样存在运输毒品故意的，托购者和代购者也同样应以运输毒品罪定罪处罚。《武汉会议纪要》中的规定是提示性规定，并不排除其他情况同样可以认定托购者和代购者成立运输毒品罪共犯的情况出现，只是由于毒品数量未达到较大的标准，对于托购者与代购者的定罪过程中就不涉及吸收犯的认定问题。

二、毒品犯罪中代购行为的犯罪界限认定

（一）是否牟利的认定

在认定毒品代购行为的过程中，行为人牟利与否是区分行为人构成贩卖毒品罪还是其他犯罪的重要标准。《昆明会议纪要》中将“交通、食宿等开销”排除在“牟利”之外，在某种程度上体现了最高人民法院对于司法实践中以贩卖毒品罪打击毒品代购行为的一种审慎态度，也是刑法谦抑性在司法中的体现。“交通、食宿等开销”的具体范围可以由司法文件来进一步明确，但是对于纷繁复杂的具体案件，也要充分考察案件的具体情况，从实质上对“交通、食宿等开销”进行把握与具体判断。实践中，对于代购者获得的明显超出必要范围的开销就可以排除在“交通、食宿等开销”之外，不必因为其具体范围不明确而有所犹豫。如前述“飞机头等舱”“五星级酒店”等奢侈开销，就明显超出了一般必要性的“交通、食宿等开销”范围，无论托购者与代购者约定如何，此种情况下认定代购者进行了“牟利”进而认定其构成贩卖毒品罪是合理的。

《昆明会议纪要》规定，代购者从托购者事先联系的贩毒者处，为托购者购买仅用于吸食的毒品，并收取、私自截留少量毒品供自己吸食的，一般不以贩卖毒品罪论处。针对这一行为的认定，学界曾存在不同的认识。一种观点认为，“为他人购买毒品，表面上并未从中获取金钱利益，但是其克扣部分毒品供自己吸食的行为应当认定为获取了好处。代购行为中的有偿可以表现为直接的金钱利益，也可以是其他非金钱利益”①，所以应当认定行为人通过代购行为牟利，构成贩卖毒品罪。另一种观点认为，“武汉会议纪要隐含克扣少量毒品用于吸食（或非贩卖目的）不认为是‘牟利’的旨意。其中规定，代购者‘以贩卖为目的收取部分毒品作为酬劳的’，视为‘从中牟利’。换言之，以吸食为目的或非贩卖目的收取部分毒品作为酬劳，就不视为‘牟利’”②。因此对于此类行为人，只能在其代购毒品数量超过非法持有毒品罪的最低数量时认定其构成犯罪，否则即应当认定无罪。还有学者同样认为，代购者仅能构成非法持有毒品罪，但其理由是“代购者的‘蹭吸’

① 阮兰：《为他人购买毒品且克扣供自己吸食如何定性》，载《中国检察官》2012 年第 14 期。

② 赵海霞、胡公枢：《“代购毒品”的司法适用分析——借鉴“商业实质”的概念》，载《中国检察官》2017 年第 14 期。

是为了让自己能吸食毒品，并非让代购而来的毒品进入流通领域，并未造成严重的社会危害性”[①]。

本书认为，毒品虽然是违禁品，但是无论是购买毒品还是制造毒品都是需要有相应对价的支付才可以得到的，获得毒品供自身吸食的行为，虽然在客观上具有一定的“牟利”外形，但实质上在托购者与代购者的整体内并没有超过“供自身吸食”的范畴，没有造成更大的社会危害性，且毒品吸食过程往往伴随着多人共同吸食的情形，要求代购人完全不能吸食、截留其代购的毒品过于严苛。“收取、私自截留”应当理解为一般的收取、私自截留以及变相的收取、私自截留，例如，在代购者对所购毒品掺杂掺假后将多余数量的少量毒品“变相截留”用于自身吸食的行为同样不应认定为贩卖毒品罪。但此种非罪化的认定应当具有较大的限制，“托购者事先联系贩毒者”“仅用于吸食的毒品”“收取、私自截留少量毒品供自己吸食”缺一不可。尤其是对于自寻卖家、具有居中介绍性质的代购者而言，其属于上游贩毒者的共犯，应当认定为贩卖毒品罪。

（二）代购者与托购者构成下游毒品犯罪共犯后罪名的认定

对于行为人明知托购者为了贩卖毒品而为其代购毒品并牟利的行为，本书认为，对于代购者应当认定其构成一个贩卖毒品罪，不宜认定为同种数罪。托购者与代购者属于贩卖毒品罪的共犯，二者在贩卖毒品罪的范围内存在共同故意。代购者加价的行为是共犯人之间的行为，只是其完成犯罪行为的一种内部流转方式，其对于毒品的加价并没有侵害到其他法益，其行为的社会危害性整体上是通过托购者的贩卖毒品罪正犯行为体现的。因此，代购者此种加价的行为不应该认定为构成另一个贩卖毒品罪，而应该认定其成立一罪即可。

---

① 季伟、潘春燕：《毒品犯罪案件中若干争议问题的法律适用》，载《江苏警官学院学报》2017 年第 3 期。

第三节　毒品代购行为的规范完善

一、明确区分行为人的行为模式

刑法现有条文中并没有明确毒品代购行为的定义及行为模式，在司法解释以及会议纪要中也是如此，仅是在会议纪要中对于代购者是否“牟利”进行了区分，这在一定程度上导致了目前相关司法规定存在混乱和不合理的情况。

考察民法领域，在委托代理合同中代理人按合同约定到第三人处购买商品，而后再交付给被代理人的情况下，代理人和被代理人存在着“先付款再购买”以及“先购买再付款”两种形式。本书认为，与前述民法中的代理行为类似，刑法中对于“托购者将钱款交由代购者前去购买”以及“由代购者先行垫付后，托购者再进行付款”这两种行为模式均应当认定为“代购”行为。

若将刑法上“代购毒品”的行为完全比照民事法律关系上的代理关系进行处理和分析，那么我们就可以认为，当代购者在贩毒者处购买到毒品的时候，实际上发生的社会关系变动就是毒品从贩毒者处转移到了托购者处。但实际上这种推断是完全行不通的。违反法律、行政法规的强制性规定的合同应认定为无效，以毒品这类违禁品作为标的物的这种代理关系根本不可能成立，而且在刑法本身的规范限制和逻辑结构上也是充满矛盾的。例如，甲雇用乙代其杀死仇人张三，张三的死亡结果要归属于甲、乙二人，而不是像代理关系一样仅将结果归属于被代理人一方（相当于本例中的甲）。因此，我们不能想当然地认为，因为代购者是受人之托进行代购，所以代购者买到毒品就是托购者购买到了毒品。代购者和托购者是两方独立的主体，这与代理关系中代理人和被代理人的“捆绑式关系”是截然不同的。

在代购者明知托购者存在实施其他毒品犯罪的主观目的的情况下，法院将代购者与托购者认定为相应毒品犯罪的共犯不存在问题。以下讨论的行为模式均建立在代购者代购毒品仅供托购者个人吸食的前提下：

第一，对于买家已经同贩毒者沟通完成并且交付了购毒款后，行为人经要求为买家将购买的毒品带回的情况，其行为在广义上属于毒品犯罪的代购行为，此时代购者的行为完全依附于毒品的买家即托购者。由于其仅仅有取货再交付的行为，不存在有关毒品交易的行为，不可能涉及贩卖毒品罪，则不论其是否牟利（如收取“跑腿费”），仅在明知毒品数量是超过刑法第348条规定的最低数量标准的情况下，行为人构成非法持有毒品罪或运输毒品罪。

第二，在“托购者将钱款交由代购者前去购买”模式下，代购者的两个行为是从贩毒者处购买毒品和将毒品转移给托购者的行为。对于此类型的毒品代购行为，有一类观点认为“主观上只想帮助托购者买进毒品而不愿意帮助贩毒者卖出毒品的情形是不存在的”①，因此“既然司法实践中对代卖毒品行为无一例外地认定为贩卖毒品罪（共犯），那么代购毒品行为也应当认定为贩卖毒品罪（共犯）”②。实际上，倘若代购者没有在代购的过程中谋得任何利益，那么由于钱是种类物，交付后即为代购者所有，同时标的物为违禁品的买卖不可能产生合同法上的债权债务关系，代购者交付毒品的行为应认定为“无偿转赠”。因为无偿转赠不属于贩卖毒品罪中的“贩卖”行为，故仅当行为符合非法持有毒品罪的构成要件时，法院可以认定代购者和托购者构成非法持有毒品罪。倘若代购者在代购的过程中有所牟利，其代购毒品交付给托购者的行为与贩毒犯罪分子加价贩卖毒品的行为无异，构成贩卖毒品罪。

第三，在“由代购者先行垫付后，托购者再进行付款”模式下，代购者实际上进行的是两个行为，即“从贩毒者处购买毒品”以及“将毒品转卖给托购者”。即使其以从贩毒者处买进的原价转给托购者并未赚取差价，其第二个行为也构成了贩卖毒品罪，因为贩卖毒品罪并不要求确实谋得利益。因此，无论代购者在代购毒品的过程中是否牟利，此种行为方式中其均构成贩卖毒品罪。实践中的毒品代购案件中，有相当一部分是托购者并未指明卖家而让代购者自行寻找的，同时不排除代购者本身也是贩毒者的情况，在这种情况下代购者所做的代购行为与倒卖毒品的贩毒者的行为没有什么差别，代购者与托购者所谓“一手交钱一手交货”的行为也与贩卖毒品的行为无异，这与“托购者将钱款交由代购者前去购买”的模式中代购者最后

① 王登辉、罗倩：《贩卖毒品罪若干基础理论辨正》，载《中国刑事法杂志》2016年第2期。
② 殷芳保：《不以牟利为目的代购毒品也应认定为共犯》，载《检察日报》2014年5月21日。

“无偿转赠”毒品的行为是有明显不同的。

有学者认为，贩卖毒品罪的“‘牟利’是以毒品作为对价交易而获取的利润，‘为吸毒者代购毒品’的场合，其中的‘利’并不是毒品的对价”①，并以此推断代购者为托购者代购仅用于个人吸食的毒品并牟利不能认定为贩卖毒品罪。本书不同意上述观点。贩卖毒品罪中，贩毒人收取的固然是毒品的对价，但是其获取的“利”只是交易中支付的对价扣除其成本后的部分，即“购买者支出＝贩毒者卖价＝成本＋利”。而在代购者获利（加价、收取报酬等）的情况中，“托购者的支出＝贩毒者卖价＋代购者获利”，即“托购者支出＝成本＋利（贩毒者）＋利（代购者）”。由此可以清楚地看出，此时托购者进行购买毒品的行为与其向一个要价更高的贩毒者直接购买是没有任何区别的，代购者的行为与参与贩毒者的贩毒行为没有实质性区别。

二、明确区分行为人的主观内容

根据现有司法文件，只要行为人为他人进行居间介绍或代购的同时明知他人实施毒品犯罪，就要以相应毒品犯罪的共犯论处。此外，判断行为人与毒品犯罪正犯人之间构成共犯的关键在于“共谋”的体现，即条文中“明知”的判断，有关司法规范应当对此进行进一步明确。

本书认为，原条文中“明知他人实施毒品犯罪”的表述，应当理解为“明知他人欲借自己的居间介绍、代购行为实施毒品犯罪”，而绝不应该是“明知他人正在实施毒品犯罪”或者“明知他人之前在实施毒品犯罪”，即行为人“明知”的内容应该是请求居间介绍、代购者的主观，而不是对其客观进行的犯罪行为的认知。

例如，甲是一个小毒贩，专卖海洛因，自身还吸食甲基苯丙胺。因各种原因，甲原来购买甲基苯丙胺的渠道被切断，甲找到消息灵通的好友乙，请求其为自己无偿代购一点甲基苯丙胺用于吸食。后经乙的代购，甲成功得到甲基苯丙胺 8 克用于自身吸食。

在此例中，乙对于甲找其代购的行为的认知，应当是“从事海洛因贩卖的毒贩甲找我代购一点甲基苯丙胺来自己吸”。在乙“明知”的内容中，其认识到甲在实施着毒品犯罪，也认识到甲购买甲基苯丙胺不是为了贩卖、

① 梁彦军、何荣功：《贩卖毒品罪认定中的几个争议问题》，载《武汉大学学报（哲学社会科学版）》2013 年第 5 期。

甲购买甲基苯丙胺8克自己吸食不构成犯罪。若坚持“明知他人实施毒品犯罪”指的是认识到甲的一种客观状态，那么我们就应当认为：乙明知甲实施贩卖毒品罪，而为其进行代购，构成贩卖毒品罪的共犯。这显然是荒谬的，乙的行为对于甲本身贩卖毒品的犯罪没有任何支持和帮助，甲购买甲基苯丙胺是为了自身吸食。显然，明知的内容应当是请求人的主观，我们应当进行的推断是：乙知道甲购买甲基苯丙胺不是为了实施毒品犯罪，为其进行无偿代购，不构成犯罪。

有关规范应当对于行为人认识请求人的主观要求的程度作进一步的规定，仅仅是笼统地要求行为人认识到请求者的主观在实践中很容易出现适用疑难。如上例中甲是请求乙介绍贩卖甲基苯丙胺的毒贩，甲仅向乙表明自己要购买甲基苯丙胺来吸食但是并没有明确购买量的情况下，乙认识到甲可能购买甲基苯丙胺超过10克进而构成非法持有毒品罪，也可能不超过10克不构成犯罪，此时如何判断乙“明知”的内容是否符合此条文中规定的构成共犯的情况呢？

针对上述的“可能进行犯罪”的情况，行为人意识到请求人有进行毒品犯罪的可能，其仍然进行居间介绍或代购的行为，实际上对于后者的毒品犯罪对法益的侵犯是出于一种放任的态度。“明知”在主观上表现的是行为人的故意的罪过，既包括直接故意，也包括间接故意，上述对于法益侵犯的放任态度即是行为人间接故意的表现。因此，我们仍然应当认定行为人“明知”请求者欲进行毒品犯罪的主观意图，在请求者实际触犯非法持有毒品罪的情况下认定其成立非法持有毒品罪的共犯。在法律或司法文件中，条文应当将“明知”的判断标准进行明确，以清楚地指导司法人员进行法律适用。

三、借鉴域外相关毒品犯罪的处理方式

考察法国、俄罗斯、墨西哥等国家的刑事立法以及我国台湾地区的有关刑事规范可以发现，为了解决毒品代购行为的认定困难，其他国家或地区主要采取了以下方式：

第一种方式是将购买毒品的行为纳入刑法规制范围。例如，《俄罗斯联邦刑事法典》中的“非法购买、存储、运送、制造、加工麻醉品、精神致幻物或麻醉品、精神致幻类物质罪”，即将不以销售为目的的购买毒品行为

认为是犯罪[①]，这就将购买毒品供自身吸食以及毒品代购者的代购行为纳入刑法调整。毒品在社会上的流动最主要的方式就是交易形式的买卖，行为人依靠自己制毒供自身吸食的情况少之又少，可以说打击毒品的一种“市场化”的交易行为是有效控制毒品在社会中扩散蔓延的方法。在这种毒品交易“市场化”情况下，买方和卖方在整个毒品非法流通中是一种互相促进、互相依靠的关系。目前，我国不将吸毒行为纳入刑法调整范围，认为吸毒者是毒品的受害者，不能对其过于苛刻乃至认定其犯罪。但是我们也应当认识到，吸毒者在认识到自己染上了毒瘾后，就应当知道毒品是法律上的违禁品，并且吸食毒品对于人的身体健康和精神意志具有很大的危害性。吸毒者沉溺于毒品带来的精神欢愉以及其致幻效果中，其在痛苦的毒品戒断和欢乐的吸毒过程中选择的是后者，已经表现出明显的违法性。在不认定吸毒行为构成犯罪的情况下，认定吸毒者购买毒品、促进整个毒品“市场化”交易的行为构成犯罪也是合理的。

第二种方式是将转让毒品供个人吸食的行为纳入刑法调整。例如，《法国刑法典》中就规定了“转让毒品供个人使用罪”，行为人转让毒品供他人吸食包括无偿转让的行为[②]。转让的行为不属于“贩卖毒品”的行为，所以不能以贩卖毒品罪定罪处罚，而转让毒品的行为确实对于整个毒品流通产生了与贩卖毒品类似的作用，促进了毒品由制毒、贩毒的供方向吸毒的需方的流动，与贩毒行为的危害相差无几。同时我们应当注意到的是，“转让毒品供个人使用罪”在《法国刑法典》中属于轻罪，判处的刑罚也可以通过非监禁刑的方式代替执行。

第三种方式是将吸毒者吸毒的行为认定为犯罪。例如，我国台湾地区“刑法”中设立“吸用鸦片毒品罪”，将行为人吸食鸦片等麻醉、致幻类毒品质料的行为认定为犯罪，并处以有期徒刑、拘役或罚金刑。吸毒者虽然主

---

① 《俄罗斯联邦刑事法典》第 228 条规定：“非法购买、存储、运送、制造、加工麻醉品、精神致幻物或麻醉品、精神致幻类物质罪”规定：“不以销售为目的，非法购买、存储、运送、制造、加工麻醉品、精神致幻物或麻醉品、精神致幻类物质，数量巨大的……”参见《俄罗斯联邦刑事法典》，赵路译，中国人民公安大学出版社 2009 年版，第 164 页。

② 《法国刑法典》第 222－39 条“转让毒品供个人使用罪”（Stupéfiants – Cession pour usage personnel）规定：“向某人非法转让或提供仅供该个人使用的毒品的，处 5 年监禁并处 75000 欧元罚金。”此处的“转让”（cession）不要求存在金钱交易，亦即无偿转让毒品供个人使用也可以构成本罪。

要伤害的是自身的身体健康，但是吸食一些致幻类的毒品会对他人生命健康和财产安全造成重大威胁，同时也严重威胁着公共安全，因毒品致幻而乱砍乱杀甚至开车冲击人群的事件也不再罕见。吸毒者既是违法行为的实施者，也是毒品的受害者；既是社会规则的破坏者，也是值得公众同情的对象。[①]从社会危害性角度来说，吸食毒品的行为无疑是违反社会管理秩序的行为，不过吸毒犯罪化与非罪化的刑事立法在世界各国（地区）刑法中都是存在的。虽然对此存在较大争议，但应该看到，将吸毒行为认定为犯罪，对于打击毒品交易，在供需关系上打击“毒品市场”有着相当的借鉴意义。

域外国家或地区为解决毒品代购行为而在立法上所采取的上述三种方式，对于解决我国刑法中毒品代购行为的认定困难具有相应的借鉴意义。例如，将吸毒行为认定为犯罪行为，就可以将行为人通过代购行为来对于吸毒行为起到帮助作用的行为认定为共犯行为，从而解决其认定困难。又如，借鉴《法国刑法典》的立法模式，不仅仅将购买毒品的行为认定为犯罪，而且将包括无偿转让在内的转让毒品供个人吸食的行为认定为轻罪，就有助于认定代购者在整个毒品交易过程中的作用，将其认定为轻罪的共犯也可以罚当其罪。

我国刑法中有关毒品犯罪的 12 个罪名中，能够对于不以犯罪为目的的购买毒品的需求方进行打击和规制的罪名仅有“非法持有毒品罪”和“运输毒品罪”，且非法持有毒品罪存在最低数量限制，未达到该数量的行为不能认定为犯罪。毒品代购者在整个毒品交易中起到的作用，实际上和贩卖毒品者的共犯人并无二致，“代购毒品与代卖毒品一样，从本质上看都可以视为贩卖毒品的帮助行为”[②]，但是因为其与贩毒者不存在共谋，难以认定其与贩毒者成立共犯。此时若其未达非法持有毒品罪的最低数量，按照罪刑法定原则，在我国很难认定其成立犯罪，这就会造成刑法对于有关毒品交易行为的打击失衡。对其以行政处罚的方式进行处理，固然可以对行为人进行一定程度的惩罚，但是其惩罚力度以及法律示范作用上与刑法对于犯罪的惩罚相去甚远。我国毒品代购行为刑法认定的难点即在于对为了托购者自身吸食而代购毒品的代购者的认定，关键是此时行为人不从属于贩毒者，难以从认

---

① 胡江：《我国毒品犯罪刑事政策之检视》，载《法治论丛》2010 年第 3 期。

② 廖天虎：《代购毒品行为的刑法学分析》，载《广西大学学报（哲学社会科学版）》2016 年第 2 期。

定其与供方构成共犯的角度进行规制。对此，我国立法上应当加强对于毒品交易的需求方的刑法规制，如将包括无偿转赠行为在内的转让毒品的行为纳入刑法规制的范围。从需求方对毒品犯罪进行刑法规制，一方面可以从共犯从属性上解决有关毒品代购行为和数量的认定，化解目前行为数量未达到法定标准时认定违法而非犯罪的情况下不能认定代购、托购方共犯的尴尬；另一方面有利于从供需两端对毒品交易进行打击，同时使得处于“桥梁”地位的中间人的量刑均衡，达到罪刑相适应。

毒品问题的治理涉及社会管理、法律法规等多个方面，虽然“刑法无法从根本上解决毒品犯罪的问题，但这并不意味着刑法应该退出毒品犯罪领域。在毒品犯罪面前，刑法自然应该谦抑，但它不能缺席”[①]。毒品犯罪问题在我国依然形势严峻，毒品代购行为作为整个毒品交易中的“桥梁”，连接着毒品非法交易中的供需两端，应是打击毒品犯罪的重要一环。“代购毒品者的行为，同样具有严重社会危害性，不予严厉打击，截断吸毒者的毒品来源，无法阻断毒品对社会危害的继续扩散。”[②] 我国刑事立法以及相关司法解释对于毒品犯罪问题的解决仍有待进一步规范和完善，而精准打击毒品代购行为，对其准确定罪是第一步也是至关重要的一步。随着我国刑事立法的不断完善以及相关司法解释规定的进一步系统化，对于毒品代购行为的刑法认定将更加合理化、规范化。

---

① 莫洪宪：《毒品犯罪的挑战与刑法的回应》，载《政治与法律》2012 年第 10 期。

② 聂云：《代购毒品从中分食该当何罪?》，载《广西政法管理干部学院学报》2002 年第 1 期。

第六章
新精神活性物质的刑法应对

第一节　毒品列管模式的问题与破解

一、新精神活性物质管制的域外实践

据《2013年世界毒品报告》，新精神活性物质（简称NPS）是不受《1961年麻醉品单一公约》（以下简称《1961年公约》）、《1971年精神药物公约》的控制，其滥用问题也可能会对公众健康构成威胁的纯净物或制剂。它的出现，是不法分子为规避毒品管制制度的“有意为之”。其特殊性表现在，一方面，新精神活性物质因具有与管制毒品相似的危害性、成瘾性而属于实质意义上的“毒品”，却又与后者化学结构上的微末差异而不在法律管制范围内；另一方面，基于“毒品”法定性特征，只有将新精神活性物质纳入管制目录中，才能将关联行为作为毒品犯罪予以打击。

针对其特性，如何缩小毒品管制目录迟滞于新精神活性物质所造成的打击盲区，进一步提升毒品管制的及时性、有效性及明确性，已成为国际社会共同研究的重要问题。不少国家及地区均作出回应，构建专门应对新精神活性物质滥用问题的管制制度，并形成多管齐下的管制模式。

单行法管制模式，是充分考虑新精神活性物质产生原因及其特性的制度设计。该模式是在既有毒品管制制度之外，另设专门针对此类不具有毒品法

定属性但具有同等成瘾性、危害性物质的法律规范。如英国在《毒品滥用法》之外，颁布了《精神物质法案》，明确规定适用对象是不属于前者管制的有害物质；德国于 2016 年出台的《新精神活性物质法案》，同样规定适用对象并不属于既有禁毒立法管制范围，以类为单位禁止对新精神活性物质的供应、销售等行为；澳大利亚颁布了《2015 年犯罪立法修正案（精神活性物质和其他措施）法》，禁止进出口精神活性物质等行为；奥地利于 2012 年生效了《联邦新精神活性物质健康危害保护法》，规定适用范围、司法处罚规定、没收、监管等内容；这些专门立法在适用对象的表述上较为模糊，以此扩大管制、打击范围，进而应对新精神活性物质更新极快之势。

类似物管制模式，是对新精神活性物质予以主动认定并管控的制度设计。美国于 1986 年颁布了《类似物管制法案》，确立了与管制毒品相衡量的综合评价标准。按照此标准，如涉案物质被认定为与管制毒品化学结构、效果等方面相当，便可通过司法裁判将其事后追认为“管制类似物”。那么，涉案物质就与所对应的管制毒品处于相同的法律评价地位，可比照后者的相关规定判处毒品犯罪刑罚。该模式虽然能够以司法裁判方式彻底断绝新精神活性物质从法律意义上继续流通的可能性，但这种事后追认导致其缺乏行为预测可能性、固定的判断标准，又存在有违法律明确性要求的嫌疑。

临时列管模式，是对现有新精神活性物质法律管制进行补充的制度设计。原因在于，该模式并不根本改变原有的毒品管制制度，而是在此基础上简化固有的列管程序，以缩短从启动到论证再到公告的管制毒品所需时间，避免因列管不及时而放纵危害扩大的问题。英国于 2011 年在《毒品滥用法》中增加了“临时毒品类别令”规定。对于存在潜在危险但尚未纳入管制的有害物质，药物滥用问题咨询委员会在评估后，可自行决定或建议内政大臣将其纳入临时毒品范围。在为期 12 个月的临时管控期间，除持有行为外，生产、贩运及非法提供该物质的行为会受到刑事处罚。时效届满时，滥用药物咨询委员会可根据事实情况决定是否延长或永久管控。

早期预警模式，是并不专门针对新精神活性物质而产生，却能够及时、充分提示危害风险的制度设计。联合国毒品和犯罪问题办公室于 2013 年启动了早期预警咨询项目，公开报告新精神活性物质在全球范围内的最新动态，如滥用种类、人群、规模以及贩运情况，并分析预测其滥用潜力及可能存在的健康损害。欧盟也构建了区域性的信息共享机制，为成员国提供新精神活性物质出现的预警信息。该模式通过提前预警风险，使尚未遭受其害的国家及地区认识到某种有害物质可能会出现，使其可以及时予以评估分析。这既为立法列管提供相对充足的前期论证时间，结合自身法律体系环境作出尽快应对，也能够促使司法上尽早防控此类有害物质的流通蔓延。

研发监测模式，是与早期预警模式作用相似，对新精神活性物质风险信息进行补充的制度设计。韩国食品药品安全部门会选定管制毒品种类予以检测、研发，并形成数据储备库，截至2019年，共研发出约60种与管制毒品相当的物质类型。韩国采集了来自全国29个废水处理厂的废水样本，依照数据储备库中的物质信息，筛选出废水样本中可疑的精神活性物质，并持续监测其发展状况。该模式借助于技术手段，通过对各类管制毒品化学结构的研发，对未来可能出现的新精神活性物质进行分析论证。这既能提前预警，使危害风险处于可控范围内，又便于一旦存在滥用问题，可省去多余的列管程序而迅速管制。

特定产品允许模式，是将新精神活性物质作为特定产品以实现反向管制的制度设计。新西兰于2013年出台了《新精神活性物质法》，规定进口、制造、销售及持有新精神活性物质等行为非法，除非该物质已获得新精神活性物质监管局的批准使用。可以说，新西兰是将新精神活性物质作为一类特殊产品，并规定了申请人信息、产品审批登记、许可证申请条件等制度规范，成为监管其合法使用的世界首创。如经过评估试验证明某物质为“低风险”，则可获批并合法上市。虽有此规定，但新西兰尚未有允许使用的精神活性物质，这可能与“低风险”产品的获批标准不好把握、如何有效监管合法产品使用等问题有关。

二、我国毒品列管模式的检视与完善

毒品犯罪是我国刑法中规定的一类重罪，也是我国公安部门一贯重点打击的一类犯罪，毒品问题治理事关我国社会安定与和谐。习近平总书记强调：“禁毒工作事关国家安危、民族兴衰、人民福祉，毒品一日不除，禁毒斗争就一日不能松懈。”① 当前，在中国特色社会主义法治背景下，我国的毒品问题治理工作必须依法严格进行。在现代法治社会中，毒品列管工作是毒品治理的基础，也是我国毒品治理法治得以运行的前提之一。在当今国内

① 《习近平就禁毒工作作出重要指示》，载中华人民共和国中央人民政府网，http://www.gov.cn/xinwen/2018-06/25/content_5301084.htm。

外毒品形势快速变化的时代，尤其是在第三代毒品逐渐蔓延的大背景下，本书从法治的视角出发，对我国毒品列管体系与毒情形势间的适应性和合理性问题加以检视和研究，以期对我国毒品治理法治建设和完善有所裨益。

（一）我国毒品列管模式及其毒情适应性考察

1. 我国毒品列管的规范考察

“毒品”在我国法治语境下有其相应的规范含义。我国刑法、禁毒法中对于“毒品”的定义相同，即“毒品”是指鸦片、海洛因、甲基苯丙胺（冰毒）、吗啡、大麻、可卡因，以及国家规定管制的其他能够使人形成瘾癖的麻醉药品和精神药品。此外，禁毒法第三章中专门对毒品管制问题进行了规定，明确了国家对麻醉药品药用原植物种植、麻醉药品、精神药品和易制毒化学品等的管制权。由此可见，我国法律中并没有直接穷尽列举所有的法律规定加以管制毒品的种类，而仅是将鸦片、海洛因等6种较为常见的、较为人民群众所熟知的毒品种类进行了明确列举，其余的仅以“国家规定管制的其他能够使人形成瘾癖的麻醉药品和精神药品”的描述进行概括性兜底。然而，这种列举和概括性兜底规定并不足以指导我国毒品问题治理实践，公安机关和司法机关无法仅根据两部法律中的这两条规定就能认定相关案件中的涉案物质是否属于法律意义上的“毒品”，具体的毒品认定需要由相关的有权国家机关进行管制和明确。由于这个细化明确法律上“毒品”外延的毒品管制过程通常以列明毒品名称的形式进行，所以也被称为“毒品列管”。

自1984年《中华人民共和国药品管理法》颁布起，我国药品监督管理开始了法制化进程，相继出台了《麻醉药品管理办法》和《精神药品管理办法》等行政规范对于麻醉药品和精神药品的管理进行进一步细致化的规定。《麻醉药品和精神药品管理条例》（以下简称《条例》）和《列管办法》是我国行政机关专门规范麻醉药品和精神药品的行政规范，是毒品问题治理实践中的重要规范来源。

《条例》由国务院颁布，属于行政法规。《条例》全文中并没有出现“毒品”这个名词，而是直接以“麻醉药品”和“精神药品”这两个名词对该法规所规范的对象进行指称。《条例》第3条明确，该规范中的麻醉药品和精神药品是指列入麻醉药品目录、精神药品目录的药品和其他物质。《条例》以设立目录的形式对于麻醉药品和精神药品进行管制，麻醉药品和精神药品是否受管制主要看其是否被列入麻醉药品和精神药品品种目录[①]，在目录之内的即属于“国家规定管制”的麻醉药品和精神药品。

《列管办法》由公安部等部门制定并颁布，属于行政规章。《列管办法》中没有出现“毒品”的概念，而是以“非药用类麻醉药品和精神药品”对于其规范的对象进行了指称。《列管办法》对非药用类麻醉药品和精神药品范围进行了明确，其第3条规定，除麻醉药品和精神药品管理品种目录已有列管品种外，新增非药用类麻醉药品和精神药品管制品种由本办法附表列示。换言之，《列管办法》与《条例》一样，以目录（附表）的形式对其管制的麻醉药品和精神药品的具体名称、种类进行列举进而加以规范。由于《条例》颁布在前且管制的是整个麻醉药品和精神药品类的物质，导致一部分非药用类麻醉药品和精神药品已经在《条例》的目录中出现，《列管办法》对于这部分物质不再重复列举，而对于《列管办法》颁布之后应当加以列管的非药用类麻醉药品和精神药品则列入《列管办法》的附表中而不是《条例》的目录中。

2. 当前毒品列管的现实挑战及其影响

（1）第三代毒品蔓延带来毒品列管新挑战

当前，毒品违法犯罪问题在全球范围内仍旧猖獗，并且第三代毒品新精神活性物质已经开始逐渐蔓延。新精神活性物质是一类以纯粹形式或制剂形式出现的滥用物质，这类物质不受《1961年公约》与《1971年精神药物公约》管制，同时具有兴奋剂性质并且可能对公众健康构成与国际管制物质类似的威胁。根据《2019年中国毒品形势报告》，第三代毒品在我国迅速扩张且花样不断翻新，据国家毒品实验室检测，全年检测出新精神活性物质41种，其中有5种为新发现的新精神活性物质[②]。《2020年中国毒情形势报告》则指出，“新精神活性物质滥用时有发现，花样不断翻新，包装形态不断变化……极具伪装性、隐蔽性、诱惑性”[③]。联合国毒品和犯罪问题办公室发布的《2019年世界毒品报告》指出，2015年至2017年，市场上的新

---

① 王锐园：《关于公安机关在精麻药品管理中的职能思考》，载《中国刑警学院学报》2015年第3期。

② 《2019年中国毒品形势报告》，载中华人民共和国中央人民政府网，http://www.gov.cn/xinwen/2020-06/28/content_5522443.htm。

③ 《2020年中国毒情形势报告》，载中国禁毒网，http://www.nncc626.com/2021-07/16/c_1211244064.htm。

精神活性物质总量稳定在每年500种左右，每年不断有新品种的新精神活性物质出现，而每年市场上有数十种旧的新精神活性物质被淘汰。显然，在第三代毒品开始在世界范围内逐渐蔓延的情况下，“就发展势头而言，传统毒品市场发展受到一定程度的遏制，而新型毒品市场则发展迅猛”①。不仅如此，“新精神活性物质的理化性质与毒品相似，具有强烈的致幻性、兴奋性和麻醉性，其危害性甚至远超传统毒品，严重危害着社会秩序和人类健康”②。我国的毒品列管对我国整体毒品问题治理工作的影响便愈加凸显和放大。

毒品的具体界定由《条例》的目录及《列管办法》的附表来具体确定，那么《条例》和《列管办法》对于毒品列管的进程及速率实际上对于打击毒品违法犯罪行为的范围与及时性、有效性有着重要的影响。正如法律的制定永远落后于社会的发展一样，相对稳定的、静态的毒品列管目录与逐渐发展与变化的毒品之间同样存在着矛盾，这是毒品列管目录相对稳定性与社会的无限变动性所决定的。“现实情况中立法与现实脱节状况的发生大多是由于毒品更新换代的速度过快，立法的脚步无法及时跟上所致。”③ 而一旦这样的滞后与脱节出现，便意味着现实中存在着对社会产生危害但没有纳入列管目录，进而无法以刑法、治安管理处罚法等法律进行规制的物质，这类物质“可以一直在市场上‘合法’流行，并给社会秩序带来损害”④。

（2）毒品列管滞后使毒品打击盲区快速扩大

毒品列管的进程往往落后于现实中毒品物质的发展速度，新精神活性物质就是这样一类与毒品具有相似性质、可能对公众健康造成与已列管物质类似的威胁但游离在法律管制之外的物质。在我国，对于毒品的法律认定范围呈现封闭性，在列管目录加以明确后不存在任何扩张解释的空间。实践中，公安机关、司法机关只需要在该物质检测鉴定后，将物质名称与目录中麻醉药品和精神药品名称进行比对，若物质名称不在列管目录之中，则对相关行为无法认定为毒品违法犯罪来进行打击，此时便出现了毒品违法犯罪的打击

① 任娇娇：《我国禁毒刑事政策调整研究》，中国社会科学出版社2019年版，第47页。

② 蔡衡衡、刘鑫：《新精神活性物质发展与管制综述》，载《中国法医学杂志》2021年第1期。

③ 任惠华、金浩波：《我国毒品犯罪刑事治理之回顾与展望》，载《中国刑警学院学报》2018年第2期。

④ 包涵：《类似物管制的立法诉求和司法功能：〈美国管制类似物执法法案〉的评价与反思》，载《公安学研究》2021年第1期。

盲区。

随着不法分子对新精神活性物质的不断设计和研制，包括我国在内的世界各国范围内该类物质的种类和数量不断增加。这类物质游离在毒品管制法律之外，快速扩大了毒品违法犯罪的打击盲区。《2021 年中国毒情形势报告》指出，“受毒品供应和流通数量双降影响……部分吸毒人员减量降频，或寻求麻精药品和非列管物质进行替代，或交叉滥用非惯用毒品以满足毒瘾”①。当前毒情形势下，毒品列管速度与毒品打击需求之间的矛盾十分突出，这是以往的滥用类物质出现所不曾带来的问题。在实践中，超出管制目录的新精神活性物质在司法鉴定层面开始就无法被认定为毒品，那么该案件就不能够认定是毒品违法犯罪案件，即使行为人的行为产生了与毒品违法犯罪相类似的危害，公安机关也无法以毒品违法犯罪对其进行打击。若行为人不涉及其他违法犯罪行为，公安机关甚至连治安处罚都无法作出。对于这种情况，当前我国公安机关通常的做法是固定相关证据并对涉案人员进行批评教育之后释放，然后对于涉案物质的有关情况再进行层层上报，由公安部等上级有权主体作出是否纳入列管的决定。不过，此后即使涉案物质在后来被纳入我国麻醉药品和精神药品的列管目录之中，根据法不溯及既往的原则，该案件中的涉案人员也无法再次因此案进入法律程序来处理。

一直以来，打击毒品违法犯罪是我国毒品问题治理工作中的重要组成部分。对于毒品违法犯罪进行有效打击，不仅是对违法犯罪分子的惩罚，同时也是一种警示，可以起到广泛性的违法犯罪预防作用。但是，即使经过上报之后该新精神活性物质被列入相关管制目录进而可以认定为毒品，那么在行为人初次被抓到该物质纳入列管之间还有数月甚至数年的时间间隔，此时法律中对毒品违法犯罪的规定对于行为人来说就是一纸空文。“例如，2010 年甲卡西酮被纳入管制后，不法分子很快改变其化学结构，转而制造了替代类物质——乙卡西酮，而乙卡西酮在 2015 年才增补进列管目录，如此之长的‘空白期’在客观上易放纵新精神活性物质的滥用。”② 在此期间，行为人因为已经知晓我国法律对其涉及此种新精神活性物质的行为束手无策，很难说

① 《2021 年中国毒情形势报告》，载中国禁毒网，http：//www. nncc626. com/2022 - 06/23/c_1211659746. htm。

② 石经海、赵戈：《新精神活性物质法律管制的困境与出路》，载《郑州轻工业大学学报（社会科学版）》2022 年第 1 期。

不会更加放肆地进行有关行为。这不仅会对我国社会秩序造成严重破坏，给人民安定生活带来不稳定因素，而且当这种“法律的空洞”被传播与放大后，对我国毒品的管控以及预防都会产生巨大的负面作用。

（二）当前毒品列管滞后性显著的原因剖析

1. 第三代毒品种类繁多、更新速度快

第三代毒品新精神活性物质首次出现在书面报告中是在联合国毒品与犯罪问题办公室发布的《2013 年世界毒品报告》，在报告时其数量已经呈现逐渐增加的趋势，“会员国向联合国毒品与犯罪问题办公室报告的新精神活性物质数目从 2009 年年底的 166 份增加到 2012 年年中的 251 份，其增加了 50% 以上。新精神活性物质的数量首次超过国际管制物质的总数（234 份）”[①]。联合国毒品与犯罪问题办公室在《2017 年世界毒品报告》中将新精神活性物质这一整类物质进行单独报告，其中提到：经历了创新期和停滞期的新精神活性物质市场仍然是非常有活力的，新的新精神活性物质继续不断出现，一些新精神活性物质已经在市场上出现多年，而其余的则随着时间的推移而消失。在 2014 年全球范围内首次报告的新精神活性物质为 66 个，而 2015 年首次报告的则为 100 个，增加了 2/3。在 2016 年首次报告的新精神活性物质仍有 70 个以上，这表明“创新”仍然是新精神活性物质市场的一个重要组成部分[②]。同时，新精神活性物质表现出较强的更新换代和市场淘汰特征，“约 60 个新精神活性物质在 2013 年之后在市场上消失”。

“新精神活性物质合成非常简单。很多情况下，制毒者将某种管制药品的分子结构稍作改动，就会合成出一种与原药品相似的新药。”[③]“实验室毒品”“策划药”这样的别称，其实就表现出了新精神活性物质大部分由人工合成、人为设计加工的事实，从而使得新精神活性物质表现出了种类数量庞大、更新换代快的特点，这是传统毒品所不具备的特征，也是新精神活性物质难以管控的重要原因之一。“新精神活性物质设计的出发点就是逃避法律

---

① UNODC. New psychoactive substances（NPS），http：//www. unodc. org/wdr2013/en/nps. html.

② UNODC. WORLD DRUG REPORT 2017 - Booklet4，https：//www. unodc. org/wdr2017/en/topics. html.

③ 徐多麒、王继芬、孟品佳：《新精神活性物质的特点及危害》，载《中国化学会第五届全国“公共安全领域中的化学问题”暨第三届危险物质与安全应急技术研讨会论文集》，中国人民公安大学出版社 2015 年版。

监管"[①]，在我国当前的法律法规体系下麻醉药品和精神药品列管制度中，新精神活性物质的这两种特征使得我国的列管应接不暇，难以从实质上符合当前新精神活性物质的发展趋势，更新换代快的特点更是令我国麻醉药品和精神药品的列管目录处于落后甚至严重落后的状态，大量新出现的新精神活性物质处于我国法律打击的盲区，对我国社会安定产生潜在威胁。

2. 现有毒品列管程序冗长

目前，我国对于新精神活性物质的列管主要依据的是《列管办法》，具体来说是将新精神活性物质列入《非药用类麻醉药品和精神药品管制品种增补目录》（以下简称《增补目录》）之中。根据《列管办法》第3条的规定，要将新的新精神活性物质纳入列管范围需要国务院公安部门、国务院食品药品监督管理部门和国务院卫生计生行政部门（以下简称"三部门"）共同负责。《列管办法》中规定了非药用类麻醉药品和精神药品的监测制度，同时规定，对于未列管的非药用类麻醉药品和精神药品（包括未列管的新精神活性物质）要重点监测。对于特定的未列管的非药用类麻醉药品和精神药品的列管，《列管办法》要求由非药用类麻醉药品和精神药品专家委员会进行风险评估和列管论证，该过程应当在启动后3个月内完成。若确有必要加以列管，委员会将提出列管建议，"三部门"应当在6个月内完成列管。此外，《列管办法》规定在紧急情况下，风险评估和列管工作应当加快进程。

不难看出，在规范层面上将一种新的麻醉药品和精神药品纳入我国管制目录当中最长的法定期限为9个月，这还不包括启动前的论证、监测等时间。在《列管办法》颁布后进行的新的麻醉药品和精神药品列管中，关于列管程序中整个流程的时间里是有迹可循的，2017年3月，我国将4种芬太尼衍生物列管，该列管过程时间约为5个月[②]。相较于每年几十种甚至上百种新的新精神活性物质的出现速度，9个月的最长法定期限可以说难以适应新精神活性物质的更新换代速度，甚至可以说，有相当一部分的新精神活性物质尚未进入列管程序或正在列管程序中的时候，它们就已经更新升级或

① 黄锐、孟文文：《新精神活性物质防控的困境与对策研究》，载《云南警官学院学报》2021年第1期。

② 2016年9月G20峰会期间，列管芬太尼衍生物就成为"习奥会"的议题之一，至2017年2月16日国家禁毒办宣布列管4种芬太尼衍生物，列管程序前后历经大约5个月。

被市场淘汰了。不仅如此，将原本合法的物质纳入列管目录进而成为受管制而“违法”的物质的这个过程中，“还应当在公布之后到施行之前留出必要的时间以供公民了解法律更改对权利的限制并获得涉及该物质的行为是否合法的判断，这段时间足以让毒品的‘策划者’重新物色新的修饰物质的手段，制造新的毒品”[①]。

（三）域外毒品列管模式的考察与反思

1. 域外毒品列管模式考察

（1）临时列管方案

新精神活性物质的产生与泛滥很大程度上就是由于其快速的更新速度与缓慢的毒品列管程序之间形成了时间差，不法分子正是利用这一特点，有意制造出尚未出现在列管名单之中的新精神活性物质以逃避刑事打击。世界各国对于将新的毒品纳入列管通常都采取相对谨慎的态度，一般会将此程序的论证与调研交由相关医疗卫生、司法等机构共同参与，整个过程将历时至少数月之久，在此期间处于论证期的新精神活性物质就会处于法律真空之中，甚至不法分子可以进行大肆贩卖而不受法律追究。

为了消除法律真空期所带来的毒品泛滥危险以维护社会政策秩序，域外一部分国家对新精神活性物质采取了临时列管的管制方案。临时列管方案，就是在不改变原有的基本列管模式的情况下，经立法设立特别程序以缩减毒品列管所需时间、简化列管程序以对相应物质进行临时性列管，对临时性列管通常设置有效期限。

美国是比较典型的设立毒品临时列管制度的国家。美国《管制物质法》规定了 8 类考察某物质是否应当纳入列管时应当予以考虑的因素[②]，当美国司法部长通过报告等途径认为某一物质具有紧迫的公共安全危险性时，可以直接将该物质纳入《管制物质法》的附表 I 中进行临时列管，而不必像普通程序一样需要等待卫生与公共服务部部长的评估和专业建议来确定是否列管。该临时列管有效期为 1 年，在有效期内该物质应当经过普通列管程序进行正式考察，如果通过了普通列管程序则正式纳入附表进行长期列管。

英国也存在类似的临时列管制度。英国《毒品滥用法案》中已经将毒品分为 A、B、C 三个等级进行分级列管，当药物滥用问题咨询委员会在评

---

① 包涵：《新精神活性物质管制的国际经验和中国路径》，载《公安学研究》2018 年第 3 期。

② Controlled Substance Act. 21 U. S. C (802) 811 (c).

估一种尚未被列管的物质的滥用可能性及滥用危害程度之后，可以自行发布或建议英国内政大臣发布“类别毒品临时禁令”将某一类物质及其制品纳入列管范畴，作为一种临时列管毒品类别加以管制。这种临时列管的效力为12个月，在经专家委员论证该物质确有必要加以列管的情况下，政府有权发布禁令长久性管制该物质并请求议会批准。临时列管中的物质可以被视为同样的法律列管下的毒品加以管制，除持有型犯罪外，不法分子的相关行为也同样可以被纳入犯罪的范畴加以刑事制裁。

临时列管制度在以相同标准加以考量的情况下，缩短了列管程序所需要的时间，压缩了管制程序，起到了对市场上新出现的新精神活性物质快速管制的作用，避免了由于列管不及时导致的管制真空，对于公共安全及社会秩序的维护有着积极的作用。同时，对临时列管设置有效期的限制，有利于后续对于临时列管的物质进行进一步的深入评估和调研，进而判断其是否继续以正式列管的方式进行长期管制，最大限度地避免了临时列管的临时性、紧急性带来的列管任意性疑问，在注重效率的同时可以兼顾列管合理性。

（2）单行法管制方案

在毒品管制问题上，为了消解法律对毒品管制的固定性与毒品迅速发展的矛盾，英国、澳大利亚、新西兰等国家采用了单行法的形式对属于毒品范畴的物质进行规制。在采用单行法形式规制的情况下，通常相关法律中不直接采用“毒品”这一明确的具有法律意义的术语，而是采用类似于“精神物质”等具有一定法律模糊性的概念加以表述，以此来扩大立法的管制范围。

英国于2016年通过了《精神活性物质法》，该法第2条规定：精神活性物质是指能够在使用者身上产生精神活性效应的任何物质（豁免物质除外）①。该法案规制的对象并不是已经根据《毒品滥用法案》进行管制的毒品，也不包括尼古丁、咖啡因、酒精及药用类精神活性物质，其实质上规制的是毒品之外的对人体产生精神效果的物质，主要就是“合法嗨药”。该法案将生产、提供或试图提供、以提供为目的持有“合法嗨药”的行为认定为犯罪行为，但该法不处罚消费精神物质的行为，而且在法定刑上，也大大低于《毒品滥用法案》的规定。这项法案还包含有关民事制裁的规定，包括禁止通知、房屋通知、禁止令和房屋令，违反禁止令和房屋令的行为将构

① Psychoactive Substances Act 2016. Section 2: Meaning of “psychoactive substance” etc.

成刑事犯罪，这使警察和地方当局能够酌情对提供精神活性物质的行为采取分级回应[①]。

以单行法的方式对（新）精神活性物质进行管制，实际上是在基本的列管体系之外创制了另外单独的列管体系，对原有的整体毒品列管并不产生影响。在类似英国颁布的此类单行法案中，立法者并不在法案中明确列举精神活性物质的具体种类，缉毒警察、司法人员等在实践操作中便有了更大的空间，试图以此种方式应对发展迅速的第三代毒品及其危害行为。为了平衡法案中物质不明确性、不具体性带来的负面影响，英国《精神活性物质法》没有以正常的毒品犯罪刑罚对于精神活性物质类的犯罪进行同等打击，其最高刑期仅为12个月监禁，实际上也是扩大毒品犯罪打击面而减轻刑罚以求避免类推入罪的嫌疑。

（3）列管目录定期检讨方案

在新精神活性物质来临之后，毒品查缉及毒品违法犯罪打击中不得不面对的矛盾与困境之一就是新精神活性物质的更新换代速度与列管目录中物质名单更新速度的不同步性——新精神活性物质的更新远快于列管目录的更新。造成这种现象的原因是多方面的，其主要原因还是新精神活性物质生产及研发的特性及列管程序的时间问题。从前文的论述中可以看出，我国毒品列管目录的更新具有不定期、无统一强制性时限的特点，实际上是具有一定的不足的。相较之下，列管目录定期检视与调整的方案在列管目录的更新与协调性方面就具有一定的优势。

例如，我国台湾地区采用了列管目录定期检视与调整的模式，其“毒品危害防制条例”规定毒品的分级及品项每3个月要由相关行政部门进行重新检视，涉及毒品种类的增减及某一毒品分级的调整等问题。这个定期检讨的法定程序，由我国台湾地区行政管理机构中的司法部门会同卫生健康部门共同组成“审议委员会”，整个列管目录的调整与增减由该委员会作出，最终由我国台湾地区行政管理机构进行公告，同时需要将检讨结果送我国台湾地区立法机构核查。

本书认为，我国台湾地区对于毒品列管目录进行定期检讨的规定，固然不可能如前述两种域外解决方案带来立竿见影的解决效果，但此种规定一方

---

① 王晓晓：《中英比较视域下我国毒品犯罪治理模式的调整路径》，载《法治论坛》2019年第1期。

面可以部分化解第三代毒品来临之后毒品更新速度与毒品列管速度的差异带来的打击毒品违法犯罪法律失灵的问题，另一方面也是在当前新毒品不断涌现的时代不断重新审视各已列管毒品的社会危害性，进而促进法律惩罚合理性的平衡的实现。与前两种解决方式不同，定期检视与调整列管目录的方案不会直接触及已有的毒品违法犯罪管制体系，也不在已有法律之外重新创制新的法律与之并行增加法律执行的负担，相对来说较为温和。

2. 与我国相关列管规定的对比扬弃

（1）我国列管制度变通性不足

当前我国仅有对毒品永久性列管的一般性列管程序，而不存在临时性、应急性的列管程序。与前述相关列管模式相较而言，我国毒品列管模式较为单一，在世界毒品形势快速变化的情况下难以做到“以不变应万变”，常规性列管难免与现实毒品列管需要相脱节。同时，在毒品违法犯罪打击层面上，我国并未对毒品进行分级列管，尤其是未在刑法中对不同危险程度的毒品进行区分法定刑的规定，同时刑法中也未设立轻罪、违警罪等制度。在此情况下，考虑到我国刑罚惩罚的严厉性及刑罚附随后果的严重性，我国若仿照有关制度单独制定可适用于第三代毒品新精神活性物质等新型毒品的单行法，也可能造成打击面过大、惩罚过重等问题。因此，虽然我国列管模式应当增强变通性，但目前也不宜效仿英国的有关规定。

（2）我国毒品列管的启动任意性较强，缺乏常态化机制

虽然我国“条例”与“规章”对毒品的列管程序等问题进行了规范，但是从我国毒品列管的实践中不难看出，这种列管并没有体现出列管的及时性，往往都是多种物质在同一时间宣布纳入列管，单次列管物质种类数量通常较大。例如，2015 年 10 月 1 日起施行的《列管办法》一次性列管 116 种新精神活性物质；2017 年 3 月 1 日列管卡芬太尼等 4 种芬太尼类物质，2017 年 7 月 1 日列管 U－47700 等 4 种新精神活性物质；2018 年 9 月 1 日起列管 4－氯乙卡西酮等 32 种新精神活性物质；2021 年 7 月 1 日列管氟胺酮等 18 种新精神活性物质。每次列管都以批次性大量列管的形式进行。同时，我国列管程序缺少制度性，没有实现“常态化”列管。第三代毒品的发展与更替速度快的特点，实际上就要求国家在毒品列管问题上增强敏感度，密切关注第三代毒品的最新发展动向，而我国仅是在规范中规定了列管程序法定 9 个月的最长期限，而在紧急情况下也只是“加快进程”，没有明确需要加速审议进程到什么程度，也没有规定修改列管目录的固定时间，对外显示出一

种列管程序启动随意性强且审议过程又不紧不慢的感觉。

（3）我国以“类”列管毒品的路径具有优势性

2019 年 5 月 1 日，我国正式将芬太尼类物质列入《增补目录》，将芬太尼类物质整类纳入列管，这是我国首次以“类”的形式对麻醉品和精神药品进行列管，是我国毒品列管工作的一次全新尝试。根据列管决定，我国列管的芬太尼类物质指的是与芬太尼（N－［1－（2－苯乙基）－4－哌啶基］－N－苯基丙酰胺）相比符合一定条件的物质。比较条件共 4 项，若某物质有一项及以上与条件相符合那么便属于纳入列管的芬太尼类物质，这类物质一般为对芬太尼进行取代反应或通过反应形成新的官能团而形成的新化合物。对芬太尼类物质进行整类列管是我国对新精神活性物质进行列管的一次制度性创新和尝试，极大地扩大了我国毒品列管目录的涵盖范围，同时也为我国对新精神活性物质开展打击和国际禁毒合作提供了规范依据。2019 年 11 月，中美成功合作破获首起芬太尼毒品走私案，涉及该案的在中国境内从事毒品生产、运输、贩卖和走私的犯罪分子被全部抓获并依法追究刑事责任，充分彰显了我国政府严惩芬太尼类物质犯罪的立场和决心，也是中国作为负责任的大国在国际禁毒领域的又一次成功展示。

此外，合成大麻素类新精神活性物质占我国已监测到的新精神活性物质的 50% 以上。面对此种情况，我国于 2021 年 5 月 11 日再次宣布将合成大麻素类物质纳入列管，我国也成为全球第一个对合成大麻素类物质进行整类列管的国家，形成了更为完善的新精神活性物质列管体系。

事实上，世界上很多国家或地区都存在以物质化学结构为依据对麻醉药品和精神药品进行列管的先例。例如，我国澳门特别行政区于 2014 年 4 月 8 日颁布第 4/2014 号法律修改了第 17/2009 号法律（《禁止不法生产、贩卖和吸食麻醉药品及精神药物》），将“卡西酮的衍生物”作为一类物质加进第 17/2009 号法律附表表二 A 的部分进行管制，其管制“卡西酮的衍生物”的方式便是对生成衍生化合物的方式进行描述以管制反应过后生成的新的化合物（即卡西酮的衍生物），包括“任何在结构上可从 2－氨基－1－苯基－1－丙酮通过以下方式衍生成之化合物：①在苯环上以不限数量之烷基、烷氧基、亚烷二氧基、卤代烷基或卤素取代，而不论生成物有否再在苯环上被一个或多个之单价取代基所取代；②在 3 位上以烷基取代；③在氮原子上以烷基、双烷基取代，或把氮原子纳入一个环状结构”等情况。

以“类”或“衍生物”为基本单位对麻醉药品和精神药品进行管制，

实际上是新精神活性物质不断涌现之后世界各国的一种因应之策。新精神活性物质中“策划药”占有相当大的比例，而“策划药”最大的特点就是这些物质是经过制造者的人为设计、通过改变已被纳入管制物质的化学结构的方式而制造出来的，通常情况下制造者以取代反应这样简单的有机化学反应进行制造后形成的化合物与原来的化合物在药理作用上相似性很大，甚至有些经过结构修饰后可以产生比修饰前物质高上万倍的麻醉效果、致幻效果，这也是新精神活性物质致残率和致死率高、社会危险性大的原因之一。

基于以上事实，对属于“策划药”类别的新精神活性物质进行管制实际上就难以采用与以往毒品列管相同的方式，因为以往我国采用列举式的毒品列管要求将毒品的中英文名称及 CAS 号（CAS Registry Number）进行列明，然而经过策划的新精神活性物质实际上只有策划前的物质是明确的（如芬太尼、卡西酮），仅通过取代反应这一基本的有机化学反应即可获得无数种具有不同化学结构和化学名称的物质，将这无数种物质进行一一列举是不可能做到的。在此种情况下，以描述衍生物生成过程的化学反应或者描述新生成物质与原基本物质间的结构差异变成了可行之策，也是目前较为行之有效的列管方式。

（四）我国毒品列管模式的完善方案

1. 毒品列管“定期检视＋临时列管”模式之尝试

从比较法角度来看，我国政府的司法行政长官并没有类似于美国那样可以直接启动毒品列管程序的职权，而且“仅仅凭借司法部长一家之言就可以单方面对某种物质进行为期一年的临时列管，似乎给予了司法部长过大的权力”①，以司法部长为启动主体的临时列管制度在我国并不太现实。因此，当前我国毒品列管模式完善的关键应当就是进一步推进毒品列管的制度化、常态化、法治化，最大限度地使毒品列管目录与我国物质滥用现实情况相贴近，最大限度地缩小毒品违法犯罪的打击盲区。就我国来说，将毒品列管目录定期检视与立法机关临时列管制度混合添加进我国毒品列管体制较为妥当，不至于出现严重的“水土不服”的情况。

就定期检视制度来说，本书认为最为关键的就是所谓“定期”的期限问题和检视主体问题。在我国目前的列管制度中，将新的物质纳入列管目录

---

① 张涵卿、陈帅锋：《中美新精神活性物质管制模式比较研究》，载《中国药物滥用防治杂志》2021 年第 3 期。

的时间限度为专家论证提出建议时限 3 个月、国务院有关部门纳入列管时限 6 个月，即最长需 9 个月。而定期检视的时间间隔不宜过长，过长的时间间隔不利于对新出现的物质进行及时管控，也不利于及时因应国内发生的新毒品情势。可以初步借鉴我国台湾地区每 3 个月检视毒品列管目录的制度设计，再逐步调整形成符合毒品形势的时间间隔。目前，我国毒品列管目录的制定与调整由“三部门”共同负责，定期检视制度的主体可以继续由“三部门”共同负责，这也是毒品列管目录调整工作行政性与专业性的一种体现。

根据本书前述内容，毒品列管目录应当交由相关法律进行统一规定。因此，在检视过后，若有必要对列管目录进行增加或删减，应当由国务院作出相关建议送交立法机关进行审议。审议期间，若立法机关根据国务院提交的有关列管情况说明认为某物质存在急迫的泛滥风险、容易造成严重社会危害，则应当发布决定对该物质进行临时列管，是否进行永久性列管待后续审议一同决定。

定期检视制度配以立法机关临时列管，不仅解决了非定期毒品列管目录修改的不确定性与论证时间较长的问题，还有利于充分利用各类毒品风险监测预警机制，未雨绸缪，提早做出防范措施。毒品风险监测预警机制包括各类国际性、区域性的新精神活性物质滥用风险监测评估，如联合国毒品和犯罪问题办公室于 2013 年 6 月启动的新精神活性物质早期预警系统、国际麻醉品管制局“离子”项目系统、欧洲毒品和毒品成瘾监测中心的欧洲早期预警系统、美洲控制毒品滥用委员会等。这些毒品风险监测预警机制通常会根据相关国家和地区的新精神活性物质制造、贩卖、使用等信息进行综合分析，而后发布评估报告和相关预警。亚洲区域内目前尚未成立相关新精神活性物质监测预警系统，但在世界范围内毒品运输流通日益频繁的今天，我国可以根据已有的联合国及欧美相关预警及时评估国内的新精神活性物质传播及泛滥情况，及时采取必要的措施。实际上，很多被我国列管的毒品在列管前期都曾被预警，如 2010 年欧洲毒品与毒品成瘾监测中心首次报告在匈牙利发现新精神活性物质 3，4 – DMMC，该物质于 2015 年 10 月被纳入我国列管目录。再如，欧洲毒品与毒品成瘾监测中心最早于 2013 年在比利时监测到新精神活性物质 5F – ABPINACA，该物质于 2015 年 10 月被纳入我国列管目录。我国在定期检视列管目录的过程中，应当充分利用全球各组织的毒品预警机制，及时将可能在境内形成泛滥的新精神活性物质纳入管制进而确保在各个层面尤其是法律规范层面能够形成有力的打击力度，以保障社会秩序和安定。

2. 加强以“类”为单位认定毒品的明确性

在新精神活性物质逐渐成为毒品种类最多的一种毒品类型的时代，以传统毒品种类与名称一一对应式的列管方式应对种类庞杂、变化繁多的新精神活性物质类毒品是不可能做到列管的周延性的。在此情况下，本书认为，以“类”为单位对毒品进行列管势必成为未来毒品列管的不可或缺的列管形式。这种以“类”为单位对物质进行列管的方式在科学上是合理的、可行的，关键是要在法律框架内将此类列管方式加以完善，使之符合法律规范性及司法实践可行性的双重要求。以芬太尼类物质为例，“尽管我国芬太尼类物质整类列管规定比较明确，可操作性较强，但是规定中涉及大量有机化学概念和知识，法院法官无法就某种物质是否属于芬太尼类物质作出专业判断，尚需要有机化学专家作出科学认定”[①]，对于民众而言，预测物质是否属于芬太尼类毒品就更加困难了，该方案最核心的问题就是以“类”为单位进行列管的概括性与法律可预测性要求之间的矛盾的解决。

我们认为，以“类”为单位对新精神活性物质进行列管，其制度可行性与列管优势就是在于以“类”为单位列管时描述上的过程性、比较性与抽象性，不能因为对明确性、可预测性的严格遵守而将这些优势条件进行完全剔除，否则便会在毒品违法犯罪规制上“自废武功”。为应对以抽象方式对某类物质进行比较性描述或过程性描述产生的不明确性疑虑，本书认为，在当前列管目录中文名称、英文名称及 CAS 号这三种信息进行列明之外，还可以物质化学结构式的方式对以文字抽象描述的某类物质进行进一步具体的展示，以便行为人在行为时或行为前较为直观地对物质进行对照，以此增强规范层面的明确性。此外，以物质化学结构式的方式对某类被列管物质进行具体列明，有助于公安缉毒警察、司法人员在毒品案件的处理中更快速地进行比对和处理，减少误判概率的同时减少因对大类物质不够熟悉引起的程序上的时间延误。在具体操作上，因为描述的概括性与物质的广泛性，不必要对化学结构式进行具体列明，但至少应指明替代的官能团位置及种类。

以目前已纳入列管的芬太尼类物质规定中描述的“使用其他任意基团

---

① 周志刚、郑篮君：《芬太尼类物质合成及列管思考》，载《云南警官学院学报》2020 年第 4 期。

（氢原子除外）替代苯乙基”为例，具体操作如下：首先，应当明确芬太尼的分子结构式（见图3）；其次，按照“使用其他任意基团（氢原子除外）替代苯乙基”的描述将芬太尼结构式中的苯乙基替换，以特定的某种标志进行明确标识（见图4，以黑色实心四角星来标识被替换的苯乙基位置）；最后，若描述中涉及排除事项或对替换官能团的具体说明应当在后续备注中予以明确标识（如此处的“氢原子除外”的排除性事项）。

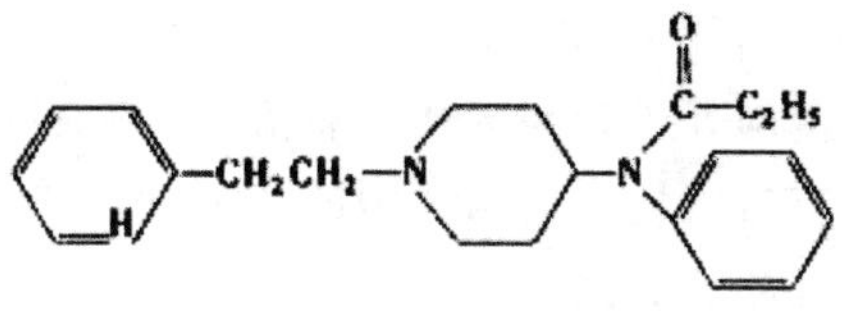

图3　芬太尼的分子结构

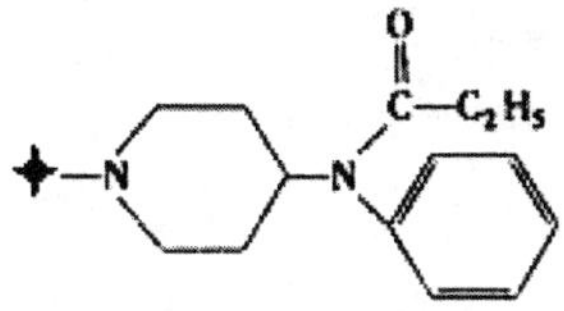

图4　以任意基团替代苯乙基的图示

第二节　新精神活性物质数量的折算

一、新精神活性物质类毒品案件的发展态势

（一）发展态势总体概述

新精神活性物质类毒品，在20世纪末时还鲜有耳闻，但自从进入21世纪后，特别是自2010年以来，其就凭借着易于获得制作原料、易于改造化学结构、易于逃避法律制裁等诸多便利条件，迅速入侵毒品“市场”。由于此类毒品的形式丰富多样，又有着新潮炫酷的包装，因此它逐渐成为吸毒者们（尤其是青年群体）新一代的“宠儿”。

与此同时，它也凭借着逐年猛增的交易数额与日益扩大的交易地域，渐渐成为禁毒工作开展的重点打击对象，被部分司法实务人员与专家学者称为“第三代毒品”。从总体上来看，目前我国毒品的种类呈多元化发展趋势，而作为毒品替代物的新精神活性物质的种类也在日益增多，并有逐渐滥用的倾向。根据《2020年中国毒情形势报告》①，我国滥用合成毒品和滥用阿片类毒品的人数均占现有吸毒人员总量的半数左右②。而根据《2021年世界毒品报告》，截至2020年底，全球鉴定出的新精神活性物质种类超过了1000种，其总数高达国际管制数量的三倍③。其中，阿片类和苯二氮卓类的新精神活性物质的品种数量均处于较高的增长态势。同时，该报告还指出新冠疫情的暴发并未对毒品交易市场造成预估中的较大冲击，而这也体现了贩毒者对毒品市场的变化具有高度的适应性。

（二）实证分析——基于288份裁判文书

1. 发展趋势分析

在中国裁判文书网、北大法宝、威科先行等法律资料数据库，对有关新精神活性物质类毒品的司法案例进行检索，将“案由”设置为“走私、贩卖、运输、制造毒品罪”，“文书类型”设置为“判决书”，“审判程序”设置为“一审”，“审判时间”设置为“2001年1月1日至2020年12月31日”，再分别以“新精神活性物质”“第三代毒品”“新型毒品”等为关键词，共检索出314份判决书，经过筛选，剔除掉重复的、与论文研究主题无关的文书后，得到288份有效文书，形成样本1。

通过对该288份裁判文书的审判年份进行分析，可以得知近二十年来，我国新精神活性物质类毒品案件的发展趋势，详见图5与图6。

---

① 《2020年中国毒情形势报告》，载中国禁毒网，http：//www.nncc626.com/2021-07/16/c_1211244064.htm。

② 全国180.1万名现有吸毒人员中，滥用合成毒品103.1万名，占现有吸毒人员总数的57.2%，滥用阿片类毒品73.4万名，占现有吸毒人员总数的40.8%。

③ 《2021年世界毒品报告》，载联合国毒品和犯罪问题办公室网，https：//www.unodc.org/unodc/data-and-analysis/wdr2021.html。

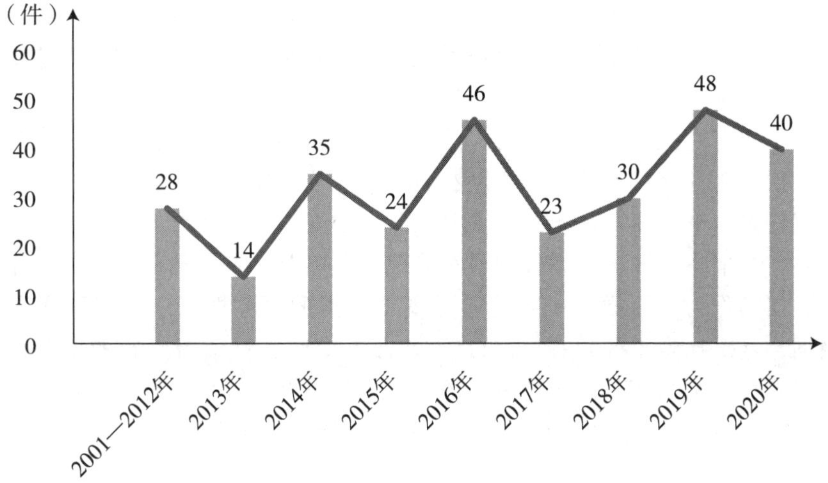

图 5　2001—2020 年我国新精神活性物质类毒品案件的发展趋势

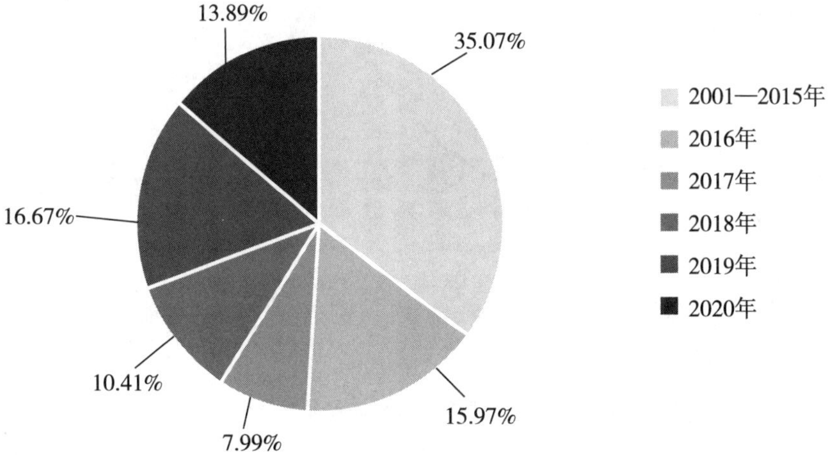

图 6　2021—2020 年新精神活性物质类毒品案件的发生时间分析

不难发现，虽然近年来我国此类毒品案件的数量在部分年份中存在下降的情况，但是从整体上来看呈现着上升的趋势。在 2001—2015 年这十五年间的案件总量才 101 件，占比也才仅 35.07%。换言之，60% 以上的新精神活性物质类毒品案件是在近五年内发生的。其中，案件数量最多的年份为

2019 年，达到了 48 件，占比为 16.67%。此类案件的增速不禁使人担忧，而且根据表格数据的整体走势，以及当前新精神活性物质滥用愈发严重的情形，此类案件的数量在未来几年仍有上涨的可能性。

由于法官在撰写裁判文书时，通常只会直接写出毒品类型的具体名称与数量，很少会补充说明该毒品为新精神活性物质或第三代毒品，因此以这些关键词检索出来的案例数量并不充足。为了避免这一客观因素可能导致的数据偏差，本书特选取了在案件中较为常见的新精神活性物质的种类——卡西酮类，使其作为对照样本 a 来检验样本 1 数据的可靠性。以“卡西酮”为关键词，其余检索条件保持样本 1 的条件不变，进行了新一轮的检索与筛选，得到裁判文书 879 份。通过对该 879 份判决书进行统计分析，可以得知我国 2001—2020 年卡西酮类毒品案件的发展趋势，详见图 7。

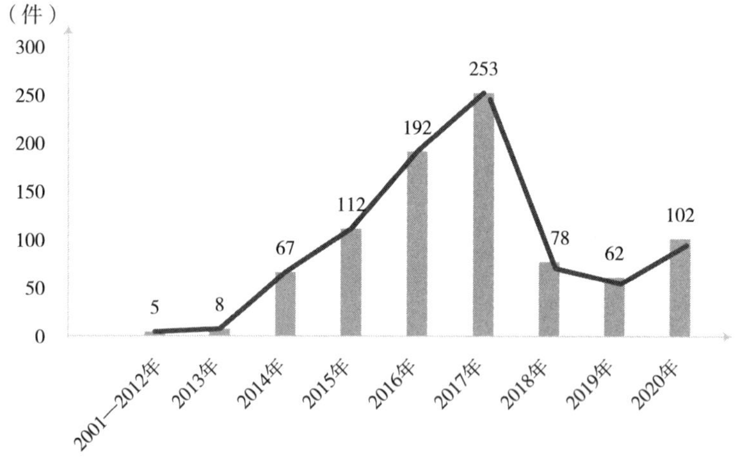

图 7　2001—2020 年我国卡西酮类毒品案件的发展趋势

由图 7 可知，从总体上看，2001—2020 年我国卡西酮类毒品案件的数量呈现上升趋势。在 2014 年之前，我国卡西酮类毒品案件的数量都是个位数，2001—2012 年长达十二年的时间一共才 5 例，但是在 2014 年之后，卡西酮类毒品案件的数量呈爆炸式的增长，仅 2014 年一年就增长了 59 例案件，其增长率高达 737.5%。在此后的三年中，该类案件的数量都在逐年攀升，在 2017 年时达到了高峰，为 253 件。但 2018 年开始，卡西酮类新精神活性物质的滥用情况有所好转，案件数量有了明显下降。不过，其案件数量在近两年中又有回升的趋势，值得注意的是，2020 年较之于 2019 年增长了 40 例，其增长率高达 64.52%，这时刻提醒着我们禁毒工作丝毫不敢松懈。

通过比对，不难发现两者之间存在较多相似之处。例如，两者的数据从总体趋势来看均呈现上升趋势；两者在 2001 年至 2010 年的案例数量都很稀少，却都在近五年的时间中得到了较大幅度的增长；从未来走向来看，两者都有着继续上涨的可能性；等等。样本 1 的数据情况与对照样本 a 存在较大相似性，样本 1 的数据情况能够在对照样本 a 中得到印证。

2. 地域分布分析

为了进一步掌握全国范围内不同省份中新精神活性物质类毒品案件的分布情况，本书在样本 1 原有检索条件的基础[①]上进一步检索分析，为使得出的结论更具有针对性和时效性，故仅分析近五年的数据。将“审判时间”的范围限缩为“2017 年 1 月 1 日至 2020 年 12 月 31 日”后，在原有的 288 份有效文书中筛选出 164 份文书，形成样本 2。以“案发地点”为标准进行分类后，可以得到我国近五年新精神活性物质类毒品案件的地域分布情况，如图 8 所示。

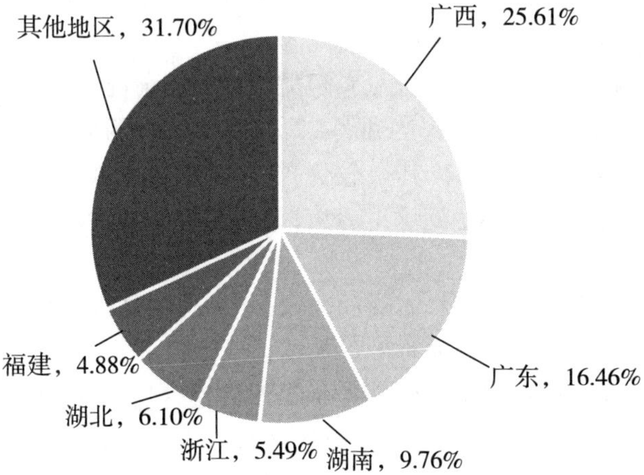

图 8　我国近五年新精神活性物质类毒品案件地域分布情况

① 即将“案由”设置为“走私、贩卖、运输、制造毒品罪”，“文书类型”设置为“判决书”，“审判程序”设置为“一审”，“审判时间”设置为“2001 年 1 月 1 日至 2020 年 12 月 31 日”，再分别以“新精神活性物质”“第三代毒品”“新型毒品”等为关键词进行检索。

经统计分析，近五年来此类毒品滥用情况最为严重的省份是广西，共有案件 42 例，其占比达到了 25.61%；其次为广东，共有案件 27 例，其占比达到了 16.46%；其余较为严重的省份依次为湖南、湖北、浙江与福建，其占比也分别达到了 9.76%、6.10%、5.49%及 4.88%。由此可知，新精神活性物质在南方被滥用的情形明显比北方严重，其中最为严重的地区便是两广地区，仅是广东与广西两个省份发生的案件数量就占到了全国案件总数的 40%以上。东南沿海地区（如浙江、福建）及中部地区（如湖北、湖南）的情形也不容乐观。另外，由于图片大小的限制，部分西南地区[①]省份的数据未在图表中展现出来，但西南地区的案件数量也不可轻视，其数量共有 17 例，占比达到了 10.37%。

同理，为了尽量避免前文所述中案例检索可能存在的数据偏差，本书也在新精神活性物质中选取了较为常见的毒品种类进行分析，加以佐证。由于之前选取的种类为卡西酮，为避免对照样本的单调性致使对照结果的重合存在巧合性，故在此特意选取另一种常见的新精神活性物质——氯胺酮。以“氯酮胺”为关键词，审判时间限定为“2017 年 1 月 1 日至 2020 年 12 月 31 日”，其余条件设置为与样本 1 相同的检索条件，最终可以得出裁判文书 3036 份，形成对照样本 b。通过统计分析该对照样本 b，可以得出我国近五年来氯胺酮类毒品案件的地域分布情况。

经统计分析，我国近五年来氯胺酮类毒品滥用情况最为严重的省份是广东，共有案件 675 例，其占比达到了 22.23%；其次为湖南，共有案件 486 例，其占比达到了 16.01%；其余较为严重的省份依次为广西、湖北、四川、福建，其占比也分别达到了 14.89%、6.52%、5.34%及 5.30%，详见图 9。

通过比较对照样本 b 与样本 2 的数据，明显能够发现两者的数据在多处存在高度重合。例如，对照样本 b 的数据显示，近五年来两广地区滥用氯胺酮的案件数量同样居高不下，两个省份案件数量占比为 37.12%，达到了接近 40%的比例。此外，在我国的中部地区，湖南、湖北两省的案件数量占比也名列前茅，总占比达到了 22.53%。其余如西南地区（四川等）及东南沿海地区（福建等），案件数量的总数也不可轻视。故此可知，分析对照样本 b 所得到的结果与样本 2 所得的结论大体一致。

① 此处西南地区是指四川省、重庆市、贵州省、云南省及西藏自治区。

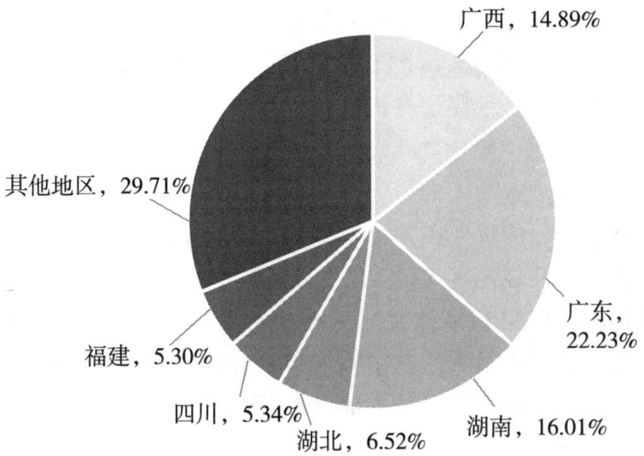

图 9 我国近五年涉及氯胺酮的毒品案件地域分布情况

（三）发展态势总结与分析

结合文献资料与实证分析，可以得知近五年来，我国新精神活性物质类毒品案件的数量处于快速增长的状态，且根据数据分析，其案件数量在未来仍有大幅上涨的趋势。

此类案件在全国各地，尤其是南方地区呈现较为严重的蔓延态势。其中最为严重的是两广地区，广东与广西的案件数量近乎占到全国案件总量的一半。此外，中部地区、东南沿海地区及西南地区的毒品滥用情况也显著高于北方省份，必须给予高度重视。

据此结论可知，作为有着“第三代毒品”之称的新精神活性物质，必然是现阶段与未来禁毒工作开展的重点打击对象，有关部门必将对其滥用现象严加管控，对涉及犯罪的行为也必将严惩。而打赢未来管控新精神活性物质“攻坚战”的关键一定在南方，且两广地区很可能就是决定此战役成败的“决胜之地”。遏制新精神活性物质类毒品案件的多发势头，已是刻不容缓。

二、新精神活性物质类毒品数量认定的刑法意义

由前述内容可知，当前我国新精神活性物质类毒品的滥用已成蔓延、多发态势，这势必会给司法机关带来大量的相关案件。新精神活性物质类毒品

作为严厉打击的对象，其相关案件的处理结果直接影响着毒品管控工作的开展效果。因此，司法机关必须在工作的每一个过程中都保持审慎、细致，力求实现公平正义与社会秩序的有机统一。而在司法实践中，毒品数量的认定就是办理毒品案件的“重中之重”。

毒品数量是影响行为人的行为性质认定、社会危害性大小、刑事责任大小、刑罚轻重等问题的重要因素，对如何进行准确的定罪量刑具有重要的刑法意义。我国刑法共规定了 12 个有关毒品的罪名，从其规范内容上看，我国毒品犯罪存在数额犯和情节犯这两种情况，既有定性要求，也有定量标准。而其中直接在刑法条文中就明确规定了毒品数量标准的只有第 347 条和第 348 条。因此，这两个罪名是本部分展开分析的重点对象。

（一）新精神活性物质类毒品数量认定对定罪的影响

目前，我国刑法并未针对新精神活性物质设置新罪名来进行定罪处罚。因此，贩卖新精神活性物质类毒品等行为的性质认定与传统毒品案件中的认定并无不同，皆是以行为人的具体行为及相应情节为判断依据。

根据刑法的有关规定，毒品数量的多少在一定程度上能够反映出相关毒品犯罪的社会危害性程度，其对定罪量刑会产生不可忽视的影响。在某些特定情况下，毒品数量的多少是区分罪与非罪的重要标志。例如，刑法第 348 条规定的非法持有毒品罪，毒品数量便是其入罪的标准。由于我国刑法并未将吸毒行为视为犯罪，因此若在行为人身上查获毒品，但通过其毒品数量足以推断该行为人仅是供个人吸食所用，并未达到刑法条文规定的数额标准，则该行为并不被认定为犯罪。相反地，如果行为人持有的毒品数量较大，超出一般人吸食毒品的正常数量，则意味着行为人具有将所持有的毒品用于其他犯罪活动的较大可能性，该行为便具有值得处罚的危险性[①]。

不过，在刑法第 347 条的规定中，毒品数量的多少却并不影响本罪的成立。在立法者看来，制造、贩卖等类似性质的毒品犯罪活动涉及毒品的生成与流转，更是吸食、注射毒品的源头性行为，其对法益的侵害性及社会危害性通常远远大于其他毒品犯罪行为，且此项规定也符合“严厉打击毒品犯罪”的刑事政策要求。因此，在该罪名中毒品数量并非入罪的标准，毒品数量的刑法意义主要体现在量刑上，具体如何影响将在后文中展开。

---

① 车浩：《非法持有枪支罪的构成要件》，载《华东政法大学学报》2017 年第 6 期。

总之，在新精神活性物质类毒品案件中，毒品数量是区分罪与非罪、此罪与彼罪的重要依据。对于行为人非法持有新精神活性物质类毒品的行为，其性质的认定往往取决于毒品的数量。只有当毒品的数额达到一定量的时候，才能认定为毒品犯罪，否则就只能通过其他法律加以规制。

（二）新精神活性物质类毒品数量认定对量刑的影响

首先，不同的数量标准决定了相关毒品犯罪的法定刑档次。除刑法第352条、第353条以及第354条仅规定了单一的法定刑幅度，其余罪名均规定了两个以上的法定刑幅度。其中，刑法第347条规定的法定刑档次最多，共设置了四个不同档次的法定刑，而这四档法定刑皆与毒品数量的多少有着密切的联系。刑法条文将法定刑幅度的设置与毒品数量的多少一一对应起来，以较为明确的数量标准直观反映刑罚的轻重，既有利于审判人员提高审判效率，又可以使普通民众直接感知此类犯罪的法律后果。此外，即使其他罪名并未直接将法定刑幅度与毒品数量挂钩，仅规定“情节严重”“情节特别严重”等概念以适用不同的法定刑档次。但在司法审判的过程中，涉案毒品的数量本身就是确定行为人情节是否严重的一个重要考虑因素。例如，针对刑法第350条的法条内容，《毒品犯罪解释》第7条、第8条便规定了“情节较重”“情节特别严重”与毒品数量之间的紧密联系。

其次，最终的具体量刑也与毒品数量的认定息息相关。现行刑法对毒品犯罪法定刑的设置均采用相对确定刑的标准，对毒品犯罪而言，毒品数量在一定数额范围内的变化，势必会导致刑罚的轻重在一定的刑罚幅度内浮动[①]。换言之，在同一法定刑幅度内，若被认定的涉案毒品数量越大，则意味着行为人有着越为严重的罪行，根据罪责刑相适应原则，该行为人理应承担更大的刑事责任，故其最终的具体量刑就越高。

最后，毒品数量的认定对附加刑的适用具有重要意义。在“从严打击、从严惩处毒品犯罪”刑事政策的影响下，现行刑法不仅为毒品犯罪设置了较为严厉的法定刑，也为大多数罪名设置了附加刑。例如，刑法第347条、第348条、第350条都规定了“并处罚金”“并处或单处罚金”等附加刑。不同于生产、销售不符合标准的医用器材罪、抗税罪等罪名关于罚金刑的规定，我国刑法对毒品犯罪的罚金刑只作了原则性规定，具体罚金数额的确定

① 刘宪权：《侵犯知识产权犯罪数额认定分析》，载《法学》2005年第6期。

需要法官进行自由裁量。但是根据刑法第 52 条及司法实践可知，行为人最终所判罚金数额的多少通常与涉案毒品的数量有着紧密的联系。由此可见，在毒品犯罪中，毒品数量也是确定罚金刑的具体数额的基础依据。

三、新精神活性物质类毒品数量认定的现状考察

（一）现有认定依据

1. 刑法中有关毒品数量认定的规范

当前我国有关毒品数量认定的规范中，法律效力最高的为刑法。作为对犯罪行为进行裁决的主要依据，刑法将鸦片、海洛因、甲基苯丙胺等传统毒品的数量设置为确定相关罪名的法定刑幅度的重要标准。此外，刑法第 357 条更是规定了“毒品的数量不以纯度折算，而以查证属实的数量为准”的原则。此规定对毒品数量认定的司法实践产生了深远的影响，其中最为理论学者所诟病的便是毒品数量认定过程中的“唯数量论”，或者可以将其更笼统地表述为“唯重量论”。不可否认的是，上述规定确实简化了毒品数量的认定过程，进而简化了毒品犯罪的量刑程序。但其涉及的毒品种类太少，远不能应对新型毒品种类层出不穷的现状，更难以满足“混合毒品”等疑难案件中纷繁复杂的计算需求。因此，我国还颁行了一系列法律文件以配套适用，通过司法解释等技术手段来尽力满足现实操作的需要。

2. 其他法律文件中有关毒品数量认定的规范

毒品数量的认定，一直以来都是司法部门重视的法律实践问题，因此也颁行了与之相关的众多法律文件。例如，《关于审理若干新型毒品案件定罪量刑的指导意见》[①] 就对新型毒品的数量认定标准进行了规定，其采取的是一种折算的计算方式；而在《立案追诉标准（三）》中，不仅细化了各罪名的立案追诉标准，更是增加了苯丙胺类毒品、度冷丁（杜冷丁）、盐酸二氢埃托啡、氯胺酮、美沙酮等毒品种类；另外，《毒品犯罪解释》列举了三唑仑、安眠酮、巴比妥、苯巴比妥、安钠咖、尼美西泮等 30 种毒品，不仅补充解释了刑法条文中“数量大”“数量较大”等概念，同时还为贩卖毒品罪等相关罪名提供了更为直接、明确且更为广阔的适用空间。

---

① 参见最高人民法院刑一庭《关于审理若干新型毒品案件定罪量刑的指导意见》的规定，新类型毒品的定罪量刑数量标准暂按一定比例与海洛因进行折算。例如，1 克海洛因 =20 克氯胺酮；1 克海洛因 =20 克美沙酮等。

除此之外，最高人民法院还以会议纪要的形式对毒品数量的认定进行了规定。其中，《大连会议纪要》分情况规定了混合毒品的数量认定方法，而《武汉会议纪要》则确立了“若在毒品计算中涉及两种以上的毒品，则优先选择折算法”的原则。但是，鉴于折算标准主要是从药理学、依赖性角度加以规定，未充分考虑滥用情况、犯罪形势、毒品纯度等社会危害性因素，与刑法、司法解释规定的定罪量刑数量标准在制定依据和效力上均有所不同[①]，所以 2023 年发布的《昆明会议纪要》则区分不同情况做了规定：（1）对于刑法、司法解释明确规定了定罪量刑数量标准的毒品的，按照相关标准依法定罪量刑；（2）对于刑法、司法解释未规定定罪量刑数量标准的毒品，参考已有折算标准，综合考虑其毒害性、滥用情况、受管制程度、纯度及犯罪形势、交易价格等因素，依法定罪量刑；（3）既无定罪量刑数量标准，亦无折算标准的，应当委托有关专业机构确定涉案毒品的致瘾癖性、毒害性、纯度等，综合考虑其滥用情况、受管制程度及犯罪形势、交易价格等因素，依法定罪量刑。

由此可知，目前我国关于毒品数量认定的规范呈现效力等级各异、发布主体多元[②]的特征。长此以往，自然容易导致各规范在适用上产生冲突与矛盾，进而使司法实践陷入难题。

（二）现有认定方法

1. 直算法

直算法，也可称为“直接认定法”。顾名思义，该认定方法是指司法工作人员可以直接将查证属实的涉案毒品数量与刑事法规范明文规定的数量标准一一对应起来，进而确定相应的量刑幅度，再结合行为人的相关犯罪情节，对其进行定罪量刑。该方法的法律依据主要是刑法及《毒品犯罪解释》的规定，据此可以直接认定 33 种毒品的“数量大”和“数量较大”[③]。例如，在某毒品犯罪的案件中，行为人被查获非法持有芬太尼 150 克，通过比对刑法与《毒品犯罪解释》的有关规定，可以得知其满足了“其他毒品数量大”的标准，故该行为人构成非法持有毒品罪，并应当在“处七年以上

---

① 李睿懿等：《〈全国法院毒品案件审判工作会议纪要〉的理解与适用》，载《法律适用》2023 年第 10 期。

② 张北平：《毒品犯罪中毒品数量认定问题研究》，广西师范大学 2021 年硕士学位论文。

③ 张汝铮、郝银钟：《论毒品数量计算在司法实践中的重构》，载《法律适用》2019 年第 13 期。

有期徒刑或者无期徒刑，并处罚金”的法定刑幅度内量刑。

直算法的优点是显而易见的，因其能够将毒品数量与量刑幅度直接“挂钩”，避免了各种复杂的换算公式与经验法则的运用，极大地减省了计算过程，有利于大幅度提高司法审判中毒品数量的认定效率。此外，由于该方法是通过法律明文规定的形式确立了明确的数量标准，较之于其他两种认定方法，直算法得出的结论是最无争议的，也有利于司法实践中各类相似案件计算结果的统一。

2. 估算法

估算法，也可称为“估堆法”，是由最高人民法院最先提出来的认定方法，其主要依据是《大连会议纪要》。该纪要对已经进行列管，但缺乏量刑数量标准的毒品规定了数量认定方法。首先，通过专业部门鉴定，确定涉案毒品的成分、毒害性等化学属性；其次，综合考虑其致幻性、成瘾性、社会危害性等因素对毒品数量进行认定；再次，用得出的数量去“贴合”审判人员事先给定的裁量标准；最后，结合行为人的认罪态度、人身危险性等各种因素来确定最终的法定刑。

不可否认的是，在涉案毒品种类及成分日趋复杂的情形下，估算法具有独特的适用优势。估算法的实质就在于审判人员对涉案毒品的危害性程度的综合判断，而这个判断过程完全是通过审判人员的内心活动完成的。对于办案经验丰富的法官来说，这个过程或许只需要短暂的几分钟。这将极大简化毒品案件的审理过程，也顺应当今涉案毒品成分日益复杂的社会背景。

3. 折算法

在司法实践中，对于未被直算法适用范围所覆盖的涉案毒品的数量认定，当前较为普遍的做法是采用折算法。其实践操作类似于市场经济中的“货币交易”。首先，需要确立一个用于折算的参照毒品①，使该参照毒品发挥类似“货币”的价值尺度功能，充当折算过程中的“一般等价物”。其次，根据涉案毒品与参照毒品两者之间成分、毒性、社会危害性程度等多种因素的相似性与关联性，将涉案毒品与参照毒品的数量换算关系对应起来，建立一套折算公式。最后，根据相应公式将涉案毒品的数量折算成参照毒品的数量，实现两者之间的“等价交换”，进而以参照毒品的数量来确定相应的量刑幅度。例如，某行为人贩卖 3 - 甲基芬太尼 10 克，根据《非法药物

① 从司法实践来看，该参照毒品通常选用的是海洛因等常见毒品。

折算表》，1 克的 3－甲基芬太尼相当于 10 克的海洛因，因此该行为人贩卖的 10 克 3－甲基芬太尼应当折算为 100 克海洛因，然后比照刑法第 347 条的规定，对该行为人在贩卖 100 克海洛因相对应的法定刑幅度内量刑。目前，我国确立了上述折算标准的法律文件除《非法药物折算表》，还有《104 种非药用类麻醉药品和精神药品管制品种依赖性折算表》等，此类规范文件皆为折算法的实际运用提供了极大的便利。

当然，此处的列举只涉及了单一毒品种类的折算问题，是较为简单的计算。但是在司法实践中，面临的更多的是混合多种毒品种类的复杂计算，而《大连会议纪要》就此作出了相应规定，分情况讨论了不同毒品种类情况下的认定标准。此外，《武汉会议纪要》也就“毒品数量计算问题”有着相应规定，采取的是类似于量刑时数罪并罚的相关制度，即通过“先折算，后累加”的方法来进行计算。

通过分析折算法的运作原理，可以发现折算法在一定程度上吸收了直算法与估算法的实质内容，既有估算法中“以毒品的成瘾性、毒害性、社会危害性等因素进行综合判断”的操作来确立涉案毒品数量与参照毒品数量之间的折算标准，又有直算法中“将涉案毒品数量与法律规范确立的标准一一对应，进而确定法定刑”的精髓。因此，相较于直算法的局限性与估算法的模糊性，折算法具有更强的明确性与适用性，也更广泛地运用于司法实践之中。

（三）现有认定程序

从目前的司法实践来看，毒品数量的认定程序已经初步形成了大致的模式与流程。最高人民法院、最高人民检察院及公安部也曾对此出台过相应的司法解释，如《办理毒品犯罪案件毒品提取、扣押、称量、取样和送检程序若干问题的规定》就对毒品数量的认定程序作出了较为详细的规定。

根据该司法解释，可以构建出毒品数量认定的基本程序，即在涉毒案件现场，由 2 名以上的侦查员提取毒品，并在犯罪嫌疑人和见证人在场的情况下，由上述侦查员进行毒品的扣押。在扣押的过程中，侦查员于查获毒品现场的同时进行称重和取样。最后由 2 名以上的侦查人员在毒品被查获之日起 3 日以内，将所扣押的毒品随机抽取检材送鉴定机构进行鉴定。

鉴于本书的研究重点是确定新精神活性物质类毒品数量认定的实体性标准，而非此类毒品数量认定的程序性问题，故本书对此不再展开深入讨论。

四、新精神活性物质类毒品数量认定的现实困境

根据现状考察，结合本书检索到的相关新闻报道与裁判文书，不难发现，在我国毒品数量认定的司法过程中，至少存在着毒品数量认定依据混乱且滞后、现有认定方法存在缺陷漏洞、忽视毒品纯度而导致罪刑失衡以及特殊形态毒品数量难以认定四大现实困境。

（一）毒品数量认定依据的适用窘境

如前所述，为落实贯彻“从严打击毒品犯罪”这一刑事政策，我国有关部门颁发了一系列法律文件，其中便不乏涉及毒品数量认定的文件。然而，这些法律文件在应对新精神活性物质类毒品数量的认定问题时仍然显得捉襟见肘。这种司法适用上的困境主要体现在以下两个方面：

1. 认定规范的滞后性

不可否认的是，现有法律条文都是停留在“法典”上相对静止的文字，而社会生活却时刻处于运动之中。鉴于立法者的认知具有时代局限性，已成文的法律通常难以预测未来社会的快速发展，导致法律存在一定的滞后性。而这种滞后性，在更新速度极快的新精神活性物质面前显得尤为突出。

（1）刑法条文的空白疏漏

依据罪刑法定原则的要求，刑法的条文规定才应是处理毒品犯罪问题最为重要的规范依据。但是，经前文的规范梳理不难发现，刑法对新精神活性物质的规定处于大量空白的状态。以司法实践中最为常见的贩卖毒品罪为例，在刑法第 347 条中明确规定了具体量刑标准的仅有鸦片、海洛因与甲基苯丙胺三种毒品类型。而其余类型的毒品，包括新精神活性物质类毒品，都笼统地概括进“其他毒品”之中。单从狭义的刑法来看，新精神活性物质类毒品缺少具体的定罪量刑标准。

究其原因，还是在于 1997 年刑法制定时期的社会背景。在 20 世纪末时，我国毒品犯罪的对象还是以海洛因、大麻等为代表的传统毒品。在当时我国毒品的运输、流转过程中，鲜有新型毒品的身影。但进入 21 世纪后，全球毒品形势发生了剧烈的变化，新型毒品发展速度之迅猛远远超出立法者的预料。第二代毒品的犯罪数量大幅增长，毒品犯罪的对象逐渐从以海洛因、大麻为主的第一代毒品过渡到以甲基苯丙胺为代表的第二代毒品。同时，有着“第三代毒品”之称的新精神活性物质也“初露锋芒”，更是因其

易于规避国家法律管制、结构多变、形式多样等特点不断涌现。因此，在当今的毒品形势下，刑法中对于“其他毒品”的留白规定已经不能继续适应打击毒品犯罪的目标①。

（2）司法解释等法律文件的更新迟缓

鉴于刑法没有对新精神活性物质类毒品的数量认定及具体量刑作出明文规定，而在司法实践中又不得不应对复杂多变的新型毒品。因此，最高人民法院等有关部门便针对这一问题，颁布了司法解释等一系列法律文件。然而，即便每年都有新增列管的麻醉药品和精神药品，却依然跟不上新精神活性物质的“更新换代”。

必须明确的是，不同于海洛因等传统毒品，新精神活性物质的快速更迭并非其本质属性的自然进化，而是人工选择的结果。在严打毒品犯罪的“高压政策”之下，犯罪分子为躲避法律制裁，不约而同地将犯罪对象逐渐转移到新精神活性物质上。例如，2019 年前期严重泛滥的芬太尼类物质，在国内外有关部门机构对部分芬太尼及其类似物质进行列管后，不法分子违法犯罪的阵地逐渐向还未受管制的芬太尼前端化学品转移。可见，一旦某种新精神活性物质的危害性被国家所认识，相应的管制就会随之出现，而不法分子的违法犯罪活动也将进一步转向其他更鲜为人知的新物质。

在易于逃避法律制裁与庞大市场需求的双重刺激之下，新精神活性物质的更新速度必然加快，司法机关等有关部门面对其变化如此之多、如此之快的“第三代毒品”自然是应接不暇，往往是前一种新精神活性物质的药理属性等特质还未研究透彻，还未决定是否要将其列管，后数种新精神活性物质便已开始在“市场上”流通②。长此以往，便出现了法律规制的漏洞。

2. 认定规范的混乱性

当前，关于毒品数量认定的相应规范并未形成一个有序的整体，而是零星地分布于法律及各种规范性文件中。倘若对这些法律文件进行归纳整合，就会发现这些规范是混乱冗杂的，部分规范之间甚至还存在着矛盾与冲突。例如，《非法药物折算表》规定 1 克美沙酮相当于 0.5 克海洛因，即在该文件中美沙酮与海洛因之间的换算比例为 2∶1。但是，根据《毒品犯罪解释》的规定，非法持有美沙酮 1000 克以上的，才认定为刑法第 347 条、第 348

① 李可：《新型毒品犯罪司法认定研究》，西南政法大学 2019 年硕士学位论文。

② 包涵：《新精神活性物质管制的国际经验和中国路径》，载《公安学研究》2018 年第 3 期。

条规定的“其他毒品数量大”。而在相应的刑法条文中，非法持有海洛因满足“数量大”的数量标准却只是“50克以上”。概言之，在该司法解释中美沙酮与海洛因之间的换算比例为20∶1。很明显，这种毒品数量认定结果的不统一是由规范冲突所导致的①。

此外，这些法律文件的制发主体涉及全国人民代表大会、公安部、最高人民法院、最高人民检察院、国家禁毒办等，而大部分的法律文件都是由数个不同的机构制发。相应地，制发主体的不同也决定着这些法律文件的效力位阶各不相同。如此，便会形成一种缺乏统筹、杂乱无章的局面，进而影响司法实践中相关规范的适用。

（二）现有认定方法存在的缺陷漏洞

通过之前的现状考察，尽管三种毒品数量认定方法各有优点，但不可否认，无论是直算法、估算法，抑或是现阶段司法实践中较为常见的折算法，都各自存在着或多或少的缺陷与漏洞。而这也导致在司法实践中，新精神活性物质类毒品数量的最终认定结果存在着理论依据支撑不够、说理明显不足等问题。

1. 直算法的覆盖范围狭小

直算法虽然实现了毒品数量与量刑标准的“对接”，但是其法律依据对毒品种类的覆盖范围实在是过于狭小。目前，我国列管的麻醉品和精神药品已达到449种，尽管《毒品犯罪解释》将部分新精神活性物质的数量标准也进行了列举，但其列举的毒品种类数量在449种毒品的庞大数量面前显得微乎其微，且近年来并未出台新的司法解释对适用直算法的毒品种类进行补充。而在当前新精神活性物质日益泛滥的背景下，未来将列管的新精神活性物质种类必然只增不减。此外，由于新精神活性物质的化学结构易被改造，从而导致其种类的迅速扩张，现有的列管模式实在难以应对。由此可知，直算法覆盖的毒品种类远小于列管的毒品种类，而毒品列管的更新速度又滞后于新精神活性物质种类的更新扩张。因此，设想仅仅通过直算法“数量—刑罚”的对应模式来解决我国复杂多变的毒品数量认定问题是极不现实的。

2. 估算法的理论依据不足

由前述的操作过程可知，估算法的运作是一个“精准—模糊—精准”

① 彭景理：《混合毒品数量认定方式之完善——基于200份裁判文书的考察》，载《中国人民公安大学学报（社会科学版）》2019年第5期。

的转化过程，而在此过程中，对量刑结果起决定性作用的关键阶段却是一个“模糊”的阶段，主要依靠的是法官的审判经验、实践偏好等主观因素。不同的法官对案情的判断标准不一，法官的素质也参差不齐。另外，由于此种认定方法缺乏明确统一的数量标准，实践过程中的“可操作性”较大，法官的判断比较容易受到人情、金钱、社会舆论等案外因素的影响。因此，“同案不同判”的情形时有发生，不同地区、不同法院的裁判结论差异较大，量刑畸重或量刑畸轻的判决不断损害着司法的公信力。此外，由于估算法的量刑过程难以实现公开透明，单纯依赖于法官主观判断的结论也明显说理不足，极易引起社会民众的质疑。

3. 折算法的适用问题渐显

相较于直算法的局限性与估算法的模糊性，折算法具有更强的适用性与明确性，也更广泛地运用于毒品数量的认定实践中。但是，折算法同样也存在着问题：

一是新精神活性物质定义性规范[①]与计算性规范[②]之间存在巨大的管制缺口。如前所述，现有规范对新精神活性物质的列管本就处于滞后状态，而已列管的新精神活性物质与毒品数量的认定规范之间却还存在着一道“沟壑”，即现有的司法解释等法律文件并非对所有已列管的新精神活性物质都规定了明确的折算标准与量刑标准。我国当前制发此类毒品数量认定及量刑规则的法律文件，往往有种“亡羊补牢”的后知后觉感，通常是在司法实践中，因法律规范出现漏洞而致使某种或数种新精神活性物质泛滥后，才加大打击力度，匆忙出台相应规范加以规制。长此以往，必然不利于对新精神活性物质类毒品进行有效管控与打击。

二是常见参照毒品的选择渐失科学性。从折算法的相关法律文件与具体实践来看，通常以海洛因作为折算中介。然而，从历年公布的《中国毒品形势报告》来看，现如今滥用海洛因的人数逐年减少[③]，甚至在部分地区已

---

① 如《麻醉药品和精神药品目录》《非药用类麻醉药品和精神药品管制品种增补目录》等。

② 如《毒品犯罪解释》《非法药物折算表》《104种非药用类麻醉药品和精神药品管制品种依赖性折算表》等。

③ 周佳璇：《毒品犯罪量刑依据研究——以毒品数量计算方法为主视角》，载《云南警官学院学报》2020年第6期。

经基本退出“历史的舞台”[①]。由此可知，海洛因在毒品中的代表性正在逐渐减弱。相反地，当前新精神活性物质的滥用形势却日益严峻，其滥用人数日益增长。而且，由于其化学结构被不法分子不断修改，新精神活性物质的成分日益复杂。在这种情形下，海洛因等折算中介与各种新精神活性物质之间的相同点正在逐渐减少，相应的折算标准也逐渐失去科学性。

（三）忽视毒品纯度导致的罪刑失衡

如前文所述，在毒品犯罪案件中，毒品数量对定罪量刑起着至关重要的作用。但由于刑法条文的规定，司法实践对毒品数量的重视似乎走向了一个极端，即所谓的“唯数量论”[②]。而且，由于刑法及相关司法解释在设置法定刑幅度的数量标准时，往往以毒品的重量为计量单位。因此，“唯数量论”又演变成了“唯重量论”，即司法工作人员在进行毒品数量认定时，总习惯于对查获的毒品进行物理上的称量而求其重量，然后直接以毒品的重量套用法律条文进行机械式的定罪量刑。

其实，我国并非自始至终都忽略毒品的纯度问题。例如，1994 年最高人民法院曾以司法解释的形式对查获毒品的鉴定问题作出了规定[③]，就毒品纯度的不同而展开了数量认定的分类讨论。但是，为了彰显“从严从重”打击毒品犯罪的决心，1997 年刑法作出了第 357 条的明文规定，该解释在刑法面前自然而然地丧失了法律效力。

此种举措在一定程度上为禁毒工作的开展提供了强而有力的法律支撑。但在逐渐倡导量刑“精细化、合理化”的司法改革大背景下，忽视毒品纯度已越来越显得不合时宜，尤其是在成分复杂的新精神活性物质大量涌现后，忽视毒品纯度而引发的问题愈发突出。

---

① 任国权、南凌志：《当前温州地区毒品犯罪案件审判中的问题和对策》，载《人民司法》2020 年第 31 期。

② 具体来说，就是指审判人员在对犯罪分子定罪量刑时，往往过于重视毒品数量的作用而忽略了其他因素（尤其是毒品的纯度），进而导致审判人员习惯于只依据案件所涉毒品的数量来定罪量刑，一切都向数量看齐。

③ 参见 1994 年最高人民法院《关于适用〈全国人民代表大会常务委员会关于禁毒的决定〉的若干问题的解释》第 19 条规定：“对毒品犯罪案件中查获的毒品，应当鉴定，并作出鉴定结论。海洛因的含量在 25% 以上的，可视为《决定》和本解释所指的海洛因。含量不够 25% 的，应当折合成含量为 25% 的海洛因计算数量。”

1. 定罪方面的失衡

根据刑法第 13 条的规定，若从文理解释的角度来看，“显著轻微危害不大”作为出罪的标准，其进行的应当是一种程度的判断，而非性质的判断①。换言之，若某行为确实存在一定的社会危害性，但并未达到刑法规范所预设的不法程度，该行为就存在适用刑法但书规定的理论空间，即存在出罪的可能性。

具体到毒品犯罪，以非法持有毒品罪而言，若查获某嫌疑人非法持有含量仅为 0.1% 的 10 克毒品疑似物。从客观层面上看，该疑似物的毒品含量极为稀少，若综合考虑其毒害性、成瘾性、戒断性等因素，该疑似物相较于一般非法持有毒品案中查获的毒品，无论是对人体身心健康的损害程度，还是对社会秩序的毁坏程度都是较为轻微的，其社会危害性是比较小的。

从主观层面上看，非法持有毒品罪的立法目的是堵截性地惩罚在证据上难以查清持有毒品目的和用途的行为，是对危险的预防②。相较于一般案件中查获的毒品来说，仅 10 克的纯度极低的毒品疑似物，该嫌疑人将其用于进一步加工制作或贩卖的可能性都是相对较小的③，其持有目的很可能仅是用于自己吸食，而刑法并不惩处个人吸食毒品的行为。换言之，该嫌疑人非法持有的行为也就不具备值得刑法处罚的危险性。

但在现阶段司法实践中不考虑毒品纯度的情况下，本来仅以行政法规加以惩处即可的行为人，却因“不考虑毒品纯度”的法律规定而被处以刑罚(甚至在毒品数量大的情形下还可能是重罪)，这自然是违背刑法“罪责刑相一致”原则及谦抑性要求的。

2. 量刑方面的失衡

毒品的纯度是与其毒害性、成瘾性等属性呈正相关的。不法分子进行毒品犯罪活动时，其涉案的毒品纯度越高，毒品的成瘾性就会越大，毒性就会

---

① 王华伟:《中国刑法第 13 条但书实证研究——基于 120 份判决书的理论反思》，载《法学家》2015 年第 6 期。

② 胡江、陈熠:《毒品数量对毒品犯罪认定意义的理性思考》，载《警学研究》2020 年第 1 期。

③ 因为在贩卖毒品罪的整个流程中，最为重要的是贩卖环节，而毒品的纯度直接决定了贩毒分子在这一环节所获得的利益大小。毒品的纯度越高，其能够为毒贩带来的非法受益也就越大。这也是刺激毒品制造商与贩卖者追求高浓度毒品的主要原因。反之，纯度极低且数量较小的毒品是缺乏“市场”竞争力的。

越强，其社会危害性自然也就越大。而根据罪责刑相一致原则，该犯罪分子所应当承担的刑事责任也就越大，具备被判处更重刑罚的应然性。

然而，我国刑法却规定“毒品数量不以纯度折算”，导致的直接后果就是不同的行为人走私、贩卖、制造纯度“天差地别”的毒品，却可能会因为涉案毒品数量相同而被判处相同的刑罚，甚至可能因为涉案毒品数量的细微差别，出现量刑明显不当的局面。例如，甲贩卖 9 克纯度为 50% 的海洛因，而乙贩卖 10 克纯度为 0.1% 的海洛因。从涉案毒品的成瘾性、毒害性及社会危害性来看，甲的行为明显比乙具有更大的社会危害性，甲自然应当被判处比乙更重的刑罚。但是在忽略毒品纯度的情况下，甲仅贩卖 9 克海洛因，由于涉案毒品的数量不满 10 克，属于贩卖“少量毒品”的范畴之内，故对甲只在最低一档的法定刑幅度内定罪处罚；而乙却由于贩卖 10 克海洛因，满足贩卖毒品“数量较大”的情形，应在更高一档的量刑幅度内定罪处罚。

贩卖“高纯度，低重量”毒品的毒贩，因其涉案毒品的重量较轻，只受到了较轻的惩处；而贩卖“高重量，低纯度”毒品的毒贩却因缺少毒品纯度的折算，而被判处了较为严厉的刑罚，这自然不是刑法设定此法条所追求的目的，“高重量，低纯度”毒品的毒贩也并非刑法真正想要严厉惩治的核心对象。但现实情况就是如此操作，司法实践也对进行毒品犯罪的不法分子传递了一个不良信号，即制造、贩卖、走私、运输“高纯度、低重量”的毒品更具“性价比”。长此以往，社会上必将涌现出一大批高纯度的轻量毒品，这无疑会对社会安全及公众的身心健康造成更大的危害。

诚然，在现有法条的基础上，不考虑毒品的纯度，直接依靠称量查获毒品的重量来认定毒品数量自然是节约司法资源、提高司法效率之举。但若遇见前文所述的“高纯度，低重量”毒品或者“高重量，低纯度”毒品时，就明显会导致量刑失衡的结果，传统的称量法便会失去其合理性。随着技术的不断发展与完善，不法分子在制作毒品，尤其是原材料易得、易于改造化学结构的新精神活性物质类毒品时，对其最终成品纯度与重量的把控日益娴熟。在我国司法实践忽略毒品纯度的“导向”下，不法分子日趋热衷于制造、贩卖纯度更高而重量更轻的毒品。倘若继续固守“不以纯度折算”的铁律，那么毒品犯罪的定罪量刑必然会出现失衡局面。

（四）特殊形态毒品数量的认定疑难

传统毒品如海洛因、冰毒等物，皆是以固体物的形式存在于毒品的流通、交易等环节，其固体的形态易于称量，为毒品数量的认定带来了便利。但是，在当今新精神活性物质滥用愈发严重的社会背景下，传统的称量方法面临着一个新的难题，即特殊形态的新精神活性物质类毒品数量认定问题。

所谓“特殊形态”，是指不同于传统毒品以固体颗粒或粉末状的形态而存在，此类毒品包括“附着物”毒品、液态毒品等。据调查了解，公安机关在查获毒品的现场时，常能够发现特殊形态毒品的“身影”，且此类毒品大多系近年来流行的新精神活性物质。它们通常伪装成日常生活中的物品，如邮票、贴纸、奶茶、汽水等，令人防不胜防。而这些特殊形态的毒品给毒品数量的认定也带来了巨大的麻烦。具体来说：

1. “附着物”毒品

所谓“附着物”毒品，是指此类新精神活性物质并非如同海洛因等传统毒品一般，以其本身物质的结晶形态流转于吸毒人员的“市场”上，而是需要依附于其他载体而存在。而这些载体往往是人们日常生活常见的物体，类似于“邮票”“纸片”等。由于其外表新奇酷炫，且借助合法物体的外衣，易于逃避侦查，因此迅速在新精神活性物质滥用人群中盛行起来。从目前司法实务中查获的“附着物”毒品来看，“邮票”毒品占据此类毒品的绝大多数，因此本书在该部分主要以“邮票”毒品为例展开论述。

“邮票”① 毒品，其作为载体的纸张本身是无毒的，但是在“邮票”的制作过程中，作为其载体的纸张却在迷幻剂溶液中浸泡了很长时间，其毒品成分被纸张所吸附，待其取出之时，便成为近年来流行的新精神活性物质类毒品②。吸毒者通过舔舐“邮票”表面便能够获得精神刺激，甚至在部分案件中查获的“邮票”，仅仅只是接触皮肤就能使毒品成分渗入人体，达到吸毒的同样效果。“邮票”毒品经鉴定后发现，其毒性竟然达到了一般摇头丸的3倍。专家表示，此类新精神活性物质会强烈刺激大脑，对神经中枢造成不可逆转的伤害，严重时甚至会引发吸毒者进行自伤、自残、自尽等极端行为。但是，危险程度如此之高、社会危害性如此之大的“邮票”，却由于有

---

① 《四川首例新型毒品LSD案这样被查获》，载搜狐网，https://www.sohu.com/a/152327664_119038。其中报道：2016年8月，成都海关在由荷兰邮寄入境的邮包中查获新型毒品LSD，“邮包物品薄如纸片，表面有色彩鲜亮的图案”，成都海关缉私局相关负责人表示，该毒品因附着在形似邮票的纸质媒介上而得名“邮票”，X光机难以查验。

② 这种附着在邮票上的新型毒品LSD，其全名为麦角酸二乙基酰胺（Lysergic Acid Diethylamide，LSD），是一种无色无味的液体，属于半合成的生物碱类物质，属于强烈的精神类药物。

害的新精神活性物质是附着在质量极轻的纸片上，司法实务人员在处理其数量认定的相关问题时往往陷入困境。

从部分案件[①]中查获的“邮票”毒品数量来看，多数违法犯罪分子被查获的“邮票”数量并不算庞大，大部分是在几张到数十张不等，少有超过一百张的情况。而想要称量出仅仅数张“邮票”的重量，则确实是对称量工具的精确性提出了较高要求。从判决文书的部分内容便可窥见“邮票”毒品称量工作的不易，如在南京市建邺区发生的一例案件[②]中，被告人张某贩卖“邮票”毒品的事实认定部分仅写出被告人张某贩卖“邮票”的日期、金额与“邮票”的张数[③]，唯独没有讲明涉案“邮票”毒品相应的重量为多少。出现这种情况，恐怕也是因为涉案“邮票”数量过少，难以实现准确的称量。由此可知，若在司法实践中固守“唯数量论”甚至“唯重量论”的传统，那么在面对类似于“邮票”一般的新精神活性物质类毒品时，我国的司法机关便会在办案时举步维艰。

从“邮票”的毒理性与危害性来看，一张指甲盖大小的“邮票”丝毫不亚于一颗摇头丸的作用效果，但由于“邮票”载体——纸片的轻薄性，其计量是非常低的。通常来说，一张“邮票”仅有数百微克，只相当于一粒沙子的重量。换言之，即使犯罪分子非法持有数百张、数千张“邮票”毒品，其最终查获的毒品数量也才几克甚至零点几克。而这种毒品数量的认定结果明显是与其毒害性及社会危害性不相符的，也造成了一系列问题。

其中一个层面的问题在于定罪时的困境。不同于贩卖毒品罪，毒品数量的多少是直接影响非法持有毒品罪是否成立的重要标准，根据刑法的相关规定，行为人只有在非法持有毒品达到一定数量时才能构成此罪，否则便不视为犯罪。在当今缺少相应规范规制的情况下，非法持有零点几克的“邮票”毒品很难被解释成“其他数量较大”的情形。这就容易导致明明具有严重社会危害性、需要被判处严厉刑罚的不法分子，却在现有规范存在漏洞与传

---

① 参见浙江省温州市中级人民法院（2020）浙03刑初73号刑事判决书、江苏省常州市天宁区人民法院（2020）苏0402刑初129号刑事判决书、云南省大理白族自治州中级人民法院（2020）云29刑初63号刑事判决书、江苏省南京市中级人民法院（2019）苏01刑终917号刑事裁定书等。

② 参见江苏省南京市中级人民法院（2019）苏01刑终917号刑事裁定书。

③ 例如，判决书中写道“2017年12月31日，被告人张某以人民币500元的价格向被告人刘某贩卖毒品LSD邮票2贴；2018年9月25日，被告人张某以人民币1000元的价格向被告人刘某贩卖毒品LSD邮票5贴”；等等。

统数量认定方法存在偏颇的双重影响下，逃脱法律制裁而逍遥法外。该问题其实已经在司法实务中初见端倪，例如，在江苏省南京市①发生的一起有关“邮票”毒品的案件中，法院只能通过其他证据证实上诉人明知是毒品而购买并贩卖的事实，以此判决上诉人构成贩卖毒品罪。但是，法院并未回应关于“非法持有毒品罪入罪标准”的辩护意见。如果并不能证实该上诉人贩卖毒品的事实，仅能证实其单纯地非法持有5贴LSD邮票，那么司法工作人员很难将其入罪进行惩处。

另一个层面的问题在于量刑上的失衡。例如，贩卖数百份“邮票”毒品的不法分子，其最终查获的“邮票”毒品尚不足10克，根据刑法规定，其可能仅处3年以下有期徒刑。相较而言，贩卖海洛因等传统毒品的不法分子，或许被查获的毒品只有10克，其社会危害性并不及前述的数百份“邮票”毒品，但是却由于传统毒品易于称量、质量更大，会被判处7年以上的有期徒刑。根据现有的毒品数量认定方法，必然会在对“附着物”毒品的数量进行认定时，出现前述明显不合理的处理结果，而这也明显是有悖于刑法罪责刑相适应原则的。长此以往，必将导致毒品案件审理过程中的量刑失衡。

此外，若进行反向思考，假使该新精神活性物质类毒品是附着在某些“重物”之上，行为人因非毒品物质的重量而被判处更重的刑罚也是不合理的。其论证原理与“邮票”毒品相似，故此处不再赘述。

2. 液态毒品

近年来，复合型的新型毒品层出不穷，其外观也是日新月异。新精神活性物质类毒品的物体形态不再局限于固体，在部分毒品案件中早已有着液态毒品的身影。例如，在湖南省祁东县的陈某某容留他人吸毒案②中，吸毒人员便热衷于吸食“新型毒品奶茶”；在河南省开封市的郭某贩卖毒品案③中，公安机关查获上百支盐酸美沙酮口服液；而在广东省云浮市的曾某某犯容留

---

① 参见江苏省南京市中级人民法院（2019）苏01刑终917号刑事裁定书。具体案情：上诉人刘某某只是在5贴LSD邮票的买卖过程中起到钱货交易的中介作用，故其辩护人提出“上诉人刘某某的行为应为代购毒品，且其代购毒品的数量未达到非法持有毒品罪的入罪标准，不应以犯罪论处”的上诉理由及辩护意见，但法院只能通过其他证据证实上诉人刘某某明知是毒品而购买并贩卖的事实，以此判决上诉人构成贩卖毒品罪，并未正面回应有关非法持有毒品罪入罪标准的辩护意见。

② 参见湖南省祁东县人民法院（2020）湘0426刑初287号刑事判决书。

③ 参见河南省开封市中级人民法院（2014）汴刑终字第28号刑事判决书。

他人吸毒罪一案[①]中，公安民警也现场扣押了两瓶净重共计 58.72 克的疑似含有毒品的液体物品，据查是混有新型毒品（俗称“咔哇”）的青梅酒。除此之外，还有“神仙水”“阿拉伯茶”[②] 等，其外在包装与寻常饮料并无二致，极具迷惑性和诱骗性。

而在司法实践中，时常出现行为人主动改变毒品常规形态、重量的情况，而这也为如何认定毒品的数量、如何对行为人进行准确的定罪量刑带来了重重困难。例如，在浙江省温州市发生的一起案件[③]中，行为人将少量的固体毒品投入非毒品液体中进行溶解，然后吸食此液体达到吸毒的目的。后来公安机关共查获 219.86 克的涉毒液体，经鉴定，其液体中 MDMA（俗称“摇头丸”）的含量为 0.2%，氯胺酮等毒品的含量不足 0.1%。在此情形下，若严格按照刑法第 357 条的规定，则应当认定该行为人非法持有毒品 219 克，那么结合相应法律规定，该行为人必然构成非法持有毒品罪。根据裁判文书也可得知，该行为人最终被判定为犯非法持有毒品罪[④]。

上述判决看似有理有据，严丝合缝，但是细究起来却不难发现诸多问题。从客观上看，该案的行为人在最开始持有的固体毒品数量明显不满足成立非法持有毒品罪的数量要求，造成最终毒品数量认定结果达到 219 克的，其实是质量较大的非毒品液体。若将涉案液体拆分来看，二者皆不能导致行为人被判处非法持有毒品罪。可仅仅因为行为人后续将固体毒品溶入非毒品液体的行为，就要让行为人承担非法持有 219 克毒品的刑事责任，这很明显是不合理的；而从主观上来看，不难发现行为人之所以将固体毒品溶入非毒品液体，是出于方便吸食毒品的需要，其主观上并不具有贩卖、制造毒品的故意。因此，根据主客观相统一的原则，行为人不应被判处非法持有毒品罪。在部分类似的液态毒品案件中，最终的判决结果其实是缺乏理论依据作为支撑的，审判人员也意识到如此判决所带来的弊端，但奈何缺少合理的毒品数量认定依据与方法，也只能是有心无力。

---

① 参见广东省云浮市云城区人民法院（2018）粤 5302 刑初 144 号刑事判决书。

② 参见联合国毒品和犯罪问题办公室发布的《2021 年世界毒品报告》，在植物性新精神活性物质上，全球查获的“阿拉伯茶”数量达到历史新高。

③ 参见浙江省温州市瓯海区人民法院（2018）浙 0304 刑初 1168 号刑事判决书。具体案情：梅某某在案发前将少量固体毒品投入非毒品溶液，稀释后用于自己吸食，后来有 219 克涉毒液体被查获，鉴定出 MDMA 的含量为 0.2%，氯胺酮等毒品含量小于 0.1%。

④ 其具体量刑结果为：判处有期徒刑 7 年，并处罚金人民币 2.8 万元。

当然，在司法实践中也曾有人提出过一个液态毒品数量的认定方法，即用液体的重量乘以毒品含量得出一个数值来对液态毒品比照固态毒品进行定量的做法，但有关专家表示此举并不妥①。因为液态毒品究竟能够转化成多少固态毒品，并非理论上的公式换算那么简单，其会受到原材料、转化工艺、制毒频率等诸多不确定因素的影响，且在该转化过程中还会存在损耗问题。因此，以此方法对液态毒品进行定量是欠缺科学性与合理性的。

3. 气态“毒品”

除了上述的“附着物”毒品与液态毒品，还有一种特殊形态的新精神活性物质也需要引起司法机关的警惕，即气态“毒品”。以较为常见的“笑气”（一般指一氧化二氮）为例，由于“笑气”并未被列入我国的管制目录，且生产、购销渠道都相对容易，致使其日益泛滥。通过检索相关裁判文书可知，在2018年我国仅有11例涉及“笑气”的刑事案件，但在2020年便增长到了108例，其案件数量呈现逐年递增的趋势。

尽管目前“笑气”等新精神活性物质尚不属于毒品的概念，自然也不涉及毒品数量认定的问题，但我们需要用发展的眼光来看待问题，必须明确的是，我国毒品概念的界定范围并非一成不变的，层出不穷的新精神活性物质注定会不断扩展毒品的范围。可以预见，随着其进一步的泛滥，作为致瘾癖性、戒断性、社会危害性都不亚于毒品的“气态”新精神活性物质在未来极有可能被列管。而作为气态的新精神活性物质类毒品，由于其特殊的物理形态，其本身几乎是毫无重量可言的，根本无法按传统方法进行称量。而若是以其储存工具（如充气罐、气球等）的重量作为毒品数量认定的依据，很明显也是不合理的。因此，此类“气态”毒品的数量认定也必将成为新的司法难题。

五、新精神活性物质类毒品数量认定的解决路径

（一）改进我国毒品管制的现有模式

新精神活性物质的列管速度始终无法跟上其更新速度。此外，还有一个

① 中华人民共和国最高人民法院刑事审判第一、二、三、四、五庭主办：《刑事审判参考》（总第112集），法律出版社2018年版，第67—68页。

重要的原因在于我国新精神活性物质的列管周期较长[①]。在较为单一的“列举式”管制模式下，列管周期较长便意味着新出现的新精神活性物质的种类将会存在较长时间的规制漏洞，从而导致其滥用。因此，必须对现有的毒品管制模式进行改进与优化。

考察国外对新精神活性物质的管制模式可以发现，除中国采取的“列举式”，还有加拿大、美国等国采取的“类似物式”，日本等国采取的“骨架式”，澳大利亚、英国等国采取的“涵盖式”管制模式[②]等。此外，在美国及部分欧洲国家还有“临时管制[③]”制度的存在。

基于我国基本国情的考虑，本书认为美国的“类似物式”管制与“临时管制”更加符合我国当前的司法环境。我国在改进新精神活性物质的管制模式时，可以汲取其先进经验，出台类似《新精神活性物质预备列管目录》等法律文件，将所有已被列管物质的衍生物、类似物等纳入其中，建立起毒品的“预备列管库”。同时，利用互联网大数据进行实时监测，针对其中具有滥用趋势的新精神活性物质，列入预警系统并及时发出危险预警信号，然后为其提供专家评估的“绿色通道”，对于满足管制标准的新精神活性物质，可以省略其他严格程序，直接将其纳入相应的毒品管制目录[④]。

此外，对于一些新出现的、来不及立法但在一定时期又确需管制的物质，可由最高人民法院与最高人民检察院牵头，建立高效的“临时列管”信息反馈机制，通过书面研讨和实践调研及时发现并总结毒品案件审判工作中出现的新问题，对案件中新发现的精神活性物质进行评估，在征求各相关职能单位及专家学者意见后，认为其具有滥用风险的，对其进行临时管制。后期则可进行动态评估，确有必要进行列管的，便可以通过原有程序逐步对其进行列管。

由此，便可以在我国构建起以列举式管制为主，以“类似物式”管制与临时管制为辅的多元化毒品管制模式，在保持新精神活性物质总体列管种

---

① 参见《非药用类麻醉药品和精神药品列管办法》第7条和第9条的规定，理论上对一种新精神活性物质进行列管的最长周期可能长达9个月。

② “类似物式”管制，是指将与管制药品化学结构相似，并对人体的作用（兴奋、麻醉、致幻）类似或强于管制药品的物质列入管制范围；“骨架式”管制，是指将具有某种化学骨架结构的物质全部纳入管制范围；“涵盖式”管制，是指将对人体有精神活性并成瘾的物质均纳入管制。

③ 临时管制，是指执法部门对新发现的精神活性物质进行评估，认为其具有滥用风险，在未正式列管之前的一段时间内进行管制。

④ 陈荣飞、付尚礼：《新精神活性物质现状、滥用原因及防控对策研究》，载《山东警察学院学报》2020年第5期。

类稳定的同时，严密检测具有滥用倾向的衍生物，增强其应对突发情况的能力，并能有针对性地促进新精神活性物质列管目录的更新。

（二）优化毒品数量认定的规范依据

1. 增强立法的预见性

在毒品生产技术的改进、毒品市场需求的增加及互联网社交的发展等多重因素的共同作用之下，如今毒品种类之丰富与犯罪手段之多样早已超出当年立法者的想象。面对“来势汹汹”的新精神活性物质类毒品的挑战，我国刑法及相关规范受制于其稳定性与滞后性，已经难以满足我国当前禁毒工作开展的实际需要，急需进行修改、补充与完善。

在有关毒品数量认定的法律规范中，刑法处于毋庸置疑的首要地位。因此，应当在宏观把控毒品犯罪发展趋势的前提下，以发展的眼光制定相应规范，特别是要鼓励在禁毒一线工作的司法实务人员参与立法，以实务问题为导向指引立法工作。此外，也应当积极咨询毒品犯罪方面的理论学者的意见，聘请第三方机构对新精神活性物质类毒品等新型毒品的未来发展趋势开展相应研究，增强法律的预见性与前瞻性，以应对新精神活性物质的快速演变。

2. 制定系统化的认定规范

我国目前并未形成对新精神活性物质类毒品数量认定的统一规定。为进一步规范化此类毒品数量的认定规则，应形成一套协调统一的毒品数量认定规范体系。通过比对分析与司法实践检验，折算法是目前三大计算方法中最为科学且适用性最强的方法。因此，应当归纳总结历年来在禁毒工作中毒品数量的认定规范，并不断修改完善，弥补折算法的现有缺陷以应对新精神活性物质类毒品数量的认定难题。具体来说：

（1）完善毒品折算的配套制度

首先，应当整合现有的折算关系。公检法等相关部门需要整合《非法药物折算表》等法律文件中所有的折算关系，集中研讨各规范之间存在矛盾和冲突的条文，形成全面且统一的意见，并基于此制定《新精神活性物质类毒品折算表》，为新精神活性物质类毒品的数量认定提供明确且统一的标准。

其次，应当增加“折算中介”种类。结合我国毒品分类列管的制度，可以在每一类列管的新精神活性物质中选取一种最具代表性①的物质，作为

① 可以新精神活性物质的化学结构、药理性、毒害性等特征的相似程度或在社会上滥用的普遍性程度作为选取折算中介的考察标准。

这一类新精神活性物质的折算参考毒品，并通过立法修改，将这些折算中介补充至刑法条文之中，明确各自“数量大”“数量较大”等概念的数额标准。由于在此方法下，新增的折算中介与案件中查获的新精神活性物质类毒品系同一类管制毒品，两者在化学结构、药理性等属性的相似性与对应程度，自然要比“生硬”地套用海洛因作为折算中介来得高。如此，便可使折算法在认定新精神活性物质类毒品数量时的应用更具科学性与合理性。

最后，应当完善毒品量刑规范。对于已列管的新精神活性物质，最高人民法院等有关部门应当及时制定其折算标准与折算比例，不断补充完善列管毒品的量刑规范，填补新精神活性物质类毒品定义性规范与计算性规范在规则范围上的空缺。

（2）提高相关规范的效力等级

法律效力位阶的高低影响着法律文件在司法适用中的先后顺序，也能够在一定程度上彰显出该法律文件的权威性程度。因此，有关新精神活性物质类毒品数量认定的法律文件，除了在内容上应当保持高度的协调一致，还必须在形式上具备较高的法律效力等级，以提高相应规范适用的优先性，并增强其权威性。因此，本书建议相关法律文件的制定主体应为最高人民法院、最高人民检察院等国家机构，如此便能够为相关规范在司法适用上的优先性与权威性提供较为坚实的保障。

（三）填补毒品纯度折算的认定标准

毒品数量认定过程中长期存在着重视毒品重量，而忽略毒品纯度的操作惯例，这种“毒品重量认定型”的数量认定模式已逐渐显露弊端。无论是从定罪的角度出发，还是从量刑的视角检验，“唯数量论”“唯重量论”的实践惯例都与新时代精准规范化量刑的要求不相符。而且，从某种意义上来看，特殊形态毒品的计算疑难问题，其实也是司法实践中“唯数量论”（或“唯重量论”）、忽视毒品纯度等问题而引发的伴生问题。因此，本书提出应当重塑毒品数量的认定标准，增加毒品纯度的鉴定与折算步骤，使毒品数量认定的结果更具科学性与合理性。

本书建议，应当首先在立法层面上有所完善，在刑法第357条原有规定的基础上，补充毒品纯度的折算规定[①]。当然，本书提出“应当考虑毒品纯

---

① 例如，将刑法第357条“毒品的数量不以纯度折算”的规定修改为“以查证属实的毒品数量为基础，经过纯度鉴定进行折算后，确定毒品的认定数量”。

度”并非要求司法机关进行毒品重量与毒品纯度的简单相乘而得出的数量认定结果，而是要构建起“以毒品重量为基础，以毒品纯度为分类依据”的毒品分级处罚制度。

具体来说，在刑法进行修改过后，应当由公安部、最高人民检察院、最高人民法院、国家禁毒办等相关部门联合开展研讨会，并邀请医学、法学、司法鉴定等领域的专家学者参会，共同确立每一类毒品的标准纯度，并由最高人民法院、最高人民检察院等有关部门联合发布相应的司法解释，规定“毒品含量达到X%的物质，可视为本解释所指的毒品。含量不够X%的，应当折合成含量为X%的毒品计算数量”，如此便可为实践工作确定一个具体的纯度参考标准。

至于如何确定每一类毒品的标准纯度，该X%应当为多少，则由上述职能机关部门以每一类毒品在实务中最为常见的纯度为基准，以其“法益侵害性”为实质依据，综合考虑毒害性、成瘾性、致幻性等多种因素，共同商讨确定。并且，每隔一段时间便进行一次评估，视具体实践情况进行上调或下调。由此便可以继续进行细化规定，根据该纯度参考标准制定更为具体的量刑标准，实现毒品“分级处罚”的构想。大致可以分为五种情况①，详见表6：

表6　毒品纯度不同情况下的处理方式说明

情况	查获毒品数量Y（克）	查获毒品纯度Z（%）	查获毒品纯度Z与标准纯度X的关系	最终毒品认定数量W（克）	量刑依据（假使折算比例为1∶1）
1	Y_1	Z_1	$Z_1=X$	$W_1=Y_1$	W_1
2	Y_2	Z_2	$Z_2>X$（但仅略大于X）	$W_2=Y_2\times(Z_2\div X)$	W_2
3	Y_3	Z_3	$Z_3>X$（且远大于X）	$W_3=Y_3\times(Z_3\div X)$	W_3 且应从重处罚
4	Y_4	Z_4	$Z_4<X$（但仅略小于X）	$W_4=Y_4\times(Z_4\div X)$	W_4 可酌情从轻处罚

① 查获毒品的纯度究竟超过参照标准纯度多少为“远大于”或“远小于”，需要司法实务部门共同商讨确定，必须以具体的数额标准（如超过标准纯度20%）作为依据，且应当明文写于相应规范条文之中。

续表

<table>
<tr><th>情况</th><th>查获毒品数量 Y（克）</th><th>查获毒品纯度 Z（%）</th><th>查获毒品纯度 Z 与标准纯度 X 的关系</th><th>最终毒品认定数量 W（克）</th><th>量刑依据（假使折算比例为 1∶1）</th></tr>
<tr><td rowspan="2">5</td><td rowspan="2">Y_5</td><td rowspan="2">Z_5</td><td rowspan="2">$Z_5 < X$（且远小于 X）</td><td>$W_5 = Y_5 \times (Z_5 \div X)$，且 W_5 未达到刑法规定的数量</td><td rowspan="2">—</td></tr>
<tr><td>$W_5 = Y_5 \times (Z_5 \div X)$，且 W_5 达到刑法规定的数量</td></tr>
</table>

为了方便说明该毒品纯度折算方法，本书在此先假设一些前提：被查获的毒品疑似物中含有毒品布苯丙胺，布苯丙胺属于苯丙胺类毒品，假使我国经研究决定苯丙胺类毒品的折算中介为卡西酮，且两者之间的折算比例为 1∶1。此外，假设刑法条文规定非法持有卡西酮 10 克以上不满 50 克的，属于“数量较大”，应受刑罚处罚。

情况 1：若查获毒品疑似物的重量为 Y_1，经鉴定其毒品纯度为 Z_1，$Z_1 = X$（标准纯度），则是最为理想的情况，可直接以称量后的毒品重量 Y_1 作为毒品的认定数量 W_1，再根据折算比例，折算成相对应的折算中介毒品数量，比照刑法规定的量刑幅度进行定罪量刑即可。

例如，犯罪嫌疑人甲非法持有毒品疑似物 10 克，经鉴定其中含有毒品布苯丙胺，毒品纯度为 10%，而我国司法解释规定的该类毒品的标准纯度正好为 10%，则应当认定犯罪嫌疑人甲非法持有 10 克布苯丙胺，经折算后相当于非法持有 10 克卡西酮，数量较大，再对应相应的量刑幅度进行量刑。

情况 2：若查获毒品疑似物的重量为 Y_2，经鉴定其毒品纯度为 Z_2，$Z_2 > X$（但仅略大于 X），则其数量认定的操作应该为 $Y_2 \times (Z_2 \div X)$，得到毒品认定数量 W_2，再根据折算比例，折算成相对应的折算中介毒品数量，比照刑法规定的量刑幅度进行定罪量刑即可。

例如，犯罪嫌疑人乙非法持有毒品疑似物 10 克，经鉴定其中含有毒品布苯丙胺，毒品纯度为 15%，而我国司法解释规定的该类毒品的标准纯度为 10%，则应当认定犯罪嫌疑人乙非法持有布苯丙胺的数量为 10 ×（15% ÷

10%） =15 克，经折算后相当于非法持有 15 克卡西酮，数量较大，再对应相应的量刑幅度进行量刑。

情况 3：若查获毒品疑似物的重量为 Y_3，经鉴定其毒品纯度为 Z_3，$Z_3>X$（且远大于 X），则应该先按照情况 2 的操作得到毒品认定数量 W_3，再根据折算比例，折算成相对应的折算中介毒品数量，比照刑法规定的量刑幅度进行量刑，并由于查获毒品的纯度远大于标准纯度，在量刑时作为从重情节加以考虑。

例如，犯罪嫌疑人丙非法持有毒品疑似物 10 克，经鉴定其中含有毒品布苯丙胺，毒品纯度为 40%，而我国司法解释规定的该类毒品的标准纯度为 10%，则应当认定犯罪嫌疑人丙非法持有布苯丙胺的数量为 10 ×（40% ÷ 10%） =40 克，经折算后相当于贩卖 40 克卡西酮，数量较大，再对应相应的量刑幅度进行量刑，并从重处罚。

此处的规定主要基于以下两个因素的考量：其一，高纯度毒品对人体身心健康的损害程度与对社会秩序的破坏要比低纯度毒品来得严重，高浓度毒品犯罪理应受到更为严厉的打击，其行为人也应当承担更重的刑事责任；其二，在一般的毒品交易中，高浓度毒品的身影并不常见，因为从最初的生产者将毒品投入"市场"开始①，该毒品每经过一位毒贩转手，就可能经历一次"掺杂掺假"，在贩卖毒品案件中查获的毒品纯度通常是较低的，高浓度毒品则更多集中在其源头——生产制造的环节。故此处的规定更多的是打击毒品犯罪的源头，严惩非法制造毒品的生产者，或有可能利用高浓度毒品进行二次制造的相关人员。此类人员因拥有毒品制作的原料或掌握毒品提纯等非法制作工艺，具有更大的人身危险性，故应当受到更为严厉的处罚。

情况 4：若查获毒品疑似物的重量为 Y_4，经鉴定其毒品纯度为 Z_4，$Z_4<X$（但仅略小于 X），则其数量的认定操作应该为 $Y_4\times(Z_4\div X)$，得到毒品认定数量 W_4，再根据折算比例，折算成相对应的折算中介毒品数量，比照刑法规定的量刑幅度进行量刑，并由于查获毒品纯度小于标准纯度，在量刑时作为从轻情节加以考虑。

例如，犯罪嫌疑人丁非法持有毒品疑似物 20 克，经鉴定其中含有毒品布苯丙胺，毒品纯度为 5%，而司法解释规定的该类毒品的标准纯度为 10%，则应当认定犯罪嫌疑人丁非法持有布苯丙胺的数量为 20 ×（5% ÷

① 甚至部分毒贩从最开始制造毒品时就已开始掺杂掺假。

10%）=10 克，经折算后相当于非法持有 10 克卡西酮，数量较大，再对应相应的量刑幅度进行量刑。同时由于查获毒品纯度小于标准纯度，可以综合考虑嫌疑人的认罪态度、犯罪情节等因素，酌情从轻处罚。

此处规定的原因是被查获的毒品的纯度低于标准纯度，即意味着该物质的毒理性、成瘾性等化学属性相较于一般毒品更弱，其法益侵害性相对较小，因此具有从轻处罚的理论基础。

情况 5：若查获毒品疑似物的重量为 Y_5，经鉴定其毒品纯度为 Z_5，$Z_5 < X$（且远小于 X），则其数量的认定操作应该为 $Y_5 \times (Z_5 \div X)$，得到毒品认定数量 W_5，此时就应当根据 W_5 的数量多少而分情况讨论：

第一种情况：若 W_5 的数量未达到刑法条文中所规定的数量，则认定该查获物质的社会危害性较小，不具备刑法谴责的必要性，行为人应以无罪进行处理，以相应的行政法规处罚即可。

例如，查处犯罪嫌疑人戊非法持有毒品疑似物 10 克，经鉴定，被查获的毒品纯度为 0.1%，而我国司法解释规定的该类毒品的标准纯度为 10%，则应当认定犯罪嫌疑人戊非法持有毒品的数量为 10 ×（0.1% ÷10%）=0.1 克。鉴于该物质的社会危害性相对较小，且根据持有仅 10 克的数量推断，该物质用于自己吸食的可能性很高，故不具有刑罚处罚的必要性，符合“情节显著轻微危害不大”的出罪标准，故认定犯罪嫌疑人戊不构成犯罪，仅处以相应的行政处罚。

理论上一般认为，“入罪需要法律明文规定，但是出罪并不需要法律明文规定”[①]。毒品纯度本身并不适合作为入罪的考察因素，然而可以考虑在毒品数量不大的情况下，将“纯度极低”设置为出罪事由。此构想其实也能够在司法实践中找到类似规定，例如，根据 2010 年最高人民法院研究室《关于贩卖、运输经过取汁的罂粟壳废渣是否构成贩卖、运输毒品罪的答复》，贩卖、运输毒品纯度极低的物质，是不被认定为贩卖、运输毒品罪的。[②] 由此可见，考虑过低的毒品纯度作为出罪事由已有先例可循，也已成为部分司法实务工作者的共识。

第二种情况：若 W_5 的数量达到了刑法条文中所规定的数量，则应当以 W_5 对照刑法规定的量刑幅度进行定罪量刑。

---

① 陈兴良：《但书规定的法理考察》，载《法学家》2014 年第 4 期。

② 贩卖、运输吗啡含量极低的罂粟壳废渣的，不以贩卖运输毒品论处。

例如，犯罪嫌疑人戊非法持有毒品疑似物1000克，经鉴定其中含有毒品布苯丙胺，毒品纯度为0.1%，而司法解释规定的该类毒品的标准纯度为10%，则应当认定犯罪嫌疑人戊非法持有布苯丙胺的数量为1000×（0.1%÷10%）=10克，经折算后相当于贩卖10克卡西酮。因为刑法条文中规定非法持有卡西酮的构罪标准数量为10克，满足数量较大的标准，应当对其定罪处罚。

此处之所以如此规定，是为了防止毒品犯罪的量刑制度走向另一个极端——“唯纯度论”。在强调毒品纯度重要性的同时，也不能忽视毒品数量的刑法意义。在该情况下，行为人所持有的毒品数量巨大，明显超出个人吸食毒品的正常数量，进行贩卖等其他毒品犯罪行为的可能性明显高于前一种情形，对社会秩序与群众身心健康也存在较大的潜在危害性。所以，即使在第二种情况中所查获的毒品纯度与第一种情况相同，都为0.1%（属于极低的纯度），但在数量巨大的情况下，极低的毒品纯度仍然不能作为出罪的事由。且鉴于行为人持有毒品数量巨大，为实现刑法惩罚教育的功能，对该行为人也不适用表6中情况4“纯度较低，可酌情从轻处罚”的规定。

（四）重新确立毒品数量在量刑中的法律地位

在新精神活性物质类毒品泛滥严重的形势下，仅有毒品数量这一个量刑标准显然不能满足司法实践中定罪量刑的需要。因此，应当遏制毒品犯罪量刑过程中的“唯数量论”倾向，实现毒品数量在毒品犯罪量刑体系中的“去中心化”。故本书建议补充“销售金额”作为毒品犯罪中新的量刑标准，并强化非数额情节在毒品犯罪量刑体系中的作用，构建起“以毒品数量为基础，以销售金额与非数额情节为补充”的多元化量刑体系。

1. 补充“销售金额”量刑标准

由于技术手段的客观限制，现在或未来可能出现各种无法认定其数量的新精神活性物质类毒品（如本书中所提及的液态毒品、气体类毒品等特殊形态毒品）。而毒品的销售金额这一量刑标准的设置，却可以绕开诸多现有的量刑难题，如毒品的成分鉴定、数量折算等。当毒品数量这一量刑标准无法或难以应用时，销售金额便可以起到补充作用，在新精神活性物质类毒品犯罪的定罪量刑过程中发挥较好的尺度功能。

补充“销售金额”作为毒品犯罪的量刑标准是有例可循的，也不违背刑法规范的系统性与统一性。通过梳理法律条文可知，目前刑法条文中明确规定了以具体数额为量刑标准的，除了有关毒品犯罪的罪名外，就只有刑法

第140条与第203条。即便是这两个罪名，其数额的计量标准也是犯罪金额的多少，而不似毒品犯罪般直接以犯罪对象（毒品）本身的属性（重量）作为量刑标准。绝大多数的其他罪名都是在刑法条文中设置“数额较大”“情节严重”等概括性标准，随后在司法解释等法律文件中加以明确。而且，这些概括性标准在司法解释中也有很多是通过犯罪金额（如“违法所得数额”“非法经营数额”等）数量的多少来明确的。

另外，“销售金额”也能够起到与“毒品数量”相同的法律意义。现行刑法之所以规定毒品数量作为毒品犯罪的量刑标准，主要是在于毒品数量能够反映出相关行为对法益的侵害性程度，体现其社会危害性的大小，并能在一定程度上折射出相关行为人的人身危险性。而通过分析，毒品销售金额的多少对毒品犯罪的定罪量刑也具有类似的刑法意义。

一方面，毒品的“市场价格”是与其数量及纯度直接挂钩的，而毒品的数量及纯度又能够体现出涉案毒品的毒害性与社会危害性。尽管毒品交易的“黑市”不受法律之保护，但在正常情况下，涉案毒品销售金额的多少其实是与相关行为的社会危害性呈正相关的。因为以逐利为导向的毒品制造者或贩卖者通常不会做“亏本买卖”，涉案毒品的销售金额越高，则意味着毒品的数量越大或纯度越高，那么相关行为的社会危害性自然就越大，理应受到更为严厉的刑罚。另一方面，类似于经济犯罪，毒品犯罪在一定程度上属于“贪利性犯罪”，潜在的犯罪分子对犯罪行为有着较高的利益期待①，其往往是为了追逐高额的非法利益，才铤而走险进行了毒品交易等一系列犯罪活动。实际上，越庞大的非法收入，就越能够激起他们犯罪的欲望。相应地，其对社会的潜在危害性、再犯可能性就越大，也应当承担更重的刑事责任。

因此，建议在刑法条文中补充“销售金额”作为毒品犯罪的量刑标准之一。当然，考虑到不同地区的经济发达程度不一，毒品的销售金额也可能随着供求关系的变化而上下波动。因此，本书认为可以借鉴刑法关于盗窃罪定罪量刑标准的立法和司法经验，在刑法条文中并不直接规定具体的数额标准，而是以“数额较大”“数额巨大”“数额特别巨大”设立三个递进的概念性标准，再以司法解释的形式规定具体数额②。

---

① 胡江：《贪污贿赂犯罪死刑废除论》，载《净月学刊》2016年第2期。

② 同时可以赋予省级的高级人民法院、人民检察院确定本地区具体的执行数额标准的权限。

2. 强化“非数额情节”量刑标准

根据刑法的规定，毒品犯罪有数额犯和情节犯这两种情况。在刑事法规范中，有关毒品数量的条文内容相对较多，而非数额情节的规定显得较为单薄。以司法实务中较为常见的贩卖毒品罪为例，刑法第347条仅在最高一档的法定刑幅度中，规定了“贩毒集团的首要分子、武装掩护、暴力拒捕和国际贩毒”这四种非数额情节，而其余的法定刑幅度中完全没有非数额情节的相关规定。因此，需要从以下两个方面着手，强化非数额情节在毒品犯罪量刑体系中的作用。

一方面，应当就毒品犯罪的量刑规范作补充性规定，实现非数额情节的填补。至于具体应当填补哪些情节，则应当在遵照刑法总则中相关原则性规定的基础上，综合考虑刑事责任大小、预防必要性、社会关系修复可能性①等因素，以“法益侵害性”为实质标准，并结合具体毒品犯罪活动的行为模式加以判断，填补科学合理的非数额情节。

另一方面，除了要完善有关非数额情节的法律规范，还需要提升其在司法实践中的适用性。在出台相应的规章制度后，最高人民法院可以根据司法实践中不同非数额情节的实践情况，发布相应的指导性案例，通过案例进一步明确非数额情节的具体含义与适用情形，避免因条文表述的概括性而导致人们在理解上存在歧义与偏差，从而强化非数额情节在司法实践中的适用。

总之，针对现有毒品相关规范存在滞后性且不同规范之间存在矛盾冲突的问题，需要改进毒品管制模式，加快新精神活性物质列管目录的更新速度，同时整合现有规范，形成全面而统一的毒品数量认定规范体系。针对现有毒品数量认定方法存在缺陷漏洞的问题，应当确立折算法在新精神活性物质类毒品数量认定中的主要地位，通过完善毒品折算的配套制度，并提高相关规范的效力等级来优化折算法。针对毒品数量认定及量刑过程中忽视毒品纯度的问题，应当完善立法，增添毒品纯度作为定罪量刑的标准，并构建起“以毒品数量为基础，以毒品纯度为分类依据”的毒品分级处罚制度。针对特殊形态毒品的数量计算疑难问题，需要淡化毒品数量在量刑中的中心地位，通过补充“销售金额”作为新的量刑标准，并强化“非数额情节”在毒品犯罪量刑中的法律地位，构建起毒品犯罪的多

① 参见马妍：《非数额情节在受贿罪定罪量刑中的适用现状研究》，山东大学2020年硕士学位论文。

元化量刑体系。

第三节 新精神活性物质的规范完善

近年来，继第一代和第二代毒品之后，一类新兴的毒品类似物——新精神活性物质频现毒品市场，它们与毒品存在交叉关系。当前，我国采用“列举+概括”的方式划定毒品范围。禁毒法第2条规定：“本法所称毒品，是指鸦片、海洛因、甲基苯丙胺（冰毒）、吗啡、大麻、可卡因，以及国家规定管制的其他能够使人形成瘾癖的麻醉药品和精神药品。”可见，只有被国家列管的麻醉药品、精神药品才兼具毒品的法律性质和社会性质，从而才具有适用法律规制的可能性。新精神活性物质并未全部被我国列管，因而不能认为所有的新精神活性物质都是毒品。例如，国家毒品实验室2019年新发现的5种新精神活性物质①，尽管在社会危害性、成瘾性等方面与传统毒品具有一定的相似性，但是因其尚未被国家列管，就不能将其认定为毒品进而规制。对于已经被列管的新精神活性物质而言，其法律适用同样存在难题。具体而言，禁毒法、治安管理处罚法、刑法都对毒品问题治理进行了规定，三部法律之间的关系如何，应当依照何种顺序进行适用等都是亟待解决的问题。除此之外，将被列管的新精神活性物质按照毒品进行处理时，还存在着入罪标准于法无据、刑法与行政法之间的衔接路径需要明确等实践难题。而“品种增长快且种类多元”特征是新精神活性物质区别于传统毒品的最大特征。列管目录的更新速度无法应对新精神活性物质不断涌现的态势，这也是导致事后列管方式出现失灵情况的根源所在。因此，亟须根据新精神活性物质的法律态势完善相关法律规范。

一、新精神活性物质的法律规制难点

新精神活性物质种类的快速更迭为法律规制带来了巨大挑战。不法分子对新精神活性物质的分子式稍作调整就可以制造出新的衍生物。2016—2020

① 《2019年中国毒品形势报告》，载中国禁毒网，http://www.nncc626.com/202006/24/c_1210675813.htm。

年《世界毒品报告》统计发现，2009 年全球共发现新精神活性物质 166 种，2012 年增至 251 种，2014 年达到了 388 种，2015 年陡增至 602 种，2018 年总量达到 819 种，2019 年增至 950 余种，2020 年达到 1040 种。可以说，近年来，新精神活性物质不断涌现，呈现出高发态势，为毒品问题治理和法律规制带来了新的难题。

（一）认定标准模糊

禁毒法第 2 条规定了毒品必须满足"国家规定管制"的条件，目前认定这一条件主要参考《麻醉药品品种目录》《精神药品品种目录》和《增补目录》，是否包括其他列管目录，法律没有规定。"国家规定管制"范围的不明确性导致了毒品的认定标准具有模糊性。例如，"笑气"已经成为广大年轻吸毒者的主要吸食对象和禁毒部门的重点关注对象，但是其仅被列入《危险化学品目录》，并未出现在上述三个目录中。这也导致了司法机关无法适用刑法中毒品犯罪的相关规定，多以"非法经营罪"对其进行规制。然而，需要注意的是，诸如"笑气"等新精神活性物质，在对社会管理秩序、公众健康等法益的侵犯与传统毒品并无二致，却采用不同的惩罚手段进行规制，这样的评价或处罚结论都不甚妥当，难以收到良好的社会治理效果。

（二）法律依据空白

为了顺利适用法律对新精神活性物质进行管制，我国采取了整类列管的方法对芬太尼类物质和合成大麻素类物质进行管制，"以此获得其他关联性法律的评价，产生管制的效果"①。但是，新精神活性物质种类快速更迭的特点将列管效果大打折扣。由于新精神活性物质的制作技术非常简单，不法分子对已被列管物质的化学结构进行调整就能产生新的衍生物。该衍生物无论是名称还是结构都与原物质不同，从而跳出了法律列管的范围，成为"合法物"。由于缺少了国家列管，司法机关难以适用现有法律打击此类衍生物的生产、销售、运输、贩卖和吸食等行为。列管目录的更新速度远滞后于新精神活性物质的产生速度，势必带来法律规制的空白。

---

① 包涵：《中国应对新精神活性物质的策略与实践》，载张勇安主编：《国际禁毒研究报告（2020）》，社会科学文献出版社 2020 年版，第 161 页。

（三）法律适用重叠

根据禁毒法第2条的规定，只要新精神活性物质满足“国家规定管制”“能够形成瘾癖”“麻醉药品或精神药品”3个条件，就能够被认定为毒品，适用法律进行规制处理。但是，《列管办法》仅仅把新精神活性物质纳入国家管制的范围，为“国家规定管制”的认定提供了认定标准，没有解决法律的适用问题。在多部法律均有规定的情况下，法律的适用顺序缺乏明确指向。我国刑法第357条对毒品范围的界定与禁毒法第2条完全相同，进言之，被列管的新精神活性物质受到了刑法和禁毒法的共同调整。治安管理处罚法对涉毒行为同样进行了规定，只要被列管的新精神活性物质也属于该法的规制范围，同样受到该法的调整。由此，被列管的新精神活性物质同时被刑法、禁毒法和治安管理处罚法规制，三者之间的适用顺序尚需进一步厘清。

（四）入罪标准不明

刑法对鸦片、海洛因、甲基苯丙胺（冰毒）的入罪数量标准进行了明确规定，体现为“种类—数量—刑量”的对应关系，但是，没有涉及新精神活性物质定罪及量刑的数量标准。《立案追诉标准（三）》中对部分毒品的入罪数量标准进行了补充规定，仅涉及氯胺酮等少数新精神活性物质。此外，对于其他毒品的入罪数量标准则需要参照《非法药物折算表》的规定，先转换为对应数量的海洛因，再依据刑法规定进行定罪量刑。近几年陆续颁布的《104种非药用类麻醉药品和精神药品管制品种依赖性折算表》《100种麻醉药品和精神药品管制品种依赖性折算表》《3种合成大麻素依赖性折算表》并没有将全部的新精神活性物质的折算标准予以规定，仍有部分新精神活性物质的数量折算问题未得到解决。特别是整类列管芬太尼类和合成大麻素类新精神活性物质后，数量折算标准尚未及时跟进，使得治理效果并不理想。

二、新精神活性物质的法律规制立场

只有立足于正确的法律规制立场，才能发现问题的症结所在，进而准确地寻找解决对策，顺利实现有效规制新精神活性物质的目标。在新精神活性物质规制方面，需要坚持行政规制与刑法治理相配合、罪刑法定原则与刑法解释并重、刑法总则与分则相衔接的立场，为实践中具体的路径展开提供指引。

（一）坚持行政规制与刑法治理相配合

刑法和行政法都是社会治理不可替代的方式。刑法对具有严重社会危害性的行为进行惩罚，其保障法的功能定位决定了必须在其他法律都无法实现治理目的时才能发挥作用，即侧重于事后惩治。而行政法作为刑法的前置法，具有适用上的优先性，在预防性治理方面发挥了重要作用。所以，在治理毒品问题方面需要立足于整个法律规范体系层面，重视行政法的规范作用，充分发挥行政规制与刑法治理的各自功能。具体到新精神活性物质的法律规制层面，必须转变单纯、过度倚靠刑法事后治理思想，施展行政法的治理功能，实现多部门法之间的协同配合，行政规制与刑法治理的有机结合的二元治理格局。

虽然我国对新精神活性物质采用“行政列管 + 刑法治理”的规制方法，但是，在该方法中起到实质规制作用的只有刑法。而且，刑法的适用具有较高的门槛，必须以行政列管为前提。进言之，行政列管只是启动刑法的前置条件，没有起到实质性的规制作用。如果行政法没有列管某种新精神活性物质，那么就不能适用刑法。所以，对新精神活性物质的规制必须激活行政法的治理功能，实现行刑配合。例如，根据体系解释思想，进一步明晰治安管理处罚法规制的毒品范围。从社会危害性角度来看，新精神活性物质在成瘾性、滥用性、社会危害性等方面与海洛因、甲基苯丙胺具有相当性。从公众认知的角度来看，公众将新精神活性物质与第三代毒品作为等同概念，将新精神活性物质解释为毒品并不会超出公众认知。因此，可以考虑通过解释的方法，将新精神活性物质纳入行政法管辖的毒品范围，适用治安管理处罚法中对涉毒行为的规制，激活行政法的规制作用。

（二）坚持罪刑法定原则与刑法解释并重

罪刑法定原则的重要作用在于限制入罪，严格国家刑罚权的使用。法无明文规定不为罪，法无明文规定不处罚。在此理念指导下，对毒品的认定理应严格坚持刑法第 357 条的规定，必须同时满足“国家规定管制”“成瘾性”“麻醉药品或精神药品”的条件。换言之，该条所规定的条件之间是平面耦合关系，而不是逻辑递进关系，否则将会不恰当地限缩毒品的范围。具体而言，认定某一物质是否是毒品，需要从该物质本身的特性出发，逐一判断是否满足上述条件，而不是在某一个条件中寻找另一个条件。例如，判断国家列管目录中的物质是否是麻醉药品的做法是欠妥当的。

成文法语言表述的模糊性与实践的复杂性之间的矛盾必须通过解释加以解决。同时，必须把握好解释的限度，不可对条文进行过度解释，导致解释架空条文规定。对刑法第 357 条规定的“国家规定管制”进行解释以明晰其内涵时，必须从条文位置和立法意图出发，对其进行实质解释。进言之，一方面，刑法第 357 条位于刑法分则第六章第七节“走私、贩卖、运输、制造毒品罪”中，那么此处的“国家规定管制”的理解不可宽泛地认为所有被国家列管的物质，否则会导致本节的其他条文针对的对象是毒品，而此处针对的对象是包括毒品在内的所有被国家管制的物质，造成条文与条文之间词语含义的不贯通。另一方面，刑法第 357 条规定的目的是明确毒品的范围，进而明确刑法的适用范围，准确打击毒品犯罪。从此目的出发，应当认为“国家规定管制”的目的在于为打击毒品犯罪服务，如果国家出台的列管目录不是出于这一目的，那么就不能认为相关目录属于第 357 条“国家规定管制”的内涵。

（三）坚持刑法总则与刑法分则相衔接

刑法总则与分则是一般与个别、抽象与具体的关系。总则对分则具有指导、补充的作用，分则是对总则规定的具体细化。刑法总则第 13 条规定了犯罪的概念，提供了罪与非罪的总标准。将犯罪构成划分为客体要件、客观方面要件、主体要件和主观方面要件，只有四个要件同时具备才能认定犯罪成立。刑法分则第六章第七节规定了毒品犯罪的具体标准。在认定毒品犯罪时，必须兼顾总则与分则的具体规定。特别是在毒品犯罪主观要件的判断上，应当兼顾刑法总则与分则的衔接。刑法总则规定了犯罪故意与犯罪过失两种罪过形态，在分则中，毒品犯罪的主观罪过只能是故意，因此不能适用总则中关于过失的有关规定。在刑法分则第 357 条明确了毒品需要具有成瘾性，第 348 条暗含了需要判断成瘾性大小的要求，而刑法总则关于故意的规定只要求对危害结果有认识。因此，有关成瘾性的判断是司法裁量的任务，并不能苛责行为人在行为时认识到毒品成瘾性的有无和成瘾性的大小。

三、新精神活性物质的法律规制对策

（一）明确“国家规定管制”的范围

新精神活性物质和传统毒品在成瘾性和社会危害性方面存在相似之处，

其中的区别主要存在于是否符合“国家管制规定”这一条件。因此，明确“国家规定管制”的范围是明确毒品认定标准的关键。“国家规定管制”范围的明确需要结合相关文件的出台目的进行判断，不能盲目地认为，所有的国家管制目录都属于“国家规定管制”的范围，否则，将会无限度地扩大毒品的范围。国家颁布《麻醉药品品种目录》《精神药品品种目录》以及《增补目录》的目的在于承认目录中的物质具有麻醉或刺激神经的作用，也表明这些物质具有流入毒品市场的潜在可能性。例如，虽然“笑气”被纳入《危险化学品目录》列管，但是该目录出台的目的在于警示化工企业在使用“笑气”生产作业时应尽到高度的注意义务，防止生产事故的发生，并不具有防止其流入毒品市场的意思。故而，目前尚不能认为“笑气”满足“国家规定管制”的条件。基于前述的论证，明确“国家规定管制”的范围，需要结合毒品违法犯罪侵犯的法益以及相关文件出台的目的对“国家规定管制”的范围予以严格限定。建议多部门联合建立“国家管制数据库”，将《麻醉药品品种目录》《精神药品品种目录》《增补目录》等符合条件的列管目录进行汇总、整理、录入，以明确“国家规定管制”具体内容，为毒品认定提供可靠依据。

（二）厘清法律适用顺序

厘清法律之间的适用顺序，实现行政规制与刑法治理的高效配合。在禁毒法、治安管理处罚法和刑法都能够调整的情况下，考虑以刑法作为后盾法，优先适用禁毒法，兼顾适用治安管理处罚法，实现对新精神活性物质的行刑规制。这既是兼顾各法地位的体现，也是坚持法律适用原则的要求。一方面，刑法属于保障法，在适用的过程中，应当坚持谦抑原则。只有在其他法律都无法调整的情况下，才能适用刑法。另一方面，一般违法行为由行政法进行调整即可，只有行为达到了严重的社会危害性程度，才能受刑法调整。禁毒法与治安管理处罚法在适用时应当遵守特殊法优于一般法的原则，优先适用禁毒法，这种做法不会出现遗漏评价的情况。例如，禁毒法第 61 条对容留他人吸毒行为予以处罚，而治安管理处罚法并未规制此行为，如果优先适用治安管理处罚法则会发生法律处罚不及时的情况。对于未被列管的新精神活性物质而言，可以考虑适用治安管理处罚法进行规制。从治安管理处罚法第 1 条规定的立法目的来看，“为维护社会治安秩序，保障公共安全，保护公民、法人和其他组织的合法权益，规范和保障公安机关及其人民警察依法履行治安管理职责，制定本法”的表述说明该法的保护对象是社会秩序、公共安全和公民等社会主体的合法权益。换言之，对任何扰乱社会秩序、危害公共安全、侵害公民合法权益的行为都能为该法所调整。无论新精神活性物质是否被列管，提供、吸食、贩卖等滥用行为以及由此引发的次生犯罪已经对社会秩序、公共安全和公民合法权益造成实际损害，属于治安管理处罚法进行调整的范围。如此，在厘清法律之间的规范关系的基础上，能够实现对涉毒行为的及时处理，充分实现行政规制与刑法治理的衔接配合。

（三）提高国家列管速度

加大对新精神活性物质的打击力度，必须提高列管速度，其中关键在于禁毒办运行的实体化。首先，应明确禁毒办的职能定位。禁毒办不仅仅是承担禁毒工作职能的部门，更是组织、协调相关部门，推动禁毒实践的牵头力量。其次，转变禁毒办的层次定位，将禁毒办由政府的部门转变为政法委的部门，在党的领导下，更有利于提高禁毒办的工作效率，组织多部门加强对新精神活性物质的监管，确保数据来源的准确性、及时性和有效性。再次，重组禁毒办人员组成。禁毒是全社会的责任，监测、预判新精神活性物质作为禁毒工作的重要组成部分必然涉及社会各个组织和机构。禁毒办成员不仅需要公安、卫健、药监、交通、海关、团委、司法等国家机关部门，还需要包括高校、科研单位等机构组织，加强彼此之间的协调沟通，实现通力合作。最后，科学划分禁毒职责，各部门各司其职。公安、交通和海关等部门最容易接触到新精神活性物质，所以应当将其作为查处、打击新精神活性物质的中坚力量。卫健、医药等部门及时对新精神活性物质的致瘾性等特征进行检测，为列管工作的开展提供数据、信息等方面的支持。科研机构肩负预判工作职责，对已被列管的新精神活性物质的可能衍生物进行推测，努力将事后列管转变为事前列管。高校需要在理论可行性、法律的正确理解、准确适用等方面提供对策、建议。

（四）将成瘾性作为入罪的标准

在毒品犯罪中，毒品的成瘾性与毒品的数量共同体现了涉毒行为的社会危害性。例如，刑法第 357 条的规定，毒品需要达到“能够使人形成瘾癖”的程度，可以推知，适用刑法必须考虑成瘾性这一特性。再如，非法持有毒品罪中，不同成瘾性的毒品所对应的入罪数量是完全不同的，鸦片达到 1000 克，海洛因和甲基苯丙胺达到 50 克分别入罪。遵循相同的逻辑，判断新精神活性物质是否构罪，也需要考虑成瘾性和数量两方面，并不必须进行折算。

将新精神活性物质的成瘾性进行量化，根据成瘾性具化入罪标准，以吸食成瘾量作为入罪标准，是治理新精神活性物质的重要举措。无论是走私、运输，还是贩卖、制造等活动，最终都是为吸食服务。吸食尚未成瘾，那么人体机能尚能实现自我克制，不会反向刺激毒品犯罪或者滋生次生犯罪。反之，如果涉案的新精神活性物质的数量足以使一个正常人形成瘾癖，那么相关行为就具有严重的社会危害性，在犯罪客观方面达到了成立犯罪的标准，在其他构成要件均满足的情况下，适用刑法处罚。应当注意到，成瘾性的大小是司法标准，并不是行为人行为时必须认识到的因素。此外，新精神活性物质种类庞杂，如果对每一种新精神活性物质的成瘾性进行量化程序繁杂，难以及时解决入罪难题。为此，笔者建议，在我国整类列管模式已经取得较好成果的基础上，以新精神活性物质的整类为单位，量化每一整类物质的成瘾性，使量化工作更加便捷、高效。根据《列管办法》第 7 条规定，专家组在对拟列管的物质的成瘾性进行风险评估和列管论证的过程中，确定该类物质成瘾性的数量标准，以此作为参考标准。

第七章
容留他人吸毒罪的刑法适用

第一节 容留他人吸毒罪中“容留”认定的实证考察

一、近年来容留他人吸毒罪案件数量总体态势分析

（一）近年来容留他人吸毒罪案件数量居我国毒品类案件第一位

本书采用“威科先行·法律信息库”作为所有司法案例数据的来源，在检索时限定法院级别为全国范围内的基层人民法院①，案由为毒品类犯罪，文书类型为判决书，审判程序为一审，公开程度为全文公开，裁判日期为2017年1月1日至2021年12月4日，共检索到2132360条结果。对所检索到的结果进行可视化分析。（见图10、图11）

① 通过检索“威科先行·法律信息库”可以发现，近年来我国的容留他人吸毒罪案件中有99.86%的案件都是由基层人民法院审理的，仅有0.13%的案件由中级人民法院审理，0.01%的案件由专门法院审理。综上，将检索条件限定为基层人民法院具有极强的代表性和说服力。

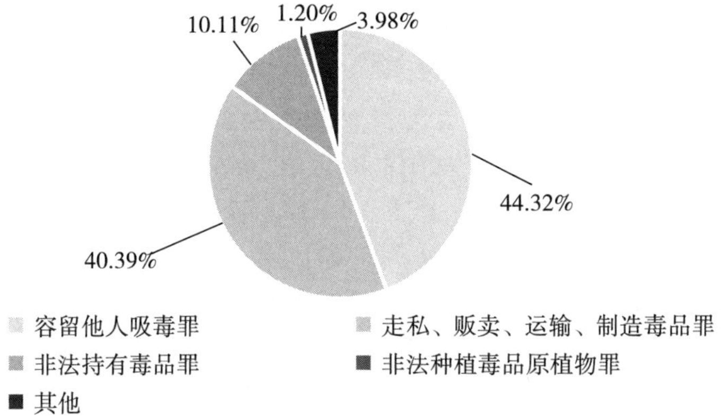

图 10　近年来毒品类案件数量占比

可以发现，我国近年来毒品类案件中案件数量居于第一位的是容留他人吸毒罪，有 81621 件，约占 44.32%，案件数量庞大，是全国范围内的基层法院予以重点打击的毒品犯罪类型之一。

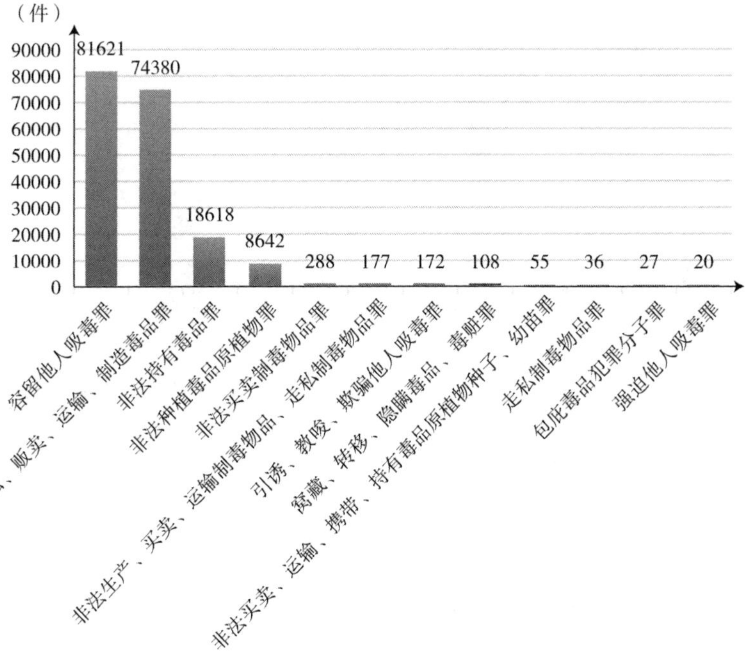

图 11　近年来毒品类案件数量

（二）容留他人吸毒罪案件数量呈逐年减少趋势，但案件基数仍然不容乐观

根据图 12 可知，容留他人吸毒罪案件 2017 年共有 25800 份判决书，2018 年共有 21654 份判决书，2019 年共有 16468 份判决书，2020 年共有 11652 份判决书，2021 年 1 月 1 日至 12 月 4 日共有 3201 份判决书。由此可知，容留他人吸毒罪的案件数量自 2018 年开始有逐年减少的趋势，并且由于全球新冠疫情的影响，2021 年的容留他人吸毒罪案件数量下降速度较快。虽然案件数量呈逐年减少的趋势，但是容留他人吸毒罪的案件基数仍然十分庞大，容留他人吸毒罪案件仍是毒品类案件中比较突出的案件类型。

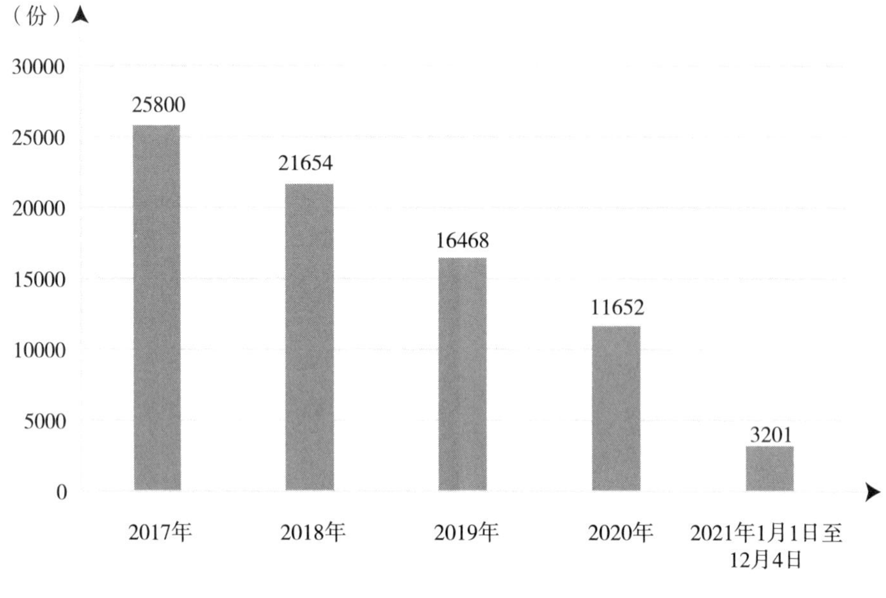

图 12　近年来容留他人吸毒罪案件数量年度分布情况统计

（三）容留他人吸毒罪案件主要分布于经济较为发达的地区

由图 13 可知，容留他人吸毒罪案件数量最多的前十个省份分别是湖南、广东、四川、江苏、江西、浙江、福建、广西、重庆、湖北。在容留他人吸毒罪的案件数量分布上：湖南有 12704 件，占全国 15. 6%；广东有 9931 件，占全国 12. 2%；四川有 8422 件，占全国 10. 34%；江苏有 6057 件，占全国 7. 44%；江西有 5457 件，占全国 6. 7%；浙江有 4983 件，占全国 6. 12%；福建有 3830 件，占全国 4. 7%；广西有 3684 件，占全国 4. 52%；重庆有 3677 件，占全国 4. 52%；湖北有 2740 件，占全国 3. 36%。

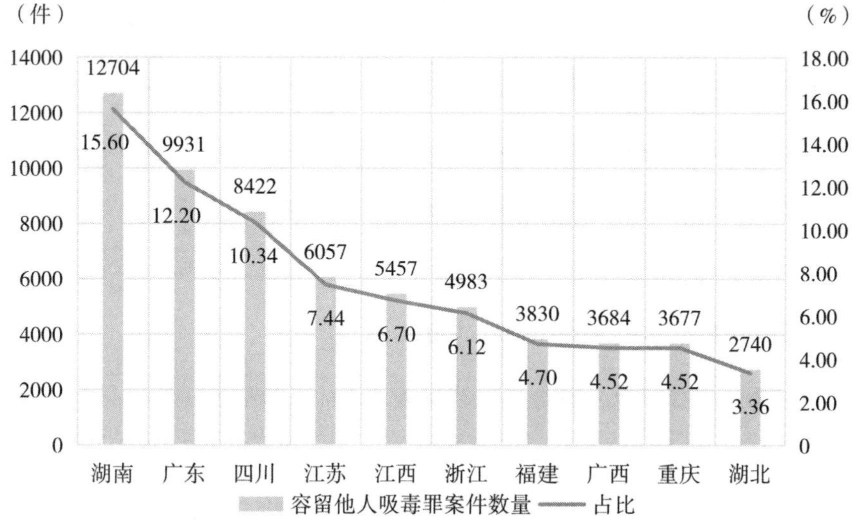

图 13　近年来容留他人吸毒罪案件地域分布情况统计

由图 13 和表 7 的数据可知，容留他人吸毒罪案件数量排名前十的省份与 2021 年中国省级行政地区生产总值排名前十的省份中有 6 个省份是重合的，重合省份分别是湖南、广东、四川、江苏、浙江、湖北。这组数据可以说明容留他人吸毒罪案件的高发省份中大多为经济发达的地区，各省经济发展状况的好坏在一定程度上对容留他人吸毒案件数量的增减有推动作用。

表7 2021年中国省级行政地区生产总值排名前十省份的数据汇总

地区	GDP（亿元）	增速
全国	1143700	8.10%
广东	124369.67	8.00%
江苏	83095.90	8.60%
山东	73129	8.30%
浙江	73516	8.50%
河南	58887.41	6.30%
四川	53850.79	8.20%
湖北	50012.94	12.90
湖南	45800	7.80%
上海	43200	8.10%
北京	40269.6	8.50%

二、实证考察的具体研究对象和方法

在对全国的容留他人吸毒犯罪态势有了总体了解以后，为了进一步深入考察本罪的认定与司法适用，还需要继续做更为具体化和专门化的实证考察。在此部分，本书的实证研究仍然选用“威科先行·法律信息库”作为案例检索的工具，依托此检索工具来获取更为真实准确的数据。本次研究旨在探索容留他人吸毒罪中“容留”认定过程中所存在的司法适用疑难问题，从而进一步研究解决问题的途径。由于我国容留他人吸毒罪案件数量庞大，在具体的深入调研中，如果范围为全国，那么检索的数量将太过庞大且此方法针对性不强，可行性和准确性不够，因此本书将研究的范围具体限定到了单一具体的省份。基于上述考虑，本书决定将云南省2017年1月1日至2021年12月4日的容留他人吸毒罪案件作为研究对象。云南省的地理位置非常特殊，位于我国的西南部，全省共有8个地州市与老挝、缅甸、越南交界，边境线长，靠近“金三角地区”毒源地，且全省经济较为落后，是全国禁毒缉毒的一线，因此选取云南省作为研究样本具有代表性和说服力。

在“威科先行·法律信息库”限定裁判日期为2017年1月1日至2021

年 12 月 4 日，案由为容留他人吸毒罪，案件省份为云南省，法院级别为基层人民法院，审判程序为一审，文书类型为判决书，文书公开程度为全公开，共检索到 789 份判决书。由于检索技术原因，排除 20 份无效数据后，共计获取 769 份有效数据，其中共涉及 801 名被告人。（见图 14）

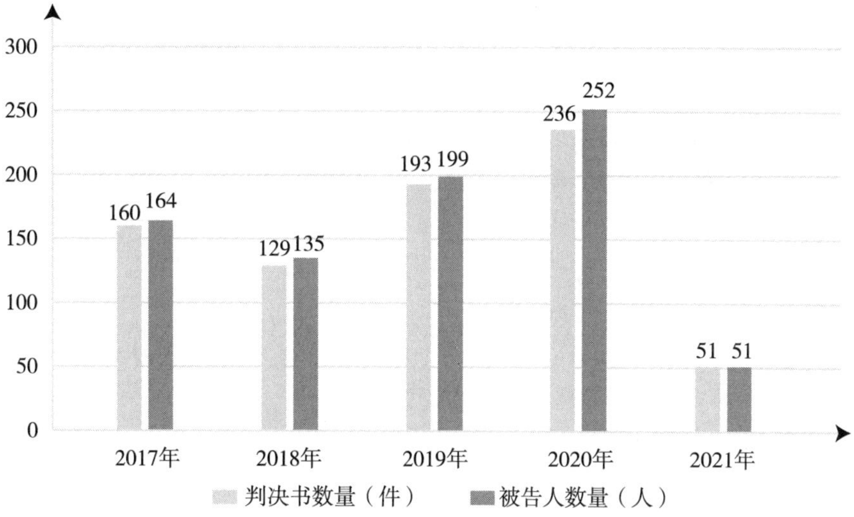

图 14　云南省近年来容留他人吸毒案件数量年度分布情况统计

本调研限定裁判日期为 2017 年 1 月 1 日至 2021 年 12 月 4 日，根据图 14 可知，云南省 2017 年共有判决书 160 份，被告人 164 人；2018 年共有判决书 129 份，被告人 135 人；2019 年共有判决书 193 份，被告人 199 人；2020 年共有判决书 236 份，被告人 252 人；2021 年共有判决书 51 份，被告人 51 人。由上述数据可知，近年来云南省 2020 年容留他人吸毒罪案件数量最多，2021 年案件数量最少；就变化趋势来说，2018 年案件数量较 2017 年有所下降，但是 2019 年和 2020 年均较上年有所增加，2021 年案件数量较 2020 年大幅下降并达到近年来容留他人吸毒罪案件数量的最低值。

三、云南省容留他人吸毒罪的案例数据分析

以“容留他人吸毒罪”为案由所检索到的案件数量过于庞大，而本书主要探究的是容留他人吸毒罪中关于容留场所、容留主体、主观方面以及容留次数的认定。因此，为了更加有针对性地获取有效数据，本书在上述检索

获得数据与资料的基础上进行了深入细致的分析，进而呈现出云南省容留他人吸毒罪案件数据的事实情况，从真实的数据中研究数据背后所包含的司法适用疑难问题。

（一）案件地域分布情况

根据图15可知，云南省范围内16个地级行政区中，容留他人吸毒罪案件数量排名前五的地级行政区分别是：昆明、玉溪、大理、保山和红河，分别有235件、103件、81件、67件和66件。其中，保山市和红河州均为边境地区，分别与缅甸和越南毗邻，靠近毒源地，有着先天的获取毒品的地理优势；除此之外，昆明、玉溪、大理均位于云南GDP排名的前五位，经济条件较好，有能力消费购买毒品。

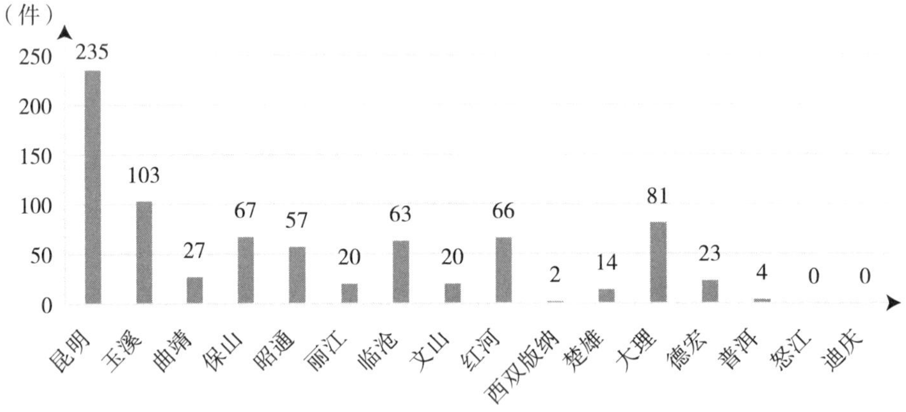

图15 云南省容留他人吸毒案件数量地域分布情况统计

（二）涉案场所分布情况

对769份判决书进行逐案分析比较，据图16可以清晰地发现在容留他人吸毒罪案件中涉案场所多发于被告人的家中、被告人租住的房屋中、被告人参与经营或管理的经营性场所、宾馆房间内、汽车内、员工宿舍中等，其中涉案场所为被告人家中的有506份判决书，涉案场所为出租屋的有157份判决书，涉案场所为宾馆的有38份判决书，涉案场所为汽车内的有28份判决书，涉案场所为宿舍的有16份判决书，涉案场所为经营性场所的有11份判决书，其中有13份判决书由于内容较为简洁，未具体写明涉案场所。

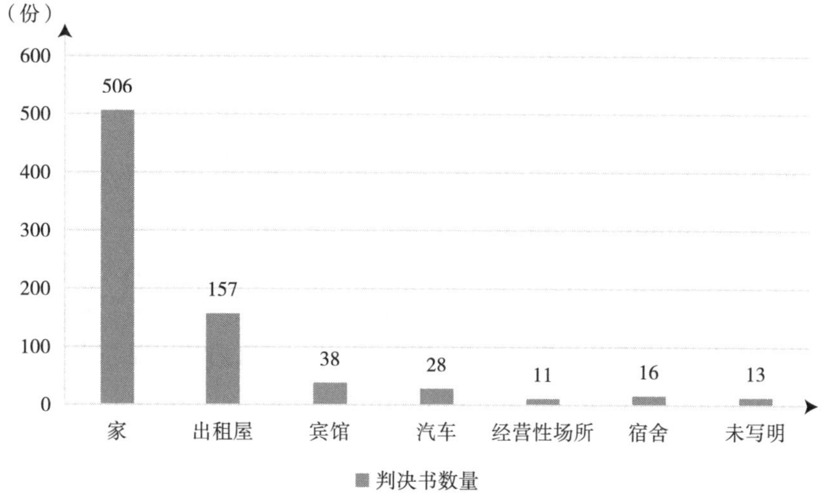

图 16 云南省近年来容留他人吸毒案件中涉案场所分布情况统计

（三）被告人的基本情况

通过仔细阅读分析 769 份判决书发现，判决书被告人信息一栏中大多数都写明了被告人的职业情况以及被告人是否也吸食毒品。本书将 769 份判决书中的内容进行分析汇总。

1. 被告人的职业情况

如图 17 所示，在 801 名被告人中，有 294 名被告人未写明具体的职业情况，占比 37%；职业为农民的人数有 368 人，占比 46%；居民人数为 58 人，占比 7%；经商人数为 7 人，占比 1%；工人人数为 7 人，占比 1%；无业人数为 67 人，占比 8%。被告人大多为农民或无业人员，此两种情况共计约占样本总数的 54%。

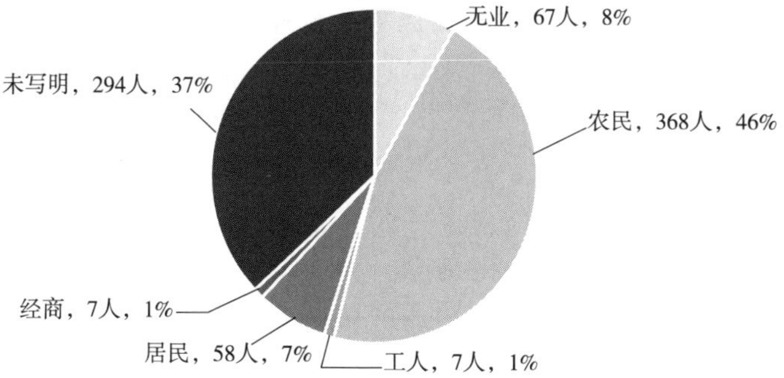

图 17 云南省近年来容留他人吸毒案件中被告人的职业情况统计

2. 被告人吸食毒品情况

所涉及的801名被告人中仅有7人判决书中未作明确说明，且无相关证据证明，所以无法得知该7人是否吸食毒品。除此之外，剩余的794名被告人在判决书中均明确写明了其吸食毒品的情况，由此可以得知在801名被告人中同时是容留者和吸毒者的比例高达99.13%。

3. 被告人与被容留者的关系

本书对769份样本案例进行仔细阅读分析后发现，在样本数据中，仅有61份判决书中明确写明了被告人与被容留者之间的关系，其余的708份判决书中均未写明被告人与被容留者之间的关系，仅仅简单表述为甲容留乙在何处吸食毒品，从此简单表述中无法准确得知二者之间的关系，故本书仅对61份明确写明关系的判决书进行分析。

在这61份判决书中，其中有50份写明被告人与被容留者系朋友关系，剩余11份判决书中写明被告人与被容留者系亲属关系，但均未具体写明系何种亲属关系，仅仅笼统表述为近亲属关系。

对11份写明关系为亲属关系的判决书内容进行分析，发现这11份判决书中的辩护人均以容留近亲属吸毒为辩护理由请求从宽处罚，但是仅有4份判决书中的法院采纳了此辩护理由，其余7份判决书均未采纳此辩护理由。

4. 被告人主观方面情况分析

理论上，对于本罪的犯罪主观方面包含直接故意并没有过多的争议，但是对于被告人主观上持间接故意的情况是否构成本罪有着不同的观点和看法。通过仔细阅读所检索到的769份判决书，可以发现仅有57份判决书中写明了被告人的主观方面，其余712份判决书均未提及。在57份写明的判决书中，仅有1份判决书的辩护人以被告人主观上系间接故意作为辩护理由，请求予以从宽，但是没有被采纳；剩余56份判决书中的被告人主观上均是持直接故意。

通过上述数据可以发现，在文书写作过程中，司法机关忽略了被告人的主观方面的准确表述，仅笼统对案件进行过于简单化的记录，也忽略了被告人主观上持间接故意或过失时的情况。

（四）容留次数情况

如图 18 所示，除去 47 份判决书中未写明容留的准确次数外，在剩余的 722 份判决书中，有 512 份判决书中的被告人容留他人吸毒的次数是 1 次，占比约 70.91%，剩余的判决书中，容留 2 次、3 次、4 次的数量最多，合计约占比 18.28%。

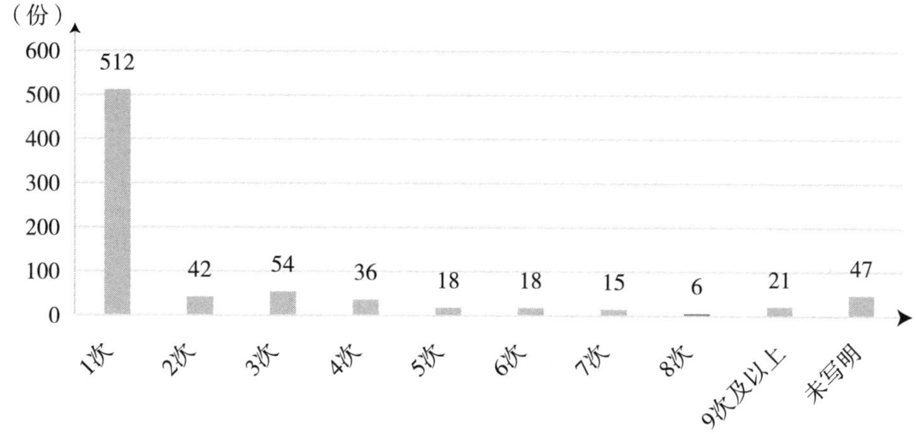

图 18　云南省近年来容留他人吸毒案件中容留次数统计

通过对容留 1 次以上的判决书中容留次数认定的标准进行分析，可以发现在容留次数的认定上司法机关往往把吸毒次数与容留次数简单等同，以吸毒的次数来认定实际的容留次数，欠缺对于每次吸毒行为之间时间间隔长短的考量。在极少数写明了具体时间间隔的判决书中，对于时间间隔的认定标准也难以统一，未形成一个清晰明确的认定标准。

第二节　容留他人吸毒罪中“容留”认定的疑难问题

一、容留场所认定的疑难问题

根据我国刑法第 354 条之规定，容留他人吸毒罪在犯罪的客观方面表现为行为人实施了容留他人吸毒的行为，也就是指行为人给吸毒者提供了吸毒的场所，因此认定行为人是否构成本罪的关键就在于容留场所的认定，而对于容留场所的认定存在不同的观点。有学者认为："对于容留场所的认定应该采取物理隔离性标准，即容留场所应该包括一切与公共空间具有隔离性的物理空间。"[①] 又有学者认为："应该把场所做扩大化解释，包括任何开放性、封闭性的空间。"[②] 还有学者认为："只有封闭性的场所才能构成，完全开放性、半封闭性场所不能构成此处的容留场所。"[③]

通过分析上述三种不同观点，可以发现前两种观点的认定标准可能会导致容留场所的范围无限扩大，从而远远超出了一般国民的预测可能性，不利于人权的保障。而最后一种观点则将容留场所的范围过分限缩，不利于对犯罪的打击以及对法益的保护。综上，本书认为应该将上述观点进行综合运用，即在容留场所的认定过程中需要充分考虑场所的控制性、封闭性以及现实性三个特征，对于场所的现实控制权认定、半封闭场所是否构成容留场所以及容留场所是否具有现实性进行研究探讨。

（一）容留场所控制性认定的疑难问题

1. 现实控制权认定中存在的问题

根据相关法条的规定可知，要构成本罪需要行为人切实地向吸毒人员提供场所吸毒，除了"提供"，行为人还需要对涉案场所具有一定的现实控制权。当行为人对涉案场所具有一定的现实控制权时就符合"提供场所"的前提条件，即只关注行为人是否对场所具有现实的支配力，而对权利的来源方式和类别不作区分。如何判断行为人对场所是否具有现实的支配力，在我国现有的理论基础上并没有一个清晰明确的标准，在司法案例的具体运用中也存在着不同的认定标准：

案例一：闫某容留他人吸毒案[④]。

主要案情：被告人闫某使用自己的身份证在湖北省武汉市硚口区某便捷酒店进行身份登记开了该酒店的5008号房间。随后，闫某与蔡某、张某三人达成一致，通过在宾馆房间内打牌的方式从赌资中抽取提成来购买香烟并

---

① 叶小琴：《容留他人吸毒行为定罪规则的实证研究》，载《法学》2019年第12期。

② 高铭暄、马克昌主编：《刑法学》，北京大学出版社2014年版，第599页。

③ 张辛陶主编：《毒品犯罪的认定与案例分析》，人民法院出版社2000年版，第85页。

④ 参见湖北省武汉市硚口区人民法院（2016）鄂0104刑初第958号刑事判决书。

支付该酒店房间房费。在三人赌博的过程中，蔡某提议一起吸食毒品并电话购买毒品，随后三人便在宾馆房间内一起吸食了该毒品。后经人民法院依法审理，判决闫某无罪。

案例二：黄某容留他人吸毒案①。

主要案情：被告人黄某在收到朱某等五人一起拼凑的1000元房费以后，使用自己的身份证在酒店开房。随后，被告人黄某负责开车接送人员前往吸食毒品并在吸毒现场提供音响等辅助工具“助兴”，被告人黄某帮助并与众人在使用其身份证开的酒店房间内一起吸食毒品。经调查，前后共有八人在该酒店房间内共同吸食毒品。后经人民法院依法审理，判决黄某构成容留他人吸毒罪。

在上述的两个案例中，两名被告人均使用自己的身份证在酒店进行身份登记开房，且二人均仅部分出资了房费，均属于实际登记且部分出资的情况，但是经过不同的人民法院审理，两名被告人的判决结果却截然不同。查询“威科先行·法律信息库”公开的判决文书显示：对于闫某一案，人民法院认为酒店的房费是用闫某、蔡某和张某三人的赌资支付的，不应该仅凭实际的登记开房人系闫某就认定其一人控制了该房间，应该根据房费的实际出资情况依法认定酒店房间系三人共同控制，因此法院认定闫某对涉案场所（酒店房间）不具有现实的控制力，不构成容留他人吸毒罪。而对于黄某一案，人民法院则认为被告人黄某积极利用自己的身份证登记开房，在整个吸毒过程中为吸毒人员提供帮助（接送吸毒人员、提供音响等辅助工具），并且黄某本人也在其开设的房间内与众人共同吸食毒品，因此被告人黄某构成容留他人吸毒罪。

案例一与案例二的案情极为相似，但是人民法院却对此作出了不同的判决，究其根本，就是因为不同法院对于现实控制权的认定标准出现了争议。对于被告人部分出资并使用自己身份证信息登记开房，随后还在房间内与众人一起吸毒的行为是否构成容留他人吸毒罪有不同的看法。肯定说观点认为（湖南省汝城县人民法院）：只要使用了身份证进行登记开房，那么就得到了房间的现实控制权，行为人就可以构成本罪。否定说观点则认为（湖北省武汉市硚口区人民法院）：当仅登记身份信息且部分支付房费时，行为人对于涉案房间的控制只是形式上的，其对于房间并不具有现实的控制权，行

---

① 参见湖南省汝城县人民法院（2020）湘1026刑初第169号刑事判决书。

为人因此不能构成本罪。

2. 多人共同控制场所时容留场所认定存在的问题

不管是单人控制场所还是多人控制场所，行为人只要把自己所控制的场所提供给他人吸毒即构成犯罪。但是在具体的案件中，多人控制场所情况下对场所的实际控制往往会出现重叠的部分，这会影响对行为人的定罪，因此需要对多人控制场所时的容留场所认定问题进行分析研究。在多人控制场所的众多情形之中最具争议性和代表性的就是“多人合租”这一类型，以下案例将围绕多人合租中容留认定存在的问题进行讨论：

案例三：梁某甲容留他人吸毒案①。

主要案情：为了方便经常性地组织多人聚会，黄某、莫某、梁某甲、陈某四人共同合租房屋居住，房屋的租金由四人进行分摊。在四人租下该房屋以后，黄某在居住期间为追求刺激与享乐，多次聚集朋友来四人合租的房屋内玩乐，并在此过程中与其朋友共同吸食毒品“K粉”。于2020年12月14日23时许，黄某组织李某、万某甲、万某乙等人一起来家中吸食毒品“K粉”，梁某甲在次日（2020年12月15日）凌晨回家时，目睹黄某、万某甲以及两位未谋面的陌生男子在合租房屋内共同吸食毒品，梁某甲回到家中看见上述人员吸食毒品却无任何制止行为，放任上述吸毒人员在合租房屋肆意吸食毒品。

案例四：万某容留他人吸毒案②。

主要案情：万某与王某、黄某共同合租，房屋租金由三人均摊。在三人合租期间，万某在合租的房屋的客厅内多次与黄某、王某吸食毒品。

案例三和案例四主要涉及了两类争议情形：第一类是涉案场所的共同控制人不制止其他共同控制人的容留行为；第二类是涉案场所共同控制人不制止其他共同控制人的吸毒行为。

在案例三中，梁某甲与三位朋友共同合租，梁某甲的其中一位朋友黄某容留他人在三人的合租房内吸食毒品，梁某甲在目睹后未制止室友黄某的容留吸毒行为，这属于上述的第一类情形。被告人梁某甲并非主动给他人提供场所吸毒，仅仅是因为其合租室友的主动容留行为而被动提供了场所，被告人梁某甲是否构成本罪存在争议。对此，有观点认为：“涉案场所的共同控

① 参见广东省湛江市赤坎区人民检察院赤检刑不诉（2021）31号不起诉决定书。

② 参见重庆市万州区人民检察院渝万州检刑不诉（2020）127号不起诉决定书。

制人不制止其他共同控制人的容留他人吸毒行为，构成容留他人吸毒罪的共犯。”与此相反的观点认为：“涉案场所的共同控制人不制止其他共同控制人的容留行为属于被动提供吸毒场所，不构成容留他人吸毒罪。”[①]

在案例四中，万某与其合租室友王某、黄某多次在三人合租的家中的客厅内共同吸食毒品，这属于上述的第二类情形，即场所共同控制人不制止房屋共同控制人的吸毒行为。在此种情况下，被告人万某是否构成本罪在司法适用中存有争议，主要的争议点在于被告人万某与其合租室友是否共同享有对合租房屋的控制权，二人对于合租房屋所享有的权利是否是平等的，相互之间是否存在容留与被容留的关系。对于上述的主要争议点未达成一致，需要进行进一步的研究。

（二）容留场所封闭性认定的疑难问题

根据容留场所不同的封闭程度，可以把容留场所分为全封闭、半封闭以及全开放三类。对于容留场所的认定，应当合理界定其范围，不应该过度扩大也不应该过分限缩。因为如果过度扩大认定的范围，则可能会造成刑罚适用的扩大化，与刑法的谦抑性相悖。对于全封闭场所（如宾馆房间、出租车内、家中）来说，认定这类场所属于容留场所并无争议，但是在司法实践中往往会出现介于全封闭场所和全开放场所之间的半封闭场所（如酒吧卡座、网吧机房、河边帐篷）。对于行为人利用这些半封闭场所容留他人吸食毒品是否构成容留他人吸毒罪在司法实践中存在争议，以下案例将围绕半封闭场所进行重点讨论。

案例五：王某某容留他人吸毒罪案[②]。

主要案情：被告人王某某在江西省南昌市某酒吧出资开了 V06 卡座，并向该酒吧的客服主管刘某购买毒品。随后，王某某聚集聂某、陈某、彭某、涂某、胡某五人在其出资包下的 V06 卡座内吸食了前述王某某向客服主管购买的毒品。

案例六：向某容留他人吸毒罪案[③]。

主要案情：被告人向某在某网吧担任网吧的管理员，向某利用掌握网吧

---

① 莫关耀、杜敏菊：《容留他人吸毒罪的重构》，载《云南大学学报（法学版）》2015 年第 6 期。

② 参见江西省南昌市东湖区人民法院（2015）东刑初第 83 号刑事判决书。

③ 参见四川省长宁县人民法院（2017）川 1524 刑初第 23 号刑事判决书。

机房钥匙的职务便利，容留李某在网吧机房内吸食毒品，之后还分别于2016年9月2日容留李某、邓某在网吧机房内吸食毒品，2016年9月4日容留李某、王某在网吧机房内吸食毒品。

案例七：李某容留他人吸毒罪案[①]。

主要案情：被告人李某将自己在网上购买的帐篷带至河边的空地进行搭建，并且热情邀约自己的四位友人前往此处一起吸食毒品，被周围村民发现后报警处理。

上述三个案例中的被告人均被人民法院认定构成容留他人吸毒罪。三位被告人容留他人吸毒的场所包括酒吧卡座、网吧机房以及河边临时搭建的帐篷。酒吧卡座大多呈环形分布于酒吧的大厅内，卡座与卡座之间通常只隔着一层玻璃或者只隔着沙发，并没有多余的遮挡。因为酒吧内人流量大且人员流动性极强，这导致酒吧内的卡座封闭性较差，但是由于卡座仍然具有一定的遮挡且未经卡座主人的允许其他人不能进入卡座，这使得卡座能够形成一个相对独立、具有一定封闭性的空间，介于全封闭与开放空间之间，属于半封闭空间。网吧机房内的座位与酒吧卡座情形类似，在此不作赘述。而河边临时搭建的帐篷属于搭建在公共河边，不特定多数人可能会经过，有的帐篷能够完全进行遮挡，此时帐篷的私密性较高，帐篷具有封闭性，但是如果所搭建的帐篷属于有一面或多面向外敞露的类型时，此时这样的帐篷就属于半封闭空间。

对于此类的半封闭空间是否符合容留场所的封闭性特征大致有两种不同的看法。持第一种看法的人认为："为了打击毒品犯罪，维护人民群众的生命财产安全，应当将场所的解释扩大化，任何开放性、封闭性的空间都可以构成容留场所。"[②] 持第二种看法的人认为："只有封闭性的场所才能构成容留场所。"[③] 上述两种不同的看法都有一定的合理性，但是也都存在很大的局限性，具体如下：一方面，主张任何空间都能构成容留场所会导致刑罚的扩大化适用，不利于对人权的保障；另一方面，主张只有全封闭场所才能构成容留场所会导致在司法实践中忽略半封闭场所这一特殊情形，从而不当限缩了容留场所的范围，不利于对法益的保护。在司法实践中，出于对毒品犯

① 参见浙江省衢州市衢江区人民法院（2017）浙0803刑初第110号刑事判决书。

② 高铭暄、马克昌主编：《刑法学》，北京大学出版社2014年版，第599页。

③ 张辛陶主编：《毒品犯罪的认定与案例分析》，人民法院出版社2000年版，第95页。

罪从严打击的政策因素的考虑，大部分司法机关都认定半封闭场所属于容留场所，“一刀切”的判决思路往往忽略了考虑半封闭场所的特征，这是不利于司法文明的。

（三）容留场所现实性认定的疑难问题

案例八：梁某某网络直播吸毒案①。

主要案情：2017 年初，被告人梁某某在各网络平台中以网络视频的方式与网友一起吸毒。另外，梁某某还负责统一管理各个平台内的数个虚拟的网络视频房间并缴纳各平台的相关费用。经公安机关查实，被告人梁某某在此网络平台召集大量的吸毒人员在直播间吸毒，并在吸毒间隙分享彼此的吸毒体验与感受。

随着互联网技术的迅猛发展，互联网正在对我们的生产生活产生着方方面面的影响。目前，我国网民规模达 10.79 亿，全国互联网普及率达 76.4%。② 在此背景下，犯罪必然会受到网络互联网技术发展的影响，互联网平台给犯罪提供了更为多元的表现形式，给打击犯罪带来了诸多困难。利用网络平台视频直播一起聚众吸毒的犯罪行为正是在此背景下得以快速发展，而对于组织网络视频直播吸毒的“房主”是否构成容留他人吸毒罪则存在较大争议，在司法实务中主要有以下三种不同的观点：

第一种观点认为，房主的行为构成容留他人吸毒罪。③ 该观点认为应当对网络直播间作扩大解释，将其解释为容留他人吸毒罪中的容留场所，应当以容留他人吸毒罪对直播间的房主定罪处刑。

第二种观点认为，房主的行为构成非法利用信息网络罪。④ 该观点所依据的是 2016 年最高人民法院发布的《毒品犯罪解释》第 14 条第 1 款⑤的规定，认为在此案件中的涉案房主的行为属于在网络平台上发布违法犯罪活动

---

① 参见苏州市中级人民法院（2018）苏 05 刑终第 643 号刑事判决书。

② 《第 52 次〈中国互联网络发展状况统计报告〉》，载中国互联网络信息中心网，https://cnnic.cn/n4/2023/0828/c199-10830.html。

③ 项艳、吴雨亭：《新司法解释下利用网络平台组织他人吸毒行为的刑法评价》，载《北京警察学院学报》2020 年第 4 期。

④ 罗娜、郭威：《网络吸毒案件争议问题研究》，载《中国检察官》2017 年第 24 期。

⑤ 该条规定：“利用信息网络，设立用于实施传授制造毒品、非法生产制毒物品的方法，贩卖毒品，非法买卖制毒物品或者组织他人吸食、注射毒品等违法犯罪活动的网站、通讯群组，或者发布实施前述违法犯罪活动的信息，情节严重的，应当依照刑法第二百八十七条之一的规定，以非法利用信息网络罪定罪处罚。”

的信息（召集、吸引网友加入直播间一起吸毒的信息），符合非法利用信息网络罪的构成要件。

第三种观点认为，房主的行为不构成犯罪。[①] 此种观点认为在我国吸毒行为不属于犯罪，利用网络直播间直播组织“毒友”一起吸食毒品，分享吸食毒品的感受的行为只属于吸毒行为，不应该被认定为犯罪。因为网络直播间不属于刑法意义上的“场所”，成员们也是在现实中进行吸毒，而非网络直播间，所以房主的行为并不构成犯罪。

对于网络直播间是否可以解释为容留他人吸毒中的容留场所存在较大的争议。以观点一为代表的学者认为可以对网络直播间作扩大解释，将其纳入容留场所的范围；而以观点二、观点三为代表的学者则认为容留场所必须是现实存在的具有客观实在性的，将网络直播间解释为容留场所属于类推解释，超出了国民预测可能性。因此，“网络直播间”属性的准确界定在司法实践过程中存在诸多的争议。

二、容留主体认定的疑难问题

（一）经营性场所容留主体认定标准不统一

案例九：胡某甲容留他人吸毒案[②]。

主要案情：被告人胡某甲在当地经营着一家农家乐，并且将农家乐内的房间装修为 KTV 包厢，将此作为“嗨场”提供给来农家乐消费的顾客吸食毒品。内部的具体分工如下：雷某系此“嗨场”管理人员；王某负责为“嗨场”内吸食毒品的人员望风、放哨；段某主要负责为整个“嗨场”提供音乐 DJ 服务，营造“嗨场”内的吸毒氛围；陈某、李某则是负责在“嗨场”提供“打碟”服务。2018 年 7 月，刘甲向被告人胡某甲支付 6000 余元的费用在该场所内包下一间房，并邀请朋友到此与自己一起庆祝生日，在此期间内，共计十余人在该农家乐的 KTV 包厢内一起吸食毒品；其间农家乐的工作人员段某、李某、陈某为其提供音乐“打碟”服务；工作人员王某则负责望风巡查。

---

① 莫洪宪、周天泓：《论开设网络“烟馆”聚众吸毒行为的定性》，载《云南大学学报（法学版）》2014 年第 6 期。

② 参见湖南省嘉禾县人民法院（2019）湘 1024 刑初第 68 号刑事判决书。

案例十：徐某、孙某容留他人吸毒案[①]。

主要案情：被告人徐某在当地经营“嗨房”业务，并通过在“嗨房”中容留他人吸毒牟取非法利益。被告人徐某先后聘请了孙某、梅某等人作为“嗨房”的工作人员并对几人作了明确的分工：被告人孙某是“嗨房”的主要管理人，还承担绝大部分预订房间和结算费用的工作；梅某等人则负责日常的卫生清洁工作，同时为客人提供配送吸毒配套工具（如吸管）的服务。2019 年 2 月，杜某、左某、李某等人到店吸食毒品，其间孙某提供“嗨房”作为吸毒场所，梅某则负责提供吸管等吸毒工具。

上述两个案例均是发生在经营性场所的容留他人吸毒案件，但是这两个案例中对于经营性场所容留主体的认定标准并不统一。根据判决书中所载明的内容可知：

案例九中，“嗨场”的经营者胡某甲、管理人员雷某、普通工作人员王某、段某、李某、陈某均被法院认定构成容留他人吸毒罪，除此之外，包场请客吸毒的“嗨场”消费者刘甲也被法院认定构成本罪。由此可知，案例九中的人民法院对于经营性场所容留主体的认定所采取的是全面定罪原则。

案例十中，人民法院依法认定“嗨房”的经营者徐某、管理者孙某、提供吸毒工具的服务者梅某构成容留他人吸毒罪。其他普通工作人员和到此聚众吸毒的杜某等人并不构成本罪。由此可知，案例十中的人民法院对于经营性场所容留主体的认定采取的是部分定罪原则。

在司法实践中，对于经营性场所容留主体的认定标准不统一，主要存在全面定罪原则和部分定罪原则两种标准。认定标准的不统一导致在实务中容易出现同案不同判的情况，这不利于案件审判的公平公正，亟须探索研究出统一的符合实际的认定标准。

（二）近亲属容留吸毒中近亲属范围认定标准不统一

近亲属容留吸毒是容留他人吸毒罪中的一种特殊情形，在司法解释中，近亲属之间容留包庇吸毒构成本罪。对此，学术界上有着与司法解释规定不同的观点，认为此种情形不构成本罪，该观点认为：“容留他人吸毒罪中的‘他人’不包括行为人的近亲属，如果行为人提供场所容留自己的近亲属吸

---

① 参见湖北省武汉市新洲区人民法院（2019）鄂 0117 刑初第 322 号刑事判决书。

毒，那么行为人的容留行为不应被认为构成本罪。”①

除了近亲属容留吸毒是否构成本罪存在争议以外，在近亲属容留吸毒中近亲属范围的认定标准也存在不同的观点和看法，一部分学者认为对于近亲属容留吸毒，应该将近亲属区分为同住的近亲属和不同住的近亲属来处理具体的案件，同住的近亲属不能认定构成本罪，其认为本罪主要是针对非同住的近亲属之间的容留行为；② 还有一部分学者主张按照法律意义上的近亲属范围来进行规制，但是对于应该采取何种标准来认定“近亲属”的标准并未作出明确的规定，在适用中具体是应用刑事诉讼法的近亲属范围标准③还是民事诉讼法的近亲属范围标准④也存在争议。

综上，对于近亲属间容留吸毒的认定中存在以下争议焦点：第一，近亲属是否构成本罪的犯罪主体存在争议；第二，在认定过程中是否应该对近亲属严格区分为同住的近亲属和非同住的近亲属，并对非同住的近亲属之间的容留吸毒行为予以打击；第三，对于近亲属的标准该采取刑事诉讼法标准抑或是采取民事诉讼法标准存在争议。上述三个争议焦点有待于进一步厘清。

三、主观方面认定的疑难问题

行为人在实施容留他人吸毒行为时主观上应持故意，而故意又有直接故意与间接故意之分。直接故意与间接故意在意志因素上是不同的：直接故意在意志因素上表现为行为人对于可能发生的危害结果积极追求其发生，而间接故意在意志因素上表现为行为人对危害结果的发生持放任的态度。当行为人持直接故意时构成本罪毋庸置疑，此时的争议点在于行为人持间接故意时如何认定。以下将列举两个典型案例进一步分析说明。

案例十一：莫某容留他人吸毒罪案⑤。

主要案情：2014 年 9 月的一天晚上，被告人莫某与五位朋友一起在某

---

① 李立丰、项艳：《论容留他人吸毒罪的法教义学展开——以实质解释为视角》，载《理论月刊》2020 年第 6 期。

② 李翔：《论容留他人吸毒罪中的“容留”》，湘潭大学 2017 年硕士学位论文。

③ 刑事诉讼法第 108 条第 6 项规定，近亲属是指夫、妻、父、母、子、女、同胞兄弟姊妹。

④ 民法典第 1045 条规定，亲属包括配偶、血亲和姻亲。配偶、父母、子女、兄弟姐妹、祖父母、外祖父母、孙子女、外孙子女为近亲属。配偶、父母、子女和其他共同生活的近亲属为家庭成员。

⑤ 参见广西壮族自治区崇左市中级人民法院（2016）桂 14 刑终第 59 号刑事判决书。

KTV 包厢内喝酒聚会，在此期间，莫某发现有友人在此处吸毒，对此吸毒行为莫某选择了无视，继续与其余的友人一起喝酒叙旧。针对莫某的行为，法院认为不构成犯罪。

案例十二：王某、冯某、陈某容留他人吸毒罪案①。

主要案情：三名被告人共同出资开设经营某会所，在经营过程中，三人的具体分工如下：被告人陈某主要负责该会所的日常经营与管理；被告人王某则负责该会所内部的后勤保障工作；被告人冯某出资了该会所。三名被告人在明确知悉有大量客人在会所内吸食毒品这一情况后，非但没有对此类违法行为劝阻举报，反而在主观上为了保持会所的客流量而对此类行为充耳不闻，于 2015 年 3 月被公安机关查获大量客人在此吸毒。人民法院经审理后认定：三名被告人作为经营性场所的实际经营管理者以及投资者，主观上明确知悉有客人在会所内吸毒，但未采取有效的治理措施去整治此类行为，给众多的吸毒人员提供吸毒场所，符合本罪的构成要件。

在案例十一中，被告人莫某明知其好友在其出资开的 KTV 包间内吸食毒品但未予以制止，在主观上持放任的态度，系间接故意；在案例十二中的三名被告人明知有客人在其经营的会所内吸食毒品，但没有采取积极有效的措施予以制止，反而放任客人在其经营的会所内部包房吸食毒品，三名被告人在主观上也系间接故意。案例十一与案例十二的被告人均持间接故意，但是在裁判结果上却截然不同，案例十一中的被告人莫某被判决无罪，但案例十二中的三名被告人均被判决构成容留他人吸毒罪。两个案例相比较，最大的不同之处在于案例十一中的被告人莫某对于涉案 KTV 房间的控制是通过出资开房获得的，而案例十二中三名被告人对于涉案会所房间的控制则是基于对会所的经营管理权限而获得的。在本罪的认定中，对于行为人主观上持间接故意这一情形，主要有以下三种不同的看法需要去厘清：

第一种观点认为，容留他人吸毒罪是指犯罪嫌疑人明知他人吸毒，仍然提供场所或者便利条件，主动、积极地去实现犯罪目的，因此本罪主观上不存在放任危害结果发生的可能性，只能由直接故意构成，不能及于间接故意。②

第二种观点认为，公共娱乐场所的主要负责人，明知在其所管理的场所

---

① 参见上海市静安区人民法院（2015）静刑初第 252 号刑事判决书。

② 张芸：《容留他人吸毒犯罪疑难案例的司法适用》，载《中国检察官》2011 年第 4 期。

内长期存在贩毒、吸毒等现象而不制止、不报告的，可以容留他人吸毒罪定罪处罚。[①]

第三种观点认为，消极不作为形态的容留行为之所以受到刑法规制，主要是基于容留实际上是指将自己事先已经支配的场所提供给吸毒人员[②]，而法益的危险发生在行为人独立支配的领域时，行为人具有实质的法义务[③]。简言之，在行为人负有相应的作为义务时，对于他人的吸毒行为主观上持间接故意构成本罪。

四、容留次数认定的疑难问题

（一）容留次数认定在法律适用中的疑难问题

我国刑法的相关条文并没有对容留他人吸毒罪的容留次数作出清晰准确的规定，在司法适用时司法机关通常把入罪的容留次数理解为一次，即只要发生了容留他人吸毒的行为就构成本罪，对具体的次数并不考虑。但是，禁毒法第 61 条中规定了对容留他人吸毒尚未构成犯罪的，应该给予其拘留或行政罚款等行政处罚。如果把所有容留他人吸毒的行为不论次数均认定构成本罪，那么会导致刑罚权的过分扩张，将本可以仅运用行政处罚予以惩处的行为都纳入了刑法的调整范围之中，使得禁毒法的规定难以实际运用到司法实践中，导致刑事处罚与行政处罚难以平衡利用。在此背景下，2012 年出台的《立案追诉标准（三）》提高了容留他人吸毒罪的立案标准，将容留次数由一次提高到两次，为行政执法提供了一定的空间。容留次数的进一步细化规定起到了一定的规范作用，但是由于该标准所设定的入罪门槛仍然较低，再加上司法实践中对于该法条的机械运用使得一些不符合该罪犯罪构成要件且可以通过行政处罚予以调整的行为被大规模纳入了刑法调整范围，小部分地方甚至有“以刑抵罚”现象发生，这从长期来说对于打击犯罪是不利的。因此，2016 年出台的《毒品犯罪解释》在容留他人吸毒罪中容留次数的定罪标准上发生了改变。根据《毒品犯罪解释》第 12 条可知容留他人吸毒罪的入罪标准的容留次数由原来的“两次以上”变成了“二年内多次”，这意味着时间上有限制，即 2 年内容留 1 人 2 次吸毒的，不构成犯罪，

---

① 李翔：《论容留他人吸毒罪中的“容留”》，湘潭大学 2017 年硕士学位论文。

② 张明楷：《刑法学（下）》（第六版），法律出版社 2021 年版，第 1525 页。

③ 张明楷：《刑法学（上）》（第六版），法律出版社 2021 年版，第 204 页。

而这里的多次通常指3次及以上。

上述法律规范的变迁本身就体现了在容留认定过程中所存在的疑难问题，具体而言，容留次数的认定在司法适用中出现了以下争议问题：第一，是应该适用禁毒法之规定对行为人予以行政处罚还是应该适用《毒品犯罪解释》中的相关规定对行为人予以更为严厉的刑事处罚；第二，在司法实践中，仍有部分法院未适用《毒品犯罪解释》中2年内多次容留的标准，仍然在适用《立案追诉标准（三）》中的容留2次的标准，在法律适用的过程中的法条依据存在差异。

案例十三：伍某、张某容留他人吸毒案①。

主要案情：被告人伍某自2015年10月起多次在家中容留他人吸食毒品。2015年11月16日凌晨，被告人伍某再次容留其友人黄某和张某在其家中吸食毒品。

被告人张某于分别于2015年11月8日、15日2次容留其友人黄某在家中吸食毒品。

案例十四：张某容留他人吸毒案②。

主要案情：2016年6月20日15时许，被告人张某与佘某、尤某入住某酒店，由于张某未带身份证，于是就借用尤某的身份证登记并支付房费顺利入住酒店房间。随后，尤某前往酒店房间邀约张某与佘某一起吸食毒品寻求刺激，并安排由佘某联系购买毒品，被告人张某出资200元购得毒品若干供三人一起吸食。第二天（2016年6月21日），被告人张某再次购买价值200元的毒品后，于当天的23时许与高某到酒店房间一起吸食毒品，随后高某又联系佘某一起到达酒店，三人共同吸食毒品。

在案例十三中，一审法院判决伍某和张某两人均构成容留他人吸毒罪；二审法院在认定被告人伍某构成容留他人吸毒罪的基础上，改判被告人张某无罪，对此，二审法院的裁判理由如下："被告人张某仅两次容留他人吸毒，尚未达到司法解释所规定的定罪标准，故而不构成此罪。"除了案例十三以外，在（2016）鲁11刑终47号、（2016）皖03刑终127号、（2016）黑1202刑初99号、（2016）鄂0104刑初958号四个案例中，同样也是因为一人容留次数（2次）未达到定罪标准而判处无罪，并且在判决书中人民法

① 参见广东省惠州市惠城区人民法院（2016）粤1302刑初第712号刑事判决书。

② 参见湖北省随州市中级人民法院（2017）鄂13刑终第22号刑事裁决书。

院均引用了《毒品犯罪解释》中关于容留次数的相关规定。

在案例十四中，二审法院经审理后认定："上诉人张某在自己出资居住酒店房间内向他人提供毒品并容留他人在房间内吸食毒品共计2次，依法构成本罪。"本案被告人张某容留次数仅为2次，并不符合《毒品犯罪解释》所规定的"两年内多次容留他人"的情形，也不符合"一次容留多人"的情形。根据裁判文书可知本案的案发时间是在2016年6月，此时新的司法解释（《毒品犯罪解释》）已经生效实施，但是人民法院在审理时并未适用《毒品犯罪解释》中的相关规定，而是依照《立案追诉标准（三）》中容留一人两次构成本罪的规定对被告人进行定罪处罚。根据我国"从旧兼从轻"的刑法适用原则，是否应该适用《毒品犯罪解释》的相关规定而非适用打击范围更广的《立案追诉标准（三）》。此时，容留次数的认定在法律适用中存在争议，入罪标准出现了适用混乱的问题，这亟须进一步予以探索研究。

（二）容留次数认定标准简单化存在的疑难问题

在司法适用过程中，司法机关为了追求办案效率，往往机械地将吸毒次数简单地等同于容留次数，从而忽略了多次吸毒行为之间的时间间隔。对于同一个行为人在相对接近的时段内在同一个场所多次容留完全一致或部分一致的"他人"吸食毒品这一情形，在容留次数的认定上也存在诸多争议：

案例十五：葛某容留他人吸毒案[①]。

主要案情：2015年11月15日，被告人葛某到某宾馆开了203号房间住宿并邀请朋友蒋某到该房间玩耍。2015年11月16日下午，葛某外出购买了一小包毒品，其返回宾馆房间后与蒋某一起吸食了该包毒品；2015年11月17日凌晨，被告人葛某再次出门购买毒品，返回后葛某与蒋某在203号房间内一起吸食了该毒品。（见表8）

表8 葛某容留他人吸毒的时间间隔

容留次数	容留主体	时间（2015年）	被容留者
第一次	葛某	11月16日下午	蒋某
第二次	葛某	11月17日凌晨	蒋某

① 参见江西省武宁县人民法院（2016）赣0423刑初第55号刑事判决书。

案例十六：张某容留他人吸毒案①。

主要案情：2018年4月5日，被告人张某用自己的身份证登记入住江西省南昌市某招待所104号房间。于2018年4月6日19时许，被告人张某与友人周某在104号房间内容留张某甲、杨某吸食毒品；2018年4月7日24时许，被告人张某与友人周某在104号房间内容留张某甲、杨某吸食毒品；2018年4月8日13时许，被告人张某与友人周某在104号房间内容留张某甲、杨某吸食毒品。（见表9）

表9　张某容留他人吸毒的时间间隔

容留次数	容留主体	时间（2018年）	被容留者
第一次	张某、周某	4月6日19时许	张某甲、杨某
第二次	张某、周某	4月7日24时许	张某甲、杨某
第三次	张某、周某	4月8日13时许	张某甲、杨某

由于案例十五的案发时间系2015年，故司法机关适用了《立案追诉标准（三）》的容留2次的入罪标准。本案中的葛某分别于11月16日下午和17日凌晨2次容留蒋某吸食毒品，2次容留的时间间隔在24小时内，人民法院认定在该案中被告人葛某两次容留蒋某吸食毒品，符合《立案追诉标准（三）》所规定的入罪标准，被告人葛某构成此罪。

案例十六的案发时间是2018年，故在该案中予以适用《毒品犯罪解释》的2年内容留3次的入罪标准。被告人张某分别于4月6日19时、7日24时、8日13时容留相同的两人（张某甲、杨某）吸食毒品。经过计算，本案中三次吸毒时间的间隔分别为29小时和13小时，人民法院据此认定被告人张某在104号房间内容留张某甲和杨某吸食毒品共计3次，符合《毒品犯罪解释》的入罪标准，认定被告人张某构成容留他人吸毒罪。

在案例十五和案例十六中，司法机关在认定容留次数时均将吸毒次数简单等同于容留次数，即机械地以被容留者实际吸食毒品的次数来认定容留者的容留次数，并未对各吸毒行为之间的时间间隔提出一个清晰明确的划分标准。在案例十五中的各吸毒行为之间的间隔是24小时内，而案例十六中各吸毒行为之间的时间间隔为有一次超过了24小时，另一次未超过24小时，

① 参见江西省南昌市西湖区人民法院（2018）赣0103刑初第637号刑事判决书。

仅为13小时，各吸毒行为之间的时间间隔认定的标准不同，但最后却均被认定构成容留吸毒行为。对于各吸毒行为的时间间隔缺乏明确的认定标准，从而使得在司法适用的过程中出现上述简单将吸毒次数等同于容留次数的情况。对于容留次数时间间隔不确定的司法认定标准，一方面会有损司法的权威，导致同案不同判；另一方面在案件的审理过程中审判人员的主观能动性过大，不利于司法公正。

第三节　容留他人吸毒罪中“容留”认定的规范阐释

一、容留场所认定的规范阐释

我国刑法条文并未对“场所”一词作出清晰的界定。《现代汉语词典》将“场所”解释为给特定的人或事情活动的场所，这个解释使得“场所”的范围过大，将开放空间以及网络虚拟空间也包含在内，显然是不合理的。在此，将视角放眼于其他地区法律中对场所的界定，可以发现在我国香港特别行政区以及日本对场所有着较为清晰的界定。我国香港特别行政区采用“烟窟”的概念，将容留场所认定为任何场所或处所；[①]《日本刑法典》将容留场所限定为建筑物或房间。[②]在我国香港特别行政区和日本吸食毒品会受到刑法的规制，且其对于与吸毒有关的犯罪都是严厉打击的，所以二者在强调提供场所的牟利性的基础上，将容留场所解释得较为宽泛是合理的。而在我国内地，单纯的吸毒行为仅仅处以行政处罚，而非刑事处罚，所以在界定容留场所时不应该像我国香港特别行政区和日本规定得那么宽泛，而应该将容留场所范围进行一定程度的限缩。

“容留场所”可以解释为可以供吸毒者吸食毒品的空间，在该空间范围内可以为吸毒者提供安全的吸毒环境，从而使吸毒者肆意地在此空间内吸食

---

① 香港特别行政区《危险药物条例》规定：“‘烟窑’指曾经一次或多次开设、经营或使用为吸食、吸服、服食或注射危险药物的任何场所或处所。”

② 《日本刑法典》第139条规定：“提供建筑物或者房间供他人吸食鸦片烟以图谋利的，处六个月以上七年以下惩役。”

毒品。对于容留场所的认定存在以下三种不同的观点：第一，对容留场所应该作扩大解释，包括一切可供吸食毒品的空间；第二，容留场所应该包括一切与公共空间具有隔离性的物理空间；第三，容留场所只能由封闭性的场所才能构成，完全开放性、半封闭性场所不能构成此处的容留场所。综合上述不同的观点，本书认为应该将容留场所界定在一个合理的范围之间，既不能无限扩张其范围，也不能将其范围过分限缩。故本书认为应该结合法条的相关规定，认定容留场所时应该满足：行为人对该空间具有控制性，该空间自身具有一定封闭性和现实性。

（一）容留场所控制性的规范阐释

在讨论容留场所的认定时，行为人对场所具有控制权是其中的关键。而对于场所的控制性而言，行为人现实控制权的认定以及多人共同控制场所时容留场所控制权的认定是其中最为重要的两个方面内容。

1. 现实控制权认定的规范阐释

容留场所的认定需要考虑行为人对于涉案场所是否具有现实控制权，即是否对场所拥有实际的支配力。现实控制权的认定对于行为人的定罪量刑非常关键，但是在司法适用的过程中对此问题并没有统一明确的认定标准。例如，在上文所述闫某案和黄某案中，两名被告人对于涉案的酒店房间均属于实际登记且部分出资房费的情况，但是在法院的判决结果却截然不同。在闫某案中，审理法院认为虽然被告人闫某使用了自己的身份证登记开房，但是其仅部分支付了涉案酒店房间的房费，不能以此认定其对房间拥有现实的控制权，而应该认定为其与其他几名吸毒人员共同现实控制支配该酒店房间，并由此判决闫某无罪；但在黄某案中，黄某也属于实际使用身份信息进行登记但仅部分支付房费的情况，这是与闫某案案情相类似的，但最终审理法院却认为被告人黄某对该酒店房间拥有现实的支配力，其现实控制了该酒店房间，并据此认定被告人黄某构成容留他人吸毒罪。

在上述两个案例中，由于在司法实践中对于现实控制性认定缺乏统一的标准，导致了同类案件出现不同判决结果的情况。不同的法院对于容留场所的现实控制权认定存有分歧，从而导致无法准确统一地判断容留场所的现实控制权主体。黄某案中的法院主张提供身份证实际登记开房者就能取得对涉案房间的现实控制权，不考虑房费的实际支付情况；而闫某案中的法院则主张不能仅仅依据实际办理登记开房来认定房间的现实控制权，还要结合房费的给付情况综合进行判断。

对此，本书认为对于现实控制权的认定不应该仅仅局限于实际登记或给付房费中的任何一方面，而应该将二者综合起来进行考虑。名义上的酒店房间租用者是使用身份证信息登记入住的两名被告人，但是实际上两名被告人开设该酒店房间使用的资金均是与其他几位吸毒人员“AA制”分摊的。那么实际上该酒店房间就是由所有房间内的吸毒人员共同出资“租用”的，所有房间内的吸毒人员都平等地占有、使用、支配该宾馆房间，都对该房间拥有现实的支配力，彼此对该酒店房间的权利是平等的，不具有任何主次顺序，因此在认定酒店房间的实际控制人时不能仅仅考虑登记人是谁，也不能仅仅考虑出资者是谁。本书认为，实际的控制人应该同时满足“登记+出资+出资动机”三个条件，如果不能同时满足，那么就无法认定实际的控制权人，只能将其认定为单纯的聚众吸毒行为予以行政处罚。

2. 多人共同控制场所时容留场所认定的规范阐释

在多人共同控制场所时，容留场所的认定主要在以下两个方面存在争议：场所的共同控制人对其他共同控制人的容留行为未进行制止是否构成本罪；场所的共同控制人对其他共同控制人的吸毒行为未进行制止是否构成本罪。

第一，场所的共同控制人对于其他共同控制人的容留行为未进行制止是否属于容留他人吸毒罪中的“提供场所”，在学术界存在争议（前文已有介绍，此处不做赘述）。对此问题，由于此种情形多出现于多人合租房屋的情况下，所以本书就多人合租情形展开分析讨论。本书认为，共同控制人对于其他控制人的容留行为未进行制止并不构成本罪，主要基于以下两个方面的考虑：一是共同控制人无作为义务，共同控制人对其他控制人的容留行为并不存在法律上或业务上的作为义务，其不予制止的主观态度也不属于不作为义务来源中的先行行为，其对于他人的容留行为的消极态度并不会实际影响他人的行为；二是不制止其他共同控制人的容留行为与法益侵害无因果关系，依据客观归责，其不制止的行为并未增加法益侵害性，也不是法益被侵害的直接原因，不会对损害结果产生实际影响。综上，场所共同控制人对于其他共同控制人的容留行为未进行制止并不符合容留他人吸毒罪的构成要件。

第二，场所共同控制人对于其他共同控制人的吸毒行为未进行制止。针对这一争议问题，需要考虑到各房屋控制人之间对于房屋享有平等的占有、使用和支配权，彼此间的权利是平等的，不存在效力等级，因此对于另一共同房屋控制人的吸毒行为，其不具有干涉和制止的权利。就上述的万某案，万某在其与王某、黄某合租的房屋内多次与黄某、万某在三人合租家中的客厅内吸食毒品，万某对于共同合租者黄某和王某的吸毒行为不具有制止的权利，彼此均独立平等地享有支配该房间的权利，因此万某并不构成容留他人吸毒罪，几人的吸毒行为应该通过行政处罚予以规制。

（二）容留场所封闭性的规范阐释

容留场所根据封闭性程度的不同可以分为全封闭、半封闭以及全开放。全封闭场所是完全与外界空间隔绝开来的，是具有高度私密性和隐蔽性的；半封闭场所与外界空间并未完全隔绝，外界仍能够窥见部分场所的内部情况，但是半封闭场所的占有人对外界具有很大程度的排他使用权；全开放场所是面向不特定公众，任何人在任何时间均可随意进入全开放场所内，其不具有隐蔽性和私密性，该空间具有高度的自由性。对于容留场所封闭性的认定，将全封闭场所（如宾馆房间、家中、出租车上）认定为容留场所在学界和司法实践中均无争议，而对于半封闭场所和全开放场所来说，在认定的过程中都存在争议。

本书认为，不应该将全开放场所纳入容留场所的范围，主要基于以下两个方面的考虑：一方面，考虑到全开放场所是完全公开的、不具有任何私密性的场所，任何人都可以随意地在全开放性的场所中自由出入，此种情况在司法实务中很难认定谁是该场所的占有人，谁对该场所拥有实际的控制权，在认定具体行为人时困难很大，不具有操作性；另一方面，除了本罪，我国刑法中的“容留型”犯罪还包括容留他人卖淫罪，如果将全开放的场所认定为容留场所，那么容留他人卖淫罪中的容留场所是否也包括全开放的场所？但是结合实际，卖淫行为通常是秘密进行的，对空间的隐蔽性和私密性要求非常高，在全开放场所中是很难进行卖淫行为的。虽然吸毒行为相较于卖淫行为而言，没有那么高的私密性追求，但是由于吸毒行为的不法性，吸毒人员往往也会更倾向于追求相对隐蔽的场所。本书认为，将吸毒人员在全开放场所一起吸毒认定为单纯的吸毒行为并予以相应的行政处罚即可，不应该过分扩大容留场所封闭性的认定范围，不应该不当地扩大刑罚的适用。

对于半封闭场所是否应该认定为容留场所，有学者主张：“场所包括一切与公共空间具有隔离性的物理空间，最大限度地扩大场所范围。”[①] 本书认为，在能够确定半封闭场所实际占有控制人的前提下，可以将“半封闭场所”纳入容留场所的范围内。上文所述案例五中的王某某容留他人吸毒案中，被告人王某某容留聂某等五人在其出资包下的酒吧 V06 卡座内吸食毒品，此处的酒吧卡座就属于半封闭性场所，此时根据预订卡座的出资状况能够明确确定该卡座的实际占有控制人系被告人王某某，此时虽然卡座属于半封闭场所，但是在未经过被告人王某某的同意下，其他人是无法进入该卡座内的，此时卡座内是相对独立、封闭的，该空间具有相对隐蔽性，被告人王某某对此卡座拥有排他的占有控制权，因此该半封闭性质的卡座应该认定为容留他人吸毒罪中的容留场所。倘若无法认定该半封闭场所的实际占有控制人，场所内的人都是以个体为单位独立吸食毒品的话，只能将此房间内的行为人的吸毒行为予以行政处罚予以规制。综上，只要半封闭场所能够形成相对独立、封闭的空间范围，与外界形成相对隔离的状态，且能够确定实际的空间占有控制人，那么“半封闭场所”就可以依法认定为容留场所。

（三）容留场所现实性的规范阐释

在《现代汉语词典》中，“场所”释义为特定建筑物或公共空间活动处所，在此层面上。有观点将网络空间解释为“网络公共空间活动处所”，并认为在网络空间内组织吸毒可构成容留他人吸毒罪。[②] 本书并不赞同此观点，认为容留场所应该是现实存在的具有客观实在性的场所，即应该具有现实性。

互联网技术高速发展，运用网络进行直播越来越成为人们日常生活中喜闻乐见的娱乐方式。有人运用直播进行教学、销售、聊天……但是在此过程中也出现了运用直播间组织一起吸毒的犯罪行为，该犯罪的主要模式表现为：“房主”在相关的吸毒平台开设网络聊天室，“房主”设置直播间密码并审核加入人员的个人信息，吸引线下的吸毒人员在直播间和“网络毒友”一起聚众吸毒。对于将网络聊天室扩大解释为容留场所，并由此认定网络聊天室的“房主”构成容留他人吸毒罪的观点，本书并不赞同。将网络聊天室解释为容留场所，明显超出了国民的预知可能性，属于类推解释，是对容

---

① 叶小琴：《容留他人吸毒行为定罪规则的实证研究》，载《法学》2019 年第 12 期。

② 谭和平、吴加明：《网络背景下涉毒违法犯罪实务问题研究》，载《政治与法律》2013 年第 6 期。

留场所范围的不当扩大，是无法令人信服的。此外，网络直播聚众吸毒究其本质就是运用网络载体在“毒友”间互相传递彼此吸食、注射毒品的信息和数据，而网络直播间的“房主”则是将这些相关的信息和数据进行整合、传递，直接对人产生不良作用的仍然是行为人的吸毒行为。容留他人吸毒罪所侵害的法益是社会公众健康，而“房主”开设网络聊天室组织大家一起吸毒，彼此间交流吸毒经验并未直接损害社会公众健康。

对于此种利用网络开设直播间组织他人吸毒的行为应该如何定罪，除了上文所持观点，还有学者认为：“立法上应该通过增设独立罪名或者在容留他人吸毒罪等原有罪名中增加罪状的方式，明确将通讯群组等网络平台组织网络吸毒的行为作为毒品犯罪予以规定。”① 该观点使网络空间中的场所地位得到立法的肯定，将其纳入了刑法规制范围。但是该观点是基于改变立法而言的，而立法不是一蹴而就的，需要经过一定程序和时间的修改完善。所以在司法适用层面，本书更倾向于依据《毒品犯罪解释》第 14 条的规定，将互联网直播聚众吸毒的行为认定为非法利用信息网络罪。将网络组织吸毒行为认定为非法利用信息网络罪主要基于以下考虑：一方面，此认定有着较为明确的法律依据；另一方面，更有利于精准打击组织网络吸毒的行为。在实践中，组织吸毒的行为人自己可能并没有参与吸毒、贩毒等毒品类犯罪，此组织者的行为更加倾向于网络犯罪，因此，以非法利用信息网络罪是当下实务层面的理性选择。

二、容留主体认定的规范阐释

容留他人吸毒罪的主体是一般主体，即凡是达到刑事责任年龄且具有刑事责任能力的人为他人吸食毒品提供场所就可构成容留他人吸毒罪。在容留主体的认定中，对于经营性场所容留主体的认定以及近亲属容留吸毒情形下容留主体的认定存在争议，需要对这两种情形进行规范性阐释。

（一）经营性场所容留主体认定的规范阐释

经营性场所是指主要用来从事企业经营活动、具有一定的营利性的场所。对于经营性场所容留主体的认定在司法实践的过程中存在争议，主要有全面定罪和部分定罪两种不同的定罪原则。全面定罪原则是指将经营性场所

① 胡江：《毒品犯罪网络化的刑事治理》，载《西南政法大学学报》2020 年第 5 期。

的出资者、经营管理者、普通工作人员以及在此场所中的吸毒的消费者均认定为容留他人吸毒罪中的容留主体。而部分定罪原则是只将出资者、经营管理者以及部分普通工作人员认定为容留他人吸毒罪中的容留主体。由上可知，经营性场所的出资者、经营管理人员构成容留他人吸毒罪的容留主体在司法实践中能够基本达成一致，但是对于经营性场所中为吸毒人员提供便利服务的普通工作人员是否应该认定为容留主体存在较大争议。全面定罪原则与部分定罪原则之间最大的界限，也就在于是否将经营性场所内为吸毒人员提供便利服务的普通工作人员纳入容留主体的范围。

对于经营性场所中，为吸毒人员提供便利服务的普通工作人员是否能被认定为容留主体？换句话说，容留主体是否包含提供便利帮助行为的普通工作人员？"容留"的含义是什么？除了提供场所，是否包括提供便利？对此，通说观点认为："容留是指允许他人在自己管理的场所吸食、注射毒品或者为他人吸食、注射毒品提供场所的行为。"① 即"容留"只包括为吸毒人员提供场所的行为。周光权教授对此持不同的观点，其认为："容留包括为他人吸毒提供场所或其他便利。"② 即"容留"不仅包括提供场所也包括提供便利。

对于上述争议，本书认为"容留"的含义应当包含"提供场所"与"提供便利"。在《现代汉语词典》中，"容留"的释义是容纳、收留，着眼于《现代汉语词典》的释义，"容留"仅仅包括提供场所的行为，提供便利超出了"容留"的字面含义，将提供便利解释为"容留"在一定程度上扩大了刑法调整的范围。此种观点是基于《现代汉语词典》的释义来作出的，是与日常生活相密切联系的概念，与刑法概念应该区分开来。从刑法概念的角度来看，刑法的目的是打击犯罪、保障人权。为了实现刑法的目的，对"容留"含义的解释不应该局限于词典中生活化的解释，应该将提供便利的行为纳入"容留"的含义之中。此外，单纯的吸食、注射毒品的行为并未被我国法律认定为犯罪，对吸毒人员只是予以行政处罚，如果"容留"不包括为吸毒人员提供便利，那么对于那些为他人吸食、注射毒品提供实质性帮助行为的人而言，法律就很难予以规制，这不符合国家毒品政策，未实现刑法打击犯罪、保障人权的目的，与社会公众的朴素正义观相违背。无论

① 高铭暄、马克昌主编：《刑法学》，北京大学出版社 2014 年版，第 595 页。

② 周光权：《刑法各论》（第二版），中国人民大学出版社 2011 年版，第 390 页。

是提供场所抑或是提供便利，都在很大程度上推动了吸毒人员的吸毒行为，都对现实法益造成了极大的威胁，都应该纳入“容留”的含义范围内进行规制。

综上，“容留”的含义应该包括提供场所和提供便利，运用到经营性场所容留主体的认定中，经营性场所中的普通工作人员是具有实施适法行为的期待的，对于其中积极为场所内消费者提供吸毒帮助的普通工作人员应该采用全面定罪原则，依法将其认定为容留主体，予以严厉的刑事处罚。

（二）近亲属容留吸毒中近亲属范围的规范阐释

司法解释明确规定了近亲属容留吸毒构成容留他人吸毒罪，但是可以根据情节对行为人予以从宽处罚甚至不作为犯罪处理。在司法适用中，辩护人常常以“近亲属容留吸毒”作为辩护理由以期获得从宽处罚，因此“近亲属容留他人吸毒”成为容留他人吸毒类案件中高频出现的辩护理由。但是在法院的判决书中对于近亲属的认定标准却不一致，这往往会导致出现同案不同判的结果。对于容留他人吸毒罪中近亲属容留吸毒的近亲属范围在学界存在争议，有学者认为容留他人吸毒罪中的“他人”不应该包括近亲属①，其理由在于：第一，为了保持家庭社会在长时间的相对稳定，应当将近亲属排除在外，此观点与汉代刑法适用原则之一的“亲亲得相首匿”类似，处罚近亲属之间的容留吸毒行为容易激化家庭矛盾，带来不稳定的社会因素；第二，近亲属共同生活情况下很难区分彼此之间对场所的控制权的位阶，难以认定其行为构成犯罪。本书所持观点与此观点不一致。本书认为，在充分考虑亲属之间的道德关系的情况下，还应该以是否在同一空间内共同生活为标准将近亲属区分为“同住的近亲属”与“非同住的近亲属”进行阐述。

一般而言，同住的近亲属之间彼此的生活紧密联系，共同居住的近亲属之间对居住的场所享有共同支配力。从民法的角度来看，此时行为人和同住的近亲属属于生活共同体，对家庭内的场所空间类似于共同共有，家庭成员之间的对空间的控制权不存在位阶上的划分。例如，父母与子女同住，子女对家庭空间拥有与父母同样的支配权和控制权，属于共同控制人，在此情况下不能将父母明知却放任子女吸毒的情形认定为容留他人吸毒罪。而针对非同住的近亲属而言，由于近亲属之间对于空间并没有进行共同支配和控制，

---

① 李立丰、项艳：《论容留他人吸毒罪的法教义学展开——以实质解释为视角》，载《理论月刊》2020年第6期。

因此应该按照司法解释的规定对此情形进行规制，即非同住的近亲属能够构成容留他人吸毒罪，但是在定罪量刑中应该充分考虑犯罪情节，对此类近亲属的容留行为予以从宽处理。

“近亲属”的范围在法律条文之中有着两种不同的规定，通过对上述条文进行比较分析，可以发现民法典规定的近亲属范围比刑事诉讼法规定的近亲属范围宽[①]。除了上述两种标准，还有学者提出了“类近亲属”[②] 这一概念，即近亲属不仅包括自然血亲，还包括拟制血亲，如具有抚养或赡养关系的人。对于应该适用何种标准，本书认为“类近亲属”的范围过广，把大量稍有亲属关系的人都纳入了此范围，不利于打击犯罪保障人权。并且刑事诉讼法排除在外的四类近亲属又确实与行为人的亲属关系较近，所以应该参照民法典近亲属的范围来予以调整。这更加符合刑法的谦抑性，更能维护社会的稳定与家庭的和谐。

三、主观方面认定的规范阐释

容留他人吸毒罪的主观方面表现为故意，行为人主观上对于他人的吸毒行为持直接故意构成本罪没有争议，但是当行为人主观上对于他人的吸毒行为持间接故意时是否构成本罪存有争议，在学界也存在有不同的观点，对各观点简要归纳如下：有学者认为，基于法条的规定主观方面不包括间接故意；[③] 还有学者认为，如果行为人主观上持间接故意且对于他人的吸毒行为具有作为义务，那么行为人构成容留他人吸毒罪。[④] 对此，本书赞同第二种观点。

对于他人的吸毒行为持间接故意的被动容留情形，行为人在意志因素上对他人的吸毒行为持放任的心理态度。上文案例十一中的莫某容留他人吸毒案和案例十二中的王某、冯某、陈某容留他人吸毒罪案中的被告人对于他人的吸毒行为均持主观放任的心理态度，都属于间接故意，但是两个案例又有着不同之处。在案例十二中，三名被告作为会所的实际经营管理人员，客观

---

① 与刑事诉讼法规定的近亲属范围相比较，民法典规定的近亲属范围多了祖父母、外祖父母、孙子女和外孙子女。

② 黄俞华、张汝铮：《容留近亲属吸毒从宽制度之重构》，载《云南警官学院学报》2021 年第 5 期。

③ 张芸：《容留他人吸毒犯罪疑难案例的司法适用》，载《中国检察官》2011 年第 4 期。

④ 薛瑞麟、原静：《间接故意的实证探讨》，载《法律适用（司法案例）》2018 年第 22 期。

上对于客人在会所包间内的吸毒行为是负有实施制止与报警适法行为的期待可能性的，但是三名被告人对吸毒行为并未制止与报警，并且三名被告人仍然继续为会所内的吸毒人员提供相应的会所配套服务，人民法院据此认定三名被告人的行为构成本罪。综合来看，客观上为吸毒人员提供相对隐蔽的吸毒场所，主观方面对此持间接故意具有相当大的社会危害性，为他人的吸毒行为提供了便利。因此，容留他人吸毒罪的主观上应该包括间接故意，但是行为人在主观上持间接故意时还应该考虑其在客观上对于他人的吸毒行为是否有作为义务。本书认为，只有行为人负有作为义务时主观上持间接故意才构成本罪。

行为人主观上对他人的吸毒行为持间接故意的主观心态时，需要行为人同时在客观方面上具有作为义务才能构成本罪。作为义务是决定不作为犯罪能否成立的关键因素，被动容留他人吸毒属于不纯正的不作为犯，不纯正的不作为犯是指行为人负有实施某种积极行为的特定法律义务，并且能够实行而不实行的犯罪形式。对于被动容留他人吸毒的行为人是否具有制止和报告他人吸毒的作为义务的，我国对经营性场所的经营管理人员制止和报告他人吸毒的作为义务作出了以下规定：第一，根据禁毒法第 65 条可知，娱乐场所的经营管理人员对于在本经营场所内吸食毒品的行为具有制止或向公安机关报告的义务。第二，根据《娱乐场所管理条例》第 14 条、第 43 条可知，娱乐场所不得为他人吸食、注射毒品提供便利条件，并且还规定了娱乐场所为他人吸毒提供条件的法律责任。虽然没有直接规定娱乐场所人员的制止报告义务，但是根据我国对于毒品犯罪的从严打击政策可以推知条文中的“不得提供容留他人吸食、注射毒品的条件”在此应该予以扩大解释，即“提供吸毒的条件”包括经营管理者知晓他人在本经营场所内吸毒却予以放任的间接故意情形。倘若娱乐场所经营管理人员主观上持间接故意的容留行为未得到法律的严厉打击，那么基于娱乐场所的特殊属性，经营管理人员为了吸引更多的顾客盈利，对在本娱乐场所的吸毒行为持续放任，那么可能会导致吸毒人员获取更为安全、隐蔽的吸毒场所，这与我国的毒品刑事政策是相悖的，不利于社会主义法治建设。因此，对于经营性场所的经营管理人员负有作为义务，并基于此认定其主观上持间接故意时能够依法构成本罪符合我国的毒品政策与立法方向。

四、容留次数认定的规范阐释

（一）容留次数认定法律适用的规范阐释

对于容留次数的认定问题，在司法实践过程中的法律适用上存在争议。具体表现为：《毒品犯罪解释》与《立案追诉标准（三）》均对容留次数作出了规定，在具体的司法实践中应该如何选择适用的问题。

根据《立案追诉标准（三）》之规定，容留他人吸毒罪是指容留他人吸食、注射毒品2次以上的。可以对该条文作出两种文义解释：一种是容留他人2次以上；另一种是被容留者吸食毒品2次以上。对于以上两种文义解释，第一种解释着重强调的是容留者容留他人的次数，而第二种则是着重强调被容留者吸食毒品的次数，也就是说在容留者单次的容留行为中，被容留者吸食毒品2次，容留者就构成本罪。根据此两种文义解释，我们会产生疑问，容留他人吸毒罪打击的究竟是容留者的容留行为还是被容留者的吸毒行为？但是根据我国法律的相关规定，在我国吸食毒品并不构成犯罪，只是违法行为，应予以行政处罚。据此，第二种文义解释是存在漏洞的。而根据《毒品犯罪解释》的相关规定，其将本罪的入罪门槛由2次以上提升至2年内多次（通常理解为2年内3次），且在表述上由《立案追诉标准（三）》"容留他人吸食毒品两次以上"改为"两年内多次容留他人吸食毒品"，将数量描述从"吸食毒品"之后提前到"吸食毒品"之前，语序上发生了变化，就不会出现上文中第二种文义解释，进一步明确了本罪的容留次数只能理解为行为人容留他人的次数而不是被容留者吸食毒品的次数，也就是说，在单次容留行为中，无论被容留者吸食毒品的次数是多少，均只认定为一次容留。因此，虽然《立案追诉标准（三）》和《毒品犯罪解释》均是现行有效的规范性法律文件，但是在具体的法律适用中，司法机关应该适用表述更为清晰、打击范围更为明确、更加有利于被告人的《毒品犯罪解释》的相关规定，即采用两年多次的标准来定罪，相较于《立案追诉标准（三）》，提高了容留次数的入罪标准，由容留2次提升到了3次及以上，很大程度上限缩了刑罚权的适用，体现了我国"慎刑"的立法原则，更加有利于保障人权，使容留他人吸毒罪入罪标准化，符合"罪刑法定"的原则。

（二）容留次数认定标准的规范阐释

在司法适用过程中关于容留次数的认定并没有制定出一个清晰明确且可

供执行的标准，司法机关在认定时采取的标准也都各不相同，因此有很大的司法裁量空间。大部分司法机关为了追求办案工作的效率化，往往将吸毒次数与容留次数简单等同，以吸毒次数来认定行为人的实际容留次数，并以此为依据来对行为人定罪量刑，忽略了每一次吸毒行为之间的时间间隔和连续性，导致很多时间间隔短且连续性强的吸毒行为被人为地区分为 2 次容留行为，这不利于司法公正。

对于多次容留他人吸毒行为的，应该将吸毒次数与容留次数相区分，不能将二者混为一谈。对于多次容留他人吸毒的，每一次容留行为之间应该具有明显的独立性且应该有一定的时间间隔。具体而言：

一方面，各容留行为需要具有明显的独立性。判断各容留行为是否具有独立性，最关键的是明确前一次容留行为与后一次容留行为之间是否具有显而易见的中断行为，以此来判断前一次的结束和后一次的开始。例如，吸毒人员离开了行为人提供的吸毒场所。

另一方面，每一次容留行为之间应该具有明显的时间间隔。时间间隔多少就阻隔了两次容留行为在司法实务中并没有一致的标准。在上文所述的两个案例中，有的司法机关将时间间隔认定为 24 小时及以上，也有司法机关将时间间隔认定为 48 小时及以上。对于时间间隔的规定，还有司法机关在具体认定中将时间间隔限定为了 12 小时。对于上述的三种不同的观点，本书更为赞同将多次容留行为之间的时间间隔认定为 12 小时比较合理。因为如果采用 24 小时或 48 小时作为时间间隔的标准，可能会造成时间间隔标准过长，把一些具有独立性的容留他人吸毒行为忽略了，这可能会导致犯罪得不到有力的打击，忽略了一些具有社会危害性的本应该接受刑事处罚的行为，把时间间隔限制为 12 小时，能够使各容留行为之间具有相对的独立性，也能够有力打击犯罪。

第八章 组织网络吸毒行为的刑法认定

互联网的发展在给社会生活带来极大便利的同时，也为犯罪提供了新的手段与新的空间，给刑事司法工作带来很大的困难。一方面，部分传统犯罪借助互联网的“东风”在质与量上都呈现突变样态，不仅提升了这些传统犯罪的社会危害性，更在一定程度上为现行刑法的适用带来了挑战；另一方面，网络的虚拟性和便捷性使网络犯罪案件被发现与侦查的难度加大，加重了司法机关打击犯罪行为与犯罪人的工作负担。就毒品犯罪而言，2011 年发生的“8·31”特大网络吸贩毒案震惊全国，而随着该案的告破，网络吸贩毒案件的冰山一角浮出水面。此后屡屡传出类似案件，如 2014 年的“2014－290”特大网络吸毒案[①]、2015 年的“3·31”网上聚众吸毒案[②]和 2017 年“名流汇”网络视频平台聚众吸毒案[③]等。另据国家禁毒办 2017 年公布的《中国禁毒报告》显示，利用互联网订购、销售毒品及其生产原料、传播制毒工艺方

---

① 《禁毒最前沿“2014－290”特大网络吸毒案告破》，载央视网，https：//news. cctv. com/2014/06/26/VIDE1403752683700942. shtml。

② 《网上聚众吸毒案告破：脱衣舞娘陪上百人“溜冰”》，载微信公众号“温州房产焦点”，https：//mp. weixin. qq. com/s? _ _ biz = MjM5MDU2ODU4NQ = = &mid = 208452635&idx = 4&sn = 932a5a6a98e065c5f057883a8a2130f3&chksm = 2fdac5fd18ad4cebb6f0a4b61c50b69109c25ab5dc3b58c8514d8aa85591598fe64584ca4fe3&scene = 27。

③ 《苏州吴中：批捕一起特大利用网络视频平台吸毒贩毒案》，载中华人民共和国最高人民检察院网，https：//www. spp. gov. cn/dfjcdt/201708/t20170822_ 198805. shtml。

法、聚众交流吸毒感受、转移支付毒资、策划联络指挥贩毒等问题日益凸显。为了应对互联网时代背景下的毒品犯罪现象，最高人民法院相继印发《武汉会议纪要》并出台《毒品犯罪解释》等规定。其中《毒品犯罪解释》第 14 条[①]对网络贩毒、网络买卖制毒物品、网络传授犯罪方法以及组织网络吸毒行为做了规制，是目前司法机关认定和处理网络涉毒行为的主要法定依据。

但是，《毒品犯罪解释》第 14 条通过司法解释的形式仅部分实现了刑事规范对当前网络毒品犯罪的规制，针对非法利用信息网络组织吸毒行为的认定结论尚有商榷余地。在理论界，对组织网络吸毒行为的性质认定向来存在较大争议，在《毒品犯罪解释》出台前，呈现出“行政违法说”“容留扩张说”“增设新罪说”三家争鸣的样态，而《毒品犯罪解释》第 14 条的结论实际上提供了新的立场，增大了对这一问题的认知分歧。虽然在司法适用层面，应当按照司法解释的规定对这类行为以非法利用信息网络罪定罪处刑。但是，在理论层面，本书并不赞同司法解释将组织网络吸毒行为认定为非法利用信息网络罪的做法，同时认为，遵循实质解释论的原则和目的解释优位的方法，通过对现行刑法典的固有罪名——“容留他人吸毒罪”之构成要件的适当解释，可以做到将此种行为评价为容留他人吸毒罪以实现刑法典的逻辑自洽与体系协调。

第一节　组织网络吸毒行为刑法认定的事实基础

一、组织网络吸毒行为的特征与种类

（一）组织网络吸毒行为的特征

结合《毒品犯罪解释》的规定，组织网络吸毒行为是行为人利用信息

---

① 该条规定：“利用信息网络，设立用于实施传授制造毒品、非法生产制毒物品的方法，贩卖毒品，非法买卖制毒物品或者组织他人吸食、注射毒品等违法犯罪活动的网站、通讯群组，或者发布实施前述违法犯罪活动的信息，情节严重的，应当依照刑法第二百八十七条之一的规定，以非法利用信息网络罪定罪处罚。实施刑法第二百八十七条之一、第二百八十七条之二规定的行为，同时构成贩卖毒品罪、非法买卖制毒物品罪、传授犯罪方法罪等犯罪的，依照处罚较重的规定定罪处罚。”

网络，设立用于组织他人吸食、注射毒品等违法犯罪活动的网站、通讯群组的行为。其具有以下典型特征：

其一，行为人所利用的信息网络平台具有一定的私密性。在上述案件中，行为人普遍是利用网络聊天群组如 QQ 群来组织网络吸毒直播。这些群组内部成员等级分明，不同的等级对应着不同的活动权限；对外则十分隐蔽，QQ 群号以及群名都不易查询到，想要进群也必须经由老成员介绍，更有甚者需要本人的吸毒视频作为进群的许可凭证。这些复杂程序一方面体现了组织者在对聊天群组的管理上具有高度的排他性，另一方面提高了这类吸毒群组的隐蔽系数，同时也加大了公安机关侦查工作的难度。

其二，被组织者所实施的"网络吸毒行为"，特指实时直播吸毒的行为。据案件调查情况显示，在这类网络吸毒案件中，参与者最为热衷的项目是视频直播吸毒，这也是本书关注的重点。换言之，被组织者仅发布事先录制好的非即时的吸毒视频、仅以交流吸毒感受为内容发布视频直播、语音或者文字信息，不属于本书所要探讨的网络吸毒行为。

（二）组织网络吸毒行为的种类

1. 有实质组织者的组织网络吸毒行为

上文中的一系列案例便是此处所指的"有实质组织者的组织网络吸毒行为"。该种组织网络吸毒行为抽象为事实模型是：行为人出于不法目的而设立网络空间，并基于其对该网络空间的支配地位去拉拢、纵容空间内成员进行吸毒直播的行为。换言之，实施该类组织网络吸毒行为的行为人具备两个关键的行为特征，其一是"行为人实施了组织吸毒直播的行为"；其二是"行为人对网络空间具有支配力"。

2. 无实质组织者的组织网络吸毒行为

在组织网络吸毒的语义范围之内，可以抽象出另一种行为模式，即"行为人虽组织网络吸毒但行为人对网络空间不具有支配力"。举例来说，甲、乙、丙、丁四人为关系密切的好友，均吸毒。但四人分隔四地，平日见面甚少。于是四人商议由甲设立一个 QQ 吸毒群，四人通过群视频的方式跨越时空障碍共同"面对面"吸毒以联络感情。在这个案例中，甲作为 QQ 吸毒群的群主，其设立该网络群组的目的是便于群内成员视频直播吸毒，貌似满足前述"有实质组织者的组织网络吸毒行为"中的行为人所具备的两个行为特征，但实际上，身为群主的甲或许并不对该网络空间具有支配力。首先，设立网络空间的决定是经过四人合意所共同作出，并非完全出于甲一人的意愿；其次，该群不像上述案例中的网络群组一样存在等级分明的层级制度，也不对外招揽新成员，四人对该群的作用力是趋于平均的，四人之间的关系也是平等的。从这个角度而言，即便一个 QQ 群内必然存在一个群主，但也很难说该群主对该 QQ 群具有实质上的支配力。

这就类似于现实生活中甲、乙、丙、丁四人共同寻找吸毒场所，最终用其中一人的身份证在酒店开房吸毒。如果仅以酒店登记系统内的实际在册者去确定该开房者触犯了容留他人吸毒罪而其余三人无罪，未免过于机械且有失公允。但从规范角度而言，该开房者被评价为容留他人吸毒罪主体的可能性是存在的。回归到网络空间，就甲建群的行为而言，并未脱离出“组织网络吸毒”的语义范围。因此，第二类行为模式也属于值得探讨的“组织网络吸毒行为”。

通过对比可见，两种行为模式的区别在于行为人对被提供的网络空间有无“支配力”。本书认为，此处有无“支配力”的认定标准应当是实质性的，即不以行为人是否为形式上的“群主”或“管理员”来判断，而是以行为人对群内其他成员是否存在管理、支配地位来认定。需要说明的是，这一点应当与后文讨论“组织者内部共犯问题”相区分：此处行为人对网络空间有无支配力是划分两种组织网络吸毒行为的标准，而后文涉及容留他人吸毒罪的正犯认定，这是两个不同层面的问题，因此二者不存在论证上的矛盾和冲突。

二、组织网络吸毒行为的总体态势

互联网信息技术的发展和网络时代的到来，为组织网络吸毒行为的泛滥提供了广袤土壤。公安机关在 2011 年的“8・31”特大网络吸贩毒案中共查获涉毒违法犯罪人员 12125 名；2013 年的全国打击网络涉毒违法犯罪集中统一行动，涉案人员有 2120 人；2014 年，公安部督办并告破“2014－290”特大网络吸毒案，抓获涉毒违法犯罪嫌疑人 3440 名；2015 年，绍兴市公安局高新分局破获“3・31”网上聚众吸毒案，抓获团伙成员 33 人，通过初步梳理，确认参与网络吸贩毒案件的成员至少上万人；2017 年，江苏省苏州市吴中区检察院办理了公安部督办的“名流汇”网络视频平台聚众吸毒案，该平台注册会员超过 600 人……由网络吸毒问题引发的一系列涉毒犯罪已成高发态势，其危害性之大、辐射范围之广远超过传统毒品犯罪。（见表 10）

表 10　全国公安机关严打互联网涉毒违法犯罪活动典型事例简表

年份	案件（行动）名称	办案机关	涉案人员	波及省份
2011	“8·31”特大网络吸贩毒案	公安部、全国公安机关	12125 人	31 个
2013	全国打击网络涉毒违法犯罪集中统一行动	公安部禁毒局与网络安全保卫局、全国公安机关	2120 人	不详
2014	“2014－290”特大网络吸毒案	公安部禁毒局与网络安全保卫局、全国公安机关	3340 人	不详
2014	全国公安机关“百城禁毒百城会战”专项行动	公安部禁毒局与网络安全保卫局、全国公安机关	1545 人	不详
2015	“3·31”网上聚众吸毒案	浙江省绍兴市公安局高新分局	超过一万人	30 余个
2017	“名流汇”网络视频平台聚众吸毒案	江苏省苏州市吴中区公安局	超过 600 人	18 个

以上重大网络涉毒案件表明了互联网逐渐成为公安禁毒部门进行禁毒执法工作的新战场。但从处理结果来看，这类禁毒工作打击的重心仍然呈现传统的“二元形态”：毒品犯罪行为与吸毒违法行为。对于涉及的毒品犯罪行为（多数是贩卖毒品罪），公安机关依法将其移送检察院处理；对于涉及吸毒的违法行为，公安机关依法采取行政处罚的方式予以处理。但值得关注的是，这些打击方法都不能直接指向设立网络吸毒空间的行为人。事实上，由于缺乏明确的规范引导，公安机关对行为人设立网络空间并组织网络吸毒之行为定性面临法律适用的窘境，对这类责任主体不能采取有效的处罚措施，致使互联网禁毒工作难以击中要害①。

---

① 当然，依据自 2017 年 10 月 8 日起施行的《互联网群组信息服务管理规定》的相关规定，对于违法违规的网络群组建立者、管理者等使用者可以采取一定的行政管理措施，但这份规范性文件位阶较低，其所设立的处罚措施能否做到“罚当其罪”，本书不敢轻易苟同。

此外，就涉及人数而言，组织参与者进行网络视频直播吸毒的行为是这类案件中覆盖面更为广泛的活动项目。组织者借助网络可以便利地实现对网络聊天群组的管理和支配，轻而易举地拉拢分散于全国各地的“瘾君子”们会聚在该网络空间内进行吸毒直播，从而加剧对毒品消费市场的刺激。这种低成本、跨地域的组织行为导致的结果是，每件网络吸贩毒案件往往都牵扯大量的人员和不同的省份，曝光时会产生令社会震惊的效果。

可以预见的是，藏身于虚拟互联网世界中的组织网络吸毒行为在短期内不会被根本涤除，并将继续借助互联网的便捷性与隐蔽性恣意蔓延，进一步荼毒网络环境。及时出台明确且有效的法律适用规范以及审视现有司法解释规定，是同组织网络吸毒行为作斗争中的一项亟待解决的问题。

第二节　组织网络吸毒行为刑法认定的现实困难

一、组织网络吸毒行为之法益认定困难

整体而言，理论界对组织网络吸毒行为的评价面临着“行政处罚说”“增设新罪说”“容留扩张说”三种截然不同的观点对立。顾名思义，“行政处罚说”认为组织网络吸毒行为在性质上属于个人对毒品的滥用，用道德或行政手段调整即可；“增设新罪说”认为组织网络吸毒行为具有极大的社会危害性，应当增设“组织吸毒罪”或“聚众吸毒罪”加以规制；“容留扩张说”则认为此类行为当属于“容留他人吸毒罪”在互联网时代的变种，仍应认定为本罪为宜。而司法实务则通过《毒品犯罪解释》表明立场，认为应当定“非法利用信息网络罪”。通过比较我们会发现上述几种观点之间的分歧脉络：“行政处罚说”与其余三种观点的对立体现了部分论者在评价组织网络吸毒行为时所采取的出入罪标准不同，是“罪与非罪”之争；而后三者学说之间的对立则在于部分论者对该类行为的“此罪与彼罪”认识不一致。

一言以蔽之，上述四种观点的冲突根源在于对组织网络吸毒行为所侵犯的法益认识不一。刑法的法益是指根据宪法的基本原则，由刑法所保护的、

客观上可能受到侵害或者威胁的人的生活利益[①]。显然，持“行政处罚说”观点的论者认为组织网络吸毒行为尚未侵害到值得刑法保护的法益，不必科处刑罚；持“增设新罪说”观点的论者则认为组织网络吸毒行为侵害到了值得刑法保护的法益，但尚未被刑法所囊括，因此需要加强立法；持“容留扩张说”观点的论者认为此类行为已经侵害到了刑法所要保护的法益且与容留他人吸毒罪的法益相同，故而从对容留他人吸毒罪之构成要件的剖析入手加以论证；而定“非法利用信息网络罪”的做法则是认为此类行为主要侵犯到了国家对互联网管理秩序，因此对该行为定性为此罪。

值得一提的是，论者在展开自己的观点之前并未对组织网络吸毒行为进行模式分类，本书认为这是导致部分观点冲突的原因之一。事实上，总结来看，“行政处罚说”的观点是综合两种行为模式笼统展开的，“增设新罪说”观点其实是在为第二种行为模式寻找刑法认定路径，“容留扩张说”则是针对第一种行为模式展开论证，《毒品犯罪解释》所主张的非法利用信息网络罪则是直接囊括了两种行为模式。可见，很多看似矛盾的观点其实并不冲突，只是评价对象不同而已。因此本书认为，若想全面评价组织网络吸毒行为所侵害的法益，必须进行分类讨论。

二、组织网络吸毒行为之构成要件认定困难

（一）组织行为的认定困难[②]

我国刑法分则一共出现 97 处“组织”，涉及 41 个条文[③]。但是，“组织”一词本身在刑法典中的词性与含义就十分丰富。在刑法分则中有动词的组织，如组织越狱、组织卖淫等，这是对犯罪行为的描述；有名词的组织，如间谍组织、黑社会性质组织、邪教组织、恐怖组织等，这是对犯罪对

① 张明楷:《法益初论》，中国政法大学出版社 2000 年版，第 167 页。

② 讨论这一问题的前提涉及对“组织”一词的默认。事实上，根据已有的文献资料来看，将网络空间管理者的行为认定为“组织”行为是学术界的共识，也是恰如其分的。

③ 刑法第 102 条、第 103 条、第 104 条、第 105 条、第 106 条、第 107 条、第 110 条、第 111 条、第 120 条、第 120 条之一、第 120 条之二、第 134 条、第 160 条、第 161 条、第 164 条、第 191 条、第 219 条之一、第 224 条、第 229 条、第 234 条之一、第 262 条之一、第 262 条之二、第 280 条之二、第 284 条之一、第 290 条、第 294 条、第 300 条、第 303 条、第 315 条、第 317 条、第 318 条、第 319 条、第 322 条、第 333 条、第 347 条、第 355 条之一、第 358 条、第 361 条、第 364 条、第 365 条和第 431 条。

象的描述[①]。显然，在此处，应取“组织”一词的动词词性加以分析。

组织的动词含义是指按照一定的目的、任务和形式加以编制；安排事物使其有系统或构成整体[②]。因此，组织作为犯罪行为，其基本含义应当是行为人为了实现一定的犯罪目的，有计划地编制多人参加犯罪的行为。当然，由于具体的罪名存在行为模式上的差别，故而组织型犯罪在具体解释时其行为内涵也不一样。如组织考试作弊罪中的组织作弊，是指组织、策划、指挥多人进行考试作弊[③]。

但是，就毒品类犯罪而言，并无类似规定“组织吸毒罪”的条文，毒品犯罪的司法解释中也仅一处言及“组织”一词[④]。那么，如何在现行刑法典中毒品犯罪的体系里为组织网络吸毒行为定位是需要法律解释去运作的。同时，也应当结合上文对组织网络吸毒行为所作的行为模式分类，来分别考察“组织”一词在不同行为模式中的含义，从而做到对组织网络吸毒行为的正确认定与全面评价。

（二）行为场所的认定困难

此处所要讨论的行为场所，是指“网络吸毒”的行为场所，即行为人实施组织网络吸毒行为的空间条件。随着互联网技术的迅速发展，网络空间这一概念越来越被人们普遍接受，其从纯粹虚拟的空间渐次转向虚实结合，与现实空间融合形成“双层社会”。面对这种现实，刑事司法解释越来越注重对网络领域的规制。比如，2013 年 9 月颁布实施的最高人民法院、最高人民检察院《关于办理利用信息网络实施诽谤等刑事案件适用法律若干问题的解释》针对利用信息网络实施诽谤、寻衅滋事、敲诈勒索、非法经营和编造、故意传播虚假恐怖信息罪等犯罪行为的认定与量刑进行了明确。除此以外，《武汉会议纪要》和《毒品犯罪解释》中的部分条款也涉及网络涉毒行为。可见，加强对网络空间犯罪行为的立法和解释会成为未来刑事工作的趋势和方向。

但令人遗憾的是，就组织网络吸毒行为而言，现行立法与司法解释似乎

① 邢曼媛、朱芸：《论刑法中的组织行为》，载《中国刑事法杂志》2001 年第 6 期。

② 王同亿主编：《现代汉语大词典》，海南出版社 1992 年版，第 1847 页。

③ 张明楷：《刑法学（下）》（第六版），法律出版社 2021 年版，第 1369 页。

④ 《毒品犯罪解释》第 4 条第 4 项规定：“组织、利用残疾人、严重疾病患者、怀孕或者正在哺乳自己婴儿的妇女走私、贩卖、运输、制造毒品的。”

无意采取网络空间的分析路径。《毒品犯罪解释》第 14 条规定："利用信息网络，设立用于……组织他人吸食、注射毒品等违法犯罪活动的网站、通讯群组……应当依照刑法第二百八十七条之一的规定，以非法利用信息网络罪定罪处罚。"可见，该司法解释认为，行为人组织网络吸毒，其该当性仅在于对信息网络的"非法利用"，是否存在"网络空间"当属次要，不应成为此类行为评价的重点。

但该司法解释所明确的结论事实上并不符合非法利用信息网络罪的构成要件，更未实现罪刑法定原则下的刑法典体系平衡。关于这一点本书将在下文做具体展开。另外，有学者从网络吸毒不同于现实吸毒的角度否定该行为中的网络空间，认为此时的网络空间仅仅是一种能让他人发送个人吸毒信息并同步获取他人吸毒信息的空间。若将设立该网络空间的行为视为"提供场所"，实际上是将发送并获取吸毒信息等同于吸毒行为，这已经超出了"吸毒"的语义范围，属于类推解释①。

总而言之，在对组织网络吸毒行为的行为场所进行认定时，应否承认网络空间的存在以及如何通过有效、合理的解释学方法使得解释结论实现同罪刑法定的逻辑圆满，是两大必须解决的问题。

（三）网络吸毒的性质认定困难

严格来讲，"网络吸毒"一词并非专业的法律术语，只是一种由学者拟制出来、用以直观描述某类行为的词汇。正如本书在前述第一部分所言，这里的"网络吸毒"仅指直播吸毒的行为。而"直播"一词至关重要，它蕴含了一个信息，那就是"网络吸毒"与现实吸毒在时间上具有同一性，即参与者所展示出的网络吸毒画面此时必然同步对应着参与者本人现实吸毒的行为。

但是，能否以这种时间上的同一性去论证行为性质的同质性，是存在较大争议的。有学者对此问题持否定态度，主张所谓网络吸毒仅仅是一种发送吸毒影像的行为，与现实吸毒不能同日而语。具体来说，该学者认为吸毒行为必须是一种由个体实施的、效力只及于现实中的个体自身的行为，能进入

① 莫洪宪、周天泓：《论开设网络"烟馆"聚众吸毒行为的定性》，载《云南大学学报（法学版）》2014 年第 6 期。

网络的只是其呈现于外在的“行为表现”而非行为本身[1]，即网络吸毒仅仅是将吸毒行为的影像投放到网络空间内，对吸毒者个人不会产生与现实吸毒同样的效果和作用。此外，亦有学者愿意对此问题持默认态度，但论证较为薄弱或几无论证，仅仅着眼于“组织行为”，通过将“组织行为”论证为“容留行为”从而认可网络吸毒等同于现实吸毒。后者的论证方法值得商榷。

无论是持肯定说还是否定说，立足于现行刑法规定，可以肯定的一点是吸毒行为本身未触犯刑法，不应作为犯罪处理。这是在讨论网络吸毒之前应该达成的共识。而网络吸毒行为的违法性则不可轻易断言：网络吸毒实际上是现实吸毒与发布即时吸毒影像的复合行为模式。就现实吸毒的行为来看，应当作为行政违法行为处理；但对发布即时吸毒影像的行为处理则存在法律盲区。如认为吸毒者所发布的即时吸毒影像只是现实吸毒在网络空间的投影，其本质应定性为现实吸毒，则此处的复合行为模式的网络吸毒行为实际上就等同于单行为的现实吸毒行为，同样应当作为行政违法处理；如认为发布即时吸毒影像已经不仅仅是现实吸毒的附属品，而是独立的行为，则此时应当对发布即时吸毒影像的行为再行单独评价。同样，此时对该行为的评价亦面临困惑：发布吸毒的违法信息，到底是属于单纯的行政违法行为还是非法利用信息网络罪的犯罪行为？

三、组织网络吸毒行为之罪名选择困难

（一）“容留扩张说”之展开

有论者主张将容留他人吸毒罪中的“容留”一词做扩张解释，使该罪的场所要件涵盖网络空间，从而论证组织网络吸毒行为即为容留他人吸毒行为。具体言之，包括以下几点理由：

其一，网络空间属于“容留”一词内涵中的场所。论者主张不可机械性地认为场所仅具备物理性特征，而应当看到场所的三个内涵特征，即房主对房间的控制权、房间本身的隐蔽性以及房间内成员活动的独立性[2]。

其二，将网络空间扩张解释为场所，有现行的司法解释支持。论者主要

---

① 莫洪宪、周天泓：《论开设网络“烟馆”聚众吸毒行为的定性》，载《云南大学学报（法学版）》2014年第6期。

② 刘仁文等：《网络吸毒——8·31特大网络吸贩毒案》，载《中国检察官》2011年第24期。

援引最高人民法院、最高人民检察院以及公安部出台的一系列法律文件[①]作为支撑，以佐证网络空间被评价为刑法体系中“场所”一词是司法解释的方向。

其三，容留他人吸毒罪的法益是他人吸毒的空间可能性[②]，而为吸毒者提供场所的组织网络吸毒行为侵害了这种法益，所以应当以容留他人吸毒罪定罪处罚。

（二）“增设新罪说”之展开

另有论者从刑事政策、立法技术以及犯罪论等角度展开论证，主张增设“聚众吸毒罪”或“组织吸毒罪”，理由如下：

其一，增设“聚众吸毒罪”或“组织吸毒罪”有助于毒品治理的刑事政策转型，从而更全面地打击毒品犯罪行为。增设新罪可以由以往的重视打击毒品源头而轻视毒品消费的刑事政策转变为坚持毒品源头与毒品消费同时打击的刑事政策[③]。

其二，增设“聚众吸毒罪”或“组织吸毒罪”有助于弥补立法空白。“黄、赌、毒”历来是我国从严打击的对象，但相较于聚众淫乱和聚众赌博行为分别有聚众淫乱罪和赌博罪予以规制，较之更具社会危害性的组织涉毒行为却尚处于空白状态[④]。

其三，增设“聚众吸毒罪”或“组织吸毒罪”有助于保护法益。利用网络技术实施的组织吸毒，参与人数多、社会影响大、传播范围广，公然挑衅国家对毒品进行管制和禁止流通的禁忌底线，具有严重的社会危害性，亟须及时予以严厉打击[⑤]。

本书认为，“容留扩张说”与“增设新罪说”的立场各自都有一定道理，但至少在论证方面都存在一些问题。两者的争论本质上涉及司法解释与

---

① 如2005年最高人民法院、最高人民检察院《关于办理赌博刑事案件具体应用法律若干问题的解释》，2010年最高人民法院、最高人民检察院、公安部《关于办理网络赌博犯罪案件适用法律若干问题的意见》，2013年最高人民法院、最高人民检察院《关于办理利用信息网络实施诽谤等刑事案件适用法律若干问题的解释》等。

② 刘仁文等：《网络吸毒——8·31特大网络吸贩毒案》，载《中国检察官》2011年第24期。

③ 谭和平、吴加明：《网络背景下涉毒违法犯罪实务问题研究》，载《政治与法律》2013年第6期。

④ 姜昊昂、温清：《惩治网络“烟馆”的困境与出路》，载《尊重司法规律与刑事法律适用研究（下）——全国法院第27届学术讨论会获奖论文集》，第992页。

⑤ 吴加明：《新形势下“组织吸毒”入罪之必要性》，载《上海法治报》2013年6月5日。

刑法修订之间的界限问题：若一类行为属于刑法规范的涵摄范围，则应当采取司法解释的路径对其加以提示与明确；反之，则应积极地采取刑法修订的方式去规制新型犯罪行为。回归到组织网络吸毒行为中，此时的难题是，该类行为能否为现行刑法规范所涵盖？而若想回答此问题，势必需要通过系统、合理的解释方法先行检验。

四、组织网络吸毒行为之共犯认定困难

共同犯罪是指二人以上共同故意犯罪。在上一话题的延伸下，假定组织网络吸毒行为是犯罪行为，此时是否有成立共犯的空间也是需要思考的问题。在讨论组织网络吸毒行为的共犯问题时，有必要结合上文划分的两类行为模式做分别阐述。

在第一种行为模式中，行为人组织网络吸毒且行为人对网络空间具有支配力，此时存在两类主体：第一类主体是组织者，第二类主体是参与者。这里要讨论的共犯问题，应当包含两个层面：其一是组织者与参与者之间是否构成共犯；其二是组织者成员内部是否构成共犯。就第一个层面而言，如前所述，如果认为网络吸毒行为在本质上应定性为现实吸毒，则参与者仅构成行政违法，不可能与参与者构成刑法上的共犯；如果认为网络吸毒行为应当单独评价，且仍然属于行政违法行为，则结论同样如此；只有在参与者的网络吸毒行为既需要独立评价，且构成刑法上某一罪名时（如非法利用信息网络罪），此时才有共同犯罪成立的空间。就第二个层面而言，据本书考察到的案件情况来看，在组织网络吸毒行为系列案件中，组织者的内部实际上也存在角色分工：在有些案件中，群主一般会招揽吸毒人员作为平台管理员，建立管理人员 QQ 群，在群内发布工作任务，协调平台管理事务[①]。那么，仅从组织行为的层面来看，似乎这些平台管理员与群主是存在着共犯关系的。但究竟这些管理者应该认定为实行犯还是帮助犯，仍需要进一步考察其在整个组织网络吸毒行为案件中的作用大小。

在第二种行为模式中，行为人组织网络吸毒但行为人对网络空间不具有

---

① 《苏州吴中：批捕一起特大利用网络视频平台吸毒贩毒案》，载中华人民共和国最高人民检察院网，https：//www. spp. gov. cn/dfjcdt/201708/t20170822_ 198805. shtml。

支配力，结合上文案例[①]来看，可以认为此时不存在实质意义上的组织者。则首先不存在组织者内部的共犯问题，其次亦不存在组织者与参与者的共犯问题。应当考虑的是，如果行为人建群的行为构成犯罪，甲、乙、丙、丁四人是否成立共犯？在现行刑法规范中考察，对这一问题的回答同样涉及对非法利用信息网络罪构成要件的深入解读。可见，讨论第二种行为模式共犯问题的前提，是确定该“建群者”设立网络空间并与“毒友”共同吸毒的行为在违法性上应当如何评价。

第三节　组织网络吸毒行为的法益侵害性考察

一、有实质组织者的组织网络吸毒行为的法益侵害性探析

（一）侵害了毒品犯罪的法益

刑法的目的与任务是保护法益。因此，判断组织网络吸毒行为应否被刑法所规制，就是在考察该行为有无侵犯到刑法所要保护的法益。持“行政处罚说”的论者显然对此问题持否定回答。有学者曾基于比例原则对此展开论述：如果认为组织网络吸毒行为侵犯的是国家对毒品的管理制度，则这种对法益的认定是不具体的，并且无法区分个人吸毒行为与被组织吸毒行为在违法性上的差异，进而得出“组织他人吸毒的行为没有侵害法益，将其非罪化显然更符合比例原则的适当性要求”的结论[②]。该论述不无道理，整个毒品犯罪所要保护的法益的确不能简单地以国家对毒品的管理制度所指代。我们通常将法益分为公法益和私法益，但这只是就眼前或者表面而言，事实上，他们最终只能是个人法益[③]。受刑法保护的公法益，必须与某类私

---

① 即甲、乙、丙、丁四人为关系密切的好友，均吸毒。但四人分隔四地，平日见面甚少。于是四人商议由甲设立一个QQ吸毒群，四人通过群视频的方式跨越时空障碍共同“面对面”吸毒以联络感情。

② 莫洪宪、周天泓：《论开设网络“烟馆”聚众吸毒行为的定性》，载《云南大学学报（法学版）》2014年第6期。

③ 张明楷：《避免将行政违法认定为刑事犯罪：理念、方法与路径》，载《中国法学》2017年第4期。

法益具有某种意义上的“同质性”，能够具化或者还原成某种个人法益，且该类个人法益对人类发展具有一定价值时才值得被刑法保护。以毒品犯罪为例，如果将刑法体系中毒品犯罪所要保护的法益纯粹地理解为国家对毒品的管理制度，则将永远无法实现国家毒品管理制度之内所有利用毒品的行为之间的违法性评价体系的自洽。如购买毒品的行为与贩卖毒品的行为都是违反了国家对于毒品的管理制度，但前者不成立犯罪，后者属于刑法所规定的重罪。因此，可以确定的是：毒品犯罪的保护法益是公众健康[①]。这种公众健康是一种超个人法益，而不单纯指向特定人的健康，否则，根据“被害人自陷风险”理论，贩毒者提供毒品之行为，会因被害人自己决定自陷毒品危害，而排除其客观归责性[②]。

因此，立足于毒品犯罪体系去探析组织网络吸毒行为的法益，必须受上述结论的指引，即毒品犯罪所侵害的法益是公众健康。但是，以“公众健康”作为唯一标准去考量整个刑法分则第六章第七节毒品犯罪的罪名，未免显得有些宽泛。事实上，刑法分则第六章第七节之罪名各有特点，法定刑幅度高低也各不相同，因此我们必须思考的是，是否存在更为细致的标准在串联整个毒品犯罪体系。显然，我们可以把这个标准认定为“对法益的侵害程度”。例如，相较于走私、贩卖、运输、制造毒品罪而言，非法种植毒品原植物罪对公众健康这一法益的侵害是间接的，因此后者相较于前者法定刑差别很大。又如，包庇毒品犯罪分子罪，其虽然对公众健康这一法益有所侵害，但主要是妨害了正常的司法活动，因此立法者也对该罪设置了较为轻缓的法定刑。

可见，对于组织网络吸毒行为的第一种行为模式，行为人开设极具私密性的网络房间，拉拢、纵容不特定的人在该空间内直播吸毒，就其导致的毒品利用结果来看，这实际上对极为广泛范围内的吸毒者产生激励作用，危害性相较于传统的容留他人吸毒罪而言，有过之而无不及。因此，可以得出结论，行为人既组织网络吸毒又提供网络空间的行为，是确实能够侵害到公众健康的，因此存在法益侵害性。

---

① 张明楷：《刑法分则的解释原理（上）》（第二版），中国人民大学出版社 2011 年版，第 374 页。

② 王皇玉：《论贩卖毒品罪》，载《政大法学评论》2005 年第 84 期。

（二）侵害了网络安全管理秩序

应当追问的是，行为人的此种行为，有没有侵犯到国家对网络安全的管理秩序？即《毒品犯罪解释》第 14 条所作出的组织网络吸毒行为应定为非法利用信息网络罪的结论是否具有合理性？本书认为，为了实现对组织网络吸毒行为进行全面的刑法认定以及树立讨论组织网络吸毒行为中共犯问题的前提，势必要对非法利用信息网络罪的构成要件进行正确解读。

非法利用信息网络罪是《刑法修正案（九）》所增设的罪名。从法条内容来看，非法利用信息网络罪试图规制的是对信息网络的非法利用行为，包括设立用于违法犯罪活动的网站、发布制售管制物品违法犯罪信息以及为实施违法犯罪活动发布信息三种。在对该罪进行解读时，逐渐形成三种观点：第一种，有学者认为，“这里的违法犯罪信息主要是指制作、销售毒品、枪支、淫秽物品等违禁物品、管制物品的信息，但不限于这些信息，即还包括‘其他违法犯罪信息’。实践中比较常见的发布‘其他违法犯罪信息’的行为，有发布招嫖、销售假证、假发票、赌博、传销的信息等”[①]。可见，该学者主张遵循条文的字面含义，将利用信息网络发布违法信息囊括进该罪名的辐射范围内。第二种，有学者认为，“本条的实质是将部分犯罪的预备行为提升为实行行为，完成了预备行为的就视为犯罪既遂。所以，只有发布违法犯罪信息属于相应犯罪的预备行为，且情节严重时，才能成立非法利用信息网络罪”[②]。这可谓是严格的限缩解释。第三种，有学者认为，非法利用信息网络罪的行为方式实际上呈现“用于实施违法犯罪”和“发布有关违法信息”的二元形态，两者分别应当定性为“预备行为正犯化”和“纯粹的实行行为”。其中，前者对应刑法第 287 条之一第 1 款的第 1、3 项，后者对应该条款的第 2 项[③]。

以上观点各有合理之处，但鉴于刑法第 287 条之一的立法形式采取了列举式与抽象式并用的模式，“等违法犯罪活动”“其他违法犯罪信息”使得该罪难脱“口袋罪”之嫌。实际上，该罪名在设立之初就因立法原意不清、罪质内涵不明、法益保护模糊而饱受学者诟病。立足于法益保护的角度思

---

① 郎胜主编：《中华人民共和国刑法释义》，法律出版社 2015 年版，第 504 页。

② 张明楷：《网络时代的刑事立法》，载《中国检察官》2017 年第 13 期。

③ 陈伟、熊波：《利用信息网络犯罪行为二元形态的教义解读》，载《上海财经大学学报》2018 年第 2 期。

考，本书认为，该罪所要保护的首先是信息网络安全管理秩序，且同时彰显对其他法益的基础性保护作用。但机械地遵循条文的字面含义或将该罪定性为包含“预备行为正犯化”和“纯粹的实行行为”的二元行为形态都容易导致对罪刑法定原则的僭越，造成其他以信息网络为手段的犯罪门槛降低，甚至会导致刑法处罚范围的扩大，将行政违法行为认定为犯罪行为。比如，当行为人设立网络群组并发布招嫖违法信息时，虽然其卖淫行为尚未开始且即便完成也只属于行政违法行为，但该行为人自发布广告之时便已经触犯了非法利用信息网络罪，这不得不说是对刑法谦抑性原则的违背。因此，经过对刑法典的体系性考察，从维护法秩序的统一性的角度出发，本书赞同采取限制性解释的方法，将刑法第 287 条之一第 1 款的第 1 项认定为“为实施犯罪活动而设立网站、通讯群组”，将刑法第 287 条之一第 1 款第 2 项认定为“为制售违禁品犯罪或其他犯罪而发布信息”，将刑法第 287 条之一第 1 款第 3 项认定为“为实施诈骗犯罪或其他犯罪而发布信息”。

但事实上，《毒品犯罪解释》第 14 条的内容为本罪创设了新的处罚事由，如果将该司法解释的内容与刑法第 287 条之一的第 1 款对照，会发现该司法解释只能是针对该款第 1 项所作的解释。但问题是，该款第 1 项需要被解释的内容只有“设立用于实施……违法犯罪活动的网站、通讯群组的”这一兜底条款，显然是为规制其他犯罪的预备形式或者规制其他以信息网络为手段的犯罪而存在的。那么，在现行刑法典并未明确规定组织他人吸食、注射毒品行为是犯罪的前提下，该解释是否越俎代庖，僭越了立法权？

因此，在必须对非法利用信息网络罪采取限制性解释的前提下，组织网络吸毒行为本身作为一种尚未被刑法所明确规制的行为，不能直接定性为非法利用信息网络罪。从这个角度来看，《毒品犯罪解释》第 14 条所作的解释结论过于武断和超前，不能与现行刑法罪名体系相协调。同时，值得注意的是，刑法第 287 条之一第 3 款规定：有前两款行为，同时构成其他犯罪的，依照处罚较重的规定定罪处罚。可见，非法利用信息网络罪的适用规则是开放性的，并不排斥与他罪竞合的可能性。若组织网络吸毒行为能被认定为现行罪名，则根据非法利用信息网络罪的适用规则，此时才有非法利用信息网络罪适用的空间。

从这个角度而言，回答组织网络吸毒行为究竟有没有侵害到网络安全管理秩序这一问题的前提是组织网络吸毒行为触犯了刑法中的固有罪名。实际上，后文详述了此种组织网络吸毒行为触犯了刑法第 354 条的容留他人吸毒罪，因此该行为实际上是刑法第 287 条之一与第 354 条的想象竞合犯，因此触犯了国家对网络安全的管理秩序这一法益。

二、无实质组织者的组织网络吸毒行为的法益侵害性探析

犯罪的本质是对法益的侵害。法益侵害说推崇目的解释优位，对某犯罪构成要件的解释结论，必须使符合这种犯罪构成要件的行为确实侵犯了刑法所规定的该犯罪所欲保护的法益，从而使刑法规定该犯罪、设立该条文的目的得以实现[①]。这同时也是法益解释机能的实现路径。因此，“增设新罪说”的论证思路就是“第二种组织网络吸毒行为侵害了毒品犯罪的法益——该种法益被现行刑法典所疏于保护——设立新罪，做到对法益的健全保护”。

另外，在针对第二种组织网络吸毒行为进行刑法认定时，大多论者主张对此类行为增设“组织吸毒罪”或者“聚众吸毒罪”予以规制。根据部分论者的设想，所谓“组织吸毒罪”即聚集多人进行集体吸毒的行为。“聚众吸毒罪”要求人数在 3 人及以上，对聚众方式和场所不进行限定，即只要有 3 人以上聚集在一起吸毒，就对首要分子和积极参加者追究刑事责任[②]。这两种看似不同的立场实则并无本质区别，因为“增设新罪说”的逻辑起点就是为了在容留他人吸毒罪之外，对“组织者组织吸毒但不提供场所”的纯粹聚众吸毒之行为进行处罚，以期严密现行刑事法网。并且，就罪状设计来看，两罪试图处罚的犯罪主体与行为方式是基本一致的。但本书认为，就持该两种观点的论者所枚举的论点和论据来看，尚不能有效地证明立法的必要性。无论是组织吸毒还是聚众吸毒，在本质上都是单纯的个人消费毒品的行为，根本不具有刑法法益侵害性。若强行归罪，在刑事违法性层面难以论证圆满。

（一）聚众吸毒与其他聚众犯罪行为不具有可比性

论者无论是主张增设“组织吸毒罪”还是增设“聚众吸毒罪”，其初衷都是为了在容留他人吸毒罪之外，打击非容留者的组织聚众吸毒活动的行为人。为了论证这种打击的必要性，论者普遍对比我国的“黄”“赌”立法现

---

① 陈文昊：《犯罪客体要件与法益概念的功能性反思》，载朱文浩主编：《中财法律评论（第十卷）》，中国法制出版社 2018 年版，第 252 页。

② 陈恳：《以聚众吸毒罪取代容留他人吸毒罪的立法思考》，载《广西教育学院学报》2013 年第 3 期。

状，即聚众淫乱罪与赌博罪，指出就聚众吸毒行为而言，欠缺与“黄”“赌”类似的立法规制。但本书认为，这种对比方法并不科学，聚众吸毒行为与另外两种聚众犯罪行为在行为模式上具有本质差别。

我国刑法分则将聚众犯罪的构造模式规定为“聚众+直接危害行为”。即除了要求有首要分子实施的“聚众”行为外，刑法均在“聚众”行为之后明文规定了相应的直接危害行为①。这表明刑法认为聚众型犯罪的实际危害性是通过聚众之后的“众人”直接危害行为表现出来的，缺少“聚众”所统辖的“直接危害行为”一般不值得刑法对其进行单独评价。以聚众淫乱罪与赌博罪为例，该两类聚众犯罪的“直接危害行为”分别是“淫乱”和“赌博”。但无论是哪一种行为，仅凭行为人一己之力，是不可能单独完成淫乱或赌博行为的，刑法自然也无法做到对行为人单独的“淫乱”或“赌博”进行处罚（因为单独的“淫乱”或“赌博”行为并不存在）。本书认为，这是刑法从危害结果出发，按照聚众型犯罪的整体构造模式对其进行规制的立法旨趣。

但聚众吸毒行为则不然。聚众吸毒行为的中心词是“吸毒”，而吸毒行为本身就是一种个人可以单独完成的毒品消费行为，该行为无须借助“聚众”的统辖即可单独实现并定性。这是吸毒行为与淫乱行为、赌博行为所根本不同之处。换言之，无论是一人吸毒抑或是数人共同吸毒，在本质上都属于吸毒者个人对毒品的滥用。吸毒行为不具有严重的社会危害性，不能规定为犯罪②。这间接表明吸毒行为不可能成为聚众型犯罪构成模式中的“直接危害行为”。如果论者主张“聚众吸毒罪”的成立，则必须回应的问题是，吸毒者一人的自损行为经过“聚众”成为众人的自损行为集合后，为何会具有严重的社会危害性从而产生侵犯社会管理秩序之质变？依本书看来，这种质变并不存在，因此，以聚众淫乱罪和赌博罪为参照主张增设“聚众吸毒罪”的观点并不符合刑法设置聚众型犯罪的立法精神。

（二）聚众吸毒不具有刑法上的法益侵害性

论者主张第二种组织网络吸毒行为侵害了毒品犯罪的法益，是指侵害了国家对毒品的管理制度这一法益。但前面已经论证，以国家对毒品的管理制度作为毒品犯罪的法益是不恰当的，将毒品犯罪的法益认定为公众健康比较

---

① 刘德法：《聚众犯罪理论与实务研究》，中国法制出版社2011年版，第81页。

② 胡江：《毒品犯罪立法中的刑事政策分析》，载《云南警官学院学报》2009年第5期。

合理。事实上，第二种组织网络吸毒行为对公众健康的侵害范围更为狭小，仅是一种毒友相约吸毒的行为，根本算不上对毒品犯罪所要保护的超个人法益之侵害。从行为方式来看，第二种组织网络吸毒行为仅仅是吸毒者以互联网为手段实现的“自发聚集”，各吸毒者都不可能为对方吸毒提供任何实质意义上的便利，也不存在为了共同吸毒而有所分工或各司其职的整体行为，每个参与人实际上都只是在单纯地消费毒品，与普通的吸毒行为并无二致。

我们可以设想这样一种情形：村民甲、乙、丙、丁均吸毒，一日，甲提议去村东头空地上的树荫下共同吸毒，四人遂前往。很显然，尽管甲是牵头人、组织者，也不能说甲就容留了乙、丙、丁三人吸毒。因为从场所要件来看，甲对村东头的空地不具有支配权限。那么能否对甲认定为组织者的身份或者将甲认定为首要分子从而对其科以刑事处罚？本书认为均不合适。

在“增设新罪说”所主张的罪名中，论者所试图要给予刑事处罚的是组织者或参与聚众吸毒的首要分子，而一般参与者不构成犯罪。但这种违法性评价模式和刑罚设计思路都存在很大问题。上述案例中，如若被甲组织吸毒的乙、丙、丁均是尚未吸毒的一般人员，则其中必然伴随着引诱、教唆、强迫或者欺骗行为，而在我国现行刑法体系下，这些行为都可以被现行刑法典中的罪名所涵盖；如若被甲组织吸毒的乙、丙、丁是已经吸毒的成年人，尽管四人聚集在一起吸毒的危害性或许就其自身而言有所增加（如出于炫耀心理而多吸、出于怂恿心理而劝吸），但在整个行为中，无论是组织者、首要分子抑或是单纯参与吸毒的人员所实施的都是以自己为被害人的自我伤害行为，这本质上属于危险接受。村民乙、丙、丁的吸毒意愿并非由甲引起，甲提议去村东头吸毒的行为获得了乙、丙、丁的积极响应，因此该四人的过错程度行为作用力趋于平均，刑法仅处罚一人或处罚四人的行为，要么使得司法不公，要么矫枉过正，将吸毒入刑。本书赞同被害人危险接受排除不法的根据是被害人的自我答责说。按照该说，每个人只能为自己的行为及其结果负责，而不能为他人的行为及结果负责。刑法是以保护法益为首要目标的社会制度，法益的保护不仅在于防止为他人所侵害和干涉，法益主体亦负有保护法益的固有责任，法律期待每个人不得随意危害自己或者他人的法益。在一个自由主义而非父权主义所构建的法秩序中，保持法益、使之不受危害的首要任务应当落在每个人身上，换言之，作为法益主体的公民（包括行为人和被害人）具有对自身法益的优先管辖权①。在被害人自己放弃对自身安全的保护之情形下，国家刑罚权又怎能对行为人发动呢？当然，如果被组织的吸毒者属于未成年人，则可以借鉴刑法第353条的精神，适当否定未成年人的承诺效力，为组织者或首要分子定欺骗他人吸毒罪并从重处罚。

那么，甲身为该吸毒群组的群主，是否有可能基于场所要件而成为容留他人吸毒罪的犯罪人呢？该问题涉及对容留他人吸毒罪场所要件中“控制权”的正确认定。有观点认为，应当以提供资金、身份证件作为判断对宾馆包间等场所是否具有控制权的标准。但该种认定标准容易导致司法不公。试想，甲、乙、丙、丁四人约定去某宾馆开房吸毒，由于宾馆管理疏漏，仅登记了甲的身份信息，但事实上宾馆房卡四人均可使用，此时如果认为甲是容留他人吸毒罪的犯罪人而其余三人无罪，未免有失公允。实际上，共同吸毒的行为是四人共同商定和实施的，四人对宾馆包厢属于共同控制，此时根本不存在容留者与被容留者。如若遵循上述观点，坚持认为被登记者甲是容留他人吸毒罪的犯罪人，那么假设宾馆管理健全，登记了四人的身份信息，其余情形不变，此时难道要将四人均定为容留他人吸毒罪的犯罪人吗？被容留者又是何人呢？可见，在多方主体对某一场所拥有趋于平均的控制权时，此时没有容留他人吸毒罪的成立可能性，建群的甲当然不能仅凭建群行为被认为符合了容留他人吸毒罪中的场所要件从而单独成立容留他人吸毒罪。

综上所述，无实质组织者的组织网络吸毒行为不存在对毒品犯罪所要保护之法益的侵害性，且结合前述部分提到的非法利用信息网络罪的罪质和刑法罪名体系的协调性要求，该种组织网络吸毒行为不具有法益侵害性，因此不应该被认定为犯罪行为。

第四节　组织网络吸毒行为的构成要件认定

组织网络吸毒行为包括两种行为模式：第一种是“行为人组织网络吸毒且提供网络空间”；第二种是“行为人虽组织网络吸毒但不提供网络空

---

① 转引自江溯：《日本刑法上的被害人危险接受理论及其借鉴》，载《甘肃政法学院学报》2012年第6期。

间”。其中，第一种行为与主观状态为直接故意的容留他人吸毒行为较为相似，第二种行为不具备刑法上的法益侵害性，因此不是犯罪行为，且由于对非法利用信息网络罪应采取限制解释，故第二种行为更不可能被评价为非法利用信息网络罪。因此，本部分将基于第一种行为模式的构成要件展开讨论。

一、网络空间应解释为容留他人吸毒罪中的场所

（一）将网络空间解释为场所的规范支撑

毋庸置疑，“网络空间”已经成为人们日常活动的第二空间，网络实现了由“信息媒介”向“生活平台”的转换，“双层社会”逐渐形成。大多数传统犯罪完全可以借助网络平台改头换面，扰乱现实空间的生活秩序。如果将现实空间与网络空间完全割裂开来，那么刑法不仅在惩治新型网络犯罪时举步维艰，甚至在制裁传统犯罪时都会面临捉襟见肘的窘境。基于此，通过司法解释将网络空间等同于现实世界的情况下，在现有的刑法资源中寻求解决依据不失为一种较好的方案。

通过考察刑法典的立法规定以及近些年的司法解释，将“网络空间”解释为“场所”完全有章可循。如 2010 年最高人民法院、最高人民检察院、公安部联合出台的《关于办理网络赌博犯罪案件适用法律若干问题的意见》第 1 条，就将利用互联网建立赌博网站的行为认定为开设赌场；2013 年由最高人民法院、最高人民检察院颁布的《关于办理利用信息网络实施诽谤等刑事案件适用法律若干问题的解释》第 5 条，将刑法第 293 条第 1 款第 4 项的“公共场所”扩大至网络空间。传统观点认为，“场所”一般应当具备物理性特征，但过于强调空间的物理性会限制刑法在互联网时代的适应性。事实上，上述两部司法解释在对“场所”一词进行解释时，着眼点绝不在于“物理性”特征，而是看到了网络社会与现实社会的密切交融以及网络空间呈现出的公共属性和社会属性。这两种属性使网络空间不仅可以容纳部分传统行为，更使网络信息可以迅速对现实社会产生直接而深刻的影响。详言之，司法解释之所以将建立赌博网站的行为认定为开设赌场，一方面是因为在该种网络赌场内确实可以完成赌博行为；另一方面则是因为建立赌博网站的行为可以产生与以往开设赌场相同（甚至更大）的社会危害性。司法解释将寻衅滋事罪中“在公共场所起哄闹事”的行为方式解释为“编

造虚假信息，或者明知是编造的虚假信息，在信息网络上散布，或者组织、指使人员在信息网络上散布，起哄闹事”。一方面是因为这些年利用信息网络恶意造谣的行为确实存在；另一方面则是因为这种网络造谣行为能迅速作用到现实社会，造成社会恐慌甚至发生群体性事件，与传统行为方式下的寻衅滋事行为所造成的社会危害性有过之而无不及。可见，现今司法解释的方向是淡化“场所”的物理性特征，尝试将网络空间向刑法文本中的“场所”靠拢。这样的解释方法顺应了信息时代的特点，提升了法的适应性，既不违反罪刑法定原则，也未明显超出国民预测可能性，是互联网时代刑法解释的合理举措。

具体到毒品犯罪中的容留他人吸毒罪，2012 年最高人民检察院、公安部出台的《立案追诉标准（三）》第 11 条将容留他人吸毒罪解释为提供场所，容留他人吸食、注射毒品的行为。按照立法原意，此处的“场所”一般是指与外界空间相对独立，具有一定封闭性、可控性的物理空间。但本书认为，互联网时代的刑法解释不宜过分坚持场所的物理性特征，如果此处的网络空间满足“与外界相对独立”“具有一定封闭性”“可控性”特点，则该网络空间就可以被解释为场所。结合最近几年常见多发的组织网络吸毒行为案件，行为人所利用的网络空间一般是由自己所设立或管理的、加密的虚拟房间或聊天群组。行为人一面在难以为一般人所发现的“特殊网站”如色情网站、赌博网站上发布进房途径或进群途径；另一面又严格验证试图进群的参与者的身份，以确保该虚拟房间或聊天群组的私密性和安全性。同时，虚拟房间或聊天群组的所有者掌控着对该网络空间的建立和解散。这一系列措施体现了网络空间实际上具备了“与外界相对独立”“具有一定封闭性”“可控性”特征。因此，本书认为，结合互联网时代技术背景与现实案例的实际情况，将容留他人吸毒罪中的场所扩展至网络空间，是一条可以尝试的解释路径。

（二）运用实质解释论去解释网络空间

需要承认的是，以上结论仅仅是依赖形式解释论的立场得出的。仅援引两部与毒品犯罪毫不相干的司法解释也不能周全地论证出为何对容留他人吸毒罪中的场所要件需要扩大到网络空间。对构成要件的解释必须以法条的保护法益为指导，而不能仅停留在法条的字面含义上①。因此，不能机械地去论证何为容留、何为场所，而应当抱着思辨的态度去探寻二者之间的关系。

那么，容留他人吸毒罪为何会要求行为要件与场所要件兼备呢？此时或许需要采取主观解释论的方法去探寻立法原意。但本书同时注意到，立法设置容留他人吸毒罪，立法目的是不可考的，故而该罪的保护法益同其他毒品犯罪一样，面临着众说纷纭的局面。有论者提出，之所以设立容留他人吸毒罪，是为了压缩吸毒者的吸毒空间，对吸毒者的“避风港”进行大力取缔。而如果把此处的网络空间解释为容留他人吸毒罪中的场所，即便不考虑真实的吸毒能否为该网络空间所容纳，这里的网络空间也根本不能为各个潜藏在自己家做直播的吸毒者们提供现实意义上的“避风港”。还有论者提出，容留他人吸毒罪的保护法益是他人的吸毒可能性②，提供网络空间允许吸毒者进行吸毒直播，会在无形中促使吸毒者吸毒，进而侵犯了该法益。但以上论证结论都无有力依据可以佐证。因此可以说，在运用实质解释论解释容留他人吸毒罪时，由于对容留他人吸毒罪的保护法益和立法目的认知不清，会使得该罪成为“任人打扮的小姑娘”，产生许多对立冲突却各有道理的解释结论。

但毒品犯罪属于世界性问题，借鉴域外刑事立法或许能起到他山之石可以攻玉之奇效。以日本为例，日本将吸毒规定为犯罪，这与我国有所不同，但其刑法典中也有类似容留他人吸毒罪的规定。《日本刑法典》第139条规定：“吸食鸦片烟者，处三年以下惩役。提供吸食鸦片烟之建筑物或房屋而图利益者，处六个月以上七年以下之惩役。”③ 值得一提的是，后行为是否为求牟利，是区分本罪与吸食鸦片烟罪帮助犯的标准。另外，我国台湾地区“刑法”基本继承了德日刑法理论，因此在毒品犯罪领域也设置了类似的立法。我国台湾地区“刑法”第262条规定：“吸食鸦片或施打吗啡或使用高根、海洛因或其化合质料者，处……”④ 第259条规定：“意图营利为人施打吗啡，或以馆舍供人吸食鸦片烟或其化合质料者，处……前项之未遂犯罚之。”⑤ 可见，就容留他人吸毒行为而言，此处规定与日本类似，亦要求以

① 张明楷：《实质解释论的再提倡》，载《中国法学》2010年第4期。
② 刘仁文等：《网络吸毒——8·31特大网络吸贩毒案》，载《中国检察官》2011年第24期。
③ 《日本刑法典》（第2版），张明楷译，法律出版社2006年版，第52页。
④ 新陆书局辑部：《中华民国刑法判解释义全书》，新陆书局1982年版，第726页。
⑤ 新陆书局辑部：《中华民国刑法判解释义全书》，新陆书局1982年版，第725页。

牟利为目的。域外将容留他人吸毒罪限制在以牟利为目的，或许缩小了犯罪圈，但这里并不是本书所要关注的重点。此处应当关注的是，在吸毒行为明明已经入罪的情况下，为何这些国家或地区仍然会将协助吸毒的行为独立规定为犯罪？我国台湾地区有学者试图对此作出解答："此两种行为实为吸用烟毒罪的帮助行为，但因其系出于营利的意图，足以助长吸用烟毒的风气，颇具社会危害性，故本法乃特加以犯罪化，使这种行为成为独立的犯罪行为。"[①] 可见，该学者认为，受牟利为目的的主观心态所支配的提供吸毒场所的行为本质上属于吸毒罪的帮助行为，但由于此类行为在最终助长吸食毒品的效果上是起到了积极的促进作用和较大的社会危害性，故将其正犯化予以打击。

该学者的看法与刑法典中毒品犯罪的罪名体系相契合。因此，刑法规定容留他人吸毒罪的立法逻辑链条似乎可以这样串联："行为人为吸毒者提供场所——吸毒者在场所内加剧对毒品的利用——产生巨大的社会危害性。"在上述环节中，第一环"提供场所"是为第二环"加剧对毒品的利用"服务的，前者是手段，后者才是应当被刑法规制的重心。可见，容留他人吸毒罪所要打击的应当是所有通过提供空间而为毒品的利用产生作用力的犯罪行为。换言之，容留他人吸毒罪中，行为人为吸毒者提供庇护场所只是其外在表现形式，吸毒者能够在场所内获得吸食毒品的动力或者诱因，从而加剧毒品利用的泛滥，这才是立法者所要打击的，这也是提供场所者所最终值得刑法非难的落脚点。而上述部分论者对于我国刑法典中容留他人吸毒罪中保护法益之界定，都不能全面、彻底地表明本罪的立法目的。本书认为，组织网络吸毒行为中，组织者提供场所的行为，不仅为吸毒者在网络空间内恣意展示吸毒提供了平台，更结合其大众传播媒介的特性，使吸毒这种不良文化进一步荼毒和刺激参与者，为其积极实施吸毒行为提供了极大的动因。这种危害性，与传统提供现实场所的容留他人吸毒罪相比，具有更广泛的覆盖面和更巨大的危害性，因此应当被刑事法规正视。

二、组织行为应认定为容留行为

从文义角度来看，容留的意思是容纳、收留。容纳是指在固定的空间或

① 林山田：《刑法各罪论》（下册），北京大学出版社2012年版，第575页。

范围内接受（人或事务）；收留是指接收并留下、接收并接待。我国现行刑法典一共规定了两个容留型犯罪，分别是第354条的容留他人吸毒罪和第359条第1款的容留卖淫罪。容留他人吸毒是指允许他人在自己管理的场所吸食、注射毒品或者为他人吸食、注射毒品提供场所的行为①；容留卖淫罪是指允许他人在自己支配的场所卖淫或者为他人卖淫提供场所的行为②。可见，“向他人提供”和“允许他人”分别表明容留行为既可以主动实施，也可以被动实施；向他人提供自己事先便具有管理、支配权的场所是容留一词的应有之义。

显然，在主观心理状态为直接故意的情况下，应当承认，行为人为组织网络吸毒行为而预先建立网络空间，之后将该网络空间提供给参与者进行网络吸毒的行为契合容留一词的含义，此可谓是“向他人提供”；而行为人默许群内成员介绍、拉拢新人进入其网络空间内参与网络吸毒，这种受放任心态支配下的准许吸毒的行为当属于间接故意支配下的容留他人吸毒的行为，此可谓是“允许他人”。

此外，行为人所提供的网络空间，必须是其事先便具有管理、支配权的场所。这就回归到上述部分所要探讨的问题，即网络空间是否属于容留他人吸毒罪中的场所。上文已经证成，对容留他人吸毒罪中场所的解释应该扩展至网络空间，而行为人作为网络空间的设立者，事先便对网络空间具有管理、支配权限，故符合“容留”的含义。因此，组织网络吸毒行为的行为人所进行的“组织行为”，实际上属于规范用语中的“容留行为”，在文义解释的视角下二者具有一致性。

三、展示吸毒与现实吸毒具有同质性

（一）以目的解释方法为优位

有否定组织网络吸毒行为应当入罪的论者主张采取先文理解释后目的解释的方法，认为容留他人吸毒罪中的“吸毒”行为与组织网络吸毒行为中的“网络吸毒”不具有同质性，后者“网络吸毒”的行为本质实际上是发布吸毒影像，不能被认定为现实吸毒。本书认为，该种解释方法违背了实质

---

① 张明楷：《刑法学（下）》（第六版），法律出版社2021年版，第1535页；曲新久主编：《刑法学》，中国政法大学出版社2011年版，第531页。

② 张明楷：《刑法学（下）》（第六版），法律出版社2021年版，第1535页。

解释论的要求，此外，将网络吸毒行为割裂开来，认为其只是一种发布吸毒影像的行为也是不科学的。

先文理解释后目的解释的位阶性要求实则在对条文解释时犯了舍近求远的错误，且受文理解释指引下的刑法解释方法，不易实现对规范的正确理解。德国有学者认为，“解释方法之桂冠当属于目的论之解释方法，因为只有目的论的解释方法直接追求所有解释之本来目的，寻找出目的观点和价值观点，从中最终得出有约束力的重要的法律意思；而从根本上讲，其他的解释方法只不过是人们接近法律意思的特殊途径”①。刑法条文通过规范的形式将某一类行为规定为犯罪，是由该法条所事先划定的、要保护的法益来决定的。因此，在对某一行为进行违法性判断时，最恰当而有效的解释方法应当是首先对法律规范这一大前提进行目的解释，探寻该大前提所要保护的法益应当为何，从而为其他解释方法的运作划定合理的范围；其次结合被判断的事实，通过文理解释的方法进行反复确认；最终得出能否适用该法律规范的结论。这类似于法官在断案时一般会对案件所要适用的法条产生先前理解和先前判断。我们不必过分苛责法官的这种先验判断，这实则是一种普遍的法律思维。只不过，任何先验判断都必须经历一番反思和论证，并在必要时对这种先验结论做修改或者放弃。因此，如何立足于法条用语的通常含义，将犯罪论体系、规范保护目的、国民的规范认同、处罚必要性等内容加以通盘考虑，是远比刑法解释方法的位阶性更为要紧的问题②。

因此，对于组织网络吸毒行为到底能否适用容留他人吸毒罪这一问题的回答步骤，应首先要考察的是容留他人吸毒罪的立法目的，确认该规范所要保护的法益，此谓目的解释；而后通过对事实模型的文理解释加以具体验证。前述部分已经明确，容留他人吸毒罪重在打击通过提供空间的方式诱发毒品泛滥的行为，这是该法条的立法目的。在该前提下，我们可以看到，组织网络吸毒行为实际上也是通过提供空间的方式，激发吸毒者展示吸毒的欲望，从而促进毒品消费端的毒品泛滥。因此，从目的解释的层面而言，组织网络吸毒行为适用容留他人吸毒罪是完全行得通的。第二个步骤才是去判断组织网络吸毒行为事实文本中一系列关键词的含义能否与容

---

① ［德］汉斯·海因里希·耶赛克、托马斯·魏根特：《德国刑法教科书》，徐久生译，中国法制出版社 2001 年版，第 193 页。

② 周光权：《刑法解释方法位阶性的质疑》，载《法学研究》2014 年第 5 期。

留他人吸毒罪中的构成要件相匹配。如缺少目的解释的优先指引，加之文字含义的多面性，对关键词和构成要件的解释工作将面临漫无边际的低效率结局。

（二）网络吸毒与现实吸毒不可剥离

在对关键词和构成要件对比理解的领域，应当着重考虑的是网络吸毒行为与现实吸毒同质性问题。持反对观点的论者认为，吸毒与发送吸毒视频是两个完全不相干的概念，吸毒行为直接作用于自身，但发布吸毒视频对自身无危害性，因此不能等同而论。本书认为，这种认识存在强行割裂的逻辑谬误。诚然，如若某人将自己吸毒的视频加以录制，而后存储在介质中，最终通过各种方式散播出去，我们可以说，此人的吸毒与发送吸毒视频是两个完全独立的行为。但在组织网络吸毒行为中，行为人所实施的吸毒与传播吸毒视频之间，看似是两个行为，但其本质是一个行为在两种空间内的显示。信息网络技术实现了用户之间足不出户的面对面交流，在组织网络吸毒案件中也是一样，行为人在网络空间中所发出的展示吸毒行为的影像，完全是此时此刻该行为人的行为写照，并不存在时间差别和本质差别。现实吸毒行为通过在网络空间内的实时展示成为网络吸毒行为，尽管视觉效果和载体不同，但两者紧密联系、无法割裂，实质上是一种行为。以聚众淫乱罪为例，传统观点认为聚众淫乱罪必须有现实的身体接触，但网络空间的出现使得这种表述捉襟见肘。有不少学者从法益保护的角度把握“淫乱”一词的内涵，主张无论是现实空间还是网络空间，只要是对该罪的法益的非公开化和公众的精神健康产生侵害的行为都有可能触犯此罪，进而认为进行网络色情直播的行为与现实的淫乱行为具有同质性，应当以聚众淫乱罪定罪处罚①。

因此，就前文提到的问题，本书认为，在组织网络吸毒行为中，参与者在网络空间内直播吸毒的行为，代表了其真实的吸毒行为，二者不能割裂来看。从对吸毒者的危害性来看，二者具有同质性。这一结论同样是对上文“网络吸毒的性质认定困难”部分遗留问题的一个回应。

---

① 吴镝飞、赵金伟：《网络裸聊行为的法益分析与定性研究》，载《河北法学》2016年第6期。

第五节　组织网络吸毒行为的特殊问题分析

一、共犯形态问题

（一）组织者内部的共犯问题

组织网络吸毒案件中的共犯可能性包括两个层面：其一是组织者内部；其二是组织者与参与者之间。本书之所以细分组织者内部的角色，是因为在现实案件中，网络空间的设立者（或称“群主”）出于方便对群组的管理或者带动群内气氛等角度考虑，往往会任命一些积极参与吸毒的成员充当“管理员”，这些管理员虽不是网络空间的设立者，但其对网络空间的管理权限不容忽视：他们首先掌管着群内人员流动工作，决定着对老成员的清退和对新成员的接纳。另外，在一些案件中，管理员与群主的关系类似于老板与员工的关系，群主会为管理员单独建立群组，在该群组内为管理员们分配任务或者指标，管理员们领命后积极施行。可见，从违法层面来看，管理员和群主的行为方式在整个组织网络吸毒行为过程中存在一定程度的重合，在不重合的部分，管理员与群主也是紧密联系，存在一致的犯意联络。

那么，结合管理员在组织网络吸毒行为中的行为和作用，能否直接将管理员认定为组织网络吸毒行为的组织者，从而以容留他人吸毒罪的正犯加以评价呢？本书认为不可以。正犯的实行行为，是刑法分则规定的具体犯罪构成要件的行为。就容留他人吸毒罪而言，提供场所的行为是实行行为[①]，即行为人必须对涉案场所具有所有权或管理权。虽然在实务中有案例表明，场所的共同控制人可以成为容留他人吸毒罪的共同正犯，但这一般发生于夫妻和同居情侣之间[②]。这表明，对于多行为人之间是否对场所存在“共同控制”的认定应当以法律认可的身份关系或真实存在的共居关系为前提。就组织网络吸毒案件来看，尽管管理员在群内的职权属性表明了其对该网络空

① 徐宏、李春雷：《毒品犯罪研究》，知识产权出版社2016年版，第279页。

② 参见重庆市涪陵区人民法院（2016）渝0102刑初327号刑事判决书。

间具有高度的支配力，但首先管理员不是网络空间的设立者，缺乏“向他人提供由自己所有的场所”这一场所要件。此外，管理员对网络空间的管理权限来源于群主对自身权限的下放，两类主体之间本身是一种不平等关系，管理员对网络空间的管理实质上派生于群主对管理员的管理，因此管理员也不能够向参与者提供真正意义上的“由自己管理的场所”。换言之，容留他人吸毒罪的实行行为在于向吸毒者提供由自己支配的场所，这是一条放诸现实和网络皆准的隐含规则，而其他人所实施的帮助吸毒者吸毒或帮助空间所有人管理空间都只是外围行为，不可能踏足空间要件中的“支配”领域。认定共同正犯与帮助犯的区别标准之一就是“客观上能否评价为实施了自己的犯罪”①，而很明显，对场所没有支配权限的行为人不可能成立容留他人吸毒罪的正犯，否则将与刑法分则的规定相矛盾。举例来看，KTV服务生听从KTV老板的安排为包厢内吸毒的客人望风或为吸毒的客人服务仅是在为KTV老板实施容留他人吸毒罪提供帮助，无论该服务生的服务权限有多大，他都不可能僭越KTV老板对包厢的所有权，因此不可能成为容留他人吸毒罪的正犯，而仅成立帮助犯。

同样，尽管组织者内部可以划分为管理员和设立者，管理员们在相当程度上扮演着组织者的角色，但由于管理员欠缺容留他人吸毒罪中的场所要件，不对该网络空间具有根本的支配性，故管理员与设立者不能成立共同正犯。在群主构成容留他人吸毒罪的前提下，这些活跃的管理员们只能被认定为帮助犯。当然，如果有管理员对群内活动并不积极，经核查较少或根本不曾履行过实质的领导职能，则对这类管理员可以认定为纯粹的参与者。当其被认定为参与者时，便已经脱离出组织者的范畴，不属于本部分所要讨论的内容。

（二）组织者与参与者的共犯问题

共同犯罪是指二人以上共同故意犯罪。而在我们国家，吸毒并非犯罪行为。因此一般而言，在传统的容留他人吸毒罪中，纯粹的被容留者不可能与容留者成立共犯。但是，“网络吸毒”的出现，使得组织者与参与者的共犯问题值得探讨。

参与者在整个组织网络吸毒行为过程中主要实施的是直播吸毒行为。通

① ［日］前田雅英：《刑法总论讲义（第6版）》，曾文科译，北京大学出版社2017年版，第342页。

过之前的讨论，本书已经得出结论，那就是所谓的“网络吸毒”与现实吸毒紧密联系、不可分割，应当共同评价，统一认定为吸毒行为。如果采取这样的思路，则此处毫无疑问参与者不会与组织者成立共同犯罪，该结论也能实现与容留他人吸毒罪的逻辑融洽。

但值得注意的是，如果遵循《毒品犯罪解释》第 14 条的解释思路，参与者与组织者在组织网络吸毒行为中成立共同犯罪或将成为未来刑法评价的走向。前述提到，《毒品犯罪解释》第 14 条为刑法第 287 条之一的非法利用信息网络罪第 1 款第 1 项创设了新的行为方式，实际上是采取了扩张解释的思路，将该项罪状中的“其他违法犯罪”解释为“其他违法行为 + 其他犯罪行为”。尽管《毒品犯罪解释》第 14 条针对的是非法利用信息网络罪的第 1 款第 1 项而展开，但出于维护体系稳定性，该条第 2 项、第 3 项势必也需要采取同样的路径。那么，参与网络吸毒的行为人进行吸毒直播的行为，实际上就是该罪第一款第 2 项“发布其他违法犯罪信息”的行为，这将造成吸毒直播行为或将被纳入刑法规制的视野。

由此造成的局面十分尴尬：单纯吸毒的行为不构成犯罪，当吸毒者打开摄像头，在一个较为私密的群组内与“同道中人”视频吸毒时，反而触犯了非法利用信息网络罪中“发布其他违法犯罪信息”一项（尽管该条的入罪门槛有“情节严重”的限制，但是“情节严重”的认定标准目前同样存在空白）。而这种定罪思路将与现行刑法第 295 条规定的传授犯罪方法罪的规制范围产生冲突，将导致刑法处罚范围的不当扩大。另外，如前所述，在组织网络吸毒行为过程中，现实吸毒与直播吸毒是具有同质性的，二者不可拆分评价，而《毒品犯罪解释》无疑割裂了这种黏合性。与其说《毒品犯罪解释》是为非法利用信息网络罪创设新的行为方式，倒不如说《毒品犯罪解释》导致的结局是变相使得吸毒入刑。

沿着《毒品犯罪解释》的思路前进，在对组织网络吸毒行为进行刑法认定和主体评价时，结论极有可能是：组织者与参与者分别触犯了非法利用信息网络罪第 1 款的第 1 项、第 2 项，二者分工配合，紧密联络，构成非法利用信息网络罪的共同正犯。这种归罪结果无疑是令人不可接受的。

因此，本书认为，对非法利用信息网络罪应当采取严格的限制解释方法，仅当行为人利用信息网络实施的行为是在为实施某些犯罪而做预备时才可将其行为评价为非法利用信息网络罪。吸毒行为在本质上是行政违法行为，尽管有网络空间的存在也不能改变其性质。因此，在组织网络吸毒行为中，组织者与参与者不存在共同犯罪的可能性。

二、参与者实施其他行为的刑法认定

（一）参与者上传非即时吸毒视频的行为定性

首先应当明确的是，行为人仅上传非即时的吸毒视频，则不存在其本人的“网络吸毒”行为，也就更无须探讨现实吸毒与网络吸毒的同质性问题。此时，应当分别评价该行为人的现实吸毒行为与上传非即时吸毒视频的行为。现实吸毒问题无须赘述，仅以行政违法处罚即可；而上传非即时吸毒视频行为的性质认定，仍应当从非法利用信息网络罪的入罪门槛展开讨论。

如果认为非法利用信息网络罪的解释应当采取严格限制解释的路径，则行为人上传非即时吸毒视频的行为不应当构成非法利用信息网络罪。在罪刑法定原则下，恐怕难以在刑法典中为这种发布非即时吸毒视频的行为进行刑法定性。而如果对非法利用信息网络罪采取了扩张解释的路径，将发布违法信息且情节严重的行为认定为非法利用信息网络罪，则在“情节严重”的前提下，发布视频的参与者是有可能触犯非法利用信息网络罪的，只不过对“情节严重”的标准需要进一步明确。

但为了维护刑法的谦抑性，避免实务中对非法利用信息网络罪进行恣意的扩张解释从而将违法行为认定为犯罪行为，本书不同意对非法利用信息网络罪采取扩张解释的路径。因此，本书认为，参与者上传非即时吸毒视频的行为应当被认定为无罪。

（二）参与者与他人交流吸毒感受的行为定性

严格来讲，参与者通过文字、语音等非画面的方式向别人请教、交流或者传授吸毒经验和感受的行为，不能被认为是本书所要探讨的组织网络吸毒行为的范畴。但是为了讨论问题的全面性，本书将在本部分一并探讨。

参与者向他人请教或者与他人交流吸毒经验与感受，此时存在两方主体。对参与者而言，其该种行为由于不具备违法性和危害性，不可能属于犯罪行为；对于被请教方或者交流相对方而言，虽然此时有向他人讲述吸毒经验和感受的行为，但由于缺乏期待可能性（该种行为也可被评价为日常行为），该种行为也不宜被认定为引诱、教唆他人吸毒行为。

但是，参与者主动通过文字或者语音的方式，向他人传授吸毒经验和吸毒感受，如果该种行为足以使听众产生吸毒的欲望，则可以对行为人的行为以引诱、教唆他人吸毒罪评价。当然，如果吸毒者是在痛心疾首地对吸毒行为表示憎恶和忏悔，则此时不可能起到激起他人吸毒的欲望，则对行为人不应以引诱、教唆他人吸毒罪来非难。除此之外，参与者向他人传授吸毒经验和吸毒感受的行为，涉及对引诱、教唆他人吸毒罪与欺骗他人吸毒罪的区分问题：如果参与者在传授吸毒经验和吸毒感受时，夸大了吸毒的真实感受，目的就是希望更多人参与到吸毒行为中，则此时，行为人究竟是应该定引诱、教唆他人吸毒罪还是欺骗他人吸毒罪？

我们认为，引诱、教唆、欺骗他人吸毒罪作为一个选择罪名，这三种行为方式并不必然对立。引诱可能通过欺骗实现，而教唆与引诱也可能同时并存。如上文所述，参与者夸大事实，诱使他人尝试吸毒的行为，其中既包含欺骗的成分，也包括引诱、教唆的内涵。因此，将参与者的此种行为以刑法第 353 条引诱、教唆、欺骗他人吸毒罪的整体罪名去评价并无不妥。

第九章
制毒物品关联行为的刑法认定

第一节　制毒物品管控的现实困境与对策

毒品犯罪是国际社会普遍深恶痛绝的公害犯罪，严厉打击毒品犯罪也是我国一直秉持的刑事政策。在近年来的毒品犯罪中，新型毒品不断出现，制毒技术不断提高，毒品制造越发简便，唯独对于制毒原材料的需求是不变的，对制毒物品的管控也许会成为堵住毒品犯罪最有效的出路。但制毒物品具有双重性质，在具有制毒可能性的同时也有医用或化学研究价值，我国对制毒物品管控的现状是依靠“刑事规范 + 行政法规范”进行双重管制。但是以目前的状况来看，我国在管制制毒物品上存在一定的规范缺失、行刑衔接等问题，使得管控不全面、不细致，效果有待提升。

一、制毒物品管控沿革及现状

目前，我国的管控有刑事规范管控和行政法规管控两个方面，由行政法规先行制定行业利用合法的管控范围和管控程序，违反前述规定且达到一定程度的则纳入刑法规制，形成一种“层级式”管控的模式。

（一）管控规范沿革

1. 刑事法规范

最早对于“制毒物品”进行规定的刑事规范是1990年《关于禁毒的决定》第5条，但其将管控范围表述为“醋酸酐、乙醚、三氯甲烷或者其他经常用于制造麻醉药品和精神药品的物品”，并没有“制毒物品”这一概念，直至1994年最高人民法院发布《关于执行〈全国人民代表大会常务委员会关于禁毒的决定〉的若干问题的解释》，其中第7条将前述1990年《关于禁毒的决定》第5条第1款的规定称为“非法运输、携带制毒物品进出境罪”，以“制毒物品”指代“醋酸酐、乙醚、三氯甲烷或者其他经常用于制造麻醉药品和精神药品的物品”。此二规范目前均已失效，但“制毒物品”的概念和此二规范中规定的“非法运输、携带制毒物品进出境”的行为禁止却沿用下来。

1997年刑法将1990年《关于禁毒的决定》中的制毒物品犯罪囊括进去，变成走私制毒物品罪、非法买卖制毒物品罪①，几乎与1990年《关于禁毒的决定》中的行为模式相同，但是去掉了“经常”二字，等于实际扩大了相应“制毒物品”可供纳入解释的范围。同时删去了“数量较小”部分的规定。

直至2015年《刑法修正案（九）》发布，增加了非法生产与运输制毒物品罪，同时修改了走私制毒物品的行为方式，变“数量犯”为“情节犯”②（但在司法解释中又以数量和情节两种方式认定“情节较重”“情节严重”和“情节特别严重”，实质上是变成了“数量+情节犯”），提高了最高法定刑并将两档法定刑变为三档。整体上体现了我国打击毒品犯罪更加注重综合治理，更加注重从源头治理③，体现了立法对于制毒物品犯罪的重视程度、规范的严密程度以及打击力度都有极大提高。

现行有效的、涉及制毒物品定罪量刑实质内容的司法解释则仅有2016年颁布的《毒品犯罪解释》，规定了制毒物品犯罪认定中的“情节较重”“情节严重”“情节特别严重”的认定标准，以数量规定为主，行为情节、

---

① 参见1997年刑法第350条第1款规定。

② 参见《刑法修正案（九）》第41条规定。

③ 胡江、于浩洋：《我国毒品犯罪刑事立法四十年的回顾与前瞻》，载《贵州警官职业学院学报》2019年第1期。

结果规定为辅，综合认定情节严重程度。

2. 行政法规范

刑法规定的简洁与司法解释的有限也在促进行政法规在制毒物品管控方面的极大发展。据不完全统计，针对制毒物品犯罪实质定罪量刑的中央行政法规共有4部，现行有效的地方性法规有4部，涉及对其相关概念“易制毒化学品”进行管控的法律有两部，分别是禁毒法和广告法，较为重要的行政法规有《反兴奋剂条例》和《易制毒化学品管理条例》。另外，还有数十部地方性法规和上百部地方政府规章，以及数量难以统计的地方规范性文件。对于易制毒化学品的范围，则依照国务院颁布的《易制毒化学品管理条例》的附表《易制毒化学品的分类和品种目录》确定。

如此众多的行政法规范中有着大量十分具体的内容，包括制毒物品与易制毒物品定性、定量、分类以及行政处罚、定罪量刑问题，立案追诉标准问题，行政管辖与刑事管辖问题，侦查程序及证据使用问题，等等。各地也因情况各异制定了各种不同的标准与程序。无论是在行政执法程序还是刑事审判程序中，这些规定都起着或大或小的作用，一定程度上弥补了刑事立法上的缺陷。但也在一定程度上产生了冲突，包括行政法规范与刑事法规范之间的冲突以及行政法规范互相之间的冲突，这些都是需要梳理解决的问题。而且，即使是如此众多的法规也无法完全衔接刑事法规范未完成的任务，在对制毒物品的管控上仍然存在很多问题。

（二）制毒物品犯罪发展及现状

1. 制毒物品犯罪发展趋势

据近几年的《中国毒品形势报告》显示，2014年至2017年，公安机关破获的制毒物品犯罪数量持续下降，但2018年却大幅上升（见图19），表明近年来对制毒物品的管控力度有了极大增强，犯罪数量一度减少，但有反复的趋势，且案件数量减少不能说明参与犯罪总人数减少；缴获制毒物品的数量在2015年下降后稳定一年，但在2017年再度上升，2018年缴获制毒物品数量更是达到2014年的近三倍之多（见图20），这不仅是因为管控的力度加大，更表明2015年《刑法修正案（九）》的颁布实施起到了抑制制毒物品犯罪的良好效果，但效果短暂，需要寻找新的突破口。

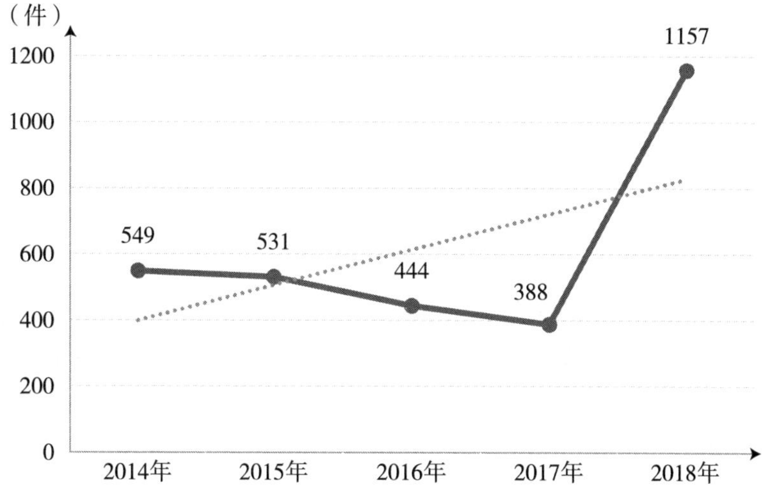

图 19　2014—2018 年破获制毒物品犯罪数量趋势

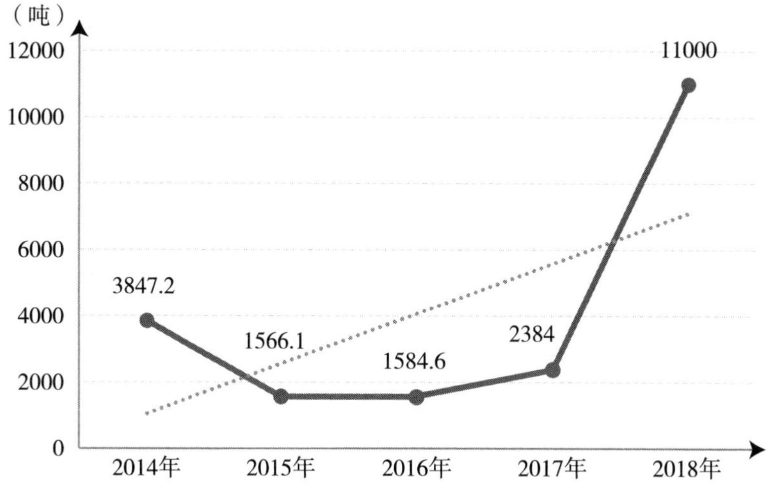

图 20　2014—2018 年缴获制毒物品数量趋势

2. 制毒物品犯罪发展特点

随着立法的完善，制毒物品犯罪的势头得到了遏制，仍“坚持犯罪”的犯罪分子“投鼠忌器”，在进行犯罪活动时更加“小心翼翼”，并且“开发”出各种新的手段，使得制毒物品犯罪呈现出新的特点。

第一，隐蔽性增强。随着毒品犯罪整体管控加强，制毒窝点逐步转向偏远、便于藏匿、易于逃离的省市县交界地带，有的制毒分子甚至潜入深山林区、海上。相应地，制毒物品犯罪分子也将活动范围大幅转向管控薄弱地区，尤其是各地毒品管理条例的陆续出台，也影响着制毒物品犯罪分子对于犯罪地点的选择，进而更加增强其隐蔽性，使得查处难度增加，也一定程度上引起查处到的相关犯罪的数量减少。

第二，组织化、职业化特点突出。近几年，公安机关破获的制毒物品犯罪数量持续下降，但同时缴获的易制毒化学品数量却在不断上升，一定程度上是因为犯罪分子开始有组织、成规模地进行犯罪，而一些地方出现了专门为制毒活动提供化学品和设备的职业犯罪团伙，形成代理采购、按需打包、套餐供应的销售模式，呈现出职业化的特点。

第三，寻求替代性未列管原料。由于司法解释规定制毒物品范围的划定依照易制毒化学品目录确定，对于未列入易制毒化学品目录的物质在认定上存在难度，在一定程度上属于犯罪分子可钻之“漏洞”，但在技术上对用于制毒的化学物质进行改变却并不是一个难题，尤其是新型毒品层出不穷，相应的制毒原料也有所改变。“由于我国加大了对易制毒化学品的管制力度，犯罪分子转而使用尚未列管的易制毒化学品制造毒品。国内也不断出现新型合成毒品，而用于制造这些新型合成毒品的原料……尚未列入管制。”[①] 有许多犯罪分子采取将未列管的含制毒原料的合成物进行提取或直接走私、运输、非法买卖的方式为制造毒品提供原料，而制毒者仅需简单的步骤就可提取所需制毒物质。因此，将目光转向替代性未列管化学品成为犯罪的新特点。

二、制毒物品法律管控问题

（一）管控范围不明确

1. 概念不明

刑事审判中对制毒物品进行认定，除了刑法第350条直接规定的三种物品外，其余的根据司法解释“具体品种范围按照国家关于易制毒化学品管

① 莫文球等编著:《毒品犯罪定罪量刑与办案精要》，中国法制出版社2018年版，第7页、第81页。

理的规定确定”。“易制毒化学品”同“制毒物品”概念上存在一定差异，易制毒化学品有明确的管制目录，对于以“易制毒化学品”为概念的规定可以明确适用，但是也存在目录更新变化赶不上毒品市场变化的速度这一硬伤问题。而“制毒物品”则没有明确的范围，有观点认为等同于“易制毒化学品”，以易制毒化学品目录为其全部范围。但是，首先，刑法规定制毒物品的范围是一种“列举概括式”的描述，依字面解释，常用于制毒的原料或配剂都可解释进其范围内；其次，由于毒品发展变化迅速，各类新型毒品层出不穷，所用原料或配剂可替代性强，制毒物品市场也随之发展变化，完全以易制毒化学品目录为范围认定制毒物品，不能适应制毒物品犯罪的发展特点。

因此，本书对制毒物品等同于易制毒化学品的观点持否认态度；主张以刑法条文为准，制毒物品是指常用于制毒的原料和配剂，其范围以列举的几类物质为标准可判断为常用制毒原料或配剂的物质。那么，其与易制毒化学品便有一定差异，制毒物品范围与易制毒化学品目录便存在一定的差异，而对其中超出目录范围但属于常用制毒原料或配剂的物质，就存在一定的管控问题，未能起到全面管控的效果。

2. 行为缺失

刑法中对生产、买卖、运输、走私制毒物品的行为都已作了明确规定，与毒品犯罪行为基本保持了行为打击方向的一致，但唯独对于非法持有制毒物品的行为，始终未有涉及，而行政法规目前也未有相关规定，也就是说对仅持有制毒物品而无其他犯罪嫌疑的行为目前并未有明确法律规制。如果可以证明行为人持有制毒物品是为了制毒犯罪，则可以适用制毒犯罪条款，以制造毒品罪主犯或共犯进行处理；但是，在行政法规范管控易制毒化学品的审批、许可以及处罚未经审批、许可行为，刑事法规范管控制毒物品犯罪行为时，不明目的的未经审批、许可的持有制毒物品的行为却无法可依，也就是说在难以证明其持有目的时无法入罪，在适用行政法规范时也存在认定和证明难题。且如果持有十分大量的制毒物品又难以证明目的时，适用行政法规范进行处置可能存在放纵制毒犯罪的问题，但刑法又无此规定，非法持有制毒物品的行为就明显被划为了行刑管控范围外的行为。

（二）法律衔接断层

1. “国家规定”的断层

刑法在制毒物品犯罪的规定中，明确表述了构成犯罪的前提条件是

“违反国家规定”。而根据刑法相关规定，“国家规定”的制定主体只能是指全国人民代表大会及其常委会和国务院，“当刑法分则条文所要求的是‘违反国家规定’时，仅违反部门规章的行为，不成立犯罪”[①]。但是，大量有关“制毒物品”“易制毒化学品”的规定均属部门规章及其以下范畴。按照此标准，很多关于新型制毒物品的规定都不能作为认定制毒物品犯罪的法律依据，就会造成一种“刑法面对新型毒品犯罪却无能为力的尴尬处境”[②]。

2. 适用规范的断层

首先，对于制毒物品相关行为的定性，是否必然要经过符合行政法与否的判断，仍然是理论上没有解决的难题，也无具体适用规范可依。其次，如何判断行政法和刑法的适用边界以及不符合行政法规定的行为是否一定适用刑法，理论和司法上都没有统一意见。最后，为弥补地方管控需要，各地纷纷出台地方性管理法规在实践中予以适用，其规定内容较法定的“国家规定”而言更为细致和全面，“例如，硫酸钡、氯化铵等化学品作为制毒犯罪活动中常见的化学用品，尽管没有出现在国家的管制目录中，却已经纳入了云南、四川等地方性法规的管制范畴”[③]。在量刑上，各地亦有针对本地毒品犯罪特殊情况出台毒品犯罪量刑指导意见，可以预见，在制毒物品犯罪走入毒品犯罪治理视野后，各地也会有相应应对措施。而是否能适用这些规范以及如何适用这些规范，都没有明确的规定。

3. 其他法律衔接断层

在明确刑事审判、行政处理可适用的规定中，也存在一定的规定断层问题，即应当在行政法中规定的内容存在缺失，使得作出罪处理时无行政处置可用。如治安管理处罚法中针对毒品问题管理的部分缺失制毒物品管控内容；《易制毒化学品管理条例》第39条规定依照海关法律、行政法规给予行政处罚，但无行政法规级别规定应对此处以刑罚，而更低效力法规难以援引。

（三）数量认定不合理

刑法司法解释在规定制毒物品犯罪情节认定依据时，将制毒物品数量明

---

① 张明楷：《刑法分则的解释原理（下）》（第二版），中国人民大学出版社2011年版，第4页、第546页。

② 郑伟：《毒品罪三疏两议》，法律出版社2011年版，第12页、第171页。

③ 肖卓然：《论制毒物品相关行为的刑法规制》，湘潭大学2017年硕士学位论文。

确规定在其中，成为主要定罪量刑依据。但是在具体数量认定上，认定方式没有任何依据，一是是否需要累计计算；二是纯度对数量认定的影响。未经处理的数量累计一般是比照刑法第 347 条的规定，对多次实施制毒物品犯罪且尚未超出追诉时效的情形进行数量累计，但"这种做法难免有'类推'适用《刑法》之嫌"[①]；而对某些半成品或者其他合成物数量的认定则缺乏依据。"随着法律对于制毒物品打击力度的不断增加，很多的犯罪分子采用取巧后盾，不再单一地运输纯粹的制毒物品，而是将制毒物品与少量其他非管制物品先简单的合成。"[②] 在司法实践中，纯度往往是参照毒品处理方式，以实际查处的数量为准，不以纯度折算。

但是，在 2012 年最高人民法院、最高人民检察院、公安部联合发布《关于办理走私、非法买卖麻黄碱类复方制剂等刑事案件适用法律若干问题的意见》中，明确规定了麻黄碱类复方制剂以其中麻黄碱类物质的含量作为涉案制毒物品的数量，且未经处理的数量累计计算。这表明司法解释走在了法律的前面，也体现出了制毒物品管控中的数量认定存在的法律规定缺失问题。

（四）处罚设置问题

首先，在行政处置方式上，最为常用的是《易制毒化学品管理条例》第 38 条缺失行政拘留的处置方式，其他规定中也无可援引的行政拘留处置措施，因此导致在处罚体系上与刑罚之间形成自由刑衔接上的断裂。治安管理处罚法对制毒物品违法行为也未有明确的处置规定。

其次，在刑法规定中，对制毒物品犯罪处自由刑和罚金刑都有明确规定，并且司法解释中也有相应的具体处理内容，但是对罚金刑的规定却不够全面。我国在治理毒品犯罪的态度上采取的是宽严相济刑事政策，在刑罚设置上加大财产刑的适用，是"宽"的一面在刑罚层面的适用[③]。制毒物品犯罪也是毒品相关犯罪，也应当贯彻相应的刑事政策，而其前提自然是有明确可适用之刑。刑法中对制毒物品犯罪的刑罚规定缺失单处罚金刑，在定罪无疑义而处自由刑过重时，单处罚金刑可以限制罪犯经济能力、避免再犯，同

---

① 肖卓然：《论制毒物品相关行为的刑法规制》，湘潭大学 2017 年硕士学位论文。

② 白金凯：《我国制毒物品相关行为刑法规制问题研究》，辽宁大学 2017 年硕士学位论文。

③ 胡江：《毒品犯罪司法适用中的宽严相济》，载《重庆工学院学报（社会科学版）》2009 年第 12 期。

时保证量刑适当，不至于过重。

最后，刑法及司法解释中对罚金的具体数额均无明确规定，而在行政法中却有细致规定，以相应行为数额为基准作加倍处罚，而具体倍数均有规定。在处罚适用上，一般对同种类处罚方式，不可一事二罚，如果根据刑法定罪后处以罚金则不能再援引行政法处以罚款。因此，刑法对于罚金数额规定不明确容易造成处置上的难题，也会形成罪刑不均或效果不足的问题。

三、制毒物品管控完善对策

（一）明晰相关概念

第一，制毒物品的概念与易制毒化学品的概念应作一定区分。刑事制裁的界限不应当与行政管控范围完全一致，而应当以极其严重的社会危害性、绝对的刑事处罚必要性为前提划定刑事制裁的范围。在刑事上采用“制毒物品”概念，在行政上采用“易制毒化学品”概念，有利于刑事制裁边界划定，有利于对罪与非罪进行区分。

第二，“制毒物品”范围应大于已列管的“易制毒化学品”。“基于物理化学技术的学科特点，为达成同一目的的化学反应，试验者可以通过更换多种试剂，使用包含同样化学元素的不同原料、同时结合反应过程的需要来配置相应的溶剂来实现。”① 随着犯罪分子将目光转向非列管化学品，我国面临着堵截列管易制毒化学品流入非法渠道和非列管制毒原料配剂用于制毒的双重挑战。对此，应当转变司法视角，由形式认定转为实质认定，对非列管物品符合制毒物品定义及性质的，应当认定为“制毒物品”。

第三，以名录为依据定性、以“列举＋概括”方式定义“制毒物品”。首先，从形式认定转为实质认定必然会一定程度上扩大司法自由裁量权，因此要从定义上下手，将范围划定准确，以免出现自由裁量中的不合理的扩张或类推解释。其次，规定制毒物品的范围按照易制毒化学品名录确定，本意是希望用行政法规的动态性弥补刑法固态化、滞后性的不足，以适应制毒物品市场发展变化快的特质。但是，实践上完全依照易制毒化学品名录认定制毒物品却实际上对刑法发挥作用产生了一种束缚性，使得动态性范围失效。为达到动态性管控与裁量权限制之间的平衡，可以采用“列举＋概括”的

① 肖卓然：《论制毒物品相关行为的刑法规制》，湘潭大学2017年硕士学位论文。

方式定义制毒物品，阐述制毒物品本质特征，并列举典型物质作为对比判定依据，同时将易制毒化学品名录作为参照，即能达到良好效果。

（二）增设非法持有制毒物品罪

增设非法持有制毒物品罪是基于完善制毒物品管理制度、加强毒品相关犯罪治理方面考虑，但在入罪上应当作严格限制，量刑也不宜过重。

第一，增设非法持有制毒物品罪有利于毒品相关犯罪治理体系的完善。构建惩治毒品犯罪的严密刑事法网是我国毒品犯罪刑事政策的特点之一[①]，针对毒品犯罪，从走私、贩卖到非法持有都有相应罪名规制，针对毒品犯罪的整个过程形成了一整条锁链，近年来的严格治理也非常有效果，唯独非法持有制毒物品行为被遗漏在外，造成了法网的“小漏洞”。而从源头上讲，非法持有毒品原植物种子亦在刑法规制范围内，而制毒物品作为毒品制造的原料和配剂却没有相应规制。对应制毒物品相关行为过程设置整条管控锁链，对其进行体系性管控，才能真正做到有效治理制毒物品犯罪，同毒品犯罪形成不间断连接，真正形成针对从源头到结果整个过程的毒品相关犯罪治理体系。

第二，增设非法持有制毒物品罪有利于严密法网及司法认定。在刑事实体法上，持有型犯罪构成利用刑法干预犯罪预备行为及法益侵害危险或义务违反行为，达到严密刑事法网、严格刑事责任的目的，发挥堵截犯罪的功能。而在司法实践中，持有型犯罪通过改变刑事证明内容、降低证明要求以及部分倒置举证责任，应对公诉机关难以证明特定物品或财产来源、去向和用途的追诉难题[②]。增设非法持有制毒物品罪亦是基于制毒物品双重性质的特殊性及国家对其进行严格管控的前提，为达到上述目的和功能而作出的考量。

第三，针对非法持有制毒物品罪应设置轻刑，并注重罚金刑设置。首先，在不能证明查获的制毒物品是用于制毒时，制毒物品的最终危害程度较低，而在不能证明制毒物品有走私、贩卖、运输等流向下一环节的可能性时，制毒物品的危害性则更低一些。与刑法规定的制毒物品犯罪、非法持有毒品等毒品犯罪刑罚设置相比，在设置非法持有制毒物品罪的刑罚时，应当设置低于非法持有毒品罪以及其他制毒物品犯罪的法定刑。其次，制毒物品

---

① 胡江：《我国毒品犯罪刑事政策之检视》，载《法治论丛》2010年第3期。

② 梁根林：《刑法总论问题论要》，北京大学出版社2018年版，第223—224页。

犯罪一般数量较大，犯罪所需要的资金支持较大，且选择制毒物品犯罪而非毒品犯罪的犯罪分子胆量较小，背后支持有限，一般切断资金链可有效抑制其再犯。因此，罚金刑的设置应当明确而有层次，并且应当与行政法规中对制毒物品设置的罚款有一定衔接。另外，针对此罪名甚至所有制毒物品犯罪，都应当有单处罚金刑的设置，以应对情节较轻但已构成犯罪的涉及制毒物品的行为。

（三）设置行政处置前置

制毒物品犯罪具有一定的法定犯性质，是以基于国家治理的目的设定的行政管控为前提，以违反行政法规范为行为特征，进而构建的犯罪构成要件。“法定犯不仅具有行政违法和刑事违法的双重违法属性，而且行政违法性的具备是刑事违法性得以产生的根本前提，刑事违法性的具备是行政违法性达到严重程度的结果。”[①] 因此，在处理制毒物品行刑管控衔接问题时，行政优先刑事的原则应当得到适用，行政处置前置的设定便有其存在的必要性及合理性。

首先，应删除“违反国家规定”的限制。制毒物品犯罪构成中“违反国家规定”的条文设置导致对于效力低的行政法规难以适用，而能够对应“国家规定”的规定又不够细致全面，也难以实际应用于司法。尤其是在毒品相关犯罪严重的地区，制毒物品犯罪管控对地方性法规的依赖极强，这也反映出此句条文限制的不切实际之处。删除此条文能够达到扩大行政法规范适用范围的效果，对于认定制毒物品犯罪提供更多的规范依据，弥补刑事法规范概括性强而细致度不足的缺陷。但仅删除此句规定有无限扩大处罚范围的趋势，不符合严格的罪刑法定原则及刑法谦抑原则，因此需要增添限制入罪的条文，即设置行政处置前置的入罪前提。

其次，设置行政处置前置作为入罪前提。即增添因走私、制造、贩卖、运输及非法持有制毒物品等行为经行政处置1—2次后再犯即构成犯罪的刑法条文。具体处置次数则可依行为危害性不同而有所区分，可由司法解释进行细化，而行政处置的依据则可相应扩大至较低效力的行政法规范。作此种处置可以有效限缩前文所述因扩大解释“制毒物品”概念范围、删除“违反国家规定”以及增设非法持有制毒物品罪所造成的刑事处罚范围扩张问

① 田宏杰：《行政优于刑事：行刑衔接的机制构建》，载《人民司法》2010年第1期。

题。经过此种“扩张—限缩”路径的处理，可以使制毒物品犯罪的刑事规制体系更为清晰，解决大量司法认定模糊的问题，提升制毒物品管控效果。

（四）提炼统一性规范

低效率行政法规范、地方性法规的多样化、适用依据不明、适用困难等问题，也在一定程度上体现出建立一个更高等级的统一性规范的必要性。同时，由于各地实践已经将部分规范践行得很好，建立统一性规范的时机已经到来。

首先，统一性规范的等级可以考虑与《易制毒化学品管理条例》为同等级，即为行政法规级别。甚至可以考虑直接完善该条例作丰富性补充。这样可以弥补此等级法规不完善所造成的下位法无依据的问题，同时作为统一性规范，效力高于其他行政法规范，方便其制约丰富多样的下位法，避免行政权扩张。

其次，作细化式对比，提炼各个行政法规范中的共性问题，作为统一性规范的内容。作为效力较高的行政规范，此统一性规范并不适宜具体考虑所有部门、所有地区的管控特点和现状，否则会变成简单的汇总。因此，应当提炼共性问题明确，针对违法程度划定处罚范围，同时处罚方式应当包含行政拘留，以达到与刑法衔接的目的。这是非常复杂、浩大的工程，但也是行政法发展必然要经历的由“散乱”到“整齐”的过程，在制毒物品管控的完善过程中，即使缓慢也应当一步步向前走。

最后，对于非共性问题，则可由统一性规范明确规定授权国务院部门、各地区在划定的授权范围内自行适用已有规定或建立新的规范。“法律应该顾及国家的物质条件，顾及气候的寒冷、酷热或温和，土地的质量，地理位置，疆域大小，以及农夫、猎人或牧人等民众的生活方式等等。”① 中国疆域辽阔，法律难以适应全国各地的具体状况，允许各地在需要“因地制宜”的情形下制定合理有效的低等级规范，有一定的必要性。但是，授权范围必须限制在各部门管理必要、各地区管理类特殊性的必然要求中，而不能任意授权；对于行政处罚的授权则更要极为严格，设置上限的实体限制及上报批准的程序限制。

① ［法］孟德斯鸠：《论法的精神》（下卷），许明龙译，商务印书馆2012年版，第15页。

（五）其他完善措施

第一，对制毒物品数量认定进行司法解释。对于制毒物品犯罪数量认定中未查处过的制毒物品是否累计计算以及制毒物品纯度对于数量认定的影响等问题，必须通过司法解释进行进一步明确，简单参考毒品数量认定有"类推"之嫌。且对制毒物品来说，其数量意义同毒品并不一样，毕竟制毒物品在制成毒品前仅对管理秩序有实质危害，对于社会公众的生命、健康则只是一种可能形成危害的危险，在衡量制毒物品犯罪的社会危害性时，"必须考虑单位数量的制毒物品究竟能够制造出多少毒品"[①]。对于制毒物品合成物则必须通过先提取制毒物品再制造毒品两个步骤才能形成真正的危害物品，更不能简单以查处数量或估算制毒物品含量作出认定，至少应当有明确的数量折算依据。

第二，完善罚金刑的设置。"罪刑相称"是贝卡里亚刑事政策的思想和核心，刑罚不但应该从强度上与犯罪相对称，也应从实施刑罚的方式上与犯罪相对称[②]。制毒物品犯罪的目的十分明确，就是追求极大的经济利益，对其进行"相称"的刑罚设置，必然要有相应的经济剥夺。另外，如前所述，制毒物品犯罪一般数量较大，所需资金支持较大，切断资金链对抑制其再犯较为有效，而罚金刑的设置应当明确而有层次，并且应当与行政法规中对制毒物品设置的罚款有一定衔接。因此，刑法应当对制毒物品犯罪规定明确的罚金数额范围，为司法解释的制定和刑事审判的适用提供依据。同时应当有单处罚金刑的设置，以应对情节较轻但已构成犯罪的涉及制毒物品的行为。

第二节　毒品原植物犯罪的刑事治理

当前，非法种植毒品原植物因其种植成本低、有种植传统、隐蔽性强等特点已成为农村涉毒犯罪的典型代表，犯罪发案量呈逐年增长态势，2022年较2015年增长了2.27倍，案件量在2020年已超过此前排在第三位的非

---

① 尹德坤：《走私制毒物品罪定罪量刑的数量标准》，载《法学》1993年第3期。

② ［意］切萨雷·贝卡里亚：《论犯罪与刑罚》，黄风译，商务印书馆2017年版，第62页。

法持有毒品罪。[①] 非法种植毒品原植物犯罪形势的日趋严峻严重侵扰新农村的健康发展，制约乡村振兴的历史进程。面对非法种植毒品原植物犯罪带来的新挑战，研究构建非法种植毒品原植物犯罪刑事治理机制，对推进我国农村毒品犯罪治理体系与治理能力现代化、助力乡村振兴具有重大而又积极的现实意义。

一、我国农村非法种植毒品原植物犯罪的态势考察

为进一步探究我国农村非法种植毒品原植物犯罪的发展态势，在“中国裁判文书网”以“刑事案件”“非法种植毒品原植物罪”“判决书”为条件，使用抽签法随机选取2016年至2021年每年各20份裁判文书，经人工筛除非农村案件样本后，再次抽签补充样本，共得有效样本120份，涉案被告人共计125人。样本的可靠性强，且时间跨度大、地域覆盖面广，具有较强的代表性，能够反映近年来我国农村整体上非法种植毒品原植物案件的真实情况。对样本进行分析后，发现当下我国农村非法种植毒品原植物犯罪具有以下特点：

（一）被告人多为文化程度较低的中老年农民

统计数据显示，我国农村非法种植毒品原植物犯罪被告人特点主要是文化程度不高、年龄较大、以农业生产为主业。从受教育程度上看，被告人除部分受教育程度不明的以外，小学及以下文化的占比达80.8%，初、高中文化程度的占比达7.2%和2.4%，受过大学以上教育的基本没有；从年龄结构上看，犯罪群体除部分年龄不明的以外，主要是45岁以上的中老年人，占比高达84%，45岁以下的被告人仅占比13.6%；从职业结构上看，被告人除部分职业不明的以外，主要是农民，占比为88%，未指明职业的无业人员占比为4.8%，[②] 此外还包括个体户、村医、退休工人，各占比0.8%。

---

① 张明：《发挥刑事审判职能作用推动法院禁毒工作实现高质量发展》，载《人民法院报》2021年9月23日。

② 根据裁判文书的用语及被告人居住地等细节判断，这些未指明职业的人员较大可能也是农民。

（二）种植地点隐蔽

毒品原植物的种植地点主要集中在菜地、房前屋后、院内、大棚、自留地等（见图 21），且常与庄稼、蔬菜、果树等作物混种，具有较强的隐蔽性，不易被发现。

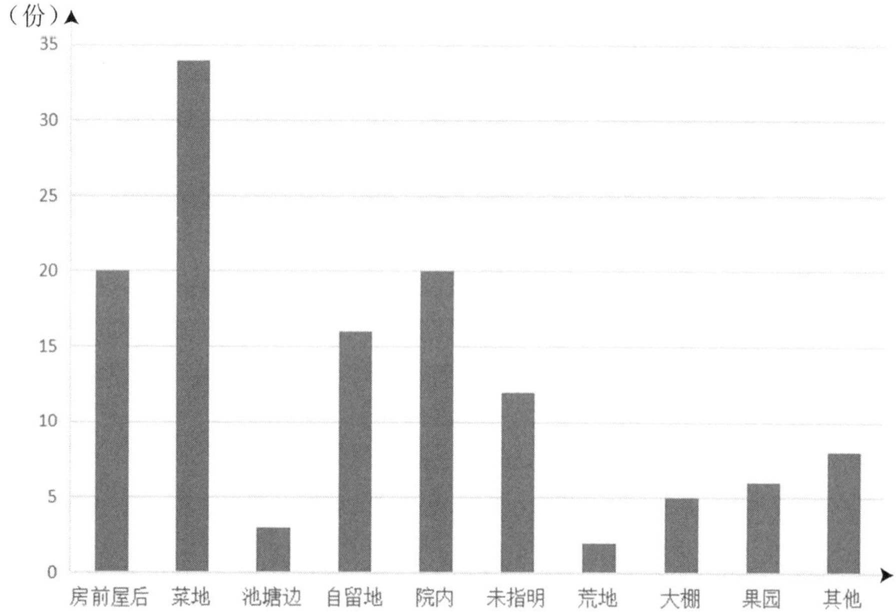

图 21　毒品原植物种植地点统计

（三）种植动机多样

种植毒品原植物的动机多样。[①] 在指明种植毒品原植物动机的 24 起案件中，医用、食用为主，喂养牲畜、观赏次之，为牟利而种植的情况时有发生，[②] 多是简单进行加工后制作成大麻烟、鸦片出售（见表 11）。

---

① 指明犯罪动机的仅有 24 份裁判文书。

② 部分裁判文书虽未明确犯罪动机，但从被告人具体的行为表现可以推知其具有贩卖牟利的意图。

表 11　非法种植毒品原植物犯罪动机

目的	数量（份）	占比
医用	4	16.67%
食用	7	29.17%
医用和食用	3	12.5%
喂养牲畜	3	12.5%
观赏和喂养牲畜	1	4.17%
医用和喂养牲畜	1	4.17%
贩卖	5	20.82%
总计	24	100.00%

（四）种植品种与规模较为固定

从种植品种上看，绝大多数种植的是罂粟，仅有 3 个样本是种植大麻，未见种植其他品种的毒品原植物（见表 12）。罂粟的种植规模呈现较大的分散趋势，从几十株到上万株不等，但多数在 3000 株以下，种植数量最多的一起案件[①]达到 17 万余株。种植大麻的案例相对较少，但是种植规模往往比较大，均在 5000 株以上，通常以牟利为目的，并且具有较强的组织性。

表 12　毒品原植物种植品种与规模

	罂粟		大麻	
	样本数	占比	样本数	占比
不满 500 株	2	1.67%	—	—
500—3000 株	96	80.00%	—	—
3001—5000 株	8	6.67%	—	—
5001—10000 株	7	5.83%	1	0.83%
10001 株以上	4	3.33%	2	1.67%

① 参见河南省长垣县人民法院（2017）豫 0728 刑初 199 号刑事判决书。

二、我国农村非法种植毒品原植物犯罪刑事治理的实践困境

刑事治理是应对非法种植毒品原植物犯罪的主要手段，但当下我国农村非法种植毒品原植物犯罪刑事治理面临以下现实困境。

（一）犯罪识别难

农村复杂的社会与地理环境为非法种植原植物犯罪提供了温床，也给识别非法种植毒品原植物犯罪带来了严峻挑战，犯罪识别成为困扰司法实践的一大难题。

1. 复杂的人文地理情况造成犯罪识别困难

我国农村是典型的熟人社会，相互之间联系紧密，关系网错综复杂，依靠群众举报进行犯罪识别手段有很大的局限性；且农村地区地理环境复杂，地域广阔，也给非法种植毒品原植物犯罪的识别带来巨大困难。

2. 隐蔽的毒品原植物种植方式增大犯罪识别难度

非法种植毒品原植物犯罪多发于菜地、房前屋后、院内、荒坡荒地、种植大棚等较为隐蔽的场所，不容易引人注意，在行为人有意隐藏时更难以被察觉。此外，部分毒品原植物外形上与其他植物近似，如罂粟与虞美人、大麻与蓖麻，极易混淆，一般人很难区分。在毒品原植物与其他蔬菜、花卉、果树套种时，犯罪识别难度进一步加大。

3. 单一的犯罪识别手段导致识别效率低下

目前，虽然部分地区已经开始利用无人机等技术手段进行犯罪识别，但绝大部分的农村地区对毒品原植物犯罪的识别依然主要依靠定期组织的人力踏勘，科技利用率不高、警用高科技装备配备不足，犯罪识别效率低下。

4. 匮乏的人力资源无法有效承担犯罪识别任务

我国农村地区的禁毒铲毒工作多由乡镇政府承担领导职责，乡镇公安派出所负责具体落实，村委会予以配合。目前，乡镇派出所职责多、人员少、压力大的现象十分突出。在调研中发现，山东某乡镇公安派出所仅有正式民警 3 人，辅警 5 人，要承担全镇 8 万余人、2 个社区、36 个行政村、57 家工业企业、73 家综合商店和超市的警务工作，还要参与高速执勤、疫情防控执勤、上级人员抽调，仅仅依靠他们实现对全镇辖区内毒品原植物的常态化全面踏勘显然不符合实际。警力配备不足是当前我国农村基层派出所的常态，这使得警方难以在农村禁毒工作中有效发挥主力军作用。

（二）司法适用标准统一难

打击非法种植毒品原植物犯罪的规范依据是刑法第 351 条非法种植毒品原植物罪，该条共有 3 款：第 1 款描述非法种植原植物罪罪状，并分别规定了三个构成本罪的行为，其中第 1 项规定了构成本罪种植毒品原植物的数量要求；第 2 项规定了经公安机关处理后又种植的行为；第 3 项规定了抗拒铲除的行为。第 2 款规定了非法种植毒品原植物数量较大时的刑罚。第 3 款规定了在毒品原植物收获前自动铲除可以免除处罚。实践中，对于该条的理解并不一致，分歧主要集中在“公安机关处理”“抗拒铲除”“自动铲除”的理解方面。

1. “经公安机关处理后又种植的”的理解不统一

理论界与实务界对于如何理解刑法第 351 条第 1 款第 2 项中的“经公安机关处理后又种植的”存在不同观点。争议焦点主要集中该项的“处理”是否包括受过刑事处罚、口头批评教育以及前后两次种植是否应当具有种植数量、时间上的要求。

一种观点认为，“经公安机关处理”只能是经公安机关行政处理，如行政处罚和强制铲除等，而不包括单纯的口头批评、教育、警告等，不能也不应当包括刑事处罚。[①] 另一种观点则认为，此处的处理是指经公安机关批评教育、治安处罚、提出刑事起诉意见、强制铲除。[②] 这一争议在司法实践中也有体现。如 2022 年 4 月，安徽省萧县公安局王寨派出所发现姜某某种植毒品原植物共计 446 株，在调查的过程中又发现姜某某早在 2015 年就因非法种植毒品原植物被判刑，萧县人民法院认为其属于“经公安机关处理后又种植的”，构成非法种植毒品原植物罪。[③]

对于“经公安机关处理后又种植的”前后两次种植的毒品原植物数量是否有要求，实践中也有争议。如浙江省江山市人民法院认为，张某因种植罂粟被行政处罚后再次种植罂粟 21 株属于“经公安机关处理后，贾某又种植的”，构成犯罪。[④] 与之类似，山东省齐都市公安局认为，郑某某被行政

---

① 张明楷：《刑法学（下）》（第六版），法律出版社 2021 年版，第 1523 页。

② 黎宏：《刑法学》，法律出版社 2012 年版，第 897 页。

③ 参见安徽省萧县人民法院（2022）皖 1322 刑初 485 号刑事判决书。

④ 参见浙江省江山市人民法院（2020）浙 0881 刑初 213 号刑事判决书。

处罚后再种植3株罂粟的行为涉嫌非法种植毒品原植物罪，从而立案侦查。[①] 而湖北房县公安局对贾某经处理后又种植罂粟31株的行为仅予行政处罚500元。[②]

司法实践中，前后两次种植毒品原植物的时间间隔并不影响本罪成立与否。但有学者指出，“经公安机关处理后又种植的”前后种植行为应当有一定的时间限制，后一次种植在前一次种植经公安机关处理后一年左右以本罪论处显然不公平。[③]

总之，对“经公安机关处理后又种植的”理解的不一致，导致司法实践中对此类行为的惩处存在偏差，出现复种毒品原植物数量大却不受刑事追究，复种毒品原植物数量较少的却有可能被刑事追究的不协调现象，对此亟须形成统一的理解认识，以便指导司法实践。

2. “自动铲除”与“抗拒铲除”的适用不一致

（1）自动铲除

对被公安机关发现后，强制铲除前，行为人自动铲除其非法种植的毒品原植物是否属于刑法第351条第3款规定的可以免除处罚的情形也存在争议。有学者指出，只要在收获前自动铲除的，就可以免除处罚，而不论公安机关是否发现。[④] 也就是说，在公安机关发现后自动铲除的也应当适用本款规定。但也有学者持相反的观点，认为自动铲除在主观上必须具有自觉性，在时间上应指在收获前未被司法机关发现时铲除，[⑤] 即自动铲除只能是在公安机关尚未发现时进行，被公安机关发现后铲除的不能适用本款规定。

（2）抗拒铲除

刑法第351条第1款第3项规定的“抗拒铲除的”是非法种植毒品原植物罪的罪状之一，但对于如何理解抗拒铲除存在不同观点。

首先，对抗拒铲除的主体是否包括种植毒品原植物行为人以外的人，如丈夫种植、妻子抗拒铲除是否属于此处的抗拒铲除存在争议。

其次，在抗拒铲除的对象上，对是否只有抗拒公安机关的强制铲除行为

---

① 《再次种植罂粟 涉嫌刑事犯罪》，载微信公众号“齐都公安局西区分局”，https://mp.weixin.qq.com/s/w05-uNeuSxpL79sLn72krw。

② 《两次种罂粟，该罚!》，载房县新闻网，http://www.fxxww.net/p/148316.html。

③ 徐宏、李春雷：《毒品犯罪研究》，知识产权出版社2016年版，第22页。

④ 张明楷：《刑法学（下）》（第六版），法律出版社2021年版，第1524页。

⑤ 桑红华：《论非法种植毒品原植物罪》，载《法学》1999年第8期。

才属于抗拒铲除，而抗拒农业、林业执法部门、基层群众性自治组织的强制铲除行为则不属于抗拒铲除存在争议。一种观点认为抗拒铲除的对象只能是负有禁毒铲毒职责的国家机关，只有抗拒国家机关依法实施的铲除行为才能认定为本罪。[①] 持反对意见的学者则指出，基层组织完全有可能为贯彻禁毒法律法规而配合禁毒铲毒工作，抗拒禁毒铲毒工作同样属于抗拒铲除。但此种情形下成立非法种植毒品原植物罪应以成立妨害公务罪为前提，这不当缩小了处罚范围。[②]

最后，对抗拒铲除是否包括拒绝自行铲除等不配合行为也存在争议。肯定论者认为抗拒铲除是指用各种方法阻挠公安机关或者有关执法部门依法强制铲除毒品原植物的行为，包括但不限于被责令铲除后而拒不铲除、在实施强制铲除时侮辱谩骂、胡搅蛮缠、威胁恐吓执法人员等。[③] 否定论者认为，抗拒铲除应仅限积极的行为极力阻挠有关部门进行强制铲除，而不是单纯以不配合、不协作等方式拒绝执行铲除命令。[④]

（三）犯罪故意认定难

在非法种植毒品原植物犯罪中，被告人否认其具有犯罪故意的情形较为常见，多以不知道是毒品原植物等借口推脱，犯罪主观方面的认定存在困难。一方面，部分毒品原植物与其他作物外形上确实相近，普通人在分辨上有一定的难度，存在误种的可能；另一方面，在偏僻处种植毒品原植物，或者与其他植物混杂种植的场景下，通常不存在人为照料的痕迹，导致难以结合客观行为表现做出故意种植的推论。例如，冯某某非法种植毒品原植物一案中，控辩双方就被告人是否明知其种植的"麻子"就是大麻展开激烈争论，一审、二审法院以及公诉机关对于被告人是否具有种植大麻的故意存在争议，最终公诉机关抗诉至宁夏回族自治区高级人民法院但被驳回，被告人被判无罪。[⑤]

---

① 张明楷：《刑法学（下）》（第六版），法律出版社 2021 年版，第 1523 页。

② 王作富主编：《刑法分则实务研究》（下），中国方正出版社 2015 年版，第 616 页。

③ 转引自张洪成：《非法种植毒品原植物罪定罪若干问题研究》，载《中南大学学报（社会科学版）》2009 年第 3 期。

④ 张洪成：《非法种植毒品原植物罪定罪若干问题研究》，载《中南大学学报（社会科学版）》2009 年第 3 期。

⑤ 参见宁夏高级人民法院（2019）宁刑再 6 号再审刑事裁定书。

（四）程序规范难

目前，我国有关毒品犯罪办理程序的规定[①]基本是基于成型毒品构建的，其虽然涉及非法种植毒品原植物犯罪案件的办理，但不能完全满足实际需要，具体表现在以下两个方面：一是犯罪证据收集过程不规范。在查处非法种植毒品原植物犯罪案件时，往往由基层派出所承担主要查禁职责，而基层派出所承担主要查禁职责，而基层派出所由于证据意识与技术手段存在不足，在犯罪证据的收集与保存上可能存在一定的瑕疵，如扣押提取毒品原植物时犯罪人不在场或者没有见证人、不当场清点封存毒株、抽样测算方式不合理、侦查人员资质和人数不符合要求、随意存放查获的毒品原植物等，以致被告人常常在审理过程中否认植株数量，甚至出现被告人以村干部另送“毒株”不符合事实和程序规定而提起申诉的情况[②]。二是证据鉴定不规范。涉案疑似毒品原植物应当由具有检测资质的机构进行鉴定，但送检的样本、时间和送检机构的资质等方面经常出现瑕疵。这在一定程度上减损了证据的证明力，使得有效追诉犯罪嫌疑人更加困难。

（五）犯罪治理效果巩固难

近年来，非法种植毒品原植物刑事案件数量不断上升，复种现象屡见不鲜，这在一定程度上反映了巩固非法种植毒品原植物犯罪刑事治理效果存在困难。刑罚总体适用状况不佳与经济利益的刺激是非法种植毒品原植物犯罪屡禁不止的关键原因。

一方面，从表13反映出的刑罚适用情况来看，在非法种植毒品原植物犯罪中对被告人适用免除处罚及非监禁刑的现象已经成为常态。我国农村居民总体文化水平不高，[③] 难以充分理解非监禁刑和免刑的实际意义，且非监禁刑和免刑的特点也决定了其不仅不能充分展示刑罚的严厉性，反而给犯罪人和农村居民一种法不责众的刻板印象，对非法种植毒品原植物犯罪可能受到的惩处不甚在意，这极大地削弱了法律的权威。另外，非监禁刑主要采取社区矫正的方式进行，农村社区矫正工作主要由乡镇司法所承担，而乡镇司法所普遍人员不足、专业素养不高，社区矫正力量薄弱，很容易发生“一

---

① 参见《办理毒品犯罪案件毒品提取、扣押、称量、取样和送检程序若干问题的规定》。

② 参见湖南娄底中院（2021）湘13刑终417号刑事裁定书。

③ 《第三次全国农业普查主要数据公报（第五号）》，载国家统计局网，http：//www.stats.gov.cn/sj/tjgb/nypcgb/qgnypcgb/202302/t20230206_ 1902105.html。

缓了之”的现象，非监禁刑的实际作用难以发挥。

表 13 刑事责任承担方式

	适用数量（份）	非监禁刑及免刑数量（份）	占比
免除处罚	4	4	100%
管制	12	12	100%
拘役	25	23	92%
有期徒刑	84	63	75%
总计	125	102	81.6%

另一方面，高额经济利益的驱使也是非法种植毒品原植物犯罪屡禁不止的重要原因。基于农村单一的经济结构，农民主要依靠农业生产获取收入，收入水平难以与现代经济发展增速相匹配。农民种植毒品原植物具有天生的地理及专业优势，在高额的利润刺激下，许多农民铤而走险，通过种植并出售毒品原植物或者简单加工成鸦片后进行贩卖。

三、我国农村非法种植毒品原植物犯罪刑事治理的进路构建

刑事审判要坚持治罪和治理并重，面对农村复杂的非法种植毒品原植物犯罪态势，必须在综合治理理念的指导下，加快构建以刑事治理为中心的犯罪治理机制，充分发挥行政治理、社会治理①的协同作用，即构建以刑事治理为中心，前行政治理预防犯罪形成刑法堤坝，后有社会治理巩固刑事治理实效，刑事治理受行政、社会双重治理效果制约、持续完善调整的治理机制。（见图 22）

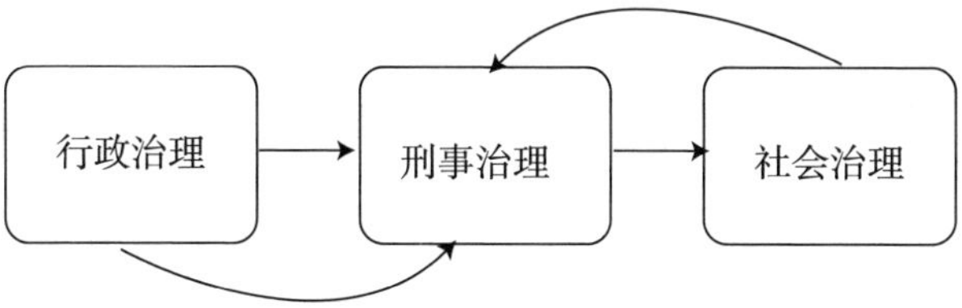

图 22 刑事治理机制运行示意图

① 此处采用狭义社会治理概念，本书认为其是与行政治理、刑事治理并列的治理手段。

（一）高效行政治理筑牢刑法堤坝

我国的现实情况表明，短时间内根除农村非法种植毒品原植物犯罪非常难，于是加强行政管理的“治标”措施与改革发展等“治本”之策相结合就成为当前应对农村毒品犯罪问题的应然路径。

1. 建立健全地方党委政府禁毒责任制

我国国家权力结构与重大决策过程显示，各地党委政府是地方治理的权力主体，党委政府的重视与否极大地影响了治理措施的深入程度[①]。因此，要想实现农村毒品原植物种植的基本禁绝，地方党委政府应当严格遵循禁毒法的要求，充分发挥党委政府的领导优势，将禁毒铲毒作为地方党委政府重点工作之一，纳入年度工作计划，制定全面治理的规划，为禁毒铲毒工作提供人力、物力、财力保障，对其充分支持。同时，必须建立健全地方党委禁毒责任制，压实地方党委政府责任，对各地方分级分类管理，定期考核，对于零发案或少发案区域坚持常态化治理，保持良好局面；对于案件多发地区，实行重点整治，整治不力地区的党委政府负责人实行晋升一票否决制，督促地方党委政府采取有力措施扭转毒品犯罪多发局面。

2. 技术助力实现常态化踏勘

当下，现代技术手段对毒品犯罪的治理帮助越来越大，应当树立利用科学技术助力打击犯罪的治理理念。利用大数据打击犯罪就是践行这一理念的典型代表，创造性将大数据与毒品犯罪治理相结合进行毒情研判，不仅在宏观上有利于毒情把握，在具体犯罪打击上也有极大作用。例如，技术部门通过对用电量、用水量、人员进出等大数据的综合研判，破获了一大批在室内利用温室与灯光种植毒品大麻的案件，这些案件仅仅依靠人力研判是难以发现的。

具体到农村非法种植毒品原植物治理中，由于农村地域广阔与毒品原植物的种植特点，各地识别毒品原植物主要还是依靠人力踏勘，受人力与地形限制，对深山老林等毒品原植物种植高发区域的监测仍然不足。对此，应当充分利用当下技术手段，进一步升级检测设备，提升监测技术，发展警用无人机、直升机探查，通过人力与科技的有机结合，实现对辖区的常态化踏勘。在未来，科学技术必定会进一步发展，应当及时从中汲取力量，将科技

---

① 高翔、蔡尔津：《以党委重点任务为中心的纵向政府间治理研究》，载《政治学研究》2020年第4期。

转化为犯罪治理的有力武器。

3. 强化重点领域监管

对于犯罪最强有力的约束力量不在于刑罚的严酷性，而是刑罚的必定性①。换言之，对犯罪最大的威慑在于其不可避免性，预防犯罪的关键就在于及时惩处不法行为。这就需要发挥行政机关灵活的治理优势，及时惩处不法行为。

为了最大限度预防犯罪，行政机关必须对非法种植毒品原植物的上下游违法行为及时进行处理。加强互联网、快递业、食品药品领域的监管，及时打击非法利用网络传播涉毒信息、非法提供、买卖毒品原植物种子，食品领域非法添加毒品原植物等上下游不法行为。通过行政处理的及时性，树立法律的威慑力，消除行为人的侥幸心理，形成预防犯罪的刑法堤坝。对于轻微违法行为，善用批评教育，感化行为人，使其不再违法；对于严重违法行为，坚决果断适用罚款、拘留等措施，使其认识到违法行为的社会危害与严重后果；涉及犯罪的，依法移交司法机关处理。

（二）精准化刑事治理打击犯罪

刑事治理是非法种植毒品原植物犯罪治理机制的核心。当前，应当在厘清司法实践中的难题的基础上，应当通过统一法律理解、规范法律适用、准确进行主观认定、明晰证据收集与鉴定程序等方式，实现精准化刑事治理提升司法质效。

1. 统一“经公安机关处理后又种植的”司法理解

刑法第 351 条第 1 款规定“处理”是指曾因非法种植毒品原植物被公安机关做出行政处罚、强制铲除、被提起刑事追诉但未被人民法院认定为犯罪的情形，不包括仅被口头批评教育，前后种植行为也要具有数量、时间限制。

首先，“处理”含义明显广于“处罚”，将刑法第 351 条第 2 款解释为“经过公安机关进行行政处罚后又种植的”与立法本意明显不符，不当限缩了处理的含义，也不利于打击日趋猖獗的非法种植毒品原植物行为。其次，强制铲除属于禁毒法赋予公安机关的职责与权力，其当然属于公安机关处理的范畴。另外，公安机关的刑事侦查是开展刑事追诉的重要环节，而刑事追

① ［意］切萨雷·贝卡里亚：《论犯罪与刑罚》，黄风译，商务印书馆 2017 年版，第 63 页。

诉中的非法种植毒品原植物的行为具有更大的社会危害性，因此，“经过公安机关处理后又种植的”处理当然包括提起刑事追诉。但是，经公安机关处理后又种植构成非法种植毒品原植物罪的规定，实质上是将两次种植行为综合评价为犯罪，导致对前一次种植行为进行了两次刑法评价，违反禁止重复评价的原则，故被提起刑事追诉应当限缩为被提起刑事追诉但未被人民法院认定为犯罪的情形。与强制铲除不同，口头批评教育并无明确的法律依据，不属于公安机关正式处理程序，将仅被口头批评教育的非常轻微的非法种植毒品原植物行为认定为“处理”有扩大打击面的嫌疑，因而不可取。

其次，应当认为前后种植行为也要具有数量限制，但经公安机关处理后多次种植屡教不改的除外；多次的标准可定为 2 年内种植 3 次。如不存在数量的限制，就会出现将两次均种植数量极少，却必须以犯罪论处的不合理现象，这不仅违反了“常识、常理、常情”[①] 的法治理念，也违反刑法第 13 条关于犯罪的实质界定。应当承认种植次数本身就是表现该行为社会危害性的因素之一，只是因为数量较小的两次种植行为不能达到犯罪对量的要求而不予定罪处罚，但对于多次种植屡教不改的行为明显达到犯罪标准的，当然不属于情节显著轻微危害不大而不适用但书的规定。如此，即使前后种植行为有一定的数量限制也不会造成放纵犯罪。

最后，刑法规定累犯制度就是考虑到累犯具有较大社会危害性，但对于累犯的构成给予了时间上的限制。少量种植毒品原植物仅属治安违法行为，其社会危害性远小于刑事犯罪，因此经公安机关处理后又种植的行为当然也应当具有时间上的限制，对此可以参照累犯的时间限制，以 5 年为限。

2. 规范“主动铲除”与“抗拒铲除”的法律适用

刑法规定犯非法种植毒品原植物罪在毒品原植物成熟前主动铲除的可以免除处罚，一是由于未成熟的毒品原植物危害性有限；二是意在鼓励行为人充分意识到种植毒品原植物的危害性。从立法精神来看，应当从宽认定主动铲除的行为，只要在收获前自动铲除而非被强制铲除的，就应当认定为主动铲除，而不论是否被国家机关发现。

关于抗拒铲除的认定应当注意以下三点：一是拒铲除的主体应当是种植毒品原植物的本人，不包括种植毒品原植物犯罪以外的人。抗拒铲除可以构

---

① 陈忠林：《“常识、常理、常情”：一种法治观与法学教育观》，载《太平洋学报》2007 年第 6 期。

成非法种植毒品原植物罪的前提是进行种植。换言之，非法种植毒品原植物罪是对种植后又抗拒铲除的综合评价，未种植毒品原植物者单独抗拒铲除不能成立本罪，但可能触犯妨害公务罪。二是抗拒铲除对象应当是一切负有法定禁毒铲毒职责的国家机关和组织。据我国禁毒法规定，公安、农业部门具有强制铲除的权力；基层群众性自治组织负有禁毒铲毒相应职责，属于法律法规授权组织，故抗拒村民委员会强制铲毒也可构成非法种植毒品原植物罪。三是抗拒铲除只能是积极的行为，如暴力、胁迫、阻拦等，并且达到足以阻碍铲除或者情节恶劣的程度，单纯的不配合、不协作不能认定为抗拒铲除，否则就会陷入不是“主动铲除”就应认定为“抗拒铲除”的怪圈。

3. 综合主客观条件准确认定犯罪故意

犯罪主观方面的认定是司法实践的传统难题，在毒品犯罪中体现得更加明显。因此，要充分结合具体案件情况，坚持主客观相统一的原则，依法准确认定被告人的主观意图。具体来讲，在非法种植毒品原植物犯罪案件中，可以结合被告人的年龄、职业与知识背景、种植毒品原植物的动机、是否因种植毒品原植物被处罚或追究刑事责任、毒品原植物种子来源、毒品原植物的实际用途或去向、种植毒品原植物的规模和地域、是否采取遮盖措施、当地是否有种植毒品原植物或者其他类似作物的传统等主客观条件，判断被告人是否明知种植的是毒品原植物，进而准确认定被告人是否具有非法种植毒品原植物的犯罪故意。

4. 明晰规范证据收集与固定程序的客观要求

在非法种植毒品原植物犯罪案件的办理过程中，证据的收集与固定对刑事诉讼进程影响非常大，甚至起到决定性作用。司法机关应当树立证据意识，规范证据收集、保存与鉴定的程序，有条件的可以对证据收集过程实现全程录音录像，对涉案毒品原植物封存程序正当，选择具有鉴定资质的鉴定机构，及时准确对涉案毒品原植物进行鉴定。做好证据收集与固定，不仅有助于查清案件事实，也有助于认定被告人的主观意图，更加有效地进行刑事追诉。在涉毒犯罪网络化背景下，增强电子证据的取证意识与取证能力显得尤为重要，要重视技术人才队伍的建立，提升网络化取证水平。

（三）现代化基层社会治理巩固实效

在犯罪治理中仅靠刑事治理独木难支，刑事治理效果巩固与提升离不开社会治理作用的发挥。根据我国农村非法种植毒品原植物犯罪的特点，治理非法种植毒品原植物犯罪应当充分发挥基层治理的基石作用，通过现代化的基层社会治理巩固刑事治理效果。

1. 禁毒宣传多样化

随着互联网的发展，我国禁毒宣传也与时俱进，在短视频、微信公众号等领域的禁毒宣传工作取得了一定的成绩。在非法种植毒品原植物的禁毒宣传中，应当充分考虑农村的现实情况，既立足当下又与时俱进，实现禁毒宣传的多样化。在宣传对象上，要充分立足农村毒品原植物犯罪人群的特点，以受教育水平较低的中老年农民为重点，兼顾对青少年宣传教育，形成重点宣传与预防宣传相结合的有利局面。在宣传手段上，应当更多地采取线上线下相结合的宣传手段，多采用通俗易懂的违法犯罪案例宣传、电影宣传、文艺表演等，避免简单地张贴公告的无效宣传。例如，可以采取巡回审判等形式，广泛动员村民旁听，以庄重的法庭氛围使村民感受到司法的严肃性。在宣传内容上，要着重宣传毒品原植物与其他作物的区分方法，并破除对毒品原植物的医用、食用效果的误解；更要宣传种植毒品原植物犯罪的社会危害性，注重对适用免除处罚以及非监禁刑也属于犯罪的宣传，使得村民真正意识到种植毒品原植物的社会危害与刑罚后果。

2. 医疗服务精准化

非法种植毒品原植物犯罪的一大动机是医用，要破解这一难题，必须从精细化医疗服务入手。近年来，随着医疗改革的不断发展，我国农村居民的医疗成本不断降低，有效降低了居民医疗负担。但是，基于药用种植毒品原植物的多为老年人，这些老年人基于收入、交通、医疗理念等因素，仍然不愿意或者不方便进行正常的医疗诊治，更愿意通过土药方进行治疗，其根源就在于其获取正规医疗的成本仍然过高。为此，应当建立精准化的农村医疗服务体系，健全重点人群“家庭医生”制度，建立完善的医疗档案，分级分类管理，减少其获取正规医疗的经济与时间成本，满足其药用需求，从根源上避免源于医用的非法种植毒品原植物行为。

3. 社会共治实质化

非法种植毒品原植物的成因非常复杂，往往是历史传统、地理位置、经济发展水平、医疗卫生服务等多种因素共同作用的结果，仅仅依靠刑事治理进行事后打击，不从根源上解决问题，不可能根除非法种植毒品原植物的行为。为此，要充分发挥社会治理的积极作用，推进社会共治，动员广大人民群众广泛参与到非法种植毒品原植物的社会治理中。在动员本地居民积极参与的基础上，进一步挖掘社会力量，深入推进志愿禁毒服务活动，动员大学生、医疗工作者、社会工作者等具有较高知识水平和专业技能的人才广泛参与禁毒志愿服务活动，一定程度上缓解基层禁毒力量与社区矫正力量的不足。

4. 法德合治深入化

加快推进基层治理法德合治深入化，着力推进基层法治建设，提升农村居民法治素养，完善基层公共法律服务体系。同时，加强思想道德建设，培育践行社会主义核心价值观，注重发挥家庭家教家风在基层治理中的重要作用，发扬乡村优秀传统文化、价值观的积极作用。值得注意的是，农村禁毒工作中以牟利为导向的举报激励一旦过度会破坏乡村稳定结构，人为制造社会矛盾，不利于社会稳定。促进法德合治深入化，鼓励人民群众发扬优秀传统道德，培育新时期家教家风，弱化牟利导向，不仅可以避免违法犯罪行为的泛滥，也有助于和谐乡村的建设。

第十章
毒品犯罪刑罚问题的规范分析

第一节　毒品再犯问题的检视与运用

毒品犯罪一直是我国犯罪治理的重点和难点。随着社会经济的发展，毒品犯罪愈发严重，犯罪率高居不下，其中未成年人参与的毒品犯罪也呈现出高发的态势。在司法实践中，对于未成年人参与实施的毒品犯罪，是否应当适用刑法第356条所规定的毒品再犯，理论界与实务界仍然存在较大的争议，因而有必要从学理上对其进行探讨。

一、毒品再犯的立法规定和相关争议

我国刑法第356条是关于毒品再犯的规定，其条文内容为："因走私、贩卖、运输、制造、非法持有毒品罪被判过刑，又犯本节规定之罪的，从重处罚。"此条规定的内容与1990年《关于禁毒的决定》中的第11条第2款的内容完全一致。这是鉴于毒品犯罪泛滥的严峻态势，出于有效打击、严惩毒品犯罪的目的而作出的规定。姑且不论对毒品犯罪一直采取的"严打政策"是否有实效，对基于从严惩治毒品犯罪而规定的毒品再犯条款应当如何理解，在学术界一直都是存在争议的。其中，争论的焦点集中在一般累犯的规定与毒品再犯的规定发生竞合时该如何处理的问题。同时，关于"毒品再犯"是属于累犯还是毒品犯罪中的特别规定，即涉及该条规定之性质

的争议也比较激烈。但是，对于未成年人是否构成毒品再犯的问题却较少涉及，从而影响了对刑法第356条的准确理解和适用。因为仅仅从刑法条文本身来看，在刑法第356条的规定中，并未明文禁止未成年人的适用，而司法实践中因长期秉持着对毒品犯罪“从严”“从重”打击的理念，往往存在对未成年人适用毒品再犯而从重处罚的做法，但也存在许多对未成年人不适用毒品再犯的判决。[①] 司法实践中，对同样的事实因为理解的不同而做出不同的判决，这显然违背了适用刑法平等原则和罪责刑相适应原则等刑法基本原则的要求，因此，有必要对刑法第356条的内涵作出统一且合理的解释。

虽然从刑法立法本身来看，刑法第356条并未明确排除未成年人的适用，但这是否就意味着未成年人在符合规定的条件时就应当构成毒品再犯呢？有的学者认为，未成年人在符合刑法第356条规定的条件时应当与成年人一样适用毒品再犯的规定，对其予以从重处罚，因为毒品再犯是一种特别的规定，不同于刑法总则中关于一般累犯的规定，有其自身的特殊性，不能一概而论之。[②] 此种观点是否具有合理性还有待商榷。除此之外，如果要对未成年人适用毒品再犯的规定而从重处罚，是否会与宽严相济刑事政策中对于未成年人应从宽处罚的精神相违背？以及二者之间如何协调？不可否认，毒品犯罪的治理与未成年人的成长教育直接关系到国家、民族之未来长远发展的关键所在，[③] 因此，这些问题亟须解决。

二、刑法第356条规定之性质定位

我国刑法总则中对累犯早有相关规定，而1997年刑法在本条之外又在分则条文中专门规定了一个“毒品再犯”。[④] 由此引发学界对刑法第356条之属性的探讨，主要围绕“毒品再犯”是一种特别累犯，还是一种区别于刑法总则关于累犯的规定而对毒品犯罪的特别规定，以此决定在行为符合了一般累犯和毒品再犯时，应该选择适用总则关于一般累犯或者是分则关于毒

---

① 胡红军、王彪：《未成年人毒品犯罪记录不能作为毒品再犯的依据》，载《人民司法》2014年第12期。

② 高蕴嶙、周玉玲：《未成年人毒品犯罪再犯研究》，载《黑龙江省政法管理干部学院学报》2017年第3期。

③ 廖斌主编：《毒品违法犯罪防治研究》，中国政法大学出版社2016年版，第79页。

④ 实际上，理论界对刑法第356条的名称仍存在不同意见，有的称为毒品再犯，有的称为毒品累犯，但“毒品再犯”的表述更为合理。

品再犯的规定。针对学界的激烈争论，在2000年最高人民法院发布的《南宁会议纪要》中，对累犯与毒品再犯的关系作了澄清，规定凡同时构成累犯与毒品再犯的，只需认定为毒品再犯，不必认定为累犯。此纪要一经出台便受到了学术界的质疑，由于累犯不得减刑、假释，而毒品再犯可减刑、假释，若一律将同时符合累犯与再犯的行为认定为再犯，是否有违罪责刑相适应这一刑法基本原则呢？是否有失公正呢？[①] 对此，在2008年最高人民法院发布的《大连会议纪要》中，完全推翻了之前的纪要规定，此纪要指出行为如果同时构成累犯、再犯的，二者均须认定。2015年《武汉会议纪要》中关于此问题的处理也沿用了2008年《大连会议纪要》中的规定，同时明确了在量刑时不得重复予以从重处罚。因此，对于刑法第356条与刑法第65条的关系，以及司法实践中该如何适用的问题又再一次引发激烈讨论，进而引起学者对于刑法第356条规定之性质的探讨，以及关于未成年人是否适用毒品再犯问题的研究。

关于未成年人是否应构成毒品再犯的问题，首先要明确刑法第356条规定之性质。如果本条规定被认定为是一种“特别累犯”，那么刑法总则关于未成年人不适用累犯的规定也当然适用于本条。但是，如果本条规定被认定为是一种区别于总则关于累犯规定的特殊的规定，那么总则关于未成年人排除累犯适用的规定，就不能够当然地及于本条关于毒品再犯的规定。学术界对于刑法第356条规定的性质有以下几种观点。

（一）特别累犯说

有的学者认为，刑法第356条规定的内容应当属于刑法总则规定的特别累犯，也就是说毒品犯罪的再犯规定与危害国家安全犯罪、恐怖活动犯罪、黑社会性质组织犯罪等犯罪的累犯规定一样都是我国刑法总则中特别累犯的一种，并且认为在1990年《关于禁毒的决定》中就已经把特别累犯的范围延伸至毒品犯罪中了。[②] 另外，也有的学者认为，在理解与适用刑法第356条规定时，要结合1990年《关于禁毒的决定》中的相关规定来理解，毒品再犯实际上是属于毒品累犯的规定。[③] 此外，还有学者明确主张在完善立法

---

① 张明楷：《刑法学（下）》（第六版），法律出版社2021年版，第1517页。

② 马克昌主编：《刑罚通论》，武汉大学出版社1999年版，第416页。

③ 梅传强、徐艳：《毒品犯罪司法实践中的疑难问题探究》，载《河南司法警官职业学院学报》2005年第2期。

时将毒品犯罪纳入特殊累犯的范围。[①] 由此推知，这种“特别累犯说”的观点认为，刑法第356条的规定要结合总则关于累犯的相关规定进行适用。例如，对于累犯不得减刑、假释，不满18周岁的人不适用等规定也要适用于符合刑法第356条规定的毒品犯罪人。

（二）毒品再犯说

此观点主张，毒品再犯是由刑法分则例外规定的只针对毒品犯罪的一种特殊的再犯制度，因而是不同于刑法总则中关于累犯的相关规定的。例如，有的学者认为，根据特别法优于一般法的原则，刑法第356条的规定就应当优先于刑法总则关于累犯的规定适用，那么累犯的限制条件当然就不能及于毒品再犯了。[②] 依据“毒品再犯说”的观点，似乎就可以推导出这样一个结论，既然刑法第356条没有排除未成年人的适用，那么也可以以此为依据对构成毒品再犯的未成年人适用毒品再犯的规定“从重处罚”。

（三）从重情节说

此观点认为，刑法第356条的规定只是针对相关毒品犯罪的法定从重情节，所谓的“毒品再犯”制度并不存在，并且此条文的内容更加不能理解为是刑法总则关于一般累犯或者是特殊累犯的规定，它就是我国刑法中众多法定从重情节之一而已。根据此学说可以得出，如果认定刑法第356条只是特定毒品犯罪的一种法定从重情节，那么任何符合刑法第356条规定条件的行为人都将适用，符合条件的未成年人也当然应当适用。[③] 此种观点实际上与上述“毒品再犯说”在未成年人是否适用的问题上得出的结论是一致的，因此，对符合条件的未成年人也可以适用毒品再犯条款从重处罚。

（四）法条竞合说

所谓法条竞合，是指一个犯罪行为，由于法律的规定，导致同时触犯了数个法律条文或规定，但是只能适用其中一个条文。主张“法条竞合说”的学者认为，刑法总则中关于一般累犯的规定与刑法第356条的规定会发生法条竞合的情况，此时只需要按照法条竞合的处理原则处理即可，也就是

---

① 贾宇、舒洪水：《累犯制度研究》，载《山东警察学院学报》2005年第5期。

② 李海滢：《毒品再犯之我见》，载《当代法学》2002年第2期。

③ 常秀娇、吴旸：《再犯毒品犯罪情节的定性与司法适用》，载《河南警察学院学报》2012年第1期。

“特别法优于普通法、重法优于轻法”的原则。甚至有学者认为，根据罪责刑相适应原则，刑法总则关于累犯的规定，相较于刑法第356条的规定来说，既是特殊法条又是重要法条，当毒品犯罪的再犯与累犯竞合时应以累犯处理。[①] 尚且不论此种观点是否具有合理性，仅仅对于未成年人在符合具体条件时能否构成“毒品再犯”，是否要沿用总则关于累犯的规定的问题，此观点就无法给出明确的答复。因为总则关于累犯的规定已经通过《刑法修正案（八）》明确排除未满18周岁的人适用，那么如果当一个刚满16周岁的未成年人因运输毒品被判处3年有期徒刑后，在出狱后又因非法持有毒品而面临有期徒刑以上的刑罚时，因前罪发生时行为人不满18周岁，所以排除适用刑法总则关于一般累犯的规定。也就是说，刑法第356条与累犯的规定不会发生竞合的情况。此时法条竞合的处理原则就无法发挥作用，那么对于这种情况应该如何处理呢？是否对行为人直接适用“毒品再犯”的规定从重处罚？仅仅从“法条竞合说”的观点来看，似乎得不出结论。因为此种观点只是解决了当毒品犯罪的再犯与累犯竞合时，应当按照累犯处理的问题，本书对此处理方法也表示赞同。但是，这并没有涉及未成年人是否适用“毒品再犯”的问题，造成司法实践中对此问题仍是自说自话的局面。

以上四种观点，从不同的角度论证了刑法第356条的性质，似乎都有一定的道理。然而，有的论者对此并不赞同，其认为不管采取何种学说观点，无论怎么来理解和阐释刑法第356条规定的内涵，从刑法规定的思想和目的来说，未成年人都不应该成立毒品再犯。如前文所述，对刑法第356条规定的性质的理解不同，会直接影响未成年人是否成立毒品再犯的认定问题。退一步来说，以“刑法规定的思想和目的”来论述未成年人不应当构成毒品再犯，实际上也是在合理阐释和解读刑法第356条规定的实质内涵。此外，在司法实践中，司法人员在对未成年人是否构成“毒品再犯”的问题上，似乎已经脱离刑法去寻找依据，而是到刑事诉讼法以及刑事政策中找理由去支撑未成年人是否应构成毒品再犯的观点。例如，某法院以刑事诉讼法关于未成年人犯罪记录予以封存的规定以及对未成年人从宽处理的刑事政策来作

① 陈泽宪、贾宇、曲新久主编：《刑法理论与实务热点聚焦》（下卷），中国人民公安大学出版社2010年版，第1587—1592页。

为未成年人不适用刑法第356条关于毒品再犯的规定的依据。[①] 本书不赞同用此种方法处理毒品再犯的问题，因为以刑事诉讼法的规定以及将刑事政策中体现的对未成年人从宽处罚的政策精神直接作为裁判依据的做法，有违罪刑法定原则。在罪刑法定主义下，刑法才具有为定罪量刑提供裁判规范的功能，其他任何的法律法规以及刑事政策等都不能直接作为定罪量刑的依据。但本书认为，判决所引用的刑事诉讼法第275条关于未成年人犯罪前科予以封存的规定以及对未成年人宽大处理的刑事政策精神，在合理阐释刑法第356条的实质内涵上，值得借鉴。

本书赞成“毒品再犯说”的观点，同时也赞同在毒品犯罪的再犯与累犯竞合时应以累犯论处的处理原则，但是在未成年人是否适用毒品再犯的规定上则持否定态度。由于刑法第356条并未明文禁止未满18周岁的人适用，因此不排除司法实践中会以此作为对未成年人适用毒品再犯从重处罚的“确凿的法律依据”。因此，在对待未成年犯罪人刑罚处罚的问题上，为了更好地遵循“教育为主、惩罚为辅”的原则以及坚持“教育、感化、挽救”的方针，使得他们能够更好地接受教育改造，重新回归社会，同时为了避免司法实践过程中关于毒品再犯问题适用的不统一，出现刑法总则与分则条文之间的不协调性等问题，有必要对刑法第356条规定的内涵作出合理的解释，明确“排除未满十八周岁的人”适用刑法第356条。

三、未成年人不应构成毒品再犯

罪刑法定主义是现代刑法的一条铁则。[②] 为了维护法的安定性以及保障人权的需要，我们必须遵循刑法的规定，无论是在司法还是执法过程中，无论是在定罪还是量刑的过程中。在倡导对刑法进行实质解释的今天，更有必要去考量刑法适用的科学性以及合理性。有学者认为，依据出罪时举重以明轻的原则，既然刑法总则第65条已经明确排除累犯对未成年人的适用，那么对于不满18周岁的人，既不得适用累犯规定从重处罚，也不得适用再犯规定从重处罚。[③] 但是，从刑法第356条规定的毒品再犯可知，其刑期的条

---

① 胡红军、王彪：《未成年人毒品犯罪记录不能作为毒品再犯的依据》，载《人民司法》2014年第12期。

② 陈兴良：《罪刑法定主义》，中国法制出版社2010年版，第1页。

③ 张明楷：《刑法学（下）》（第六版），法律出版社2021年版，第1517页。

件限制仅需要“被判过刑”，这意味着“缓刑”也包括在内，而累犯的刑期条件只能是有期徒刑以上，仅从这一个限制条件来看，毒品再犯似乎就重于累犯了。因此，累犯和毒品再犯如果从不同的角度研究，就会得出不一样的轻重结果，出罪时举重以明轻的原则就无法适用了。

除此之外，《刑法修正案（八）》只是对刑法总则关于累犯的规定增加“排除未满十八周岁的人”适用，而对于刑法分则中关于毒品再犯的规定却未作出任何修改。这让人不禁怀疑立法者是否出于“严惩”毒品犯罪而有意不对刑法第356条作出规定明确排除未成年人的适用呢？因此，有学者就认为，应废除刑法第356条，改为在总则中对毒品再犯的问题与特别累犯一并规定。[①] 本书认为，这与毒品犯罪再犯规定有针对性的立法原意不相符合，在逻辑上也存在问题。刑法第356条规定的毒品再犯，在适用条件上有“被判过刑”的条件限制，而刑法总则中关于累犯的规定是“刑罚执行完毕或者赦免后”。无论怎么解释这两个限制条件，毒品再犯的适用范围都要比累犯广。所以，刑法第356条就是针对毒品犯罪的高发态势，为了“严厉打击”毒品犯罪而作出的特殊规定。但问题的关键就在于，对毒品犯罪从严打击与对未成年犯罪人的特殊处理，两者的关系如何协调。此外，刑法未明确禁止未满18周岁的人适用毒品再犯导致司法实践的混乱，也不利于法治的统一。因此，应明确法律规定的实质内涵，即要对刑法第356条作出合理的解读，明确未成年人不应构成毒品再犯。

（一）未成年人不构成毒品再犯有利于刑法条文之间的协调性

刑法第17条规定，已满14周岁不满16周岁的人，要对故意杀人、故意伤害致人重伤或者死亡等八种严重犯罪负刑事责任。对于一般犯罪，承担刑事责任的最低年龄是已满16周岁，而对于具有严重的社会危害性的这八类犯罪，未成年人负刑事责任的年龄则提前至已满14周岁。而且在《刑法修正案（八）》修订增加不满18周岁的人犯罪不构成累犯的规定之前，未成年人是可以构成累犯的。这说明了在此之前出于维护社会秩序的目的，对社会危害性极大的这几类犯罪，对未成年人也不能从宽处罚。但是，随着对未成年犯罪人保护意识的加强、对未成年犯罪人生理与心理上特殊性的进一步了解，人们逐渐开始对未成年犯罪人适用如此重的刑罚的合理性产生了质

① 梅传强、徐艳：《毒品犯罪司法实践中的疑难问题探究》，载《河南司法警官职业学院学报》2005年第2期。

疑。最高人民法院《关于贯彻宽严相济刑事政策的若干意见》中强调了对未成年人总体从宽处理的政策精神。2011 年通过的《刑法修正案（八）》第 6 条修订增加了不满 18 周岁的人犯罪不构成累犯的规定，直接体现了对未成年人从宽处罚的立法政策和思想。但是刑法却未对毒品犯罪再犯的规定作出修订，刑法第 356 条未明确排除未成年人的适用，使得司法实践中产生不同的解释结论和适用方式，刑法总则与分则的关系不明，刑法条文之间极度不协调。

一方面，既然对诸如故意杀人、抢劫、放火等性质如此恶劣、社会危害性极大的犯罪，都已取消未成年人构成累犯从重处罚的规定，那么相较于非暴力型的毒品犯罪，仍因刑法第 356 条毒品再犯的规定不排除未成年人适用而从重处罚，逻辑上不能自洽，显然不具有合理性。实际上，对未成年人明确排除适用累犯而又不排除未成年人适用毒品再犯，导致司法实践中司法人员以此为理由对未成年人适用毒品再犯从重处罚或者不适用毒品再犯的规定，双方各执一词，似乎都有道理，造成司法认定难以统一。另一方面，刑法总则条文与分则条文的关系混乱，降低了法的安定性和权威性。因此，应在合理阐释刑法第 356 条规定的内涵的基础上，综合考虑刑法总则关于未成年人刑事责任的有关规定，明确未成年人不应构成毒品再犯，以此协调刑法条文之间的矛盾。

（二）未成年人构成毒品再犯的立法目的不具有合理性

从立法沿革上看，毒品再犯最初并未在 1979 年刑法中予以规定，主要是因为当时的毒品问题并不严重。随着时间的推移，经济的迅速发展，人民生活水平的提高以及我国社会整体转型，毒品问题日益严峻，毒品犯罪的数量也是急剧增加，[①] 再犯毒品犯罪的人数越来越多。为了应对严峻的毒品犯罪态势，1990 年《关于禁毒的决定》中规定了毒品再犯，其意图在于严惩毒品犯罪，打击毒品犯罪的嚣张气焰。最终，1997 年刑法吸纳了 1990 年《关于禁毒的决定》对毒品犯罪再犯的规定，一直沿用到今天。从毒品再犯的历史沿革来看，因适应社会现实的需要从而严厉打击毒品犯罪是其立法目的。在毒品泛滥的现实情势下，对毒品犯罪的再犯从严惩处有其现实必要性，但是对未成年人毒品犯罪的再犯也要“从重处罚”似乎就难以拿出合

---

① 刘建宏主编：《中国毒品犯罪及反制》，人民出版社 2014 年版，第 222 页。

理的依据了，基于从严惩处毒品犯罪的目的而设置毒品再犯，这并不必然得出未成年人构成毒品再犯的结论。

相较于成年人，未成年人是一类特殊群体，在生理及心理的发育上仍不成熟，需要国家以实现未成年人利益最大化和有利于其未来的发展为基础来制定各项法律制度。一直以来，各国都推行这样的一种理念：未成年人与成年人之间存在实质性的差别，因而在刑事司法上对未成年人实行区别对待和有别于成年人的特别规则。不可否认，未成年人因身心发育尚不健全，容易被误导、被诱惑以及被伤害，而事实上，因被诱惑而走上犯罪歧途的未成年人不在少数，他们大多具有重塑和改造的可能。因此，出于对未成年犯罪人严惩和报复的立法目的是极其不合理的。

此外，随着毒品犯罪的泛滥，毒品犯罪的主体年龄段中未成年人所占比例也越来越多。因此，立法机关采取与成年人相同的规定，以“严打”来控制毒品犯罪的立法和司法思想也是不具有科学性的。如前文所述，未成年人的生理及心理发育尚不健全，容易被诱惑和欺骗最终走上犯罪的道路，但其本身可塑性较之成年人更大，而且未成年人大多意识不到毒品犯罪的重大社会危害性，采取对未成年人毒品犯罪“严打”的措施，特别是对未成年人毒品犯罪的再犯适用“从重处罚”的规定，极有可能将本不会判处监禁刑的未成年犯判处实际的监禁刑，而监禁刑导致罪犯之间交叉感染而造成的负面效果更差，极其不利于未成年人接受教育改造和重新回归社会。实际上，这也与对未成年人坚持“教育、感化、挽救”的方针，贯彻“教育为主、惩罚为辅”的原则相违背。

（三）未成年人构成毒品再犯不符合对未成年人“从宽”刑事政策的要求

宽严相济刑事政策是当前我国的基本刑事政策，对所有犯罪的处理均具有指导意义，而宽严相济刑事政策的核心在于“区别对待”，正如有学者所说，“宽严相济是以区别对待为根本内容的”。[①] 这里的区别对待，既包括对不同犯罪根据其危害程度的差异而区别对待，也包括对不同犯罪根据其具体情况的差异而区别对待。总的来看，毒品犯罪系宽严相济刑事政策中“严”的适用对象，是应当严厉惩治的一类犯罪；但未成年人却是宽严相济刑事政

① 陈兴良：《走向规范的刑法学》，法律出版社2008年版，第355页。

策中“宽”的适用对象，是应当予以从宽处理的一类主体。对此，2010年最高人民法院发布的《关于贯彻宽严相济刑事政策的若干意见》强调，对于未成年人犯罪，要具体考虑其实施犯罪的动机和目的，以及个人成长经历等因素，坚持“教育为主、惩罚为辅”的原则和“教育、感化、挽救”的方针进行处理。这体现了立法和司法机关在未成年人犯罪问题上，要总体“从宽”规定和处理的政策精神。但是，在毒品犯罪的问题上，却依然将未成年人与成年人“一视同仁”，而不做区别对待，一味“从严”惩处，甚至仅仅因为刑法第356条没有明确规定排除未成年人的适用就径行认定未成年人构成毒品再犯，这完全与未成年人犯罪“从宽”处理的刑事政策要求相违背，不具有刑事政策上的正当性根据。

我国对毒品犯罪从严规定虽然是着重于强调社会秩序的维护，但是却忽视了对未成年人的特殊保护以及总体上对未成年人“从宽”的刑事政策的要求。这种做法不但没能控制毒品犯罪的高发率，反而不利于社会的持续健康发展，特别是没有能够考虑到未成年人这一类主体的特殊性。因此，立法机关应该重视这个问题，积极推动立法的完善，修正刑法第356条，明确排除未成年人适用毒品再犯的规定。

总之，未成年人是祖国的未来，承载着民族的希望。我们对待未成年人与成年人应当有着不同的治理理念，对犯罪的未成年人应当秉持“教育、感化、挽救”的方针，以实现对未成年人的教育改造和促进其正常地回归社会为目标，而不能一味地严厉惩罚，不然就是在做“无用功”，不利于社会的持续健康发展。对于未成年人是否能够适用毒品再犯的问题，应当在立法上作出明确的规定，以此维护法制的统一。但推动立法修改需要较长的时间，因此本书建议，在立法上作出明确规定之前，可以先出台相关的司法解释，对刑法第356条的规定进行限制。在司法实践中，对未成年人毒品犯罪一律不能适用毒品再犯的规定，不能因此对其从重处罚。在条件成熟时，需要进一步作出立法上的修订，即在刑法第356条中增加排除未成年人适用的规定，明确规定不满18周岁的未成年人不适用毒品再犯。这样才能协调刑法条文之间的矛盾，减少法条的不确定性，增强刑法的明确性和权威性，实现对未成年人的特殊保护和公平正义。

第二节 毒品犯罪财产刑的适用问题

毒品犯罪财产刑适用的实证数据是奠定本书分析基础的重要来源。本书选择以小包公·法律AI智能系统作为案例检索工具，原因在于其高级检索系统能够提供各类关键词如时间跨度、地域范围、财产刑适用类型以及主刑刑期等筛选服务，有效提高检索效率。本书依托的案例样本来源于云南省基层法院2013年至2022年8月31日的毒品犯罪判决。之所以选择云南省作为司法案例数据的主要来源地，是因为云南省一直是中国禁毒斗争的前沿阵地，在毒品犯罪司法治理问题上具有经验借鉴价值；而且云南省高级人民法院、云南省人民检察院、云南省公安厅、云南省司法厅早在2005年11月就联合颁布了云南省《关于毒品案件财产刑适用问题的意见（试行）》的司法文件，用以指导毒品犯罪案件中的财产刑适用问题。由此可见，云南省早就关注并重视财产刑在毒品犯罪治理过程中的应用，并相应制定规范性文件指导财产刑的适用实践，上述文件从2006年正式施行，这正是选择云南省作为司法案例数据来源地的关键原因。为此，本书以云南省基层法院2013年至2022年8月31日毒品犯罪财产刑适用的司法现状进行考察，案例样本的地域范围及法院层级条件均限定为云南省基层人民法院，裁判日期均限制在2013年1月1日至2022年8月31日，审理程序及文书性质均限定为一审判决书。

一、毒品犯罪财产刑适用之实践偏差

（一）毒品犯罪财产刑适用缺乏严厉性

所谓“严厉”，并不是要求财产刑脱离对应的毒品犯罪事实本身而在适用数额或适用财产刑类型上盲目追求极端的“严苛”。相反，严厉性作为财产刑的基本属性，其要求在于令犯罪人不能因实施毒品犯罪而“创收”获利，反而会因合法财产被剥夺而承受经济条件趋于恶化的风险[①]，并实际消

① 莫晓宇、刘畅：《黑社会性质组织犯罪增设财产刑之研究》，载《中国人民公安大学学报（社会科学版）》2010年第4期。

除犯罪人再次实施毒品犯罪的经济基础，以此弱化实施毒品犯罪与获取高额经济利润之间的关联性。

然而，在目前的司法实践中，毒品犯罪财产刑在适用时并未完全落实“严厉”要求。部分司法机关对毒品犯罪分子施以财产刑只是为了机械地满足刑事立法中“毒品犯罪必须附加适用财产刑”的刑罚要求，导致毒品犯罪财产刑适用存在“走过场”之嫌。罚金刑适用数额整体偏低，部分涉毒案件中罚金数额与毒资、毒赃数额之间存在较大差距；没收财产刑作为严厉程度更高的财产刑类型，在毒品犯罪治理过程中存在被虚置之嫌。总的来说，当前毒品犯罪财产刑适用处于严厉性不足的非良性状态，未能完全实现严厉性背后所要求的惩治与预防目的。

1. 罚金刑适用数额整体偏低

由于毒品的需求量大、复购率高，决定了毒品犯罪与高利润之间存在相伴共生的关系。加上洗钱技术不断翻新，部分毒品犯罪违法所得及收益被“表面合理化”，特别没收措施无法完全涵盖所有的毒品犯罪违法所得及收益，进而导致犯罪分子仍能通过实施毒品犯罪攫取较大的经济利益，刺激毒品犯罪屡禁不止的贪利动机并未消退。因此，为了更好地消弭实施毒品犯罪的贪利动机以及弥补特别没收措施的适用缺陷，本书认为毒品犯罪罚金刑应从整体上保持一定的高额适用比例，且与个案中违法所得及收益数额保持相对平衡关系，才能最大限度实现财产刑适用的目的。

然而，在目前的司法实践中，毒品犯罪罚金刑的适用率虽高，但在适用数额上却仍然呈现出整体偏低的趋势。（见表14、表15、表16、表17）

表14　走私、运输、贩卖、制造毒品罪罚金数额

（单位：件）

	3000元以下	5000元以下	10000元以下	30000元以下	50000元以下	100000元以下	大于100000元	案件总数
2013年	11	8	9	0	0	0	0	28
2014年	98	43	41	18	1	1	0	202
2015年	100	66	45	13	6	0	0	230
2016年	87	70	37	7	1	0	0	202
2017年	94	58	45	9	2	2	0	210

续表

（单位：件）

	3000 元以下	5000 元以下	10000 元以下	30000 元以下	50000 元以下	100000 元以下	大于 100000 元	案件总数
2018 年	87	59	46	12	1	1	0	206
2019 年	73	61	54	19	0	0	0	207
2020 年	105	70	68	15	1	0	0	259
2021 年	61	51	34	16	3	3	0	168
2022 年	0	4	1	4	0	0	0	9
案件总数	716	490	380	113	15	7	0	1721
百分比	41.6%	28.5%	22.1%	6.6%	0.9%	0.4%	0	

表 15　非法持有毒品罪罚金数额

（单位：件）

	3000 元以下	5000 元以下	10000 元以下	30000 元以下	50000 元以下	100000 元以下	大于 100000 元	案件总数
2013 年	3	1	0	1	0	0	0	5
2014 年	109	39	20	13	3	0	0	184
2015 年	112	41	15	13	3	2	0	186
2016 年	103	38	24	11	0	1	0	177
2017 年	113	39	31	9	4	0	0	196
2018 年	98	45	23	15	1	0	0	182
2019 年	106	48	16	6	0	1	0	177
2020 年	99	53	29	11	1	1	0	194
2021 年	32	3	8	1	0	0	0	44
2022 年	0	0	0	0	0	0	0	0
案件总数	775	307	166	80	12	5	0	1345
百分比	57.6%	22.8%	12.4%	5.9%	0.9%	0.4%	0	

表 16　容留他人吸毒罪罚金数额

（单位：件）

	3000 元以下	5000 元以下	10000 元以下	30000 元以下	50000 元以下	100000 元以下	大于 100000 元	案件总数
2013 年	0	0	0	0	0	0	0	0
2014 年	24	2	0	0	0	0	0	26
2015 年	118	13	4	0	0	0	0	135
2016 年	144	29	12	2	1	0	0	188
2017 年	155	14	12	1	0	0	0	182
2018 年	142	34	8	2	0	0	0	186
2019 年	157	34	6	0	0	0	0	197
2020 年	132	34	5	0	0	0	0	171
2021 年	78	13	7	0	0	0	0	98
2022 年	2	0	0	0	0	0	0	2
案件总数	952	173	54	5	1	0	0	1185
百分比	80.3%	14.6%	4.6%	0.4%	0.1%	0	0	

表 17　非法种植毒品原植物罪罚金数额

（单位：件）

	3000 元以下	5000 元以下	10000 元以下	30000 元以下	50000 元以下	100000 元以下	大于 100000 元	案件总数
2013 年	0	1	0	0	0	0	0	1
2014 年	55	12	4	4	0	0	0	75
2015 年	78	17	7	3	0	0	0	105
2016 年	92	14	8	5	0	0	0	119
2017 年	117	10	8	0	0	0	0	135
2018 年	195	17	6	5	0	0	0	223
2019 年	93	14	12	3	0	0	0	122

续表

（单位：件）

	3000 元以下	5000 元以下	10000 元以下	30000 元以下	50000 元以下	100000 元以下	大于 100000 元	案件总数
2020 年	62	9	2	2	0	0	0	75
2021 年	18	5	0	0	0	0	0	23
2022 年	0	0	0	0	0	0	0	0
案件总数	710	99	47	22	0	0	0	878
百分比	80.9%	11.3%	5.4%	2.5%	0	0	0	

以上数据表明，云南省发生概率较高的毒品犯罪所判处的罚金数额高度集中在 3000 元至 10000 元的区间之内，罚金数额超过 50000 元的判决数量比例不高于 2%。其中，走私、运输、贩卖、制造毒品罪、非法持有毒品罪作为最常适用的罪名，二者罚金数额在 5000 元以下的判决数量占判决样本总量均超过 70%，罚金数额在 10000 元以下的判决占比更是高达 90% 以上，而罚金数额大于 100000 元的判决数量却几近为 0。

为了进一步说明罚金数额过低所反映的毒品犯罪财产刑适用严厉性不足的问题，本书还将部分贩卖毒品个案中罚金数额与毒品犯罪违法所得及收益数额进行对比。（见表 18）

表 18　贩卖毒品案件中罚金数额与违法所得及收益数额对比关系

序号	案号	罪名	罚金数额	违法所得及收益数额
1	（2022）云 3102 刑初 224 号	贩卖毒品罪	4000 元	36220 元
2	（2021）云 0581 刑初 200 号	贩卖毒品罪	9000 元	31640 元
3	（2021）云 0426 刑初 3 号	贩卖毒品罪	5000 元	12080 元
4	（2020）云 0722 刑初 247 号	贩卖毒品罪	3000 元	101744 元
5	（2019）云 2628 刑初 205 号	贩卖毒品罪	2000 元	39380 元

在这些构成贩卖毒品罪的具体个案中，所适用的罚金数额均低于贩卖毒品的违法所得及收益数额，且数额差距较为明显。对于贩卖毒品等明确具有

营利目的的犯罪行为来说，罚金数额裁量不仅应考虑涉案毒品的种类、数量及危害结果等因素，还需以违法所得及收益作为罚金数额的参照基准。这是因为毒品犯罪案件中违法所得及收益数额的多寡恰好反映了具体毒品犯罪个案背后的利益驱动力大小，只有使毒品犯罪罚金数额与个案中违法所得及收益数额之间保持相对平衡状态，才能最大限度满足“实施毒品犯罪非但不能获利，反而还要付出等额或超额经济代价”的财产刑适用严厉性要求，力求打消推动毒品犯罪实施的贪利动机。此外，在“洗钱”手段不断翻新的今天，毒品犯罪违法所得难以完全追缴到位。特别没收措施与财产刑之间虽然属于相互独立的经济性刑事制裁手段，但二者均以消除毒品犯罪分子获利动机为目标，在适用目的上存在一致性与互补性。因此，在特别没收措施运行受阻的情况下，要求毒品犯罪罚金数额与违法所得数额之间保持动态平衡关系，以弥补特别没收措施适用不足的做法具有合理性。

总的来说，司法实践中毒品犯罪的罚金适用高度集中在偏低数额区间，在具体个案中存在罚金数额过分低于违法所得数额的现象，这并不利于实现毒品犯罪财产刑适用应有的报应与预防功能。

2. 没收财产刑的适用被虚置

没收财产刑不仅可以剥夺毒品犯罪分子以货币形式表现出来的流动财产，还将剥夺的财产范围拓展至毒品犯罪分子个人所有的、具有金钱价值的任何有形或无形财产。可以说，没收财产刑具有罚金刑所不可比拟的严厉性。因此，没收财产刑在毒品犯罪中本应作为最严厉的财产刑类型，在罚金刑不足以完全实现惩治与预防目的时，对犯罪情节严重的毒品罪犯加以适用。

然而，在毒品犯罪财产刑适用的司法实践中，没收财产刑并没有真正发挥其作为一种独立的财产刑类型所应有的作用，在毒品犯罪治理过程中呈现出被虚置与架空的适用状态。司法裁判者并未深刻认识到刑事立法对较为严重的源头型或流通型毒品犯罪设置没收财产刑的目的与初衷，而在司法适用便利目的的驱使之下，过分青睐罚金刑的适用而忽略没收财产刑对严重毒品犯罪案件的治理有效性，甚至模糊两类财产刑在适用财产对象上的区分界限，进而导致没收财产刑逐渐被罚金刑所替代的后果。

第一，择一模式中没收财产刑适用率低。所谓择一模式，是指罚金刑与没收财产刑的择一并科模式①，包括择一必并模式与择一得并模式。在毒品犯罪中，择一并科适用罚金刑或没收财产刑的罪名包括非法生产、买卖、运输制毒物品、走私制毒物品罪以及非法种植毒品原植物罪。本书分别根据上述两类罪名在适用罚金刑与没收财产刑择一并科模式时的限制条件②将检索案例范围缩小，仅对出现罚金刑或没收财产刑并科选择需要的案例数据进行收集与整理，具体情况见表19、表20所示。

表19 制毒物品类犯罪罚金刑与没收财产刑择一并科模式适用情况

序号	案号	主刑刑期	财产刑适用情况	犯罪情节
1	（2016）云0502刑初517号	10年	罚金100000元	特别严重
		10年	罚金100000元	
		11年	罚金110000元	
2	（2017）云0111刑初58号	9年6个月	罚金100000元	判决未标明
		9年	罚金90000元	
		9年	罚金90000元	
		8年	罚金80000元	
3	（2018）云3123刑初6号	13年	罚金3400000元	判决未标明
		8年	罚金1500000元	
		7年	罚金1200000元	
4	（2018）云0922刑初75号	7年	罚金10000元	特别严重
5	（2018）云0502刑初619号	8年	罚金80000元	判决未标明
6	（2018）云3102刑初244号	9年	罚金50000元	判决未标明
		8年6个月	罚金40000元	
		8年6个月	罚金40000元	
		8年	罚金30000元	

① 王志祥主编：《财产刑适用的理论与实务》，中国人民公安大学出版社2012年版，第88页。

② 对于制毒物品类犯罪而言，当犯罪情节特别严重，且在适用7年以上有期徒刑的情况下，才有可能在罚金刑与没收财产刑之间进行择一必并的裁量过程。而对于非法种植毒品原植物罪而言，只有在满足"种植罂粟在3000株以上或者种植其他毒品原植物数量大，且被处以5年以上有期徒刑"的条件下，才必须在罚金刑与没收财产刑之间作出适用选择。

续表

序号	案号	主刑刑期	财产刑适用情况	犯罪情节
7	（2018）云 3102 刑初 260 号	9 年	罚金 60000 元	判决未标明
		8 年 6 个月	罚金 50000 元	
		7 年	罚金 40000 元	
8	（2019）云 0326 刑初 188 号	8 年 6 个月	罚金 80000 元	特别严重
		8 年	罚金 80000 元	
		8 年	罚金 80000 元	
9	（2020）云 0923 刑初 61 号	7 年	罚金 7000 元	特别严重
10	（2020）云 0924 刑初 227 号	9 年	罚金 30000 元	特别严重
11	（2021）云 0103 刑初 1300 号	8 年	罚金 80000 元	判决未标明
12	（2021）云 2928 刑初 1 号	8 年	罚金 30000 元	特别严重

表 20　非法种植毒品原植物罪罚金刑与没收财产刑择一并科模式适用情况

序号	案号	主刑刑期	财产刑适用	毒品原植物数量
1	（2014）巍刑初字第 114 号	5 年	罚金 5000 元	罂粟植株 5336 株
2	（2014）华刑初字第 52 号	5 年 6 个月	罚金 1000 元	罂粟植株 8190 株
3	（2015）弥刑初字第 173 号	5 年 6 个月	罚金 4000 元	罂粟植株 6875 株
4	（2015）罗刑初字第 209 号	5 年	罚金 5000 元	罂粟植株 5384 株
5	（2015）富刑初字第 138 号	5 年	罚金 5000 元	罂粟植株 4119 株
6	（2015）宁法刑初字第 92 号	5 年	罚金 3000 元	罂粟植株 4750 株
7	（2016）云 2504 刑初 166 号	5 年	罚金 10000 元	罂粟植株 10849 株
8	（2017）云 0622 刑初 119 号	5 年	罚金 3000 元	罂粟植株 8070 株
9	（2017）云 0129 刑初 245 号	5 年 6 个月	罚金 5000 元	罂粟植株 8402 株
10	（2018）云 0722 刑初 181 号	5 年	罚金 3000 元	罂粟植株 3278 株
11	（2018）云 2628 刑初 137 号	5 年	罚金 2000 元	罂粟植株 7003 株
12	（2018）云 0621 刑初 95 号	5 年	罚金 5000 元	罂粟植株 3125 株
13	（2018）云 2625 刑初 119 号	5 年	罚金 2000 元	罂粟植株 3690 株

续表

序号	案号	主刑刑期	财产刑适用	毒品原植物数量
14	（2018）云 0629 刑初 64 号	6 年	罚金 10000 元	罂粟植株 6400 株
15	（2018）云 0627 刑初 274 号	5 年	罚金 5000 元	罂粟植株 7146 株
16	（2019）云 2503 刑初 190 号	5 年	罚金 10000 元	罂粟植株 4020 株
17	（2019）云 0326 刑初 228 号	5 年 6 个月	罚金 20000 元	罂粟植株 17542 株
18	（2019）云 0628 刑初 225 号	5 年	罚金 8000 元	罂粟植株 4262 株
19	（2020）云 2924 刑初 45 号	5 年	罚金 20000 元	罂粟植株 3033 株
20	（2020）云 0723 刑初 26 号	5 年	罚金 2000 元	罂粟植株 6800 株
21	（2020）云 0324 刑初 256 号	5 年	罚金 5000 元	罂粟植株 4305 株
22	（2020）云 2625 刑初 159 号	5 年	罚金 3000 元	大麻植株 57000 株
23	（2020）云 2625 刑初 180 号	5 年	罚金 3000 元	大麻植株 66435 株
24	（2020）云 2924 刑初 285 号	5 年	罚金 20000 元	罂粟植株 7124 株
25	（2021）云 2625 刑初 56 号	7 年	罚金 3000 元	罂粟植株 20650 株

从数据上看，无论是制毒物品犯罪还是毒品原植物犯罪，在面对罚金刑与没收财产刑的择一适用需要时，罚金刑往往成为司法机关的“偏好”甚至是“唯一”选择，而没收财产刑却没有得到司法实践的重视，在上述两类毒品犯罪的治理过程中适用率趋向于零，尤其是一些情节特别严重的制毒物品案件或植株数量远超 3000 元的毒品原植物种植案件都没有适用严厉程度更甚的没收财产刑。由此可见，两类财产刑的择一必并模式在司法实践中已经实际演变成单一的罚金刑必并适用模式，没收财产刑的适用被虚置，也将意味着立法上设置没收财产刑使毒品犯罪分子受到更严厉的经济性刑事制裁目的落空。

第二，没收部分财产刑沦为变相罚金刑，相较于制毒物品与毒品原植物犯罪，走私、运输、贩卖、制造毒品罪在具有特殊犯罪情节①的情况下附加

① 根据刑法第 374 条第 2 款的规定：“走私、贩卖、运输、制造毒品，有下列情形之一的，处十五年有期徒刑、无期徒刑或者死刑，并处没收财产：（一）走私、贩卖、运输、制造鸦片一千克以上、海洛因或者甲基苯丙胺五十克以上或者其他毒品数量大的；（二）走私、贩卖、运输、制造毒品集团的首要分子；（三）武装掩护走私、贩卖、运输、制造毒品的；（四）以暴力抗拒检查、拘留、逮捕，情节严重的；（五）参与有组织的国际贩毒活动的。”

适用没收财产刑具有必然性。因此，本书借助案例检索系统，以“没收财产”作为关键词，以“走私、运输、贩卖、制造毒品罪”作为限制检索案件范围的罪名条件，筛选得出云南基层法院2013年至2022年8月31日内适用没收财产刑的走私、运输、贩卖、制造毒品犯罪案件，并以此为基础分析没收财产刑在毒品犯罪司法实践中的具体适用状况。(见表21)

表21　走私、运输、贩卖、制造毒品罪中没收财产刑的适用情况

表述时间	并处没收全部财产（件）	并处没收财产（件）	并处没收货币（元）	并处没收其他财产（件）	案件总数（件）
2013年	0	0	3	0	3
2014年	0	4	179	0	183
2015年	0	2	188	0	190
2016年	0	2	147	0	149
2017年	0	0	116	0	116
2018年	0	0	90	0	90
2019年	1	2	63	0	66
2020年	0	1	55	0	56
2021年	0	2	11	0	13
2022年1月1日至8月31日	0	0	0	0	0

由表21可知，在走私、运输、贩卖、制造毒品罪没收财产刑必并模式①下，没收部分财产刑的适用为常态，在866份判决样本中仅有1份判决并处适用没收全部财产刑。而在没收部分财产刑的适用情况中，本书发现，所有的判决样本均以金钱货币作为没收部分财产刑的适用对象，裁判结果也通常表述为“并处没收财产×元”或“并处没收财产人民币×元”②，司法

① 没收财产必并模式是指对犯罪人科以自由刑或生命刑的同时，必须并处没收财产刑的一种财产刑适用方式。

② 郎璐琪：《罚金与没收财产司法适用的协调问题研究——以广东省近三年来的适用情况为样本》，西南政法大学2019年硕士学位论文。

实践中并没有进一步对被告人的固定资产如动产、不动产甚至是股权、债权等财产性利益适用没收财产刑。

没收财产刑与罚金刑是财产刑体系中两大独立的分支。由于两类财产刑所针对的财产范围存在差异，决定了两类财产刑之间本就存在不可替代性，二者的适用目的也因制裁严厉程度不同而存在差异。但在治理毒品犯罪的司法实践中，由于片面追求财产刑的适用与执行便利，金钱货币逐渐成为没收部分财产刑的单一适用对象，没收非流动资金型财产的情况极少。这种实践做法也使以金钱货币作为唯一适用对象的罚金刑与没收财产刑之间的界限愈发消弭，从而导致没收财产刑因其没收对象特殊性而本应发挥的严厉惩治目的难以实现①。

第三，没收部分财产刑的适用数额不明为落实罪刑法定原则的要求，财产刑的适用应当明确、具体，反映在司法实践中则要求判决必须准确说明财产刑的适用数额。本书在统计云南基层法院毒品犯罪没收财产刑的适用案例数据过程中发现，目前司法实践中仍然存在没收财产刑数额绝对不明的判决样本。（见表22）

表22 毒品犯罪没收财产刑的适用数额绝对不明的案例样本

序号	案号	财产刑适用情况
1	（2021）云0114刑初653号	被告人说某犯贩卖毒品罪，判处有期徒刑15年，并处没收财产
2	（2021）云2628刑初588号	被告人李某某犯贩卖毒品罪，判处有期徒刑15年，并处没收财产
3	（2020）云3324刑初27号	被告人普某某犯运输毒品罪，判处有期徒刑15年，并处没收财产
4	（2019）云2628刑初92号	被告人李某某犯运输毒品罪，判处有期徒刑15年，并处没收财产
5	（2019）云0102刑初187号	被告人徐某某犯贩卖毒品罪，判处有期徒刑15年，并处没收财产
6	（2016）云2624刑初90号	被告人张某某犯运输毒品罪，判处有期徒刑15年，并处没收财产

① 万志鹏：《没收财产刑研究》，西南政法大学2010年博士学位论文。

续表

序号	案号	财产刑适用情况
7	（2016）云 0627 刑初 13 号	被告人袁某某犯贩卖毒品罪，判处有期徒刑 15 年，并处没收财产
8	（2015）昭阳刑初字第 268 号	被告人耿某某犯运输毒品罪，判处有期徒刑 13 年，剥夺政治权利 10 年，并处没收财产
9	（2015）富刑初字第 32 号	被告人刘某某犯贩卖毒品罪，判处有期徒刑 15 年，并处没收财产
10	（2014）富刑初字第 89 号	被告人王某某犯运输毒品罪，判处有期徒刑 15 年；并处没收财产
11	（2014）富刑初字第 98 号	被告人肖某某犯运输毒品罪，判处有期徒刑 12 年，并处没收财产
12	（2014）富刑初字第 88 号	被告人王某犯运输毒品罪，判处有期徒刑 15 年，并处没收财产
13	（2014）富刑初字第 54 号	被告人范某犯运输毒品罪，判处有期徒刑 15 年，并处没收财产；被告人黄某某犯运输毒品罪，判处有期徒刑 10 年，并处没收财产

在本书收集的 866 份适用没收财产刑的毒品犯罪案例样本中，表 22 中的案例并没有明确没收部分财产刑的具体适用数额，而只是笼统地作出“并处没收财产”的裁判结果。司法实践中出现绝对不明的财产刑适用，不仅违背罪刑法定原则的要求，还阻碍了没收财产刑严厉惩治与预防毒品犯罪目的的实现；并埋下了执行人员任意执行没收财产刑，侵犯被执行人合法财产权利的隐患；或因实际执行的财产数额过低、财产对象范围过窄，而无法使财产刑的适用从经济根源上有效打击毒品犯罪贪利动机。

（二）毒品犯罪财产刑适用缺乏科学性

财产刑作为刑罚体系中的重要分支，应当遵循罪责刑相适应的适用原则。在是否适用财产刑、适用何种类型的财产刑以及确认财产刑适用数额的问题上要充分考虑犯罪分子的犯罪行为及其应当承担的刑事责任，全面衡量所有影响量刑的情节并以之作为处罚依据[①]。因此，影响量刑的犯罪情节类似，相应个案之间在财产刑适用数额问题上就不应存在畸轻畸重的失衡现象；相反，如果影响量刑的犯罪情节不相类似，相应个案之间在财产刑适用数额问题上则应当体现轻重有别的协调性与层次性。

在财产刑适用的裁量过程中，法定从重或从轻、减轻的量刑情节也应当发挥其对财产刑的适用种类及数额的调节作用，而不能只对主刑的适用种类及刑期产生影响。由于财产刑是一种附加刑，具有从属于主刑的特殊性质，因此财产刑的适用有必要与主刑适用相协调。具体而言，对于判处较重主刑的犯罪分子，所适用的财产刑应当体现其严厉性；而适用主刑较轻的犯罪分子，其财产刑适用也应当相对轻缓[②]。

然而，在毒品犯罪财产刑适用的司法实践中并未落实上述原则与要求。在剔除地区经济状况差异等影响因素的前提下，罪行相似的个案中毒品犯罪的财产刑适用数额仍然存在过分差异，罪行相异的个案中毒品犯罪的财产刑适用数额反而存在一致性。法定量刑情节在财产刑的裁量过程中也存在被虚置的现象，导致部分毒品犯罪案件出现应当重罚的反而轻罚，应当轻罚的反而重罚等不合理之处。同时，毒品犯罪的财产刑与主刑之间并未构建同向协调关系，财产刑与主刑适用之间存在割裂现象，违背了“轻罪轻罚、重罪重罚”的基本要求。总的来说，毒品犯罪的财产刑适用仍然缺乏科学性。

1. 财产刑适用数额违背罪刑适应原则

（1）罚金刑适用数额畸轻畸重

为了避免不同省份的经济发展水平差异对罚金刑适用数额产生影响，本书采取控制变量法，以同一省份即云南省基层人民法院近十年的毒品犯罪财产刑适用判决作为样本来源，并选择最常见的两类毒品犯罪罚金刑的适用情况来呈现罚金数额在不同个案中的对比关系。（见表 23、表 24）

---

① 王志祥主编：《财产刑适用的理论与实务》，中国人民公安大学出版社 2012 年版，第 95 页。

② 王志祥主编：《财产刑适用的理论与实务》，中国人民公安大学出版社 2012 年版，第 134 页。

表 23　走私、运输、贩卖、制造毒品罪的罚金数额个案对比关系

序号	案号	罪名	毒品种类数量	主刑	罚金刑适用数额
类案异判					
1	(2017) 云 0502 刑初 548 号	贩卖毒品罪	甲基苯丙胺 5 克	2 年 6 个月有期徒刑	罚金 25000 元
	(2021) 云 0926 刑初 334 号	贩卖毒品罪	甲基苯丙胺 5.0759 克	1 年 6 个月有期徒刑	罚金 3000 元
2	(2021) 云 2822 刑初 570 号	贩卖毒品罪	甲基苯丙胺 4.08 克	4 年 6 个月有期徒刑	罚金 20000 元
	(2021) 云 2622 刑初 183 号	贩卖毒品罪	甲基苯丙胺 4.43 克	4 年有期徒刑	罚金 4000 元
3	(2015) 安刑初字第 267 号	贩卖毒品罪	甲基苯丙胺 15.5 克	7 年 6 个月有期徒刑	罚金 50000 元
	(2015) 嵩刑初字第 87 号	贩卖毒品罪	甲基苯丙胺 17.59 克	7 年 8 个月有期徒刑	罚金 2000 元
4	(2017) 云 0502 刑初 510 号	贩卖毒品罪	甲基苯丙胺 17.582 克	7 年 6 个月有期徒刑	罚金 80000 元
	(2021) 云 0923 刑初 44 号	贩卖毒品罪	甲基苯丙胺 17.6 克	8 年 6 个月有期徒刑	罚金 8000 元
5	(2017) 云 0502 刑初 115 号	贩卖毒品罪（毒品再犯）	甲基苯丙胺 22.568 克	10 年有期徒刑	罚金 100000 元
	(2017) 云 0125 刑初 252 号	贩卖毒品罪（毒品再犯）	甲基苯丙胺 24.2 克	8 年有期徒刑	罚金 5000 元

续表

序号	案号	罪名	毒品种类数量	主刑	罚金刑适用数额
异案类判					
1	(2021) 云 2927 刑初 50 号	贩卖毒品罪	海洛因 8.69 克	4 年有期徒刑	罚金 10000 元
	(2017) 云 0125 刑初 338 号	贩卖毒品罪	海洛因 46.97 克	12 年有期徒刑	罚金 10000 元
2	(2015) 隆刑初字第 258 号	贩卖毒品罪	海洛因 3.54 克	4 年有期徒刑	罚金 20000 元
	(2015) 盈刑初字第 11 号	贩卖毒品罪	海洛因 48 克	13 年 3 个月有期徒刑	罚金 20000 元
3	(2019) 云 0111 刑初 2056 号	贩卖毒品罪	海洛因 0.58 克	8 个月有期徒刑	罚金 3000 元
	(2015) 嵩刑初字第 207 号	贩卖毒品罪	海洛因 37.98 克	10 年有期徒刑	罚金 3000 元
4	(2020) 云 0926 刑初 136 号	运输毒品罪	甲基苯丙胺 19.95 克	7 年 6 个月有期徒刑	罚金 5000 元
	(2020) 云 0127 刑初 103 号	运输毒品罪	甲基苯丙胺 131.84 克	12 年有期徒刑	罚金 5000 元
5	(2017) 云 0502 刑初 115 号	贩卖毒品罪	甲基苯丙胺 22.568 克	10 年有期徒刑	罚金 100000 元
	(2014) 双刑初字第 063 号	贩卖毒品罪	甲基苯丙胺 12.23 克	3 年有期徒刑(缓刑 5 年)	罚金 100000 元

续表

序号	案号	罪名	毒品种类数量	主刑	罚金刑适用数额
6	(2017) 云 2601 刑初 269 号	贩卖毒品罪	海洛因 22.14 克，甲基苯丙胺 9.04 克	12 年有期徒刑	罚金 1000 元
	(2019) 云 0102 刑初 1257 号	贩卖毒品罪	海洛因 2.48 克，甲基苯丙胺 0.94 克	9 个月有期徒刑	罚金 1000 元

从表 23 可知，前五组均为毒品种类相同，毒品数量几近一致，且主刑刑期相近，社会危害性相当的类案，但每组类案所判处的罚金数额却存在 5 倍到 20 倍的过分差异。而后六组则为罚金数额一致，但涉案毒品数量以及主刑刑期却存在较大差距的异案，在部分罚金数额具有一致性的个案中，涉案毒品数量差值高达 10 倍，主刑刑期也存在 10 年以上的跨度差。

表 24　非法持有毒品罪的罚金数额个案对比关系

序号	案号	罪名	毒品种类数量	主刑	罚金刑适用数额
类案异判					
1	(2016) 云 0502 刑初 178 号	非法持有毒品罪	甲基苯丙胺 58.03 克	7 年有期徒刑	罚金 70000 元
	(2019) 云 0927 刑初 116 号	非法持有毒品罪	甲基苯丙胺 55.74 克	7 年有期徒刑	罚金 10000 元
2	(2017) 云 3102 刑初 119 号	非法持有毒品罪	甲基苯丙胺 41.82 克	1 年有期徒刑	罚金 50000 元
	(2020) 云 3102 刑初 279 号	非法持有毒品罪	甲基苯丙胺 41.77 克	2 年 6 个月有期徒刑	罚金 5000 元

续表

序号	案号	罪名	毒品种类数量	主刑	罚金刑适用数额
3	(2020) 云 2801 刑初 258 号	非法持有毒品罪	甲基苯丙胺 78.06 克	7 年有期徒刑	罚金 70000 元
	(2016) 云 0325 刑初 349 号	非法持有毒品罪	甲基苯丙胺 80.43 克	8 年有期徒刑	罚金 20000 元
4	(2016) 云 0502 刑初 253 号	非法持有毒品罪	甲基苯丙胺 183.8 克	10 年有期徒刑	罚金 100000 元
	(2016) 云 0802 刑初 351 号	非法持有毒品罪	甲基苯丙胺 186.38 克	10 年有期徒刑	罚金 5000 元
5	(2016) 云 2801 刑初 91 号	非法持有毒品罪	甲基苯丙胺 94 克	8 年有期徒刑	罚金 20000 元
	(2020) 云 2529 刑初 58 号	非法持有毒品罪	甲基苯丙胺 95.04 克	8 年有期徒刑	罚金 3000 元
异案类判					
1	(2019) 云 0102 刑初 271 号	非法持有毒品罪	甲基苯丙胺 37.44 克	2 年 7 个月有期徒刑	罚金 20000 元
	(2020) 云 0112 刑初 500 号	非法持有毒品罪	甲基苯丙胺 201.36 克	9 年有期徒刑	罚金 20000 元
2	(2018) 云 0922 刑初 31 号	非法持有毒品罪	甲基苯丙胺 15.71 克	1 年有期徒刑(缓刑 2 年)	罚金 10000 元
	(2018) 云 0127 刑初 9 号	非法持有毒品罪	甲基苯丙胺 136.44 克	11 年有期徒刑	罚金 10000 元

续表

序号	案号	罪名	毒品种类数量	主刑	罚金刑适用数额
3	（2017）云 3102 刑初 111 号	非法持有毒品罪	甲基苯丙胺 30.86 克	有期徒刑 11 个月	罚金 30000 元
	（2016）云 2325 刑初 90 号	非法持有毒品罪	甲基苯丙胺 244.8 克，海洛因 11.8 克	有期徒刑 10 年	罚金 30000 元
4	（2014）双刑初字第 072 号	非法持有毒品罪	甲基苯丙胺 18.5 克	1 年有期徒刑（缓刑 2 年）	罚金 40000 元
	（2014）隆刑初字第 316 号	非法持有毒品罪	甲基苯丙胺 141.23 克	7 年 6 个月有期徒刑	罚金 40000 元
5	（2021）云 0502 刑初 1005 号	非法持有毒品罪	甲基苯丙胺 30.63 克，海洛因 17.42 克	2 年 5 个月有期徒刑	罚金 15000 元
	（2019）云 2531 刑初 18 号	非法持有毒品罪	甲基苯丙胺 40 克，海洛因 149.29 克	10 年有期徒刑	罚金 15000 元

从表 24 可知，在涉案毒品数量及主刑刑期差异不大的情况下，两个相似个案的罚金刑适用数额仍然存在 7 倍甚至 20 倍的较大数值差距，类案异判的不合理现象颇为突出。而在罚金数额一致的情况下，所对比的个案在毒品数量、种类以及主刑刑期上却又呈现出明显的差异性，如毒品数量上存在将近 10 倍的差距，主刑刑期差异也最高达 10 年。

（2）没收财产刑适用数额失衡

从理论上来说，没收财产刑的适用对象包括一切由犯罪人个人所有的合法财产；但在目前的司法实践中，没收财产刑的适用对象逐渐限于金钱货币，没收部分财产刑与罚金刑的界限并非泾渭分明。在毒品犯罪财产刑适用司法实践中，没收部分财产刑在数额裁量问题上也有明显的罪刑失衡问题。

为了更好地说明毒品犯罪中没收部分财产刑在适用数额问题上的具体情况，本书亦以相同的案例来源为基础，对云南省近十年基层法院适用没收部分财产刑的走私、运输、贩卖、制造毒品罪个案进行对比研究。(见表 25)

表 25　走私、运输、贩卖、制造毒品罪的没收财产刑数额个案对比关系

序号	案号	罪名	毒品种类数量	主刑	没收财产数额
类案异判					
1	(2020) 云 0122 刑初 154 号	贩卖毒品罪	甲基苯丙胺 102.12 克	15 年有期徒刑	50000 元
	(2020) 云 0424 刑初 96 号	贩卖毒品罪	甲基苯丙胺 102.4908 克	15 年有期徒刑	10000 元
2	(2016) 云 0325 刑初 61 号	运输毒品罪	甲基苯丙胺 99.8 克	15 年有期徒刑	50000 元
	(2016) 云 0829 刑初 62 号	运输毒品罪	甲基苯丙胺 100.34 克	15 年有期徒刑	10000 元
3	(2014) 西法刑初字第 968 号	运输毒品罪	海洛因 100 克	15 年有期徒刑	50000 元
	(2017) 云 0325 刑初 282 号	运输毒品罪	海洛因 100 克	15 年有期徒刑	10000 元
4	(2014) 西法刑初字第 134 号	运输毒品罪	海洛因 157.46 克	15 年有期徒刑	100000 元
	(2017) 云 7102 刑初 28 号	运输毒品罪	海洛因 159 克	15 年有期徒刑	15000 元

续表

序号	案号	罪名	毒品种类数量	主刑	没收财产数额
5	（2015）五法刑二初字第 327 号	运输毒品罪	甲基苯丙胺 63 克	15 年有期徒刑	50000 元
	（2019）云 7101 刑初 16 号	运输毒品罪	甲基苯丙胺 62.82 克	15 年有期徒刑	5000 元
异案类判					
1	（2014）耿刑初字第 57 号	运输毒品罪	甲基苯丙胺 61 克	15 年有期徒刑	10000 元
	（2015）元刑初字第 27 号	运输毒品罪	甲基苯丙胺 255 克	15 年有期徒刑	10000 元
2	（2017）云 0829 刑初 93 号	贩卖毒品罪	甲基苯丙胺 68.61 克	15 年有期徒刑	5000 元
	（2017）云 0829 刑初 82 号	贩卖毒品罪	甲基苯丙胺 215.61 克	15 年有期徒刑	5000 元
3	（2019）云 0828 刑初 306 号	运输毒品罪	甲基苯丙胺 79.41 克	15 年有期徒刑	20000 元
	（2016）云 0425 刑初 20 号	运输毒品罪	甲基苯丙胺 208 克	15 年有期徒刑	20000 元
4	（2014）官刑二初字第 16 号	运输毒品罪	海洛因 54.7 克	15 年有期徒刑	30000 元
	（2014）官刑二初字第 136 号	运输毒品罪	海洛因 178.57 克	15 年有期徒刑	30000 元

续表

序号	案号	罪名	毒品种类数量	主刑	没收财产数额
5	(2014) 宜刑初字第322号	贩卖毒品罪	甲基苯丙胺51.4克	15年有期徒刑	50000元
	(2018) 云0702刑初461号	贩卖毒品罪	甲基苯丙胺214.35克	15年有期徒刑	50000元

与走私、运输、贩卖、制造毒品罪的罚金适用数额情况的对比研究思路一致，本书选取并进行对比研究的案例均为毒品种类一致、主刑刑期相近，但没收财产数额差异明显的类案；没收财产数额一致，但涉案毒品种类、数量存在差别的异案，且无论是在类案还是异案中，犯罪人的经济状况以及危害后果均无过分差异。

从上表可知，没收财产刑适用存在明显的畸轻畸重现象。影响没收财产刑适用的犯罪情节类似，而实际适用的没收财产刑数额却存在5倍到10倍的差距。而在异案中，即使影响量刑的犯罪情节如毒品数量存在3倍到4倍的数值差异，没收的财产数额却也出奇地保持一致。没收财产刑的整体适用存在违背罪责刑相适应原则之嫌。

2. 罚金刑数额裁量忽略法定量刑情节

影响毒品犯罪罚金适用数额的还包括累犯、毒品再犯等从重处罚情节，以及自首、立功和坦白等从轻处罚情节。统计显示，部分毒品犯罪个案在罚金刑适用的司法裁量过程中并未充分考虑法定量刑情节对罚金数额大小的调节作用。下面将以贩卖毒品罪以及非法持有毒品罪为例，对具有某一具体的法定量刑情节与不具备该法定量刑情节的个案中罚金刑适用数额情况进行对比展示。(见表26、表27)

表 26　法定量刑情节对贩卖毒品罪罚金数额影响作用的个案对比关系

序号	案号	毒品种类数量	其他法定量刑情节	主刑	罚金刑适用数额
1	(2017) 云 0827 刑初 83 号	甲基苯丙胺 16.15 克	累犯坦白	有期徒刑 8 年	罚金 3000 元
	(2018) 云 2503 刑初 51 号	甲基苯丙胺 16.6 克	非累犯坦白	有期徒刑 8 年	罚金 20000 元
2	(2015) 盘法刑初字第 501 号	甲基苯丙胺 11.5 克	累犯坦白	有期徒刑 8 年	罚金 5000 元
	(2018) 云 0502 刑初 401 号	甲基苯丙胺 11.9 克	非累犯坦白	有期徒刑 7 年	罚金 35000 元
3	(2018) 云 0827 刑初 31 号	甲基苯丙胺 3.69 克	毒品再犯坦白	有期徒刑 4 年	罚金 2000 元
	(2018) 云 0828 刑初 68 号	甲基苯丙胺 3.96 克	非毒品再犯坦白	有期徒刑 4 年	罚金 8000 元
4	(2018) 云 0381 刑初 386 号	甲基苯丙胺 11.02 克	毒品再犯坦白	有期徒刑 7 年	罚金 10000 元
	(2020) 云 2822 刑初 496 号	甲基苯丙胺 10.8 克	非毒品再犯坦白	有期徒刑 7 年	罚金 30000 元
5	(2020) 云 0111 刑初 197 号	甲基苯丙胺 1.9 克	自首	有期徒刑 9 个月	罚金 5000 元
	(2018) 云 0103 刑初 432 号	甲基苯丙胺 1.8 克	非自首	有期徒刑 9 个月	罚金 2000 元

续表

序号	案号	毒品种类数量	其他法定量刑情节	主刑	罚金刑适用数额
6	(2019) 云 2822 刑初 449 号	甲基苯丙胺 12.71 克	自首	有期徒刑 7 年	罚金 20000 元
	(2019) 云 0129 刑初 551 号	甲基苯丙胺 12.78 克	坦白	有期徒刑 7 年	罚金 6000 元
7	(2020) 云 0502 刑初 102 号	甲基苯丙胺 8.63 克	立功坦白	有期徒刑 4 年	罚金 20000 元
	(2015) 景刑初字第 651 号	甲基苯丙胺 9 克	非立功坦白	有期徒刑 4 年 6 个月	罚金 6000 元
8	(2019) 云 0502 刑初 704 号	甲基苯丙胺 23.014 克	立功坦白	有期徒刑 7 年	罚金 35000 元
	(2020) 云 0114 刑初 144 号	甲基苯丙胺 22.56 克	非立功坦白	有期徒刑 7 年	罚金 5000 元
9	(2021) 云 0322 刑初 192 号	甲基苯丙胺 29.18 克	坦白无从重情节	有期徒刑 10 年 6 个月	罚金 50000 元
	(2016) 云 3123 刑初 214 号	甲基苯丙胺 28.8 克	非坦白无从重情节	有期徒刑 10 年	罚金 10000 元
10	(2018) 云 0502 刑初 649 号	甲基苯丙胺 9.314 克	坦白	有期徒刑 6 年	罚金 30000 元
	(2019) 云 3123 刑初 181 号	甲基苯丙胺 8.92 克	非坦白	有期徒刑 6 年	罚金 10000 元

本书采取控制变量法，对仅有某一具体的法定量刑情节存在差异，而其他影响量刑的情节几近一致的个案进行对比研究。在具有累犯或毒品再犯等从重处罚情节的个案中，罚金数额反而低于不具有累犯或毒品再犯情节的类似个案，部分具有累犯情节的个案罚金数额甚至7倍低于不具有累犯情节的个案。然而，在具有自首、立功或坦白等从轻、减轻处罚情节的个案中，罚金数额反而以3倍到7倍不等的差距高于不具有自首、立功或坦白情节的类似个案。

这足以说明，在构成贩卖毒品罪的部分个案中罚金数额应当高的反而低，罚金数额应当低的反而高①。法定从重或从轻、减轻处罚情节并未实际发挥其在罚金数额增减问题上的调整作用，也从侧面反映出司法机关并未在罚金数额的裁量过程中将法定量刑情节纳入影响因素范围。

表27　法定量刑情节对非法持有毒品罪罚金数额影响作用的个案对比关系

序号	案号	毒品种类数量	其他法定量刑情节	主刑	罚金刑适用数额
1	(2015) 景刑初字第755号	甲基苯丙胺23克	累犯坦白	有期徒刑1年8个月	罚金3000元
	(2017) 云2801刑初304号	甲基苯丙胺23克	非累犯坦白	有期徒刑1年6个月	罚金10000元
2	(2015) 安刑初字第228号	甲基苯丙胺29.2克	累犯	有期徒刑1年10个月	罚金5000元
	(2017) 云3102刑初12号	甲基苯丙胺29.1克	非累犯	有期徒刑1年10个月	罚金10000元
3	(2014) 施刑初字第70号	甲基苯丙胺26.27克	毒品再犯坦白	有期徒刑2年	罚金3000元

① 刘探：《毒品犯罪财产刑适用实证研究》，西南政法大学2018年硕士学位论文，第38页。

续表

序号	案号	毒品种类数量	其他法定量刑情节	主刑	罚金刑适用数额
3	(2017) 云 3102 刑初 145 号	甲基苯丙胺 26.12 克	非毒品再犯坦白	有期徒刑 1 年 9 个月	罚金 10000 元
4	(2015) 大刑初字第 96 号	甲基苯丙胺 26 克	毒品再犯坦白	有期徒刑 1 年 6 个月	罚金 2000 元
	(2015) 腊刑初字第 58 号	甲基苯丙胺 25.9 克	非毒品再犯坦白	有期徒刑 2 年 10 个月	罚金 30000 元
5	(2018) 云 2503 刑初 87 号	甲基苯丙胺 38.75 克	自首	有期徒刑 2 年	罚金 10000 元
	(2014) 景刑初字第 72 号	甲基苯丙胺 38.8 克	非自首	有期徒刑 3 年	罚金 10000 元
6	(2019) 云 2801 刑初 303 号	甲基苯丙胺 21.99 克	自首	有期徒刑 1 年	罚金 10000 元
	(2018) 云 0103 刑初 89 号	甲基苯丙胺 22.11 克	非自首	有期徒刑 1 年	罚金 2000 元
7	(2019) 云 2801 刑初 158 号	甲基苯丙胺 20.55 克	立功坦白	有期徒刑 1 年 8 个月	罚金 10000 元
	(2017) 云 3103 刑初 112 号	甲基苯丙胺 20.6 克	非立功坦白	有期徒刑 1 年 3 个月	罚金 3000 元

续表

序号	案号	毒品种类数量	其他法定量刑情节	主刑	罚金刑适用数额
8	(2019) 云 0502 刑初 725 号	甲基苯丙胺 10.58 克	立功坦白	有期徒刑 1 年 6 个月	罚金 8000 元
	(2018) 云 2627 刑初 192 号	甲基苯丙胺 10.64 克	非立功坦白	有期徒刑 10 个月	罚金 1000 元
9	(2017) 云 0502 刑初 594 号	甲基苯丙胺 18.6 克	坦白	有期徒刑 1 年	罚金 10000 元
	(2019) 云 3124 刑初 126 号	甲基苯丙胺 18.72 克	非坦白	有期徒刑 1 年 8 个月	罚金 3000 元
10	(2018) 云 0502 刑初 253 号	甲基苯丙胺 19.87 克	坦白	有期徒刑 1 年 6 个月	罚金 10000 元
	(2015) 瑞刑初字第 068 号	甲基苯丙胺 20 克	非坦白	有期徒刑 1 年 6 个月	罚金 3000 元

由表 27 可知，在具有法定从重或从轻、减轻处罚情节的非法持有毒品案件中，罚金刑适用也存在应当重的反而相对较轻，应当轻的反而相对较重的问题。在影响量刑的其他情节相似的情况下，单一从重处罚情节的存在并没有直接导致罚金数额的相对增加，单一从轻、减轻处罚情节的存在也没有产生导致罚金数额相对减少的效果。可以说，在非法持有毒品的部分个案中，法定量刑情节也并未作为影响罚金数额的因素而被实际考量。

3. 没收财产刑适用与主刑刑期不协调

由于没收财产刑的严厉程度高于罚金刑，因此按照“轻罪轻罚、重罪重罚”[①] 的原则，没收财产刑理应对应适用于相对严重的刑事犯罪。在毒品犯罪中，采取没收财产刑必并模式的仅有走私、运输、贩卖、制造毒品罪，

---

① 王志祥主编：《财产刑适用的理论与实务》，中国人民公安大学出版社 2012 年版，第 134 页。

且需要满足"判处15年有期徒刑、无期徒刑或死刑"的主刑要求以及特殊的犯罪情节要求。但部分走私、运输、贩卖、制造毒品个案在并未满足刑期或特殊情节等条件的情况下就直接适用没收财产刑，导致没收财产刑的适用与主刑刑期之间存在割裂现象。（见表28、表29）

表28 走私、运输、贩卖、制造毒品罪中适用没收财产刑时各项条件的满足情况

序号	案号	罪名	毒品种类数量	主刑	没收财产数额
1	（2017）云0112刑初999号	贩卖毒品罪	甲基苯丙胺1.98克	有期徒刑1年	3000元
			甲基苯丙胺0.25克	有期徒刑10个月	2000元
2	（2019）云0181刑初147号	运输毒品罪	甲基苯丙胺8.96克	有期徒刑2年	2000元
3	（2018）云0111刑初681号	运输毒品罪	海洛因10.5克	有期徒刑5年	5000元
4	（2014）宣刑初字第363号	贩卖毒品罪	甲基苯丙胺28.4克	有期徒刑8年	40000元

上述四个案例在并不满足任何一项法定情节的情况下适用没收财产刑，且对应适用的主刑刑期明显低于应当适用没收财产刑的刑期要求。上述案例中没收财产刑的适用与主刑刑期之间呈现的不协调性背后实际反映的是没收财产刑在毒品犯罪中的误用，部分案件中没收财产刑的适用违背了法律限定的主刑要求。

表29 走私、运输、贩卖、制造毒品罪中适用没收财产刑时与主刑刑期的对应关系

序号	案号	罪名	毒品种类数量	主刑	量刑情节	没收财产数额
1	（2019）云0102刑初1586号	贩卖毒品罪	海洛因100.5克	有期徒刑12年	犯罪未遂从轻处罚；构成坦白从轻处罚	30000元

续表

序号	案号	罪名	毒品种类数量	主刑	量刑情节	没收财产数额
2	（2018）云 0114 刑初 460 号	运输毒品罪	海洛因 183.17 克	有期徒刑 14 年 6 个月	认罪态度较好酌情判处	10000 元
3	（2017）云 0102 刑初 683 号	运输毒品罪	甲基苯丙胺 193.797 克	有期徒刑 13 年 6 个月	构成自首从轻处罚	50000 元
4	（2017）云 0102 刑初 826 号	运输毒品罪	海洛因 179.153 克	有期徒刑 13 年	构成自首从轻处罚	50000 元
5	（2016）云 0302 刑初 286 号	贩卖毒品罪	海洛因 96 克	有期徒刑 11 年 6 个月	庭审认罪从轻处罚；毒品含量偏低从轻处罚	30000 元
6	（2014）五法刑二初字第 101 号	运输毒品罪	海洛因 147.83 克	有期徒刑 10 年	构成坦白从轻处罚；未满 18 周岁从轻处罚	50000 元
7	（2014）五法刑二初字第 92 号	运输毒品罪	海洛因 159.8 克	有期徒刑 8 年 6 个月	构成坦白从轻处罚；未满 18 周岁从轻处罚	17000 元

表 29 所呈现的是具备法定或酌定的从轻处罚情节，且满足没收财产刑适用情节条件的走私、运输、贩卖、制造毒品案件。需要指出的是，根据具体的毒品数量、种类等情节，上述七个案件中所判处的主刑应当对应适用“15 年有期徒刑、无期徒刑或死刑”的量刑幅度，即使存在从轻处罚情节，也只能在法定的量刑限度内选择相对较轻的刑种或刑期，并对应适用没收财产刑。但上述七个案件错误地脱离了法定量刑幅度，而在下一个量刑幅度内决定主刑刑期，并同时适用没收财产刑，导致没收财产刑的适用在形式上不

能与主刑刑期建立相互协调的对应关系，明显违背刑事立法提出的刑期要求，继而对没收财产刑适用的科学性与准确性产生负面影响。

（三）毒品犯罪财产刑适用缺乏统一性

法律适用的统一性是公平正义价值的重要保障。财产刑虽为附加刑，但其与自由刑、死刑等主刑一样均为刑罚体系的重要组成部分，且均对犯罪人的重要权益产生剥夺与限制作用①。因此，财产刑适用必须满足公平价值的要求，而财产刑公平价值的实现往往有赖于司法实践中裁判规则应用的统一性。

然而，在毒品犯罪财产刑适用的司法实践中仍然在部分问题上存在裁判不一的现象。法定减轻处罚情节应用于没收财产刑时可能会产生降为罚金刑，或仍为没收财产刑而在没收财产数额上进行调整的分歧性做法；司法实践中罚金缴纳时间为判决生效前还是判决生效后的不同裁判标准会进一步引起公平性争议；侦查过程中扣押的毒资、毒赃或犯罪分子的个人财产是否用于抵扣财产刑数额的不同裁判态度会破坏刑罚体系本身的统一建构。总而言之，在目前毒品犯罪财产刑适用的司法实践中仍然存在裁判规则缺乏统一性的问题。

1. 法定减轻处罚情节在没收财产刑中的裁判效果不一

本书以云南省基层法院办理的近十年毒品犯罪案件为检索基础，发现本身按照法定刑要求适用没收财产刑的贩卖或运输毒品案件中，法定减轻处罚情节的应用对没收财产刑最终呈现的适用效果影响存在差别。在具有减轻处罚情节的部分案件中，司法机关将没收财产刑直接减为罚金刑，减轻处罚的效果体现为财产刑类型的改变。而在另一些案件中，减轻处罚情节的适用仅对没收的财产数额产生影响，仍在没收财产刑的基本框架内下调适用数额。具体情况见表30。

① 王志祥主编：《财产刑适用的理论与实务》，中国人民公安大学出版社2012年版，第9页。

表 30　减轻处罚情节的适用对毒品犯罪没收财产刑产生的影响

序号	案号	罪名	毒品种类及数量	主刑	减轻处罚情节	财产刑适用
(1) 在没收财产刑的框架内下调适用数额						
1	(2019) 云 0623 刑初 40 号	贩卖毒品罪	海洛因 50.12 克	有期徒刑 13 年	重大立功减轻处罚	没收财产 50000 元
2	(2020) 云 2524 刑初 137 号	贩卖毒品罪	甲基苯丙胺 57.06 克	有期徒刑 14 年	构成立功减轻处罚	没收财产 10000 元
3	(2019) 云 0821 刑初 107 号	贩卖毒品罪	甲基苯丙胺 153.39 克	有期徒刑 11 年	构成立功减轻处罚	没收财产 20000 元
4	(2018) 云 0102 刑初 551 号	运输毒品罪	海洛因 193.21 克	有期徒刑 13 年	构成自首减轻处罚	没收财产 50000 元
5	(2017) 云 0111 刑初 918 号	贩卖毒品罪	甲基苯丙胺 188.20 克	有期徒刑 13 年	构成自首减轻处罚	没收财产 20000 元
(2) 将没收财产刑减轻至罚金刑						
1	(2017) 云 2524 刑初 121 号	贩卖毒品罪	甲基苯丙胺 121.10 克，鸦片 75.6 克	有期徒刑 14 年 6 个月	构成立功减轻处罚	罚金 30000 元
2	(2016) 云 0102 刑初 242 号	运输毒品罪	甲基苯丙胺 126 克	有期徒刑 14 年	构成自首减轻处罚	罚金 10000 元
3	(2015) 呈刑初字第 92 号	运输毒品罪	海洛因 199.49 克	有期徒刑 14 年	构成自首减轻处罚	罚金 20000 元
4	(2018) 云 2524 刑初 2 号	贩卖毒品罪	甲基苯丙胺 63.20 克	有期徒刑 14 年	构成立功减轻处罚	罚金 20000 元
5	(2020) 云 2501 刑初 105 号	贩卖毒品罪	甲基苯丙胺 52.54 克	有期徒刑 13 年	构成自首减轻处罚	罚金 15000 元

从上表中可以看出，在采取没收财产刑的毒品犯罪案件中减轻处罚情节的适用效果在司法实践中存在一定的分歧。在部分案件中，虽然主刑刑期在法定刑的下一个量刑幅度内进行裁量，但附加刑依然是适用没收财产刑，减轻处罚情节对没收财产刑的调节作用主要体现在降低没收财产的数额。但由于没收财产刑在毒品犯罪中本身并没有设定相应的数额幅度，缺少减轻处罚前后适用的数额幅度变化对比有可能会导致减轻处罚情节对降低没收财产数额的作用并不明显，甚至存在减轻处罚情节实际没有发挥任何作用的质疑。而在另一些案件中，减轻处罚情节的适用效果则体现为财产刑的适用从没收财产刑减轻至罚金刑，是财产刑种类的跨越。这种处理思路是基于没收财产刑的严厉程度总体上高于罚金刑的理论①，也能够更直观地感受到减轻处罚情节的适用效果。

2. 罚金是否以判决生效作为缴纳前提的裁判标准不一

根据刑法第 53 条以及最高人民法院《关于适用财产刑若干问题的规定》（以下简称《适用财产刑司法解释》）第 5 条的内容，罚金需在判决指定的期限内一次或者分期缴纳；而“判决指定的期限”应以法院判决生效第二天作为起算点，且缴纳期限限定在 3 个月之内。换言之，按照刑法及司法解释的规定，罚金本应在判决生效后的规定期限内缴纳。但在毒品犯罪司法实践中却大量出现在判决生效前已经预缴部分或全部罚金的现象。（见表 31）

表 31 司法实践中毒品犯罪罚金缴纳时间的不同情况

序号	案号	罪名	罚金数额	判决明确的罚金缴纳时间
（1）判决生效前预缴部分罚金				
1	（2019）云 2504 刑初 343 号	贩卖毒品罪	10000 元	1. 判决生效前已缴纳 3000 元 2. 判决生效后 10 日内缴纳剩余的 7000 元
2	（2018）云 0381 刑初 279 号	非法种植毒品原植物罪	1000 元	1. 判决生效前已缴纳 800 元 2. 判决生效后 3 个月内缴纳剩余的 200 元

① 王志祥主编：《财产刑适用的理论与实务》，中国人民公安大学出版社 2012 年版，第 176 页。

续表

序号	案号	罪名	罚金数额	判决明确的罚金缴纳时间
3	(2018) 云 2503 刑初 62 号	贩卖毒品罪	3000 元	1. 判决生效前已缴纳 2000 元 2. 判决生效后次日内缴纳剩余的 1000 元
4	(2018) 云 0111 刑初 70 号	容留他人吸毒罪	23000 元	1. 判决生效前已缴纳 15000 元 2. 判决生效后 90 日内缴纳剩余的 8000 元
5	(2016) 云 2532 刑初 41 号	非法持有毒品罪	3000 元	1. 判决生效前已缴纳 1000 元 2. 判决生效后 15 日内缴纳剩余的 2000 元
(2) 判决生效前预缴全部罚金				
1	(2021) 云 0628 刑初 126 号	容留他人吸毒罪	5000 元	判决生效前已缴纳全部罚金
2	(2020) 云 2501 刑初 205 号	非法持有毒品罪	1000 元	判决生效前已缴纳全部罚金
3	(2019) 云 0322 刑初 329 号	非法种植毒品原植物罪	12000 元	判决生效前已缴纳全部罚金
4	(2018) 云 0523 刑初 183 号	贩卖毒品罪	10000 元	判决生效前已缴纳全部罚金
5	(2017) 云 0111 刑初 526 号	运输毒品罪	20000 元	判决生效前已缴纳全部罚金
(3) 判决生效后规定期限内缴纳罚金				
1	(2022) 云 3102 刑初 116 号	贩卖毒品罪	15000 元	判决生效后 10 日内缴纳罚金
2	(2021) 云 0828 刑初 131 号	运输毒品罪	10000 元	判决生效后 1 个月内缴纳罚金

续表

序号	案号	罪名	罚金数额	判决明确的罚金缴纳时间
3	(2019)云 0927 刑初 153 号	非法持有毒品罪	3000 元	判决生效后 30 日内缴纳罚金
4	(2018)云 0126 刑初 420 号	容留他人吸毒罪	2000 元	判决生效后 3 个月内缴纳罚金
5	(2017)云 0622 刑初 184 号	非法种植毒品原植物罪	1000 元	判决生效后 5 日内缴纳罚金

从上表中可知，司法实践中毒品犯罪的罚金缴纳时间起点存在不同的裁判标准。本书在收集判决生效前已经部分或全部缴纳罚金的个案时发现，这种未判先缴的司法实践现象已较为常见，大部分案件均在罚金裁判结果处标明“已缴纳”或“已预缴”等字样[①]。而这种裁判标准的应用可能会进一步引发程序倒置或以钱赎刑等质疑。比如在周某贩卖毒品一案[②]中，裁判结果中载明“因被告人在案发后积极缴纳罚金，可酌情从轻处罚”[③]，足以说明罚金预缴一定程度上与主刑刑期挂钩。当然，还有大量案件依然遵循刑法及司法解释规定的在判决生效后才缴纳罚金的要求。但也正是这两种完全不同的裁判标准的应用，导致毒品犯罪罚金刑适用存在公平性争议。

3. 扣押款项可否直接充抵财产刑数额的裁判态度不一

在大多数毒品犯罪案件中，为了实现对毒资、毒赃以及犯罪工具的有效没收，侦查机关通常会对在犯罪现场或犯罪人身上查获的现金或实物财产予以先行扣押，再结合其他证据对扣押的财物性质予以明确，再进一步采取不同的处理措施。

统计显示，无论是与毒品犯罪相关的购毒资金或违法所得，还是与毒品犯罪无关，而由犯罪分子个人所有的合法财产，不同法院对侦查过程中扣押的财物能否直接充抵财产刑的裁判态度存在分歧。(见表 32、表 33)

---

① 蔡超、徐丽莉:《罚金刑适用中存在的问题及解决》，载《国家检察官学院学报》2010 年第 6 期。

② 参见云南省河口瑶族自治县人民法院(2017)云 2532 刑初 39 号刑事判决书。

③ 该裁判文书在“本院认为”部分指出：案发后，积极缴纳罚金，可酌情从轻处罚；且本案被告人周某被判处罚金 1000 元，系罚金缴纳的最低数额要求。

表 32　扣押款项为毒资或毒赃时能否充抵财产刑的不同情况

序号	案号	罪名	扣押款项数额	财产刑及数额	扣押款是否充抵财产刑数额
1	(2016) 云 2901 刑初 378 号	贩卖毒品罪	现金 50 元	罚金 3000 元	是
2	(2016) 云 2601 刑初 393 号	贩卖毒品罪	现金 60 元	罚金 3000 元	是
3	(2018) 云 2601 刑初 100 号	贩卖毒品罪	现金 80 元	罚金 2000 元	是
4	(2019) 云 2601 刑初 41 号	贩卖毒品罪	现金 100 元	罚金 2000 元	是
5	(2016) 云 2901 刑初 145 号	贩卖毒品罪	现金 700 元	罚金 20000 元	是
6	(2016) 云 2601 刑初 61 号	贩卖毒品罪	现金 1330 元	罚金 3000 元	是
7	(2014) 泸刑初字第 19 号	贩卖毒品罪	现金 36828 元	没收财产 36828 元	是
8	(2015) 大刑初字第 119 号	贩卖毒品罪	现金 100 元	罚金 2000 元	否
9	(2017) 云 0181 刑初 60 号	贩卖毒品罪	现金 300 元	罚金 2000 元	否
10	(2019) 云 0802 刑初 137 号	贩卖毒品罪	现金 400 元	罚金 2000 元	否
11	(2017) 云 0181 刑初 324 号	贩卖毒品罪	现金 500 元	罚金 2000 元	否
12	(2020) 云 2901 刑初 532 号	贩卖毒品罪	现金 2000 元	罚金 12000 元	否

续表

序号	案号	罪名	扣押款项数额	财产刑及数额	扣押款是否充抵财产刑数额
13	(2019) 云 2530 刑初 248 号	贩卖毒品罪	现金 153 元	没收财产 15000 元	否
14	(2019) 云 0802 刑初 60 号	贩卖毒品罪	现金 1898 元	没收财产 20000 元	否

当侦查过程中所扣押的现金为本应适用特别没收措施的毒资或毒赃时，法院就“扣押现金可否抵扣罚金或没收财产数额”问题存在不同的裁判态度。在前七个案例中，人民法院直接以侦查过程中扣押的毒资或毒赃折抵罚金刑或没收财产刑的适用数额。在第七个案例中，还直接以扣押的毒资或毒赃数额作为没收财产刑适用数额的确定依据，本应予以特别没收的毒资或毒赃反而作为没收财产刑的适用对象，相当于架空没收财产刑的适用。而在后七个案例中，人民法院明确将扣押的毒资或毒赃与财产刑适用相区分。扣押的毒资或毒赃等现金予以特别没收，而罚金刑或没收财产刑则直接针对犯罪分子的个人合法财产，两者之间不存在折抵关系。

表 33 扣押款项为被告人个人合法财产时能否充抵财产刑的不同情况

序号	案号	罪名	扣押款项数额	财产刑及数额	扣押款项是否能够充抵财产刑数额
1	(2018) 云 2527 刑初 55 号	贩卖毒品罪	现金 817 元	罚金 5000 元	是
2	(2021) 云 2624 刑初 210 号	贩卖毒品罪	现金 980 元	罚金 5000 元	是
3	(2019) 云 0423 刑初 187 号	贩卖毒品罪容留他人吸毒罪	现金 10000 元	罚金 10000 元	是
4	(2019) 云 2527 刑初 153 号	贩卖毒品罪	现金 1242 元	罚金 8000 元	是

续表

序号	案号	罪名	扣押款项数额	财产刑及数额	扣押款项是否能够充抵财产刑数额
5	(2017) 云 3102 刑初 302 号	贩卖毒品罪	现金 10648 元	没收财产 10648 元	是
6	(2020) 云 2627 刑初 249 号	贩卖毒品罪	现金 12800 元	没收财产 12800 元	是
7	(2019) 云 2504 刑初 142 号	贩卖毒品罪	现金 22550 元	没收财产 22550 元	是
8	(2020) 云 0829 刑初 21 号	非法持有毒品罪	现金 290 元	罚金 5000 元	否
9	(2020) 云 3123 刑初 241 号	运输毒品罪	现金 675 元	罚金 10000 元	否
10	(2020) 云 0826 刑初 81 号	贩卖毒品罪	现金 726 元	罚金 5000 元	否
11	(2020) 云 0829 刑初 59 号	非法持有毒品罪	现金 860 元	罚金 2000 元	否
12	(2020) 云 3123 刑初 122 号	贩卖毒品罪	现金 3118 元	罚金 6000 元	否
13	(2017) 云 0829 刑初 4 号	非法持有毒品罪	现金 700 元	没收财产 5000 元	否
14	(2019) 云 2501 刑初 25 号	贩卖毒品罪	现金 59600 元	没收财产 100000 元	否

当在侦查过程中扣押的现金没有证据证明是毒资或毒赃时，法院一般会将该笔扣押现金认定为犯罪分子个人合法所有的财产。上表的前七个案例中，人民法院均将扣押的犯罪人合法财产直接充抵罚金刑或没收财产刑的适用数额。在第五、六、七个案例中，扣押的现金数额与最终判处的没收财产刑数额一致，扣押的现金数额在部分个案中甚至成为财产刑数额裁量的直接

和唯一依据。而在后七个案例中，即使扣押的现金被认定为犯罪人个人合法所有的财产，但人民法院都判处将扣押现金先行返还至被告人，而没有直接用以充抵罚金刑或没收财产刑的适用数额。

（四）毒品犯罪财产刑适用缺乏实效性

治理贪利动机明显的毒品犯罪，需要有针对性地采取经济性刑罚措施。科学合理地结合犯罪分子的经济能力进行财产刑的数额裁量，才能保证财产刑并非“无关痛痒”或“难以履行”[①]。准确划分特别没收措施与没收财产刑的可适用财产范围，并使财产刑执行切实指向被告人财产，才能使毒品犯罪财产刑适用真正发挥实效。

然而，在司法实践中仍然存在导致毒品犯罪财产刑实效发挥受阻的情况。部分司法机关在进行罚金刑数额裁量时忽略被告人的经济承受能力，容易导致空判现象的出现。没收财产刑与特别没收措施在适用财产对象上产生的区分难题与没收财产刑的最终适用效果存在紧密联系。在财产刑的执行过程中过分释放允许家属代缴的空间，会使财产刑的适用与执行偏离被告人的经济“痛点”，最终弱化财产刑的适用效果。

1. 罚金刑裁量未充分考虑犯罪人的经济状况

根据《适用财产刑司法解释》的精神，在对犯罪人决定财产刑数额时需要对犯罪人的经济能力予以考量。其目的在于避免一些犯罪分子轻松履行财产刑或无力履行财产刑而使财产刑无法实现应有的刑罚效果。然而，毒品犯罪司法实践中却鲜有判决文书详细说明毒品犯罪分子的经济状况并明确以之作为罚金刑量刑的考虑因素，或者在判决文书中虽有提及毒品犯罪分子的经济状况，但绝大多数案件并非主要应用于财产刑的适用问题，而是对主刑适用、罪名认定或供述采信等问题产生影响。

本书以“经济状况”“经济能力”“家庭条件”等为关键词，对在毒品犯罪判决书中明确说明被告人经济因素的个案进行搜索研究。（见表34）

---

① 王志祥主编：《财产刑适用的理论与实务》，中国人民公安大学出版社2012年版，第97页。

表 34　毒品犯罪罚金刑裁量考虑犯罪人经济状况的不同目的

序号	案号	罪名	财产刑数额	判决书原文
(1) 调整罚金刑或没收财产刑的适用及数额				
1	(2020) 云 0721 刑初 203 号	容留他人吸毒罪	罚金 1000 元	辩护意见：被告人和勇家庭经济困难，请求减轻罚金刑判处的数额 本院认为：辩护人提出的辩护意见符合相关法律规定的，本院予以采信
2	(2020) 云 0521 刑初 63 号	贩卖毒品罪	罚金 1000 元	辩护意见：请法庭在量刑时考虑杨某身患残疾没有经济来源的实际情况 本院认为：因被告人杨某身患残疾，没有经济来源，缴纳罚金确实存在困难，在判处罚金刑时应予以考虑
3	(2020) 云 0125 刑初 127 号	非法种植毒品原植物罪	罚金 5000 元	辩护人提出：被告人蒋自明家庭经济条件困难，请法庭对其适用缓刑并免处罚金 本院认为：关于罚金是否免除的问题，本院将在查证后依法作出裁定
4	(2020) 云 0102 刑初 1381 号	非法持有毒品罪	罚金 3000 元	辩护意见：自身患有严重疾病且经济困难，请求适当减少罚金 本院认为：辩护人从轻处罚的辩护意见本院予以采纳
5	(2018) 云 3102 刑初 111 号	非法持有毒品罪	罚金 30000 元	辩护意见：1. 请法庭充分考虑被告人缴纳罚金的能力；2. 因被告人家庭经济十分困难，请法庭免除对被告人的财产刑处罚；3. 若不能免除，请根据最高人民法院关于适用财产刑的司法解释，按罚金最低数额处罚 本院认为：有关财产刑适用的辩护意见，缺乏事实及法律依据，依法不予采纳

续表

序号	案号	罪名	财产刑数额	判决书原文
（2）达到量刑整体的从轻处罚				
1	（2021）云0581刑初275号	贩卖毒品罪	罚金5000元	辩护人指出：被告人家庭困难，请求对被告人从轻处罚 本院认为：被告人关于其身患疾病的辩解及辩护人所提被告人家庭困难，请求从轻处罚的辩护意见，与被告人的定罪量刑无关
2	（2020）云0112刑初243号	运输毒品罪	罚金10000元	辩护人提出：被告人有自首情节、无前科、家庭困难，并提交村民委员会出具的证明 本院认为：辩护人所提被告人家庭困难的意见与本案定罪量刑无关，本院不予采纳
3	（2019）云3422刑初34号	贩卖、运输毒品罪	罚金4000元/6000元	辩护人指出：被告人及妻子都是农民，无固定经济收入，属于精准扶贫户 本院认为：对被告人及被告人的辩护人提出被告人家庭困难，对其酌情从轻处罚的辩护意见与本案无关联性，本院不予采纳
4	（2019）云3124刑初163号	贩卖毒品罪	罚金3000元	辩护人指出：被告人的行为社会危害性较小且家庭困难，建议对其从轻量刑 本院认为：家庭是否困难不影响对其定罪、量刑，故本院对该辩护意见不予采纳
5	（2015）峨刑初字第9号	贩卖、运输毒品罪	罚金2000元	被告人贺某某提出：其家庭困难、身患疾病，请求法庭对其从轻处罚 本院认为：其家庭困难与身体因素非法定或酌定情节，不予采纳

续表

序号	案号	罪名	财产刑数额	判决书原文
(3) 降低主刑刑期或判处缓刑				
1	(2020) 云0127 刑初54 号	贩卖毒品罪	罚金 3000 元	辩护意见：被告人家庭困难，建议判处其有期徒刑 1 年 本院认为：辩护人的其余辩护意见本院在量刑时已酌情考虑 判处被告人有期徒刑 1 年
2	(2019) 云0128 刑初328 号	贩卖毒品罪	罚金 3000 元	辩护意见：被告人家庭经济困难，建议对被告人在刑事处罚上减轻或从轻，对其判处 1 年左右有期徒刑（同时考虑处以缓刑） 本院认为：辩护人提出的辩护意见、量刑建议符合本案客观事实，本院予以采纳 判处被告人有期徒刑 1 年，缓刑 1 年
3	(2019) 云0602 刑初534 号	贩卖毒品罪	罚金 3000 元	辩护意见：被告人家庭情况特殊，有 4 个未成年子女，有年迈的父母，家庭经济处于入不敷出状态，请求法院判处被告人 2 年以下有期徒刑并处罚金 本院认为：辩护人提出被告人家庭经济情况恶劣的辩护意见本院不予以采纳 判处被告人有期徒刑 2 年 3 个月
4	(2019) 云0129 刑初57 号	贩卖毒品罪	罚金 5000 元	辩护意见：被告人家庭特殊，经济困难，建议对被告人判处有期徒刑 3 年以下 本院认为：对辩护意见部分不予以采纳 被告人犯贩卖毒品罪 判处有期徒刑 7 年 6 个月
5	(2014) 呈刑初字第31 号	贩卖毒品罪	罚金 3000 元	辩护意见：被告人是吸毒人员，是以贩养吸，贩卖的数量应为 0.9 克；且被告人家庭困难，建议判处 8 个月以下有期徒刑 本院认为：对辩护意见部分不予以采纳 被告人犯贩卖毒品罪 判处有期徒刑 1 年 2 个月

续表

序号	案号	罪名	财产刑数额	判决书原文
(4) 影响罪名认定或证据采信				
1	(2021) 云0828 刑初366 号	贩卖毒品罪	罚金 15000 元	辩护意见：被告人经济能力较好，购买毒品是为了自己吸食，不符合以贩养吸的情形，本案应定为非法持有毒品罪更为适宜 本院认为：被告人经济能力较好，购买毒品是为了自己吸食，不符合以贩养吸的情形，本案应定为非法持有毒品罪更为适宜的辩护意见，理由不充分，该辩解及辩护意见，本院不予采纳
2	(2020) 云0102 刑初953 号	贩卖毒品罪	罚金 10000 元	辩护意见：被告人虽然吸食毒品，但有经济能力，在被告人家中查获的毒品并非用以贩卖，而是用于个人吸食 本院认为：对于辩护人所提被告人虽然吸食毒品，但有经济能力的辩护意见，本院认为是否吸毒或是否具有经济能力不影响贩卖毒品罪的构成，故对此辩护意见不予采纳
3	(2019) 云0127 刑初113 号	贩卖毒品罪	罚金 8000 元	本院认为：被告人家庭经济困难、四处举债，更能说明其不大可能花费数千元购买毒品吸食，而“急着用钱，便想着卖毒品”的供述更为真实可信

统计发现，在判决书中提及被告人经济状况的个案样本偏少，在这些个案中详细说明被告人经济状况且提供相关证据予以佐证的情况更是少之甚少。而且，被告人经济状况的初次提及通常来源于辩护意见，而并非法院依职权主动查明并在裁判过程中予以考虑①。同时，根据表 34 中（3）和（4）部分可知，在毒品犯罪判决书中提及经济因素是服务于罪名辩护、降低主刑刑期或适用缓刑等目的，而并非为了实现降低或提高财产刑适用数额的

① 刘探：《毒品犯罪财产刑适用实证研究》，西南政法大学 2018 年硕士学位论文。

目的。

表 34 中（1）和（2）部分呈现的是以直接或间接影响财产刑量刑为目的而提及被告人经济条件的案例数据。在第一个至第五个案例中，辩护人直接向人民法院就“财产刑适用需考虑被告人经济能力”的问题提出相应的量刑建议，但人民法院作出正面且有针对性回应的案例仅有两个，其余均以“对辩护意见予以采纳”等笼统表述予以回应，这种做法不免令人质疑被告人的经济能力在罚金刑的适用与裁量过程中是否被实际考虑。而在第六个至第十个案例中，辩护意见虽未直接在被告人的经济能力与罚金刑适用之间建立联系，但由于财产刑也是刑罚体系的重要组成部分，辩护人以被告人的经济条件为由向人民法院提出量刑整体从轻的建议，实际相当于间接提出“罚金刑适用需考虑被告人经济能力”的要求。而在这五个案例中，人民法院均对该问题作出明确回应，他们认为被告人的经济能力或家庭困难等情况与毒品犯罪的定罪量刑之间不具备关联性而不予以采纳相应的辩护意见。从这一角度来说，本书认为，一定程度上反映了毒品犯罪在量刑时（包括主刑与财产刑）被告人的经济状况并非人民法院会充分加以考虑的因素。

从整体来看，在表 34 中（1）和（2）部分所呈现的十个案例中，被告人经济能力的说明更多服务于罚金刑或量刑整体的轻判，而“因被告人经济能力较好”而适当增加财产刑数额以期最大限度实现“剥夺感”的理论尚未得到实践案例的有力支撑。总体而言，在本书收集与整理的毒品犯罪财产刑适用案例中，罚金刑的裁量过程中并未实际考虑被告人经济状况的司法裁判态度可见一斑。

2. 没收财产刑与特别没收存在对象区分难题

从广义上说，我国刑事没收制度包括没收财产刑与特别没收措施。没收财产刑以犯罪人的合法财产作为执行对象，而特别没收措施则指向犯罪人的违法所得及收益、违禁品以及供犯罪所用的本人财物。理论上，二者在适用对象上就存在明显的区分界限；但在司法实践中，没收财产刑的适用障碍却在一定程度上来源于其与特别没收措施在适用对象上的区分难题。一项性质不明的涉案财物，如果被错误认定为应予特别没收的犯罪工具或收益，将会影响没收财产刑实际执行财产的辐射范围，最终导致没收财产刑适用不公或适用不到位的负面效果。

在毒品犯罪案件中，涉案毒品属于违禁品应予以特别没收不存在争议。但如何界定“供犯罪所用的本人财物”的具体内涵将关涉到大量毒品犯罪案件中的运毒车辆、联络手机等工具性财物的性质认定，如果错误地将部分工具性财物认定为特别没收的适用对象，就有可能对没收财产刑的执行效果产生负面影响。除此以外，“犯罪所得及收益”中的毒赃以及“供犯罪所用的本人财物”中的毒资在司法实践中的认定过于随意，一些由侦查机关扣押的现金在尚未明确证明为毒资或毒赃时就直接予以特别没收，变相挤占了没收财产刑的执行空间。

为了更清晰地说明毒品犯罪司法实践中涉案财物的性质认定以及没收方式的选择问题，本书将通过表 35 呈现云南省基层法院部分裁判文书中对毒品犯罪涉案财物的处置结果。

表 35　工具性财物的性质认定以及对应的处理方式

<table>
<tr><th>序号</th><th>案号</th><th>罪名</th><th>涉案财物</th><th>性质认定及处理方式</th></tr>
<tr><td rowspan="2">1</td><td>（2017）云 0829 刑初 4 号</td><td rowspan="2">运输毒品罪</td><td rowspan="2">被告人的手机</td><td>在被告人娜某某身上查获的手机无法证实是运输毒品的工具和财物，应返还所有人娜某某</td></tr>
<tr><td>（2020）云 0111 刑初 1201 号</td><td>扣押在案的被告人段某某持有的玫瑰金色苹果手机一部、被告人陈某持有的黑色 vivo 手机一部，系作案工具，依法予以没收</td></tr>
<tr><td colspan="5"></td></tr>
<tr><td rowspan="2">2</td><td>（2017）云 0423 刑初 164 号</td><td rowspan="2">贩卖毒品罪</td><td rowspan="2">被告人的车辆</td><td>现存于通海县涉案车辆保管中心的云 G×××××号灰色老款帕萨特轿车一辆及随案移送的车钥匙两把，依法退还被告人倪某</td></tr>
<tr><td>（2019）云 0423 刑初 367 号</td><td>现暂存于通海县公检法司涉案车辆保管处的马某某云 F×××××号长安牌白色面包车一辆及车钥匙一把，依法没收上缴</td></tr>
</table>

根据刑法第 64 条的基本要求，供犯罪所用的本人财物应予以特别没收。当该一般性规定具体应用于毒品犯罪案件中时，何为“供犯罪所用的本人财物”则需要结合具体毒品犯罪的类型特点加以明确。

理论上认为，无论是手机还是车辆，作为毒品犯罪中常见的具有犯罪工具属性的财物，在绝大部分毒品犯罪案件中理应成为特别没收措施的适用对象①。但在司法实践中，结合不同的个罪特点，对上述两类典型的工具性财物的性质认定以及处理方式仍存在不同的裁判观点。就手机而言，部分裁判观点认为在运输毒品案件中并不服务于毒品运输行为的实施，因此不满足“供犯罪所用”的条件要求，应认定为被告人的个人合法财产，并具有成为没收财产刑适用对象的可能。而对于车辆来说，无论是在倪某贩卖毒品一案还是在马某某贩卖毒品一案中，涉案车辆均仅为被告人藏匿部分毒品的“场所”，而并非直接服务于毒品“贩卖”行为的实施。但在具体的司法实践中，倪某被扣押的车辆最终予以返还并成为没收财产刑的可适用对象，而马某某被扣押的车辆却认定为犯罪工具而适用特别没收措施，两案对扣押车辆的性质认定和处理方式存在差别。

根据表36，前四个案例均反映出司法实践对扣押现金性质证明与认定的随意性，在并无任何相关证据佐证扣押现金属于毒资或毒赃的情况下就径直予以特别没收，在裁判文书中也并未充分说明扣押现金的性质认定与予以特别没收的理由。而后四个案例对扣押的现金属于毒资或毒赃的认定所采取的证明严谨性明显高于前四个案例。在缺乏明确证据的情况下，扣押的现金即返还被告人，作为财产刑的可执行对象；而要认定扣押的现金属于毒资或毒赃，必须通过在案证据加以证明。比如，上述案例就是在毒品交易现场抓获的贩毒者与购毒者，双方交易使用的现金基本上可以确认为属于应当适用特别没收措施的毒资与毒赃。从上述前四个和后四个案例的对比中可以看出，在毒品犯罪案件中，毒资与毒赃的认定所采取的司法证明标准存在差异，而不同的证明标准下会产生不同的性质认定结果。由于公安机关在毒品犯罪侦查过程中所扣押的现金对于特别没收与没收财产刑而言往往在数额上呈现此消彼长的关系，因此，如果将本属于被告人合法财产的扣押现金予以特别没收，无疑会限制没收财产刑的有效执行范围，影响没收财产刑的实执率。

---

① 朱建华、陈远平、陈其琨：《毒品犯罪涉案财物处置制度完善》，载《人民司法》2021年第19期。

表 36 侦查过程中扣押的现金性质认定及处理方式

序号	案号	罪名	性质认定及处理方式
1	(2018)云 0114 刑初 460 号	运输毒品罪	裁判文书中并未提供相应证据证明所扣押的现金 282 元属于应予特别没收的毒资或毒赃，而仅在裁判结果部分将扣押现金 282 元定性为违法所得并予以特别没收
2	(2020)云 2504 刑初 170 号	贩卖毒品罪	裁判文书中并未提供相应证据证明所扣押的现金 7082 元属于应予特别没收的毒资或毒赃，且在裁判结果部分也未对扣押的现金 7082 元进行定性就直接作出予以特别没收并上缴国库的处理结论
3	(2020)云 2530 刑初 120 号	运输毒品罪	裁判文书中并未提供相应证据证明所扣押的现金 4300 元属于应予特别没收的毒资或毒赃，但在本院认为部分指出扣押的现金 4300 元“应视为”毒资，予以特别没收并上缴国库
4	(2021)云 0424 刑初 588 号	贩卖毒品罪	裁判文书中并未提供相应证据证明所扣押的现金 29760 元属于应予特别没收的毒资或毒赃，而仅在裁判结果部分指出扣押的现金 29760 元属于涉案财物，应予特别没收
5	(2019)云 2501 刑初 25 号	贩卖毒品罪	裁判文书中明确指出，公安机关扣押的现金 59600 元，无证据证实与被告人苏某某贩毒行为存在关联，应予返还
6	(2017)云 0829 刑初 4 号	贩卖毒品罪	裁判文书中明确指出，在被告人娜某某身上查获的现金 700 元人民币无法证实是运输毒品的工具和财物，应返还所有人娜某某

续表

序号	案号	罪名	性质认定及处理方式
7	（2019）云 2530 刑初 219 号	贩卖毒品罪	裁判文书中明确指出，随案扣押移送的现金 3840 元系被告人薛某某、何某用于购买毒品海洛因剩余的，属于供违法犯罪所用剩余款，依法应予没收上缴；且本案中扣押的现金是在两名被告人购买完毒品以后被当场抓获的过程中进行搜查扣押的，该笔现金属于毒资性质有相应证据佐证
8	（2018）云 3102 刑初 140 号	贩卖毒品罪	裁判文书中明确指出，随案移送的现金 400 元是侦查人员在被告人拉某与吸毒人员莫某的毒品交易现场即时扣押的，在拉某裤兜内查获了莫某向拉某支付的毒资 400 元人民币，属于被告人拉某贩卖毒品的犯罪所得，应当予以特别没收

3. 财产刑执行面临判而不缴或家属代缴问题

执行是发挥财产刑实效的重要环节。对于以贪利动机作为刺激因素的毒品犯罪而言，只有财产刑真正落实到位，才能有效抑制毒品犯罪频繁滋生与复发的趋势。

然而，数据显示，在云南省某羁押毒品犯罪重犯的监狱中，正在服刑的 338 人中有多达 295 人被判处财产刑，但全额履行财产刑的仅有 7 人，剩余的 288 人中存在仅部分履行财产刑或根本没有履行财产刑的情况[①]。全国各地的财产刑判决及履行情况虽然存在一定的地区性差异，但总体来说各地均充分体现了财产刑“高适用率但低实执率”的现象。毒品犯罪作为财产刑必并模式的典型例子，在执行过程中亦存在明显的空判难题。

除此以外，云南省公检法司联合下发的《关于毒品案件财产刑适用问题的意见（试行）》[②] 中指出，除死刑立即执行的案件以外，在财产刑的执行过程中，被告人家属主动缴纳的财物可以视为被告人自己的财物。这一规定导致云南省基层法院毒品犯罪治理的司法实践中存在毒品犯罪财产刑由被告人家属代为履行现象。（见表 37）

---

① 赵一戎：《刑事案件中财产性判决“执行难”问题研究》，载《法律适用》2019 年第 23 期。

② 即 2005 年 11 月 1 日起实施的云南省高级人民法院、云南省人民检察院、云南省公安厅、云南省司法厅联合发布的《关于毒品案件财产刑适用问题的意见（试行）》。

表 37 财产刑家属代缴情况

序号	案号	罪名	财产刑及数额	判决原文
1	(2020) 云 2527 刑初 221 号	非法种植毒品原植物罪	罚金 1000 元	本院认为：家属积极代为缴纳罚金，依法酌情从轻处罚
2	(2020) 云 0523 刑初 234 号	贩卖毒品罪	罚金 10000 元	辩护意见：其家属自愿代缴罚金，可酌情从轻处罚
3	(2018) 云 2503 刑初 174 号	非法种植毒品原植物罪	罚金 5000 元	本院认为：案发后，被告人尹某的亲属积极缴纳罚金，可对其酌情从轻处罚
4	(2017) 云 2527 刑初 101 号	贩卖毒品罪	罚金 3000 元	本院认为：且家属积极代为缴纳罚金，可依法从轻处罚
5	(2017) 云 0181 刑初 136 号	贩卖毒品罪	罚金 2000 元	裁判结果：罚金 2000 元已由被告人李某亲属代缴

毒品犯罪财产刑的执行对象为被告人个人所有的合法财产。但在司法实践中，为了执行的效率与便利，不乏由被告人家属代缴的情况。然而，不设限地允许家属代为缴纳财产刑数额，可能会使财产刑从“执行率低”这一极端走向“实效率低”的另一极端。家属代为执行财产刑，在某种程度上会削弱甚至免除被告人本应自我承担的、由于实施犯罪而引起的财产性责任，违背刑法中责任自负的底层逻辑，弱化财产刑的适用与执行给被告人带来的“财产剥夺感”，导致被告人始终无法切身感知到毒品犯罪的实施所带来的沉重经济代价，并不利于有效拔除贪利根源，也使财产刑遏制毒品犯罪频发的惩治与预防功能的实现受阻。

二、毒品犯罪财产刑适用之偏差归因

（一）观念认知上：未充分重视财产刑对毒品犯罪治理的必要性

1. 以主刑为主导从严打击毒品犯罪的观念根深蒂固

长此以来，我国对毒品犯罪的治理与打击一直秉持着从严、从重的基本立场，以期通过严苛的刑罚适用达到遏制毒品犯罪的目的。而严打毒品犯罪的高压态势往往通过主刑的种类或刑期适用加以体现，毒品犯罪的死刑存续与适用更是一度被推崇。以主刑适用体现毒品犯罪的重刑要求成为主流，却鲜有人关注作为附加刑的财产刑适用也应当贯彻落实重刑要求，在财产刑的适用种类及数额问题上缺乏从严裁量的基本认识。同时，由于在毒品犯罪中财产刑一般采取与主刑并科的模式，财产刑适用能够有效遏制毒品犯罪的价值被低估，导致在毒品犯罪刑罚适用中财产刑的地位一直相对偏低，不仅财产刑适用数额整体偏低，在部分毒品犯罪个案中还存在主刑刑期与财产刑数额轻重程度不匹配的问题。

2. 对财产刑治理贪利型毒品犯罪的有效性缺乏认知

巨额的经济利润是催生毒品犯罪的根本动因，"一人贩毒，全家享福"的贪利动机已经成为众多毒品犯罪分子在重刑威慑下依然铤而走险的驱动力①。财产刑是以剥夺财产为内容的刑罚，在个人财产已经成为自由人在社会中必不可少的生存条件时，财产权益的剥夺所带来的痛苦并不亚于自由被禁锢②。对于具备趋利属性的毒品犯罪，绝大部分犯罪人实施毒品犯罪是为了创设或改善生活条件。而财产刑的适用会使毒品犯罪分子承受个人合法财产被剥夺的不利后果，导致其生活条件反而趋于恶化，进一步实现"得不偿失"的刑罚报应性，以期降低毒品犯罪高额利润的吸引力。

然而，在司法实践中，财产刑可能仅被定性为短期自由刑的替代措施，或侧重发挥财产刑的预防功能，甚至将毒品犯罪财产刑的适用视为法定必并模式的机械遵循，而并没有真正认识到财产刑的适用对于具有贪利动机的毒品犯罪的治理有效性，继而导致毒品犯罪罚金刑适用数额整体偏低、畸轻畸重的问题。

3. 罚金刑与没收财产刑各自的独立价值未得到认识

在毒品犯罪中，罚金刑与没收财产刑均有独立的适用空间，应当根据毒品犯罪个案的具体情况结合罚金刑与没收财产刑各自的特点加以适用。但在财产刑择一必并模式中，罚金刑几乎成为毒品犯罪司法实践中的绝对选择；而在没收财产刑必并模式中，没收的财产对象又逐渐与罚金刑趋同。究其原因，司法裁判者在观念上并没有正确认识到两类财产刑各自在毒品犯罪治理过程中的适用价值与目的，而将两类财产刑不加区分地均定性为财产性刑罚

① 魏红：《论毒品犯罪处罚中财产刑存在的问题及司法建议》，柴龙主编：《贵州法学论坛第三届文集》，贵州人民出版社 2002 年版，第 296 页。

② 王志祥主编：《财产刑适用的理论与实务》，中国人民公安大学出版社 2012 年版，第 1 页。

措施，忽略二者之间存在制裁严厉程度上的差异；也没有在没收财产刑仍然客观存在时准确分辨其与罚金刑在适用财产对象上的差异，更有甚者基于没收财产刑最终会被罚金刑所取代而废止的立场过分偏好罚金刑的适用，毒品犯罪司法实践先于刑事立法“排挤”没收财产刑在毒品犯罪治理过程中的作用。

（二）立法规定上：没有建立明确与清晰的财产刑适用裁量标准

1. 无限额罚金制度在财产刑数额裁量问题上存在弊端

无限额罚金制度是指刑法中只规定某类犯罪适用罚金刑，但没有就数额幅度作出具体的规定，实际相当于授权人民法院对罚金数额进行自由裁量的一种罚金刑适用模式。结合我国刑法的具体规定，毒品犯罪的罚金刑适用既没有明确限定罚金数额的上下限度，也没有建立罚金数额裁量的参照标准，而是将毒品犯罪罚金数额裁量权尽数委任于司法裁判者①，属于典型的无限额罚金制度。

罚金刑的数额幅度相当于主刑的刑期幅度，没有规定具体数额范围的罚金刑本质上与绝对不定期刑相同，均存在违背罪刑法定原则的风险。刑罚必须法定化与明确化，目的在于限制司法权的恣意运用。而毒品犯罪罚金刑适用所采取的无限额罚金制度，不仅不能向司法裁判者提供一个统一的数额参照标准，还纵容司法实践的专横与随意，从而导致毒品犯罪罚金刑数额畸轻畸重的问题。

我国虽然通过《适用财产刑司法解释》规定了罚金刑数额适用最低不能少于1000元，但这一最低数额限制仅为一般性适用要求，并没有结合毒品犯罪及其治理政策的自身特点。而且，不同的犯罪情节与主刑刑期幅度理应对应不同的罚金数额幅度，但无限额罚金制度的应用致使毒品犯罪财产刑并无任何明确幅度差异，因而出现不同个案的犯罪情节与主刑之间存在较大差异但罚金数额却出奇一致的异案同判现象。

2. 没收制度的粗疏立法致使财产刑适用条件模糊不清

我国刑法第59条及第60条对没收财产刑的适用条件仅作出概括性规定，导致对没收财产刑适用条件所涉及的部分概念内涵存在理解争议，而相关概念的含义范围界定又牵涉到没收财产刑的准确适用与执行。比如，毒品

---

① 刘探：《毒品犯罪财产刑适用实证研究》，西南政法大学2018年硕士学位论文。

犯罪没收财产刑的可适用对象按照刑法条文规定应当为毒品犯罪分子个人所有的全部财产，按照一般理解理应包括其个人所有的、能以“物”的形式加以表现的动产或不动产。但对于无形的、不以“物”的形式加以表现的财产性权利可否成为没收财产刑的适用对象，则存在模棱两可的概念解释争议[①]。毒品犯罪司法实践中将没收财产刑的适用对象限制为货币就是为了避免此类概念争议问题，从而导致了没收财产刑变相沦为罚金刑的问题。

没收财产刑与特别没收措施在适用对象上的区分难题正是我国没收制度立法规定过于粗疏所导致的。可以说，没收财产刑与特别没收措施之间在适用对象上存在非此即彼的关系，只要准确界定特别没收措施的适用对象，相对应就能明确没收财产刑的可适用范围。但目前关于扣押财物的性质认定缺乏明确具体的立法依据，“供犯罪所用的本人财物”等立法概念过于宽泛和抽象，缺乏具体的认定条件，需要结合毒品犯罪的特点在立法上制定相应的认定路径，以解决毒品犯罪中常见的犯罪工具性质认定争议问题。而对于毒品犯罪案件中所扣押的现金是否属于毒赃的问题，则与违法所得的证明及认定规则直接相关。但遗憾的是，无论是刑事实体法还是程序法都未具体就毒品犯罪违法所得的证明规则予以明确，而仅能在“排除合理怀疑”的一般刑事证明标准下完成毒品犯罪违法所得的认定工作[②]，而毒赃追缴本身又具有隐蔽性，这就导致司法实践中对于扣押现金的性质存在诸多矛盾的认定结论。

总的来说，没收财产刑的适用条件存在一定的立法粗疏，相关法律规定存在一定的模糊性导致司法准确适用的难度增大，也使没收财产刑在与罚金刑择一并处时并不会成为司法机关的第一选择。

3. 财产刑量刑诉辩及执行程序缺乏明确的诉讼法依据

财产刑量刑诉辩程序是指公诉机关就财产刑量刑部分明确提出适用建议并进行举证，辩护方相应提出质证意见且同样列举与财产刑量刑相关的证据，控辩双方在此基础上展开指控与抗辩的程序[③]。然而，我国刑事诉讼法及相关司法解释却并未具体就财产刑的量刑诉辩程序提供明确详尽的法律依据，没有根据财产刑适用的特殊性进行专门的程序设计，更别说在司法实践

---

① 万志鹏、黄晓斌：《论没收财产刑中的“财产”》，载《中国刑事法杂志》2011 年第 4 期。

② 陈思桐：《毒品犯罪违法所得的范围与认定》，载《刑事法评论》2021 年第 2 期。

③ 王志祥主编：《财产刑适用的理论与实务》，中国人民公安大学出版社 2012 年版，第 228 页。

中形成毒品犯罪财产刑适用的量刑诉辩程序习惯了。毒品犯罪案件的庭审重点往往在于罪名认定或主刑刑期裁量等争议问题，财产刑的适用及数额裁量问题缺乏控辩双方深入说明及辩论的过程，而更多依赖于法院在庭外进行核实，法院在作出财产刑量刑裁判时也缺乏对毒品犯罪分子经济状况的考量，并没有充分意识到大部分毒品犯罪案件中被告人的经济状况恰恰是其决定实施毒品犯罪的关键因素。由此可见，诉讼立法中没有可供毒品犯罪案件庭审时适用的财产刑量刑诉辩程序，对财产刑适用实效确实带来不利影响。

财产刑执行是实现刑罚效果的关键环节。毒品犯罪财产刑的执行效果不佳，与我国刑事诉讼法及相关司法解释中对于诸多财产刑执行问题仅提出原则性要求有关。比如，虽然我国宪法以及人民检察院组织法赋予了人民检察院对判决、裁定等生效法律文书的执行工作实行法律监督的权力，但目前就人民检察院如何行使对财产刑执行的监督权力等问题并没有明确的诉讼法依据，财产刑执行监督在立法上存在责任不清且权限不明等问题[①]，进而导致司法实践中出现毒品犯罪财产刑执行监督缺位的问题，难以保障毒品犯罪财产刑执行在高效、合法的轨道上运行。毒品犯罪的实施主体常见为农村进城流动人口或城市无业人口，有可能带来毒品犯罪实施地与被告人财产所在地相分离的问题，毒品犯罪财产刑异地委托执行具有必要性。然而，目前立法中仅明确了异地委托追缴的合法地位以及受托法院的层级要求，但并没有进一步对异地委托追缴财产刑过程中委托与受托法院应当分别承担的义务与责任进行规定[②]。总的来说，由于财产刑的执行缺乏具体的程序法依据，才导致毒品犯罪司法实践中出现财产刑执行效率与成功结案率双双低下的问题。

4. 财产刑适用的实践争议问题未得到统一的立法回应

刑事立法与刑事司法之间应当构建良性互动关系，刑事立法应及时对实践争议问题作出统一的回应，以实现刑事立法与司法的双向同步发展。由此可见，毒品犯罪的财产刑适用在司法实践中之所以出现一些分歧性做法，是因为毒品犯罪财产刑适用在实践层面上的争议问题尚未得到明确的立法解答。比如，关于在毒品犯罪案件中适用减轻处罚情节时能否将没收财产刑减

---

① 胡江、张雷：《财产刑执行检察监督的实践探索与制度完善》，载《河南财经政法大学学报》2018 年第 5 期。

② 王志祥主编：《财产刑适用的理论与实务》，中国人民公安大学出版社 2012 年版，第 202—203 页。

为罚金刑的问题，现行立法并未明确统一的处理方式，就会导致减轻处罚情节在毒品犯罪案件中的应用出现两种截然不同的适用效果，并会进一步引起公平性质疑。刑事立法与刑事司法之间本应存在“刺激—反应”的双向互动关系，立法指导实践，实践反哺立法。如果刑事立法过分脱离或直接忽视实践中的争议问题，不仅相关法律规定的实际可操作性会遭到质疑，司法实践中的适用乱象也会一直存在，最终导致不公平、不公正的社会价值问题。

（三）司法裁量上：割裂财产刑立法及理论与实践相统一的关系

1. 以“具有执行可能性”决定财产刑的适用

毒品犯罪财产刑的实执率低下，与高适用率之间呈现二律背反关系一直是备受诟病的核心问题[①]，加上生效判决的执行到位率已然成为法院关键的绩效考核指标，从而使法院在毒品犯罪案件财产刑适用裁量过程中更多以财产刑判决具有执行可能成为考虑重点。在片面追求毒品犯罪财产刑执行效率的观念支配下，导致毒品犯罪财产刑适用出现未判先缴、家属代缴及以扣押的毒赃、毒资直接抵扣财产刑适用数额等现象。

如果过分以司法便利和执行效率为主导裹挟毒品犯罪财产刑的适用，而忽略立法及理论上对毒品犯罪财产刑适用的要求，则反而带来损害公平正义的后果：未判先缴看似降低毒品犯罪财产刑的执行成本，实际上却可能存在违反无罪推定基本原则的隐患；家属代缴看似能保障毒品犯罪财产刑执行到位，但实际上却与责任自负原则相违背，并不能有效实现财产刑抑制毒品犯罪贪利动机的目的；以扣押的毒资毒赃充抵财产刑金额看似能够提高实执率，但没有意识到这种做法已经使财产刑与特别没收措施的适用不当重合，实则已经减轻被告人因实施毒品犯罪而应当承受的经济代价。

2. 以实现财产刑的适用便利性作为主要目标

在毒品犯罪的司法实践中，常见没收财产刑与罚金刑的适用财产对象重合，致使没收财产刑逐渐失去独立存在价值；或在适用没收财产刑的情况下，却未对具体数额予以明确；或以侦查时所扣押的犯罪分子个人合法财物价值作为财产刑数额的唯一决定因素等做法。

这些做法已然违背了毒品犯罪财产刑适用的立法规定与理论基础。比如，在立法上没收财产刑与罚金刑是两类并行不悖的财产刑适用类型，且没

---

① 王衍松、吴优：《罚金刑适用研究——高适用率与低实执率之二律背反》，载《中国刑事法杂志》2013年第6期。

收财产刑所适用的财产对象范围理应大于罚金刑。同时，理论上根据罪刑法定原则的要求，财产刑数额应当明确。但毒品犯罪财产刑适用为了满足司法便利需求，规避过于繁重的财产调查程序，才将没收财产刑的适用对象限制为金钱货币，或不明确指出财产刑的适用数额，将财产调查并明确适用数额的任务不当地转移至执行阶段。再如，立法上已经明确毒品犯罪财产刑的数额裁量需要全面考虑涉案毒品数量、种类等因素以及毒品犯罪分子的经济状况，理论上要求毒品犯罪财产刑的适用需落实罪刑适应原则。但司法实践中为方便裁判和提升效率，"节省"烦琐的财产刑数额计算成本，才直接利用毒品犯罪侦查过程中所扣押的财产数值直接等价于财产刑的适用数额。司法实践如果单纯以裁判便利性为主导而脱离毒品犯罪财产刑的立法及理论框架是不被允许的。

3. 财产刑数额裁量过程机械地考虑单一因素

根据我国《适用财产刑司法解释》以及最高人民法院、最高人民检察院《关于常见犯罪的量刑指导意见（试行）》的内容，在对毒品犯罪案件适用财产刑时既应当考虑毒品数量、危害后果等犯罪情节，还应当考虑犯罪人的经济状况。法定从重或从轻、减轻处罚情节在毒品犯罪财产刑适用过程中应当发挥对财产刑数额裁量的调整作用。同时，按照刑罚理论的要求，财产刑作为附加刑其数额也应当与主刑种类及刑期相互协调。如果毒品犯罪财产刑的数额裁量过程在上述立法及理论框架内运行，类似的毒品个案之间的财产刑数额差异理应保持在合理的区间之内，存在差异的毒品个案之间的财产刑数额会形成合理的梯度关系。

但在毒品犯罪的司法实践中，类案异判或异案类判的问题却颇为突出。究其原因，主要在于法院并未全面落实毒品犯罪财产刑数额裁量的立法及理论要求，在决定财产刑数额时仅考虑单一因素，或机械地使财产刑数额与某一因素形成对应关系。比如，部分法院在确定财产刑数额时没有考虑毒品犯罪分子的经济能力，导致财产刑数额过分高于或低于其实际经济能力，从而使毒品犯罪财产刑判决成为空判；部分法院在确定毒品犯罪罚金刑数额时过分强调其与主刑刑期的对应关系，在法院内部形成一套以主刑刑期为标准的财产刑数额量刑规则，机械地将主刑刑期作为毒品犯罪财产刑数额的唯一决定因素[1]；还有一部分法院仅关注影响毒品犯罪财产刑数额的特殊因素，却

① 刘探：《毒品犯罪财产刑适用实证研究》，西南政法大学2018年硕士学位论文。

忽略了一般性的如自首、立功或累犯等处罚情节对毒品犯罪财产刑数额的影响。

虽然毒品犯罪财产刑适用司法解释及理论基础有提供基本的毒品犯罪财产刑数额裁量路径，但毒品犯罪治理实践中却在一定程度上忽略了全面考量所有影响因素的要求，导致不同法院在进行财产刑数额裁量时所关注的因素未达一致，因而导致单一裁判、机械裁判等弊端。

（四）制度保障上：缺乏有效适用与科学裁量财产刑的配套制度

1. 缺乏财产调查制度奠定财产刑适用对象基础

无论是毒品犯罪财产刑的适用还是执行，都以掌握毒品犯罪分子的财产状况和经济承受能力为必要前提。只有充分了解毒品犯罪分子的经济状况，才能够科学地进行数额裁量，避免陷入无财产执行的尴尬境地。而毒品犯罪财产刑适用与执行所面临的现实问题恰恰在于大多数司法机关或执行机关都对毒品犯罪分子的财产状况一无所知，专门针对毒品犯罪分子经济状况的财产调查制度尚未实际建立。比如，从毒品犯罪侦查的角度来看，侦查机关往往关注的是对毒品、毒资或毒赃的扣押与没收，却鲜有对犯罪嫌疑人的财产状况进行侦查；而从毒品犯罪的公诉阶段来看，检察院对犯罪嫌疑人提出财产刑的量刑建议时也没有对其财产情况进行明确说明并提供相应证据予以佐证。这导致法院往往在毒品犯罪案件中进行财产刑数额裁量时并无确切依据，进一步会造成司法实践中毒品犯罪财产刑难以执行到位的核心问题。

2. 欠缺财产保全制度保障财产刑后续执行实效

财产保全制度来源于我国民事诉讼法。在民事领域，财产保全既可以由当事人向法院提出申请，也可以由法院依职权主动采取，目的在于保障权利人的利益得到圆满实现。同时，更是用于保障判决得到有效执行并修补社会关系，从这个角度来说，在刑事领域内建立财产保全制度十分必要。但事实上，财产保全制度在刑事领域，尤其在毒品犯罪的刑事侦查与提起公诉阶段仍然是处于缺失状态，导致毒品犯罪分子在财产刑适用与执行前就具有转移、变卖其合法财产的空间。虽然在毒品犯罪的侦查过程中，侦查机关能够对查获的毒品或一些性质未明的财物先行予以扣押或查封，但这种侦查措施本身并非以服务于毒品犯罪财产刑执行为目的①，况且先行扣押或查封的财

① 王娅园：《财产刑执行研究——基于实证调研的分析》，西南政法大学2020年硕士学位论文。

物有可能构成毒资或毒赃而予以特别没收，并非是财产刑的执行对象。因此，在毒品犯罪中这类侦查措施的效果并不能与财产保全制度相提并论，在毒品犯罪嫌疑人或被告人具有转移、变卖个人合法财产的巨大可能时，目前的财产保全制度仍然处于未被真正激活、未能切实保障毒品犯罪财产刑适用实效的状态。

3. 缺少财产性质推定制度界定财产刑适用范围

毒品犯罪的有效治理，不仅需要适用特别没收措施处理毒品、毒赃与毒资，还需要适用罚金刑与没收财产刑对毒品犯罪分子的个人合法财产进行刑事上的"剥夺"，二者因适用的财产对象有别而各司其职，最终共同致力于从经济根源上挫伤毒品犯罪实施的逐利动机。在部分毒品犯罪案件中，涉案财物不仅数量多，且可能出现涉案财产具体属性不明的情况。加上毒品犯罪的隐蔽性特征以及洗钱手段不断翻新，一项涉案财产应属于毒资、毒赃而适用特别没收措施，还是应属于被告人的合法财产而适用财产刑往往存在疑问。在面对毒品犯罪案件中来源不明的财物时，司法机关既无法正面提供线索明确说明某项财物属于毒资或毒赃，又由于当下尚未建立财产来源不明的推定制度，无法通过有限制地适用推定规则而对不明财产的性质予以认定且在裁判文书中清晰说理，就会导致司法实践中错误地将个人合法财产适用于特别没收，或错误地导致部分毒资、毒赃成为财产刑的执行对象，两类财产性刑事制裁手段的适用在财产对象上存在"混为一谈"的风险，进而导致特别没收措施与财产刑惩治与预防毒品犯罪的作用难以得到最大限度的发挥。

三、毒品犯罪财产刑适用之匡正路径

贝卡里亚曾指出："刑罚应尽量符合犯罪本性"①。巨额经济利润是催生毒品犯罪的根本动因，当犯罪分子期待通过实施毒品犯罪改善其经济条件时，刑事制裁就应设法使罪犯因实施毒品犯罪而面临经济处境更为恶化的后果。因此，以财产剥夺与限制为内容的财产刑则成为规制毒品犯罪的最佳手段。

① ［意］切萨雷·贝卡里亚：《论犯罪与刑罚》，黄风译，商务印书馆2017年版，第61页。

（一）观念上充分认识毒品犯罪财产刑的适用必要

以严苛的自由刑甚至生命刑来治理毒品犯罪是重刑主义刑事政策导向下的结果。本书并不否认以剥夺自由甚至生命为代价的刑罚适用能够对治理毒品犯罪起到惩治与震慑作用，但从刑罚经济学的角度来说，财产刑才是最能直击毒品犯罪根源、成本相对较低但收效明显的刑罚措施。因此，有必要摒弃过分侧重主刑适用而忽略财产刑适用的观念，建立毒品犯罪财产刑适用之效益刑罚价值观。在刑罚适用中强调效益价值，是指要以最轻的刑罚最大限度地产生刑罚效果的整体效应。最轻刑罚并非无节制地轻罚，而是以产生最优刑罚效果为前提，而刑罚效果指的则是对犯罪产生的惩治与预防作用。对于具有强烈逐利色彩的毒品犯罪而言，巨额经济利益是毒品市场得以持续存在的根本驱动力。生命刑或自由刑的适用，固然具有惩治与预防的刑罚效果，但始终没有精准命中毒品犯罪的关键动因，就会导致投入的刑罚成本高于治理需求，投入成本与最终收效之间未能达成“最小—最大”的效益追求①。相较于生命刑与自由刑，财产刑的适用切割毒品犯罪与非法获利之间的紧密联系，直接堵截毒品犯罪获取非法利益的可能性，直面触发毒品犯罪的根本原因。因此，对毒品犯罪适用财产刑能够达到“降低刑罚成本的同时提高刑罚效果”的效益要求，从而避免出现刑罚过剩的情况，要达到上述要求，建立毒品犯罪刑罚适用的效益价值观念就非常必要。

除此以外，还可以通过类案指导、司法系统内部工作会议召开等方式，进一步传达毒品犯罪治理重视财产刑适用的司法理念，扭转部分司法人员认为“在毒品犯罪中适用财产刑只是机械地遵守立法中要求的财产刑必并模式”等观念误区，充分认识到毒品犯罪适用财产刑是有的放矢、触动毒品犯罪分子贪利动机、剥夺再次犯罪所需物质条件的重要刑罚措施。

同时，将一些科学、合理地适用罚金刑与没收财产刑的毒品犯罪判决模范化、标杆化，并围绕模范判决开展司法人员法律理论学习，形成优秀办案人员经验交流常态。尤其是一些立法上规定罚金刑与没收财产刑择一必并的毒品犯罪案件，将适用罚金刑时的案件情况与适用没收财产刑时的案件情况进行对比，不仅可以从中提炼出不同财产刑类型选择适用的条件，还能从观念上扭转导致两类财产刑逐渐趋同的思维误区，并强化没收财产刑的刑罚价

---

① 周仲飞：《效益：市场经济刑罚的价值目标》，载《江海学刊》1994 年第 2 期。

值独立于、有别于罚金刑的正确观念，避免罚金刑在毒品犯罪案件中压倒性地成为被选择适用的财产刑而没收财产刑并无用武之地或被罚金刑同化的局面。

（二）立法上有效完善毒品犯罪财产刑的适用规则

1. 摒弃适用无限额规则确定毒品犯罪罚金刑数额的立法思路

在世界各国的刑事立法中，关于财产刑数额的裁量规则主要有无限额罚金制、限额罚金制、倍比罚金制与日额或月额罚金制。我国毒品犯罪罚金刑的数额裁量采取的是无限额罚金制度，这种裁量规则本身的绝对不确定性所带来的弊端显而易见。由于无限额罚金制是“立法不足导致的法律短缺[①]”，因此在毒品犯罪刑事立法不断完善的过程中，逐步摒弃无限额罚金制度将成为必然。至于毒品犯罪罚金刑的适用应当以何种数额裁量规则取代无限额罚金制度的问题，本书认为应当分别考虑不同数额裁量规则的利弊，再结合我国毒品犯罪的整体特点加以解决。

（1）限额罚金制

如果将毒品犯罪的无限额罚金制修正为限额罚金制，则意味着刑事立法要对适用罚金刑的毒品犯罪明确规定罚金数额的上限与下限，同时还要根据自由刑的刑期档次分别划定对应的罚金数额区间。在毒品犯罪中，以限额罚金制取代无限额罚金制能够有效地限缩法官的自由裁量空间，避免出现类案数额差异过分等现象，还能保障法定从轻、减轻与从重等量刑情节的有效适用。但限额罚金制度需要解决罚金上下限的数额界定是否科学、是否与对应的毒品犯罪恶劣程度相匹配、是否与当下社会经济状况以及毒品犯罪态势的发展变化相同步等问题。

（2）倍比罚金制

所谓倍比罚金制，是指以某种与犯罪相关的数额为基准，在该基础数额之上通过一定的比例或倍数来最终确定罚金数额的一种裁量规则[②]。在本书看来，倍比罚金制的确定性介乎于无限额罚金制与限额罚金制之间，因为在倍比罚金制下，确定罚金数额的相关因素包括立法上限定的比例或倍数范围，还包括随着犯罪具体情况而变化的数额基准。单从倍比罚金制本身出发，可以说这种裁量规则兼具限定性与灵活性，但这种裁量规则并不能够适

---

① 陈兴良主编：《刑法疏议》，中国人民公安大学出版社1997年版，第147页。

② 赵美珍、章进：《环境犯罪罚金刑制度检视》，载《中州学刊》2009年第3期。

用于所有毒品犯罪，比如非法持有毒品罪、容留他人吸毒罪等并没有明显涉及诸如违法所得、贩卖收入等数额基础的毒品个罪。

（3）日额或月额罚金制

无论是日额还是月额罚金制，这种裁量规则在立法中均不规定具体的罚金数额的上限与下限，而是以被判处罚金刑的罪犯本人的日收入或月收入为基础，扣除必要的生活开支以后，在该数额基础之上再根据具体的犯罪情节及被判刑人的经济能力，确定罚金刑持续的天数或月数，从而确定罚金总数额的一种裁量规则①。这种裁量规则在运行时已经把被告人的经济状况考虑在内，且同时受到具体犯罪情节的影响，符合毒品犯罪财产刑适用考量因素的立法要求。当然，其缺陷主要在于毒品犯罪分子的收入与支出情况在财产调查制度缺位时难以准确查明。

（4）罚金数额裁量规则完善设想

结合上述各项罚金数额裁量规则的利弊分析，本书认为毒品犯罪罚金刑的数额裁量制度完善需要分阶段完成。

目前，应当将毒品犯罪中的无限额罚金制度修正为限额罚金制度，根据当前的经济发展水平以及不同毒品犯罪的社会危害性，制定相应的毒品犯罪罚金数额的上下限标准。由于毒品犯罪情节具有一定的复杂性，主刑也相应存在多个量刑幅度，因此罚金刑数额也应当设置不同的数额区间。以贩卖毒品罪为例，不同的毒品种类及数量对应不同的自由刑幅度，罚金刑也应当形成对应的数额区间，不同的罚金刑数额区间相互衔接。具体而言，贩卖毒品罪如果被判处 7 年以上有期徒刑，对应适用的罚金可设置为 30000 元至 50000 元的数额区间；而如果适用 3 年以上、7 年以下有期徒刑，则罚金刑适用数额可在 30000 元以下的数额区间内进行选择。当然，考虑到全国不同区域地方经济发展水平的差异性，在制定全国范围内适用的毒品犯罪罚金刑数额区间时应当保有一定的弹性空间，赋予不同地区在全国统一的数额区间内进一步细致划分罚金数额上下限的权利②。而从更长远的角度来看，毒品犯罪罚金刑应当适用日额或月额罚金裁量规则。本书认为，在有更加成熟的

---

① 张紫琪：《中俄毒品犯罪罚金刑及其适用比较研究》，载《云南警官学院学报》2018 年第 6 期。

② 胡江：《毒品犯罪司法适用中的宽严相济》，载《重庆工学院学报（社会科学版）》2009 年第 12 期。

财产调查制度的支持下，被判刑人的经济状况将会更加透明，从根本上有利于确定被判刑人的日收入或月收入数额，作为确定罚金总额的基础数据。而罚金刑持续的天数或月数也应当对应具体的主刑区间设置上下限标准，并根据具体的毒品犯罪案件情况明确持续的时间，最终计算得出应当宣告适用的罚金刑总数额。本书认为，日额或月额罚金裁量规则在运行过程中已经当然地将被告人的经济状况以及具体犯罪情节考虑在内，也能通过持续时间这一因素赋予司法机关一定的自由裁量空间，是未来应当采取的一项较为科学的罚金数额裁量规则。

2. 通过完善刑法或制定司法解释明确没收财产刑的适用要求

对于没收财产刑，学术界争论焦点往往在于没收财产刑的存废问题。但本书认为，没收财产刑作为一种重刑，对治理社会危害性极大的严重毒品犯罪仍然具有不可忽视的价值，没收财产刑的适用从经济上沉重打击了毒品犯罪的再生基础，体现了对毒品犯罪严厉的否定性评价。基于此，为了保留没收财产刑在毒品犯罪中的适用空间，本书认为应当进一步厘清没收财产刑的适用要求，界定毒品犯罪没收财产刑中“财产”概念的涵射范围。毒品犯罪司法实践中为了满足财产刑适用与执行的便利需求，常常将没收财产刑中的“财产”概念限缩解释为以金钱或物质形态表现的“财产”，而将无形财产或财产性权利排除在外，原因在于无形财产或财产性权利本身的价值界定就存在困难，在执行时更因可能牵涉第三人利益，或存在析产必要而面临执行障碍。但是，本书认为应当从没收财产刑的实质出发对“财产”概念范围进行界定，才能够体现没收财产刑在毒品犯罪治理过程中的严厉性，并与罚金刑相区分。没收财产刑剥夺的是毒品犯罪分子继续拥有私人财产的资格，从根本上直指毒品犯罪分子的私有财产权。而私有财产应当涵盖毒品犯罪分子合法拥有的任何表现形式的财产[①]，不应将毒品犯罪治理过程中所适用的没收“财产”概念缩小为有形物或金钱货币，而应当包括知识产权、债权等无形的财产权利，以及比特币、数字货币等虚拟财产，才能保障毒品犯罪治理过程中没收财产刑适用的特殊性与独立性。

由于没收财产刑针对的是犯罪分子的合法财产，那么就应当要与特别没收措施针对的财产对象相区分。在传统的毒品犯罪案件中，对于“供犯罪所用的工具”的概念理解是区分涉案财产性质的关键前提。本书倾向于将

① 万志鹏、黄晓斌：《论没收财产刑中的“财产”》，载《中国刑事法杂志》2011年第4期。

"供犯罪所用"的内涵理解为直接且专门用于毒品犯罪，而不宜对此进行过分的扩张解释。所谓直接用于毒品犯罪，是指该财物对毒品犯罪法益侵害结果产生直接的决定作用，对该财物的利用是完成毒品犯罪的必要条件。而专门用于毒品犯罪，是指该财物经常地、反复地服务于毒品犯罪[①]，或虽然是一次或偶然使用，但该财物就是为了实施毒品犯罪而准备的。基于此，在贩卖毒品案件中出现的毒品运输工具不应该"一刀切"地采取特别没收措施，反而要从实质角度考虑该运输工具的利用是否与毒品贩卖、流通结果存在直接关联。在运输工具对毒品犯罪的实施并无直接或实质推动作用的情况下，涉案运输工具在被侦查扣押的情况下则应当成为没收财产刑的适用与执行对象。而在运输毒品案件中，被告人的手机等通讯工具是否应予特别没收，也应当要从该通讯工具是否实际促进运输行为实施的角度进行判断。如果只是被告人随身携带的，与运输行为的完成不存在关联性的情况下，该通讯工具应考虑纳入没收财产刑的可适用财产范围。

3. 为财产刑量刑诉辩及执行程序提供明确的刑事诉讼法依据

毒品犯罪财产刑量刑诉辩程序的建立能够确保法院最终作出的财产刑判决系经由控辩双方举证、质证以及辩论所得出的科学结论，进而能够缓解毒品犯罪财产刑的执行难问题。而毒品犯罪财产刑量刑诉辩程序的运作则需要得到刑事诉讼法及司法解释的支持与保障。首先，要明确检察机关在毒品犯罪案件中负有提出财产刑量刑建议的责任，且需要对可能判处财产刑的毒品犯罪分子开展财产调查活动，并将在毒品犯罪侦查过程中扣押查封的财产清单以及发现的财产线索移交法院。其次，明确在毒品犯罪案件庭审过程中需要就财产刑量刑问题开展诉辩环节，控辩双方围绕具体个案中的毒品种类、数量、吸毒人员数量或涉毒行为危害后果，以及毒品犯罪分子经济能力等因素，就毒品犯罪财产刑量刑问题展开举证质证，并在控辩双方就财产刑量刑存在争议的情况下进一步展开法庭辩论，使法官能够充分了解公诉机关的量刑建议及支撑依据，以及辩护人就毒品犯罪财产刑适用提出的辩护意见，并以此为依据作出客观公正的财产刑适用与裁量结论，确保毒品犯罪财产刑适用与裁量的程序正义。

正如上文所言，毒品犯罪财产刑的执行难题部分源于执行程序规定的缺失。因此，有必要将散见于刑事诉讼法及相关司法解释中有关财产刑执行的

---

① 冯文杰：《比例原则视野下犯罪工具没收的实质解释》，载《法学家》2022 年第 2 期。

程序规定进行统一，并就尚未明确的一些原则性规定进行具体说明。比如，关于毒品犯罪财产刑委托执行的问题，需要通过法律或司法解释明确规定委托法院对受托法院执行财产刑工作的监督职责，一方面避免委托法院将异地财产执行问题委托出去以后，就将执行责任径直倒向受托法院而不再跟进后续执行；另一方面可以加强受托法院对接受委托的财产刑执行工作的责任心。除此以外，还可以通过法律或司法解释建立对受托法院的激励机制，将受托办理的毒品犯罪财产卅执行案件纳入受托法院的业绩考评或司法统计当中①。总的来说，对于犯罪人员主要表现为流动人口的毒品犯罪而言，财产刑异地委托执行必然成为具体执行工作中的主流。因此，应制定适用于毒品犯罪财产刑的异地执行程序，明确委托与受托法院各自的职责，建立受托法院主抓、委托法院辅助毒品犯罪财产刑执行工作顺利完成的良性互动关系。

而对于毒品犯罪财产刑执行监督的程序问题，本书认为需要建立明确的诉讼法依据。首先，需要通过立法明确毒品犯罪财产刑执行监督的主体，可以考虑由检察机关中的监所监督部门负责开展毒品犯罪财产刑执行监督工作，实现自由刑与财产刑执行监督统一的目标。其次，需以立法形式明确具体的监督内容，重点把握毒品犯罪财产刑在执行时的财产对象是否为毒品犯罪分子的个人财产；毒品犯罪财产刑执行时减免依据是否充分；毒品犯罪财产刑在执行时程序是否合法；等等。最后，通过立法对毒品犯罪财产刑执行监督部门建立追责与激励机制②，在检察机关疏于履行法律监督职责而对毒品犯罪财产刑执行率产生负面影响时则应被追责，而在检察机关充分履行其监督职责并切实推动毒品犯罪财产刑实执率提升时则应给予一定的绩效激励。

4. 对财产刑适用过程中出现的实践分歧作出统一的立法回应

毒品犯罪财产刑适用的实践分歧会进一步引发公平性质疑，实践中的分歧做法需要通过法律及司法解释的制定来消除。以减轻处罚情节在毒品犯罪没收财产刑中的适用分歧为例，本书认为，要先对与该问题相关的实践观点进行科学分析。认为减轻处罚情节的适用可以使毒品犯罪没收财产刑减为罚金刑的观点是以没收财产刑重于罚金刑为前提的。但该前提本身就存在问题。我国罚金刑适用随时追缴制度，而没收财产刑则是一次执行完毕；而

① 王志祥主编：《财产刑适用的理论与实务》，中国人民公安大学出版社2012年版，第203页。

② 王志祥主编：《财产刑适用的理论与实务》，中国人民公安大学出版社2012年版，第217页。

且，在目前的毒品犯罪财产刑适用实践中，没收财产刑的适用财产对象愈发趋向于金钱货币，不能绝对地认为没收财产刑的财产适用范围必然广于罚金刑。从这两个角度出发，毒品犯罪财产刑适用实践中就不能一概而论地认为罚金刑必然轻于没收财产刑①，在适用没收财产刑的毒品犯罪案件中减轻处罚情节的存在并不必然引起财产刑适用类型的变更。在科学分析争议观点并得出合理结论的情况下，应当通过立法的形式将论证科学的处理观点进行固定，明确毒品犯罪中没收财产刑适用减轻处罚情节只对没收财产刑的数额幅度变化产生影响，而不会引起财产刑适用的种类变化。从而对司法实践产生统一的立法指导作用，避免因毒品犯罪财产刑实践中的处理分歧而引发类案异判等公平性风险。

（三）司法上合理衔接毒品犯罪财产刑的适用要求

1. 规避财产刑“执行可能”与“司法便利”单一决定论

当执行难问题成为毒品犯罪财产刑发挥实效的主要桎梏时，部分司法机关会为了达成顺利、有效执行财产刑的目标，在毒品犯罪司法实践中允许预缴或由家属代缴财产刑的做法。对于毒品犯罪判决生效前预缴罚金或履行没收财产刑的做法，本书并不赞同。这种做法本身就与法律所规定的毒品犯罪财产刑履行时间起点相悖，且在现行的法律框架内也难以找到合理的性质定位，甚至存在违反罪刑法定原则之虞。而且，预缴财产刑数额往往是毒品犯罪分子用以证明自身具有悔罪表现的方式，争取主刑刑期的从宽裁量是推动毒品犯罪分子积极、自愿地在判决前先预缴一笔财产的最大动因，这也恰恰说明了毒品犯罪实践中财产刑预缴的做法本身就具有影响主刑适用的意味，存在以钱赎刑的风险②。而由家属代缴财产刑数额的做法，本书基于毒品犯罪财产刑适用的理论与立法要求，在有条件限定下持赞同态度。首先，家属代缴仅能在毒品犯罪分子确无个人财产可供执行的情况下被允许，需要提供相应的财产线索查明毒品犯罪分子个人的实际财产情况。其次，对能够代缴的家属范围进行必要限制，限定为与毒品犯罪分子具有紧密经济联系的家属，具有紧密经济联系的家属既可以是具有家庭共同财产关系的夫妻，也可以是彼此之间存在财产继承与被继承关系的父母子女，超出此范围以外的亲

---

① 王志祥主编：《财产刑适用的理论与实务》，中国人民公安大学出版社2012年版，第176页。

② 蔡超、徐丽莉：《罚金刑适用中存在的问题及解决》，载《国家检察官学院学报》2010年第6期。

属如自愿代缴，需要提供其与被告人之间存在经济联系如债权债务关系或其他共同财产关系的证据，才能具有代缴资格，也是毒品犯罪财产刑虽采取代缴方式，但也能实际触动毒品犯罪分子经济根源，以阻断毒品犯罪实施贪利动机的重要保障。最后，有条件地允许家属代缴也需要明确财产刑的适用目的在于让毒品犯罪分子承受个人财产被剥夺的痛苦，而不能为了达成财产刑执行目的将刑罚效果转嫁至无辜第三人，因此，家属代缴需在家属自愿的基础上完成。总的来说，本书并不是绝对限制毒品犯罪财产刑在司法实践中变通执行的空间，而是强调财产刑司法实践与立法要求相互衔接的重要性，不能一味强调执行结案而忽略应当遵循的原则性要求。对于在司法实践中出现的以毒品犯罪侦查扣押的财物进行财产刑数额抵扣的做法，本书认为应当分情况进行合理性分析。首先，应当规避以扣押的毒资、毒赃充抵财产刑数额的错误做法，这种做法违背刑事立法中对特别没收措施与财产刑在适用对象上的区分性规定，进而影响这两类财产性刑事制裁手段在毒品犯罪治理中应当发挥的双重惩治与预防效果。其次，如果扣押的财物经查明系毒品犯罪分子本人所有的合法财产，则可以在毒品犯罪财产刑判决生效以后以该合法财产直接对财产刑数额进行充抵。但要强调的是，毒品犯罪财产刑数额裁量应当综合考虑毒品犯罪个案中所有的影响因素，不能为了规避毒品犯罪财产刑数额的裁量过程而径直以扣押的合法财产价值作为确定毒品犯罪财产刑数额的唯一标准。最后，当扣押财物的所有人是毒品犯罪分子的家属等第三人时，应当及时将财物进行返还。联系家属自愿代缴毒品犯罪财产刑的实践做法，本书认为家属代缴的合理性必须建基于对上述三项条件的遵守，在不满足限制条件的情况下，本书并不赞同直接将毒品犯罪案件中所扣押的家属财物充抵毒品犯罪分子财产刑数额的做法。总的来说，本书能够理解毒品犯罪司法实践中以扣押财物充抵财产刑数额的司法便利及效率需求，但不应违背立法要求，导致毒品犯罪财产刑适用实践与立法规定相割裂。

2. 综合考虑各项量刑因素对财产刑适用数额的调整作用

根据我国刑法、财产刑适用与执行的司法解释以及量刑指导规范的相关内容，毒品犯罪财产刑的适用与数额裁量需要对多项具体的影响因素进行综合考虑，但实践中并没有真正落实此项法律要求。因此，本书认为，在毒品犯罪司法实践中，财产刑数额裁量应当遵循以影响量刑的情节为依据、综合考虑犯罪分子的经济状况并与主刑轻重程度保持协调一致的基本原则[①]。

（1）以影响量刑的情节为依据

在毒品犯罪财产刑数额的裁量过程中，需要根据不同的毒品犯罪行为考虑不同的量刑情节。比如，就走私、运输、贩卖与制造毒品行为来说，要以涉案毒品的种类、数量以及危害结果作为主要考量的量刑情节；而对于非法种植毒品原植物罪而言，种植的毒品原植物种类、数量以及是否具有及时铲除行为则是本罪应当考虑的量刑情节。除此以外，不能认为自首、立功或累犯、毒品再犯等从轻、减轻或加重处罚情节仅对主刑裁量产生影响，必须实现一般量刑情节对毒品犯罪财产刑数额裁量的调整作用。本书在倡导建立毒品犯罪财产刑限额制度的基础上强调，量刑指导意见中明确规定的一般量刑情节对基准刑适用的调整比例也应当适用于毒品犯罪财产刑数额的裁量过程。

（2）综合考虑犯罪分子的经济状况

将毒品犯罪分子的经济状况视为一项考量因素并纳入毒品犯罪财产刑裁量过程的做法虽然得到立法上的肯定，但理论以及司法实践对该做法明显存在不同的观点。站在毒品犯罪司法实践的角度来看，考虑毒品犯罪分子的经济状况，目前因缺少财产调查制度的支撑而存在现实困难，且在毒品犯罪治理重主刑而轻财产刑的观念下，具体考虑毒品犯罪分子的经济能力并不符合诉讼经济原则。而在理论界，反对意见认为对毒品犯罪分子经济能力进行考量会与刑法面前人人平等原则相冲突。但面对这些否定性观点，本书仍然认为要将毒品犯罪分子的经济状况纳入毒品犯罪财产刑数额裁量的考虑范围之内。只有毒品犯罪财产刑的适用数额与毒品犯罪分子的经济能力相匹配时，毒品犯罪财产刑适用对拔除毒品犯罪贪利根源所发挥的刑罚效果才能最大限度地实现，才能真正让毒品犯罪分子感知到个人财产被“剥夺”的痛苦，也为毒品犯罪财产刑后续的顺利执行奠定基础[②]。而要真正落实对毒品犯罪分子经济能力的考虑，本书建议对于适用财产刑的毒品犯罪案件，在侦查及起诉过程中就要有意识地对毒品犯罪分子个人经济状况进行调查，形成相应的线索或书面材料一并移送至法院，尤其是毒品犯罪分子本人具备正常或相对优越的经济能力的相关证据；在审判过程中，辩护人可针对被告人经济能

① 王志祥主编：《财产刑适用的理论与实务》，中国人民公安大学出版社2012年版，第94页。
② 刘探：《毒品犯罪财产刑适用实证研究》，西南政法大学2018年硕士学位论文。

力较弱提供证据并发表意见，使审判人员在针对毒品犯罪个案情况作出财产刑判决前能够充分考虑毒品犯罪分子的经济状况，以对财产刑数额认定产生影响。同时，在裁判文书的财产刑量刑意见部分中要体现对毒品犯罪分子经济状况进行考量的书面痕迹，以形成统一的毒品犯罪财产刑适用实践惯例，使毒品犯罪财产刑适用以考虑毒品犯罪分子的经济状况为常态。

（3）与主刑适用保持协调

主刑与财产刑匹配是一项基本要求，在毒品犯罪司法实践中应当建立主刑刑期与财产刑数额的同向变动关系，不能以机械落实毒品犯罪财产刑必并要求的思维支配财产刑数额的裁量过程，要使主刑刑期与财产刑数额分别反映的具体毒品犯罪社会危害性以及刑罚轻重程度保持一致。虽然主刑与财产刑之间应当相互协调，但毒品犯罪治理实践中也要避免将主刑刑期作为确定毒品犯罪财产刑数额的唯一标准，不能机械地通过主刑刑期一一对应而确定毒品犯罪财产刑的适用数额，毕竟毒品犯罪的主刑与财产刑在适用与裁量时也存在考量依据上的差异。

（四）制度上全面保障毒品犯罪财产刑的适用效果

1. 建立深入的财产调查制度

目前，我国尚未通过详尽的立法规定建立一套辅助毒品犯罪财产刑科学适用的财产调查制度，但财产调查制度对解决毒品犯罪财产刑执行难问题以及其他涉案财产处置难题的重要性和有效性已经得到立法的肯定。2022 年最新出台的反有组织犯罪法[①]中明确提及公安机关、人民检察院、人民法院可以根据案件办理需要，全面调查涉嫌有组织犯罪的组织及其成员的财产状况，为彻底铲除犯罪组织经济根基提供依据。由此可以看出，在刑事诉讼领域内财产调查制度的建立必要已经得到广泛认可。关于毒品犯罪财产刑适用前被告人财产调查制度的设计，需要考虑的是：

第一，明确财产调查的执行机关。本书认为，为了使财产调查制度的效果最大化，应当将与毒品犯罪分子相关的个人财产调查过程适当提前展开，以避免毒品犯罪分子得到提前转移或变卖个人合法财产的可乘之机，而最早获知毒品犯罪案件情况及毒品犯罪分子个人情况的正是侦查阶段。再结合公检法三机关在刑事诉讼中的具体分工来看，侦查机关在毒品犯罪侦查活动中

---

① 参见反有组织犯罪法第 40 条。

本身就具有扣押、冻结可疑财产的职责，由侦查机关在毒品犯罪侦查过程中一并启动对毒品犯罪分子财产状况的调查活动更加符合效率原则。当然，为保障对毒品犯罪分子财产状况调查结果的全面性，在明确侦查机关是财产调查活动主要负责机关的前提下，也需要赋予公诉机关在毒品犯罪案件审查起诉阶段可对毒品犯罪分子经济状况进行补充性调查的权力，这也有利于公诉机关结合毒品犯罪案件情况及毒品犯罪分子经济状况提出更加合理的财产刑量刑意见。

第二，明确财产调查的主要内容。可以说，对毒品犯罪分子开展的财产调查制度是涉案财产处理以及毒品犯罪财产刑适用与执行的重要前提保障。因此，对毒品犯罪分子进行财产调查时，要明确其个人财产及对应价值。不仅需要查清动产、不动产、货币现金等有形资产，对于毒品犯罪分子个人合法所有的知识产权、股权等无形财产也需要予以明确。如果毒品犯罪分子与其家属、好友等第三人享有共同财产，要通过财产调查确定毒品犯罪分子在共有财产中的占有份额，为强化毒品犯罪中没收财产刑的适用提供保障。

第三，明确财产调查的开展方式。在毒品犯罪案件中开展财产调查最直接的方式是对毒品犯罪嫌疑人、被告人或其亲属就毒品犯罪分子财产状况开展讯问与询问，也包括向金融机构、工商登记机构提出协助提供财产线索的要求以查清毒品犯罪分子个人财产状况的方式①。还要强调的是，财产调查制度虽然能够为毒品犯罪财产刑的适用与执行提供便利，但该制度的运行也必须遵守程序要求，对毒品犯罪分子开展财产调查必须形成相应的报告材料且附上证据材料予以佐证，还要避免毒品犯罪分子或无关第三人的合法财产因财产调查制度的运行而受到不当损害。

2. 建立有效的财产保全制度

毒品犯罪领域内财产保全制度的建立也是解决财产刑执行难问题的重要保障。但我国刑事诉讼领域内尚未建立真正意义上的财产保全制度。在毒品犯罪的侦查活动中，侦查机关进行扣押的一般是搜查所获的毒品、毒资与毒赃，或是性质尚未明确，但很有可能是毒品犯罪违法所得的涉案财物。由于扣押或冻结的对象是涉案财物，在毒品犯罪中更多用以佐证毒品犯罪的发生，而并非服务于后续财产刑的适用与执行。与其说这是一种涉案财产的保全措施，还不如说是一种毒品犯罪证据保全的手段。因此，本书认为，需要

---

① 王志祥主编：《财产刑适用的理论与实务》，中国人民公安大学出版社 2012 年版，第 283 页。

在毒品犯罪领域内建立有效的财产保全制度，真正以保障毒品犯罪财产刑顺利执行为目的。首先，要明确财产保全的条件。由于财产保全直指毒品犯罪分子的个人合法财产，为协调私权与公权之间的平衡关系，财产保全措施的采取需要以有证据证明毒品犯罪分子不当转移、变卖财产以逃避财产刑执行为前提，并赋予毒品犯罪嫌疑人、被告人及其辩护人对财产保全提出抗辩的权利。其次，要明确财产保全的主体。为避免毒品犯罪分子的合法财产权受到不当侵犯，本书建议将毒品犯罪分子财产保全的决定权力与执行权力分别赋予公诉机关和侦查机关。在毒品犯罪案件侦查阶段，如果侦查机关发现毒品犯罪分子不当转移或处分其个人财产，且需要采取保全措施时，应当先行获得公诉机关的批准，以发挥公诉机关的法律监督职能。同时，由公诉机关批准在毒品犯罪案件侦查过程中采取财产保全措施，其好处在于公诉机关在具有基本的财产刑量刑方向的前提下，能够更加精准地明确保全的财产范围与价值，避免不当损害毒品犯罪分子及其家属的合法财产利益。最后，要明确财产保全的补救方案。在毒品犯罪领域内适用财产保全措施，如果存在程序上的不当、适用条件上的瑕疵，或保全超期，或保全财产遭到损害，则要通过及时解除保全或国家赔偿的方式赋予毒品犯罪分子相应的救济路径。

3. 建立财产性质的推定制度

财产刑与特别没收措施是治理毒品犯罪并行不悖的两种经济性刑事制裁手段①，财产刑直指毒品犯罪分子的个人合法财产，特别没收措施针对涉案的毒品、毒赃与毒资。如果不对扣押毒品犯罪分子的财产进行性质上的区分，则有可能会出现以特别没收措施处理毒品犯罪分子的合法财产，或以财产刑模式处理毒资、毒赃的情况，最终使毒品犯罪财产刑的刑罚作用无从发挥。

在毒品犯罪司法实践中，经常出现涉案现金性质不明或难以完全证明其属于毒品犯罪的毒资或毒赃的情况。本书建议，针对这种情况建立财产性质有限推定制度。关于在毒品犯罪中的违法所得及其孳息、收益的没收问题，如果相关犯罪人实施毒品犯罪的定罪量刑事实已经查清，但对于在侦查过程中搜查并扣押的现金并不能提供直接证据证明其属于毒资或毒赃的情况下，或在案证据仅能高度证明涉案现金属于毒资或毒赃的情况下，可以考虑适用

---

① 姚贝、杨广大：《一般没收与特别没收的区分及运用》，载《人民司法》2011 年第 11 期。

“犯罪生活方式”的证明推定原则[①]。具体而言，如果犯罪分子在一段较长时间内持续实施贩毒行为，且以此作为主要生活来源的获取方式，那么对于搜查扣押的现金性质就可以推定为构成毒资或毒赃。当然，这种推定方式的适用并非毫无限制的。如果犯罪人能够提供充分证据证明被扣押财产的合法性，则可以推翻财产性质推定为毒资或毒赃的结论，这部分现金就相应进入毒品犯罪财产刑的可适用范围之内。

① 陈思桐:《毒品犯罪违法所得的范围与认定》，载《刑事法评论》2021 年第 1 期。

第十一章
网络贩毒电子证据的收集与审查

电子证据作为打击网络贩毒犯罪的核心证据，在审查认定案件事实和定罪量刑等方面具有不可替代的关键作用。近年来，我国陆续出台有关电子证据调查取证的法律法规，为电子证据调查取证工作提供了一定程度的支撑。如2012年修订的刑事诉讼法将电子证据作为独立的证据种类予以明确规定；2016年，最高人民法院、最高人民检察院、公安部出台的《关于办理刑事案件收集提取和审查判断电子数据若干问题的规定》明确了电子数据的收集、提取、移送、展示、审查、判断规则，为司法实践提供了指南；2016年，最高人民法院、最高人民检察院、公安部出台的《办理毒品犯罪案件毒品提取、扣押、称量、取样和送检程序若干问题的规定》对毒品案件的证据收集、提取及审查也提出了新的要求①。但这些规定仍不够完善，如未针对电子证据的概念及范围等进行明确界定，如何审查电子证据才能符合审判采信需求没有明确的规定，使得过去网络贩毒案件侦办中存在的问题没有得到彻底性解决。在此背景下，司法实践中网络贩毒案件的侦破和庭审证据审查面临新的挑战。

为此，本书以重庆市公安机关2018年的司法实践为调研对象，并从中选取了50起比较典型的网络贩毒案件进行实证研究，从中既可以发现当下

① 司继涛、李乐、张业森：《治理网络毒品犯罪亟须网上网下合力》，载《检察日报》2017年1月22日。

公安机关在网络贩毒案件电子证据收集与审查司法实践中予以推广的一些行之有效的做法，也可以分析出当下出现的主要问题所在，从而根据司法实践需要提出应对之策。

第一节　网络贩毒犯罪电子证据的基本界定

一、网络贩毒案件的犯罪模式特点

（一）犯罪信息发布空间向虚拟空间演变

传统贩毒犯罪主要在实地进行单向的活动信息发布，网络贩毒则转向了虚拟空间进行信息传播发布。根据调查，犯罪嫌疑人利用网络进行贩毒活动，首先就是要在网络世界中寻找毒品需求者。犯罪嫌疑人会在各种网络平台上大量发布毒品销售信息，但为了躲避监测和侦查，往往以保健品或食品等产品加以伪装。在反复确认并排除“钓鱼执法”的情况后，犯罪嫌疑人才将实情告知对方。有的犯罪嫌疑人也会使用“圈内暗语”或毒品别名发布毒品销售信息。

在调查中，被用以发布信息的平台分为以下几种：一是网络聊天工具，利用该平台发布毒品销售信息的对象相对特定，通常是具有贩毒或者吸毒前科的人；二是专门的交易网站，犯罪嫌疑人通过各种渠道获取域名并建立网站，通过伪装、掩饰等手段逃避网络监测，在交易网站上发布毒品销售信息，对象不特定；三是网络论坛，网络论坛中有不少吸毒、贩毒者，因而犯罪嫌疑人常常选择在论坛上发送有关毒品销售的帖子，对象也不特定；四是电子邮件，犯罪嫌疑人编辑好毒品销售信息的邮件后，批量发送给不特定的电子邮箱用户；五是视频聊天室，不少犯罪嫌疑人利用专门的视频聊天室，发布毒品销售信息。在办理的 50 起案件中，利用网络聊天工具进行贩毒活动联系的有 24 起，利用交易网站、网络论坛、电子邮件的有 21 起，利用视频聊天室的有 5 起。值得注意的是，多数案件都涉及多种网络电子工具，其犯罪实施手法正呈现多种手段联合并用的态势，增加了案件侦办的难度。

（二）联络方式向现代化网络通信方式演变

传统贩毒犯罪主要使用电话进行通信联系，而在调查中发现，网络贩毒的犯罪发布信息得到回应后，出于安全之考虑，犯罪嫌疑人先会使用微信、QQ等网络交流平台以虚拟身份与对象联络，联络使用的往往是“圈内暗语”，确定对方的真实意图后才决定是否交易，整个过程分为试探与商谈两个阶段。经过商谈，双方确定毒资支付、毒品移交方式。重庆市公安机关所侦办的50起案件仅包含破获的实际实施的犯罪，通过网络交流预备实施的犯罪远远超过了这个数量。

（三）支付方式向“人货分离”的第三方支付演变

传统贩毒犯罪基本都采用一手交钱、一手交货的交易支付方式，而在侦办的网络贩毒案件中，购毒者与犯罪嫌疑人达成协议后，往往利用网络第三方支付平台支付毒资。具体流程为：购毒者先行支付货款给第三方，第三方收到货款后通知犯罪嫌疑人发货，犯罪嫌疑人以虚假的发件人地址，通过快递物流将毒品寄送至购毒者指定之地，购毒者验货后通知第三方付款给犯罪嫌疑人，第三方从中收取服务费。第三方平台通常并不明知双方交易的对象系毒品。此外，也有一小部分不通过第三方而采取“定金＋尾款”模式的情形，即购毒者先将定金打入犯罪嫌疑人用虚假身份开立的账户，待验收毒品后完成尾款支付①。

二、网络贩毒犯罪电子证据收集的种类及运用

在重庆市公安机关的侦办实践中，主要是按照存储位置的不同，将网络贩毒案件的电子证据分为以下几种类型：

（一）能够直接证明贩毒案件事实的电子证据

在网络贩毒案件侦查的过程中，常常能够从涉案物品中提取出一些能够直接证明贩毒事实的电子证据，如在犯罪嫌疑人的电脑中发现的关于贩毒数量、贩毒时间和地点的相关备忘录，或是在犯罪嫌疑人手机中恢复的诸如“货款已收到，货已发送”等相关短信。这些都是能够直接证明网络贩毒犯罪事实的有关电子证据，也是当下网络贩毒案件侦查中最普遍的一种电子证

① 王忠勇、王永贵：《毒品犯罪案件常见证据问题及审查要点》，载《人民法治》2018年第12期。

据类型。

（二）能够为侦查人员提供进一步开展案件侦查线索的电子证据

根据调查，在网络贩毒案件侦查中，常常会发现一些不能直接证明案件事实，但是却能够为侦查人员指引下一步侦查方向的电子证据线索。如在犯罪嫌疑人的手机短信或微信中，有关于某某人物的经常联系记录，或是话单分析中有某种经常提起的事物："买一斤茶"就是买500克海洛因；"一块布""一个女孩""一千平方米的材料"代表1000克海洛因；冰毒常被称为"小马""美人""肉"等。这些都可以为侦查人员提供强有力的下一步侦查线索，从而帮助侦破案件[①]。

（三）能够帮助侦查人员收集犯罪嫌疑人个人信息的电子证据

犯罪嫌疑人个人手机、电脑等电子设备中所反映的各种联系人情况和衣食住行情况，可以汇总分析得出一些关于犯罪嫌疑人的社交圈和个人生活习惯，有助于侦破案件。如2018年4月，重庆市渝北区公安局在办理王某某网络贩毒案时，因王某某拒绝回答所有问题，案件侦办处于"零口供"状态。公安机关在研讨后决定从扣押物品中被犯罪嫌疑人摔坏的3部手机中进行证据调查。在技术鉴定机构的帮助下，公安机关恢复了犯罪嫌疑人的部分手机数据，其中显示了王某某与上家的手机短信和QQ聊天记录，根据对话中的毒品价格、数量和交易时间等信息与现场查获的毒资形成了一个较为完整的证据链，从中了解到犯罪嫌疑人的一些生活习惯和犯罪细节，使得犯罪嫌疑人误以为侦查人员已经掌握其全部犯罪事实，因而如实供述，最终查清了整个案件事实。

第二节　网络贩毒犯罪电子证据取证的实务应对

重庆市位于我国西南部，是西南地区的经济、文化、交通中心，具有承东启西、连接西部和中部的区位便利，也是网络贩毒犯罪多发的区域。近年

---

① 罗华英：《公诉视角下毒品犯罪案件证据审查之若干问题研究》，广西师范大学2017年硕士学位论文。

来，全市公安机关在网络贩毒案件的侦办司法实践中采取了一些新式的电子证据收集和审查方式，具有较好的参考和研究价值。

一、电子证据的收集整理

（一）静态数据收集

网络犯罪活动中关于犯罪实施交易记录、账目信息的文档、视频音频等便属于静态数据。以重庆市涪陵区公安局办理的陈某网络贩毒案为例，在提取涉案计算机数据时，采用硬盘克隆技术专用的克隆机在计算机存储设备中原样拷贝数据。实践中的静态数据具体收集流程如下：拆除涉案计算机的硬盘；检测硬盘中与毒品犯罪有关的内容；格式化处理硬盘；正确连接涉案硬盘、克隆机器和转移硬盘；将涉案硬盘数据复制到转移硬盘中。

（二）动态数据收集

网络贩毒活动中存储在网站和基站中的电子邮件、即时通信记录等动态数据信息，应通过捕获、过滤、分类三个流程进行收集。在 Windows 环境下，应着重对网络数据包进行捕获，因为数据包中包含了访问网络从高层到低层的所有数据。其收集流程为：获取本地网卡数据列表；设置过滤器的参数，寻找毒品犯罪的重点关键词；捕获数据包，通过调用从核心缓冲区拷贝到用户缓冲区；经过木马杀毒软件处理后，将数据包拷贝到证据存储设备中进行分类处理①。

二、电子证据的转化使用

在调查中，网络毒贩往往一个人拥有多台手机和电脑设备，如何在大量的电子证据中收集整理有关案件事实的有力证据，并将事实证据与具体的犯罪嫌疑人关联起来是案件侦办中的一项关键问题。如 2018 年 3 月，重庆市渝中区公安局在办理张某网络贩毒案时，因检察机关对证据提出瑕疵意见，案件经过了两次退查。为了提高证据证明力，公安机关将几千个通话记录进行筛选核对，将其中有关运毒车辆流转 GPS 路线图、作案联系聊天记录全部转化为书证，再以原件作为印证，增强了证明力，证据被依法采纳。因为

① 蒋平主编：《计算机犯罪与电子取证研究》，社会科学文献出版社 2018 年版，第 32 页。

网络贩毒犯罪嫌疑人通常都会对涉案信息和电子设备进行加密和删除处理。在提取之时，重庆市公安机关重点保证其数据的完整性，以便在审查时合法有效，主要从数据整理、恢复、解密、挖掘、保全五个方面进行了处理。

三、协作式电子围栏的使用

所谓的电子围栏指的是通过电信等部门的协助，与外地侦查机关一起通过实时定位确定犯罪嫌疑人的犯罪轨迹和具体位置，并对犯罪活动进行实时分析。在网络贩毒案件侦办中，公安机关通过电子围栏收集的证据可以用于驳斥犯罪嫌疑人供述的虚假性。如重庆市万州区公安机关侦办的刘某某网络贩毒案，其在被抓获后自称案发当日并未在犯罪现场，且出具了一些虚假的不在场证明，而电子围栏所收集的犯罪嫌疑人在案发当日的实时位置电子证据则排除了其虚假辩解。协作式电子围栏的使用方式如下：一是提前与涉案的外地公安机关进行联系，协调两地网络电信运营商协助取证工作，在确保取证合法性的前提下，及时保留涉案的相关复听和监听资料；二是省级公安机关协调跨省之间电子证据的移交，确保电子证据的完整性和真实性；三是对于两地之间因技术原因造成的证据遗失或删除，通过侦查人员在案发时的实地调查情况出具的书面说明作为辅助证据，并要求有见证人或公证员在场签名。

第三节　网络贩毒犯罪电子证据收集审查的难点

在 2018 年重庆市公安机关办理的 50 起案件中，有 12 起案件的电子证据在发现、收集、提取、审查工作中存在瑕疵，4 起案件因操作不当而严重影响了案件的侦办工作，对其进行分析可以发现公安机关对网络贩毒犯罪电子证据收集审查过程中存在的具体问题。

一、人才缺乏打击难

在调查中，网络贩毒犯罪的电子证据主要存储在计算机、移动电话、移动硬盘、U 盘等媒介或者网络服务器中，侦查人员采取普通的搜查、收集方法通常只能提取、固定其中的显形数据，对于事先就被犯罪嫌疑人隐藏、加密甚至删除的电子数据，则还须依赖于具有专业知识的人员使用专业设备对隐藏数据进行读取，对加密数据进行解密，对被删除的数据进行恢复。然而，2018 年，在重庆全市 38 个区县基层公安机关中，具有专业知识、能够及时全面提取、固定电子证据的人才主要集中在主城 10 个区内，其他偏远区县缺乏专业人才，此类案件中的瑕疵案件也主要发生在偏远区县，因而在很大程度上影响了网络贩毒案件侦查取证活动的开展，从而影响了司法机关对网络贩毒犯罪活动的侦破和打击。

二、线索隐蔽收集难

（一）交易时间短造成发现难

在调查中，通过即时通讯功能，犯罪嫌疑人能够及时有效地传递、推送毒品交易信息，方便犯罪嫌疑人与毒品需求者进行深度交流。同时，犯罪嫌疑人既可以采取“定点式”方式向特定的对象推送信息，又可以采取“撒网式”方式向不特定的群体发布信息，实现点对点和点对面两种模式的结合，从而使得毒品交易活动能够在较短时间内完成，且不受时间和空间的限制。这就使得网络贩毒活动难以被系统监测或他人目击，也就不容易被发现。如在 16 起瑕疵案件中，有 4 起案件因为只发现了 QQ 联系记录，而且其中的“毒品”材料都是用暗语代指，无法通过单独的记录辨识哪些是真正的犯罪记录，影响了最后对于贩毒下家的侦查工作。

（二）证据易灭失造成收集难

随着犯罪嫌疑人反侦查能力日渐提高，犯罪后将计算机与移动电话等设备和犯罪有关的信息数据删除、隐藏或者加密成为网络贩毒犯罪的常态。而且电子证据本身十分脆弱，容易损毁、灭失，网络贩毒的隐蔽性决定了此类犯罪难以被及时发觉，相关的电子证据难以被及时提取。实践中有很多网络贩毒案件都因未及时发现犯罪活动，导致电子证据无法获取。

三、证据提取固定难

（一）数量巨大造成难以全面提取

与传统毒品犯罪相比，网络贩毒犯罪通常涉及面较广，犯罪事实笔数较多，加之电子证据形式多样化，物证、书证等传统证据类型也有可能以电子证据的形式体现出来，由此导致此类犯罪的电子证据数量巨大，侦查人员在提取、固定相关数据时难免有所遗漏。犯罪嫌疑人经常利用微信平台向数以百计的毒品需求者贩卖毒品并通过微信转账的方式支付毒资，数百份的微信聊天记录、微信转账记录都需要作为电子证据提取、固定下来。但面对如此庞大的工程，侦查人员中不乏有人因疏忽大意或者其他客观原因，不能全面提取到相关数据，从而导致部分犯罪事实无法认定。

（二）片段性分布造成信息获取不连贯

在侦办存在瑕疵的网络贩毒案件中，因为在即时通讯工具聊天记录、手机通话记录之类的电子数据中，与犯罪事实无直接关联的内容往往占据绝大部分，大多数证据都呈现片段性分布，有的侦查人员为图方便，只是提取电子证据中有价值的文件或内容，致使电子证据提取有失全面；有的侦查人员将与犯罪事实直接相关的证据内容从电子数据整体中剪拼起来，表面上强化了证据与案件的关联性，但也使得证据改变了其本来的面目，有损于证据的客观性，最终得不偿失。实际上，仅仅将其中直接涉及毒品交易商谈的聊天内容提取、固定下来，常常会面临证据逻辑不顺畅的问题，不利于庭审指控和法官内心确信的形成。

四、网络安全监控难

网络安全监控与现实社会中的监控是不相同的。作为网络毒品贩卖行为的查处部门，公安机关除非新建与网络电信运营商等级和规模相同的部门，否则便无法完成对整个互联网安全的监控。目前看来，这一目标是不可能实现的。作为一个商业单位，网络电信运营商的首要目标和主要目标就是盈利，而互联网安全监控是一项高投入、基本无利润的工作，在这种情况下，网络电信运营商们是没有义务做好、更不会主动去做好这项工作。目前，法律法规规定的运营商网络安全监控义务基本上是事中和事后监控。也就是说，在公安机关发现网络贩毒线索或调查网络贩毒案件后，网络电信运营商才会按要求配合监控。但这种监控对网络贩毒案件侦破是不够的，目前网络监控在网络安全巡逻期间只发现了一件线索，即上海 2017 年“6·26”网络贩毒案。可以看出，网络安全监控并没有建立起常规的工作机制，存在明显的漏洞[①]。

五、证据审查采信难

在以审判为中心的现今，司法裁判是司法实践的最重要阶段，侦查阶段的电子证据审查要以最终审判时的纳证作为效力采信判断标准。在调查中，截图打印件是当下公安机关最主要的证据审查运用形式，因截图的成本较低且易于操作，在50件样本案件中，公安机关无一例外地提交了截图打印件，主要包括犯罪嫌疑人的通信记录，犯罪账目的记录，犯罪活动的备忘录等，其中有34件案例中的电子证据被法院予以采信。（见表38）

表38 电子证据提交形式数据统计

电子证据举证形式	数量（件）	采纳数量（件）	采纳率
截图打印件（所有）	50	34	66%
仅提交截图打印件	32	16	50%
手机设备等原始载体	11	11	100%
经过公证	3	3	100%
经过鉴定	4	4	100%

如表38所示，有32件侦查机关仅提交了截图打印件这一种电子证据，仅靠这一种证据形式来证明被告人的网络贩毒犯罪事实，被法院采纳的概率相对较低，只有50%左右，如若将案件样本数扩大，这个比率应该会更低。这种截图打印件证据收集提交模式因为没有其他证据作为佐证，除了一些被告人当庭认罪被予以采信外，其他基本都被法院以没有其他证据印证且被告人当庭予以否认为由，依法判定不能单独作为案件事实认定的依据，这实际上反映的是刑事诉讼中“孤证不得定案”的证据规制。而产生问题的根源就在于侦查人员在收集证据时不注重收集提交证据原始载体。

① 魏勇：《电子数据的关联性实证研究》，载《中国刑警学院学报》2017年第2期。

表 39 大致反映司法实践中对网络贩毒案件电子证据不予采信的问题所在。在调查中，对网络贩毒案件电子证据的取证审查模式主要是由侦查人员对涉案的计算机、手机以及其他网络电子设备进行收集，然后交由专业技术人员利用各种电子取证技术进行取证，通常采用恢复删除文件、分析聊天和浏览记录、破解加密电子邮件、克隆基站电子数据等，然后根据取证得出证据审查报告。

表 39　电子证据不予采信情况统计

不予采信理由	数量（件）
对方不认可真实性，因无证据佐证不予单独认定	5
截图打印件无法证明来源合法性，不予认定	3
证据与案件事实关联性不足，不予认定	6
被告人认可真实性，但无法确定人身同一性，不予认定	2

但在证据审查过程中却存在三项问题：

一是电子证据真实性存疑。在侦办存在瑕疵的网络贩毒案件中，公安机关常将电子证据转化为书证或者鉴定意见，希冀于增强电子证据的证明力，但这种“二次转化”的模式无疑使得电子证据失去其本身的证据能力，而且因为转化的证据没有原件佐证，通常都会因为真实性问题而被法院不予认定。

二是电子证据关联性判断难。在 4 起存在严重问题的案件中，电子证据的内容都是因人为破坏或者机器设备故障等原因发生变化，无法准确判定其与案件的关联性。而且侦办实践中电子证据是否与案件事实存在关联，常具有较强的迷惑性，如何在表象之下寻求内在的因果联系也是审查电子证据关联性的重点。

三是证据来源合法性不足。其一，收集证据易侵犯公民隐私。因为网络贩毒案件属于特殊的网络犯罪，在侦查阶段不易确定调查对象，在缺乏网络电信运营商协助的情况下，技术侦查手段经常被用于毒品犯罪案件侦查的电子取证工作，侦查人员通常都会收集各类网络电子信息进行比对分析，但在操作中常常将网络毒贩的所有主要联系人都施以监听等技侦措施，这就容易对其他未涉案公民的隐私权造成侵犯，导致在证据合法性审查阶段，因为证据侵犯公民隐私而被检察机关予以排除。其二，收集程序不符合法定规范。

因技术侦查的特殊性，刑事诉讼法对技术侦查措施规定有严格的审批、执行程序。但根据调查，在聘请专家参与网络贩毒案件电子取证工作时，相关专家没有侦查取证的主体资格，涉案人员没有依法回避经常成为证据来源程序合法性的问题。另外，提取电子证明时没有同步录像也是证据收集审查时容易被忽略的问题。

第四节 网络贩毒犯罪电子证据收集取证的完善路径

一、提升实践能力，规范取证方式

（一）提升电子证据取证的实践操作能力

侦查人员应当充分认识到电子证据的巨大作用，增强技侦取证和规则意识相结合的思想理念，结合刑事诉讼法的规定，加强电子证据取证的试点推进工作，对各地侦破的典型案件进行分析汇总推广，增强侦查人员应用技术侦查措施收集电子证据的能力和意识。在地市级公安机关还可以建立电子证据取证专家组，以便应对网络贩毒等复杂案件的取证工作。对于重大的网络贩毒等网络犯罪案件，技术侦查部门要建立电子证据提前介入机制，注重第一手电子证据的收集固定，重视收集程序的合法性、提取的全面性、操作的规范性，确保收集的电子证据的有效性、合法性。

（二）规范电子证据的取证方式

要全面、及时获取网络贩毒犯罪中的电子证据，就必须坚持技术性取证原则。一是根据侦查取证需要，及时更新、升级电子取证设备；二是大力研发电子取证相关软件，推进电子取证的智能化；三是在电子取证活动中树立电子证据易毁损的意识，尽量避免因人为过失造成的证据损坏与灭失。

而在无损取证方面，则不能对涉案电子设备作任何修改，最大限度地保持涉案设备中数据信息的完整，对于扣押的电子设备、提取的数据内容，要妥善保存，采取远离高磁场、静电、高温、机械挤压等措施，以保证证据的完整。在打击网络贩毒犯罪的司法实践中，只有保证电子证据的客观、全面，才能充分发挥其在庭审指控中的证明效力[①]。

二、运用技侦手段，重视涉案信息

网络贩毒案件在犯罪预备、犯罪实施、犯罪结果等各个环节所使用的网络电子设备并不相同，网络贩毒的数据既包括在犯罪嫌疑人被查获处的计算机等电子设备中的静态数据，也包括在互联网中进行贩卖联系等活动的动态数据。所以，网络贩毒电子证据的特殊性要求电子取证活动尽量一次性完成，避免电子数据因时间的推移而发生篡改、灭失。如有的电子证据是在计算机操作系统运行过程中自动、实时生成的，在操作系统随后的运行过程中，原始数据可能会发生变化，不能真实地反映案件事实。因此，电子取证工作应当及时进行，尽早将电子证据提取并且固定，以保证相关数据无损。这就要求电子取证人员直接参与侦查活动，一旦获取存储有电子证据的移动媒介或者获悉电子证据所在服务器，就应当及时收集并提取相关电子证据，并通过必要措施保护最原始的电子证据，以防止证据毁损灭失，确保证据真实可靠。

三、推进辅助取证，拓展证据来源

（一）完善电子技术专家辅助侦查制度的配套机制

司法实践中，大多数侦查人员并非电子数据收集的专业人士，缺乏必要的电子信息技术专业知识，因而在电子数据收集过程中耗时耗力，难以保证电子证据收集的全面性和及时性，严重者甚至会破坏电子证据的完整性。为此，最高人民法院、最高人民检察院、公安部《关于办理刑事案件收集提取和审查判断电子数据若干问题的规定》引入了电子技术专家辅助侦查制度，通过发挥电子技术专家的专业优势，提高对网络犯罪的侦查效率和打击力度。然而，该项制度尚不成熟，如电子技术专家取证的技术性规范、电子技术专家出庭作证、电子技术专家取证的公正性等均未明确。因此，有必要进一步完善电子技术专家辅助侦查配套机制，建立电子技术专家人才库，规范电子技术专家委托程序，制定科学的电子数据提取、固定、储存的技术性规范，探索建立中立、保密承诺书制度和违法、违规黑名单制度，促使电子

① 李钊：《网络犯罪电子数据收集与固定》，中国人民公安大学 2017 年硕士学位论文。

技术专家在取证过程中保持中立，并对所获取证据内容保密。

（二）畅通网络电信运营商辅助电子取证的渠道

网络电信运营商作为网络空间的提供者、维系者、监督者和管理者，拥有大批电子技术专业人才和专业设备，且能够快速、便利地获取相关的电子数据材料。网络贩毒犯罪通过网络空间联系、交易，必然会在网络空间留下痕迹，能够第一时间被网络电信运营商捕获，相关的犯罪线索、证据也能够及时被网络电信运营商固定、收集。理论上讲，网络电信运营商能够为网络贩毒犯罪侦查提供强有力的帮助。但在司法实践中，网络电信运营商很少主动向司法机关提供犯罪证据或线索，而当司法机关向网络电信运营商调取犯罪证据时，网络电信运营商也很少全力配合，或拖延，或敷衍。易言之，网络电信运营商辅助电子取证的渠道尚未畅通。为充分发挥网络电信运营商在辅助刑事侦查方面的天然优势，有必要通过立法方式，明确规定网络电信运营商辅助电子取证的法律义务，严格拒不配合刑事侦查或者消极应付的法律责任，进一步完善公安机关与网络电信运营商衔接沟通机制，有条件的地区还可以探索建立信息联动平台，网络电信运营商发现可能涉嫌违法犯罪的线索或证据时，可以直接将相关电子数据报送至公安机关处理。

四、探索前置保全，保障证据完整

所谓电子证据前置化保全模式，是指将证据保全的时间节点由刑事诉讼程序开启之后，提前至开启之前，甚至是违法犯罪发生之前。探索网络贩毒等特殊案件电子证据前置化保全模式，有利于解决司法实践中电子证据取证难、举证难及取证不及时等现实性问题。

（一）由公安机关主导完成基础平台建设

电子证据的前置化保全对电子信息技术提出了较高要求，不仅要求提前捕捉到电子数据，还要求对大量的电子数据进行分类管理，确保随时可以提取、固定。公安机关可以发挥社会治安管控技术优势，建设电子证据前置化保全基础平台，通过视频、动态人像抓拍、热点感知、Wi－Fi围栏等技术手段获取大量的电子数据，获取的数据通过公安专用网络传输至公安数据大平台上进行统一保存，继而与存证系统进行对接，实现对所有电子数据进行实时存证。各省公安机关应当尽快参照公安部的做法，统一规划建设本省辖区内的电子证据云平台系统，并在有条件的地市级公安局建设分中心，利用存储虚拟化、分布式计算等计算，实现对网络贩毒等重大网络犯罪案件的硬件设备和取证分析软件的共同应用。为应对如网络贩毒等特殊案件的日益多样化的犯罪手段，有条件的地区，对于网络贩毒等特殊案件，为更好地提取关键数据，应考虑购置使用不同公司的产品用于分别取证，提高发现相关电子证据的概率。

（二）电子证据的前置收集和保全

首先，通过对种类、来源以及获取时间不同的原始电子数据进行数字化签名和可信赖时间电子印章等技术，保证电子数据进入存证系统后的真实性、完整性。其次，通过哈希校验技术计算原始电子数据的哈希值，并设置相应标签，用于事后对该电子数据的完整性进行校验。最后，在核对无误的基础上，由公安机关内部专业人员按照刑事诉讼不同证据种类的相关要求将原始电子数据证据化，最终实现电子证据的前置化保全。

（三）电子证据的出证

进入刑事诉讼程序后，侦查人员可以通过存证系统，自主查询相关电子证据信息，并申请电子证据出证，存证系统就会自动获取目标数据，打上电子证据出证时间标签，生成证据包，供侦查人员下载使用。

五、完善审查规制，提升证据效力

（一）完善合法性审查规制

合法性是电子数据能够成为刑事诉讼证据的根本性条件，审查网络贩毒电子证据最先就要审查取证主体、取证程序等是否合法。其一，取证主体方面。对于网络贩毒案件取证主体是否合法的衡量，主要是看审查取证主体资格是否属于侦查人员。其二，取证程序方面。本书认为，网络贩毒案件审查电子取证程序是否合法，应重点审查是否由两名以上侦查人员进行，取证方法是否符合技术标准，是否对提取过程进行拍照、录像等方面。其三，非法证据排除。在网络贩毒案件侦查取证工作中，取证主体不适格的，不能作为证据使用。取证程序有瑕疵的，应当予以补正或者作出合理解释，否则不能作为证据使用；取证程序严重违法、影响司法公正的，不能作为证据使用。

（二）完善客观性审查规制

网络贩毒案件电子证据的客观性强调证据内容真实可靠，基于网络贩毒案件的特殊性质，对其进行的客观性审查规则也与其他证据类型不同，主要应审查电子证据来源是否真实、电子证据有无删改。首先，审查原始存储介质是否随案移送以证明证据来源真实。原始存储介质随案移送的，应审查提取、固定的数据内容是否与介质存储内容一致，证据提取、固定时相关设备是否正常运行，提取、固定的时间是否在原始数据生成之后。其次，审查电子证据有无删改。为更好地审查电子证据的真实性，司法机关应当严格落实证人、鉴定人出庭和专家辅助人制度，加大控辩双方对电子证据的质证力度，尽最大可能确保对电子证据真实性作出正确判断①。

（三）完善关联性审查规制

网络贩毒案件电子证据的关联性是指证据内容与案件事实有关联，能够直接或者间接证明案件事实。审查该类犯罪案件电子证据的关联主要是实体关联，即审查电子证据是否与犯罪构成相关，电子证据是否能够用以证实犯罪行为造成社会危害的严重程度，电子证据是否能够用以证实犯罪形态以及犯罪嫌疑人是否具有自首、立功、累犯、从犯等法定量刑情节这三个方面②。

总之，网络贩毒犯罪案件的主要证据类型是电子证据。但是，涉案电子证据存储在虚拟网络空间中，其易灭失、难固定等特性给侦查机关收集、审查证据带来了很大障碍，加之侦查取证人员自身工作的一些缺失，导致在网络贩毒犯罪电子证据的收集和审查工作上存在一定问题。从司法实践来看，对内，需要从规范取证方式、运用技侦手段等方面来提升证据收集的全面性和准确性，推进案件侦办；对外，需要从推进辅助取证、完善审查规制等方面来提升证据的证明效力，便于庭审指控。因此，将网络贩毒犯罪看作一项系统工程进行综合防控，汇聚法律、科技、意识等多方位的作用来开展电子取证工作，这样才能有效解决当前所遇到的问题并有效打击该类犯罪。

---

① 徐冉：《论毒品数量计算方式的完善——基于98例裁判的文本分析》，载《中国人民公安大学学报（社会科学版）》2018年第6期。

② 任惠华、金浩波：《我国毒品犯罪刑事治理之回顾与展望》，载《中国刑警学院学报》2018年第2期。

第十二章
毒品问题治理域外问题的中国应对

2020 年 12 月 2 日，第 63 届联合国麻醉药品委员会会议在维也纳召开，会上以 27 票赞成、25 票反对、1 票弃权的微弱优势通过了世界卫生组织提出的“大麻建议 5.1”，正式将大麻和大麻脂从《1961 年公约》附表 4 中删除。

《1961 年公约》是保障具有一定成瘾性的麻醉品的使用仅局限于医疗和科研目的、防止麻醉品的转移和滥用、确保麻醉品的合法获得的重要国际公约。《1961 年公约》附表 4 中所列物质具有“特殊危险性质”，缔约国可“采取其认为必要的任何特别管制措施”加以管制。也就是说，鸦片、海洛因、可卡因等附表 4 中所列物质，具有被滥用的高度危险性并且没有或者基本没有医疗价值，各国应采取最严厉的管控措施加以管制。

本次《1961 年公约》修改将大麻和大麻脂从管制程度最高的《1961 年公约》附表 4 中删除意味着联合国降低了大麻的国际管制等级。在全球化背景下，各个国家和国际组织之间不再是孤立的个体，而是相互联系的统一整体，这也意味着作为《1961 年公约》缔约国的我国的毒品管控必然受到国际大麻管制等级降低的影响。因此，我们需要在客观分析国际大麻管制等级降低的理论与实践背景的基础上，理性评估国际大麻管制等级调整对我国毒品管控的影响，并积极探索应对国际大麻管制等级降低的毒品政策选择与毒品管控对策。

第一节 国际大麻管制等级降低的政策解读

从《1961年公约》到1972年《修正1961年麻醉品单一公约的议定书》(以下简称《议定书》),大麻作为我们耳熟能详的毒品一直被列在《1961年公约》附表4中;从联合国麻醉药品委员会到各国政府,大麻也一直被采取最严格的管控措施限制流通。因此,在探讨本次《1961年公约》修改对我国的影响之前,有必要弄清为何在大麻被严格管制60年之后,联合国麻醉药品委员会认为现有的大麻管控措施过严、管制等级过高从而将大麻和大麻脂从《1961年公约》附表4中删除。

一、国际大麻管制等级降低的理论背景

《1961年公约》共有四个附表,与列在其他三个附表中的物质相比,被列在《1961年公约》附表4中的物质的最大特征就是这些物质在具有高度成瘾性、易被滥用性和严重危害性的同时,没有或者基本没有医疗价值,从而不能或者基本不能在医用药品和医疗研究中使用。因此,本次《1961年公约》修改的理论背景便在于对大麻医疗价值的承认。

作为一种经济作物,大麻的种植和开发利用已有几千年的历史[①]。在明代宋应星所著的《天工开物》中就有大麻"可粒可油""皮为疏恶布"[②]的记载。而作为一种药用植物,大麻的使用同样历史悠久。不仅在我国已知最早的中医学著作《神农本草经》中就有关于大麻"主五劳七伤,利五藏,下血,寒气"[③]的描述。在我国中医学巨著《本草纲目》中更是详细记载了大麻的药用价值及使用方法,如将"大麻叶捣汁服五合"可下蛔虫,"用麻

① 古人所说的"麻"一般有胡麻、火麻两种。胡麻即芝麻,属于胡麻科胡麻属,据说在西汉时期才从中亚的大宛国传入我国。火麻即大麻,属于桑科大麻亚科大麻属,我国是大麻的原产地之一。此处摘录的皆为有关大麻的记述。

② (明)宋应星:《天工开物》,商务印书馆1954年版,第7页。

③ 《神农本草经 本草三家合注》,叶磊、高亚慧、周鸿飞点校,河南科学技术出版社2017年版,第22页。

仁汁煮粥常吃"[①] 可治发落不生等。值得注意的是，古代先民们在认识大麻的药用价值的同时，也认识到了大麻具有一定的毒害性和致幻性，麻蕡味辛平，有毒，"多食，令人见鬼狂走"[②]。

随着现代科学技术的发展，人们已经可以从大麻中分离出 70 多种不同的大麻素，并且已经认识到大麻的药用价值主要来源于其所具有的四氢大麻酚（THC）和大麻二酚（CBD）。同时，由于 THC 具有一定的精神活性和致幻成瘾性，而 CBD 则不具有精神活性和药物依赖性，因此在医学研究和临床治疗中，CBD 是最主要的研究对象和药用物质。作为较为安全的大麻素提取物，CBD 在镇痛、镇静、抗焦虑、抗抑郁、缓解恶心和呕吐等方面的积极作用已经通过大量研究得到证实。但值得注意的是，尽管 CBD 在治疗多种临床疾病、阻止病情恶化以及提高患者生活质量等方面的积极作用已经通过临床研究得到证实，但目前并不清楚其在治疗相关疾病上的具体作用机制，同时，目前针对 CBD 的临床研究都是由国外科学家进行的，我国尚无相关的临床应用报道[③]。因此，CBD 能否作为一种安全、有效的新型药物投入我国市场使用以及投入后是否会产生较大的负面社会效益，都需要进一步的研究。

尽管在古代人民对大麻的粗浅运用中已经发现了大麻具有一定的医疗价值，但是由于大麻的成瘾性和毒害性较大，在《1961 年公约》签订时尚不能分离大麻中的有效成分与精神活性物质。利弊权衡之下，《1961 年公约》将大麻列在了附表 4 中，不建议将大麻在医疗研究和医用药品中使用。随着分离技术以及临床医学的发展，人们已经可以分离出大麻中的精神活性物质 THC 与非精神活性物质 CBD，并且已经通过临床研究证明了 CBD 具有一定医用价值。尽管 CBD 在疾病治疗方面的具体作用机制尚未明确，但是从 CBD 的药理研究进展及医学应用前景出发，世界卫生组织和联合国麻醉药品委员会认为对大麻的严格管制已经不符合当下对大麻的医学研究现状。因此，世界卫生组织一改其在 1945 年和 1957 年两次做出的认为大麻无任何医疗价值的结论，提出了要求降低大麻国际管制等级的"大麻建议 5.1"并在

---

① （明）李时珍：《本草纲目》，北京出版社 2007 年版，第 155 页。

② 《神农本草经　本草三家合注》，叶磊、高亚慧、周鸿飞点校，河南科学技术出版社 2017 年版，第 22 页。

③ 蒋鸿雁等：《大麻二酚在医学上的应用前景》，载《昆明医科大学学报》2021 年第 2 期。

联合国麻醉药品委员会会议上得到通过。

二、国际大麻管制等级降低的实践背景

通过对联合国麻醉药品委员会会议对“大麻建议 5.1”的表决结果进行研究可以发现，对该提议投赞成票的国家多是国内大麻合法化运动愈演愈烈的欧美国家，而中国、日本、巴基斯坦等坚决反对大麻合法化的国家则多投反对票。从投票结果中不难发现，本次《1961 年公约》修改的实践背景便在于大麻合法化运动的推动。

就个人层面而言，联合国毒品和犯罪问题办公室公布的《2018 年世界毒品报告》指出，世界范围内大麻是滥用规模最大的毒品，并且大麻吸食人数逐年递增，在截至 2016 年的 10 年间增长了 16%，与世界人口增长情况一致[①]。随着大麻吸食人数不断增加，要求开放大麻合法获得途径、实现大麻吸食除罪化的大麻合法化运动也日益高涨。

就社会层面而言，大麻作为一种高经济效益作物，不仅可以在纺织、化妆品产业中加工利用，还可以在食品、医药产业中研发使用，但是对大麻的严格管制不仅使得大麻的获取难度增大，也使得大麻的开发利用过程必须受到严格规制，更使得公众对大麻产品始终抱有一种戒备心理。因此，部分大麻企业为了降低研发成本以及开拓产品市场，在经济利益的驱动之下，其不断要求降低大麻管制水平，实现大麻合法化。

就国家层面而言，大麻作为滥用程度最高的毒品，执行严格的禁麻政策无疑会加大国家的财政支出，而大麻合法化之后不仅可以减少执法成本，更可以科以重税以增加财政收入。因此，部分国家为了促进就业，增加财政收入，减少财政赤字，减轻执法负担，在利益衡量之下，不断放开对大麻的管制水平。

“国家的毒品控制、市民个体的权利诉求以及市民社会的秩序渴望既会对毒品政策的形成提供条件，也会对其产生约束。”[②] 随着大麻滥用情况不断加剧、部分大麻企业的推动、欧美各国大麻合法化政策的影响，国际上大

---

① 联合国毒品和犯罪问题办公室：《2018 年世界毒品报告》，https：//www. unodc. org/wdr2018/。

② 包涵：《论毒品政策的演变与抉择：国家意志与市民需求的良性互动》，载《中国人民公安大学学报（社会科学版）》2017 年第 4 期。

麻合法化运动发展迅速，如火如荼[1]。在大麻合法化运动以及 CBD 的医用价值的影响之下，世界卫生组织在本次联合国麻醉药品委员会会议中提出了“将大麻和大麻脂从《1961 年公约》附表 4 中删除”的“大麻建议 5.1”。受欧美各国大麻合法化政策的影响，该提议以微弱优势获得通过。

三、国际大麻管制等级降低与国际大麻合法化

尽管本次《1961 年公约》修改深受大麻合法化运动的影响，但是《1961 年公约》修改绝不等于国际上已经承认了大麻的合法地位。面对国际大麻管制等级降低这一毒品管控新形势，我们除了理性分析此次《1961 年公约》修改的理论与实践背景，还应客观看待其对国际大麻合法化的影响。

根据精神活性物质 THC 含量的不同，大麻可以分为三类：医用大麻、工业大麻、“娱乐大麻”。医用大麻中 THC 含量在 0.3%—0.5%，精神活性较低，具有一定的医用价值。工业大麻中 THC 含量 <0.3%，不显示精神活性。“娱乐大麻”即我们所熟知的毒品大麻，该类大麻中 THC 含量 >0.5%，具有明显的精神活性和滥用倾向[2]。

（一）国际大麻管制等级降低与医用大麻合法化

就医用大麻而言，虽然本次《1961 年公约》修改在国际层面承认了医用大麻具有一定的医疗价值、为医用大麻的普及扫清了障碍。但是由于《1961 年公约》并不反对各国制定自己的毒品管控措施，因此各国国内是否实际放松医用大麻管制仍取决于各国政府的态度及各国国内法规的规定。实际上，本次会议投赞成票的国家多是已经开始利用医用大麻的欧美国家，而中国、日本、巴基斯坦等目前坚决反对医用大麻开发利用的国家则多投反对票。这也意味着本次投票结果是各国政府对医用大麻态度的直观反映，《1961 年公约》修改对各国目前的医用大麻管制状况以及其是否实现医用大麻合法化的政治决策并不会产生实际影响。

因此，本次《1961 年公约》修改与其说是国际医用大麻合法化的标志，不如说是确认部分国家已经承认医用大麻合法化的象征；与其说是“大麻

---

① 李岚林：《大麻合法化的欧洲逻辑：价值博弈与法律平衡》，载《上海对外经贸大学学报》2020 年第 4 期。

② 李秋实、孟莹、陈士林：《药用大麻种质资源分类与研究策略》，载《中国中药杂志》2019 年第 20 期。

合法化的史诗级巨大胜利”[①]，不如说是确认世界上部分国家已经放开医用大麻管制的象征性胜利。

（二）国际大麻管制等级降低与工业大麻合法化

就工业大麻而言，《1961 年公约》第 28 条第 2 项规定：“本公约对于专供工业用途（纤维质及种子）或园艺用途的大麻植物的种植不适用。”也就是说，《1961 年公约》所规定的管制措施本就不限制工业大麻的种植和使用。因此，本次《1961 年公约》修改对工业大麻产业和工业大麻合法化也就不会产生实际影响。实际上，在《1961 年公约》修改以前，工业大麻在世界范围内都有种植，我国云南和黑龙江的大麻企业根据相应的地方政府规章的规定，在取得工业大麻种植和花叶加工许可证的基础上，便可以种植 THC 含量低于 0.3% 的工业大麻。

（三）国际大麻管制等级降低与“娱乐大麻”合法化

就所谓的“娱乐大麻”而言，由于“娱乐大麻”中 THC 含量较高，具有高度的成瘾性和易被滥用性，为防止其非法流通，仍应采取最严格的措施加以管控。正是因为“娱乐大麻”的高度危害性，虽然大麻不再是管制程度最高的《1961 年公约》附表 4 中所列物质，但其并未从严格性次之的附表 1 中删除，对其仍可适用“公约所规定适用于麻醉品的一切管制措施”。也就是说，本次《1961 年公约》修改并不会影响对“娱乐大麻”的严格管制，“娱乐大麻”的全面合法化终究是痴人说梦。实际上全球范围内承认“娱乐大麻”合法化的国家和地区也只有乌拉圭、加拿大、墨西哥三国以及美国部分州而已。

综上所述，由于大麻包括医用大麻、工业大麻和“娱乐大麻”，那么大麻合法化自然也包括医用大麻合法化、工业大麻合法化以及“娱乐大麻”合法化。而本次《1961 年公约》修改只是一定程度上承认了大麻具有一定的医用价值，一定程度上促进了部分国家医用大麻合法化的发展，并不会对各国普遍承认的工业大麻合法化产生直接影响，也不会动摇大部分国家坚决反对“娱乐大麻”合法化的谨慎态度。因此，本次国际大麻管制等级降低自然也就并不等于国际大麻合法化了。

---

① 《定了！联合国通过大麻建议投票，大麻身份成功晋级！》，载微信公众号“汉麻博士”，https：//mp. weixin. qq. com/s/x5xWWDKhNWI_ tTW8qPld3g。

四、未来国际大麻管制政策可能发展趋势

联合国麻醉药品委员会由来自6大洲的53个国家组成，对《1961年公约》的修改需经过委员会中半数以上的成员国投票通过。在本次会议中，世界卫生组织共提出了6项有关大麻的建议，除了“大麻建议5.1”以外，其他5项建议被全部否决。从被否决的其他几项大麻建议以及委员会的投票结果中我们可以看出未来国际大麻管制政策可能的发展趋势。

“大麻建议5.2”要求将屈大麻酚及其立体异构体（δ-9-四氢大麻酚）列入《1961年公约》附表1，并将其自《议定书》附表2中删去。与《1960年公约》附表1相比，《议定书》附表2中所列物质成瘾性、危害性和易被滥用性较小，管控等级较低。因此，将THC从附表2移入附表1中实际上会导致许多相关管控措施的衍生，从而加强对大麻的精细化管控，但该项建议最终以23票赞成、2票弃权、28票反对的结果被否决。可见，联合国麻醉药品委员会中大部分成员国实际上并不愿意加强对大麻的管控水平，增加本国的管制负担。

“大麻建议5.5”要求在《1961年公约》附表1中大麻和大麻脂条目下添加一条脚注，内容为“成分主要为大麻二酚且δ-9-四氢大麻酚含量不超过0.2%的制剂不受国际管制”。如果该项建议得到通过，那么部分大麻素制剂的国际管制水平将大为放松，国际贸易将更加自由。但该项建议最终以6票赞成、4票弃权、43票反对的结果被否决。这说明尽管大会中过半数国家已经承认大麻的医疗价值，已经开放对医用大麻的研究利用，但其同样认为大麻的开发流通应受严格管制。

“大麻建议5.6”要求将含有δ-9-四氢大麻酚的制剂，即化学合成的制剂，或者与另外一种或多种成分混合成为药剂的大麻制剂，其制备方式使δ-9-四氢大麻酚无法用便于采用的手段还原，或还原产量不会对公众健康构成威胁的，列入《1961年公约》附表3。《1961年公约》附表3主要包括可以供正当医疗用途使用的麻醉品制剂，因此，如果该项建议得到通过，目前部分有关大麻制剂的管制措施将失去效力，从而适当放松国际大麻管制水平。但由于该项建议与“大麻建议5.2”的核准有关，所以在“大麻建议5.2”被否决的同时该项建议没有经过投票便被否决了。

从世界卫生组织提出的各项大麻建议可以看出，世界卫生组织倾向于将CBD和THC的管制水平做严格区分：尽量放开对CBD的国际管制；在确保

不会对公众健康造成威胁的前提下，适度放开对含 THC 成分制剂的国际管制。从各国的投票结果可以看出，尽管支持医用大麻合法化的国家同样认为大麻的开发利用应受一定管制，不宜完全放开，但其实际上更愿意维持或者适度降低目前的管制水平，不愿意增加管制负担。

因此，未来国际大麻管制政策可能对 CBD 和 THC 设置不同的管制水平，在现有基础上继续降低对 CBD 的管制但不会完全放开，对 THC 的管制则维持现状。

第二节 国际大麻管制等级降低对我国毒品管控的挑战

如前所述，对于以英国和美国为代表的已经初步放开大麻管制的国家来说，《1961 年公约》修改加速了这部分国家大麻合法化法案的出台，但对于以我国为代表的坚决反对大麻合法化的国家来说，《1961 年公约》修改并不会实际影响这部分国家的国内大麻管制措施。既然《1961 年公约》修改并不会实际影响我国的大麻管制水平，那是否意味着国际大麻管制等级降低并不会给我国的毒品管控带来风险与挑战？答案无疑是否定的，在全球化背景之下，世界是一个统一的整体，各国均难以独善其身。正如新冠疫情期间，在我国疫情防控形势平稳向好的情况下境外输入病例仍时有增加，国际大麻管制等级降低也增加了我国毒品预防与治理工作的风险与隐患。

一、冲击社会公众尤其是青少年对毒品的观念，增加了禁毒宣传的难度

在《1961 年公约》修改之前，就存在某些大麻企业将医用大麻的功效过度“神化”，甚至将其与抑制新冠疫情蔓延相联系的现象。而借着《1961 年公约》修改的东风，这些大麻企业更是“变本加厉”，将本次《1961 年公约》修改宣传为“全球大麻合法化革命重磅来袭”或者“大麻行业史诗级巨大胜利”[①]，企图以此为契机转变民众对大麻的态度、开拓我国医用大

① 《定了！联合国通过大麻建议投票，大麻身份成功晋级！》，载微信公众号“汉麻博士”，https：//mp. weixin. qq. com/s/x5xWWDKhNWI_ tTW8qPld3g。

麻市场。与传统的小范围引诱、欺骗式传播相比，披着合法外衣的医用大麻宣传无疑更易使公众接受“医用大麻无害论”，从而加大了我国禁毒宣传难度。

对于青少年而言，其身体、心理尚未发育成熟，在信息爆炸的21世纪，部分青少年缺乏对无效甚至有害信息的甄别能力以致其误将不良行为当作潮流，将违法犯罪当作时尚。正如《2019年中国毒品形势报告》显示，高校留学生是目前中国大麻吸食人员的重要组成部分[①]；《2019年浙江禁毒白皮书》也说，目前“吸食大麻人群以年轻人为主，涉及群体从外国留学生、海外归国人员等群体向普通年轻群体扩散。探究吸食大麻的原因，或多或少都受到境外某些国家大麻合法化导致的大麻亚文化影响，忽视大麻的成瘾性、危害性和违法性所致”[②]。

二、为出境公民在境外接触大麻提供更多机会，增加了吸毒防范的风险

教育部统计数据显示，我国是世界上最大的留学生生源国，2019年度我国出国留学人员总数为70.35万人[③]，并且美国、英国、加拿大、澳大利亚等国家是我国留学生最主要的留学目的国。同时，这些国家也是我国公民最主要的出境旅游目的国。但是包括上述四国在内的大部分欧美国家都支持医用大麻合法化，加拿大和美国部分州更是已经批准“娱乐大麻”合法化，这不仅使得在这些国家中大麻产品的获取难度大大降低，也极大地增加了我国公民出于好奇而接触、使用大麻产品的机会。正如《1961年公约》修改之前，在支持大麻合法化的部分国家中，我国公民不仅可以在实体商店和社交网站上购买大麻零食、大麻饮料、大麻药品以及大麻种子等，某些销售平台甚至专门针对中国消费者开设了中文板块以方便中国消费者购买大麻产品以及开拓中国市场。

本次《1961年公约》修改不仅推动了欧美各国医用大麻的研究和普及进程，也加速了其大麻合法化法案的出台。随着国外大麻管制水平的放松，

---

① 《2019年中国毒品形势报告》，载《人民公安报》2020年6月25日。

② 《2019年浙江禁毒白皮书》，载《平安时报》2020年6月11日。

③ 《2019年度出国留学人员情况统计》，载中华人民共和国教育部网，http://www.moe.gov.cn/jyb_xwfb/gzdt_gzdt/s5987/202012/t20201214_505447.html。

包装更为精美、THC 含量更高的大麻产品也将越来越多，这无疑在原有基础上增加了我国公民特别是留学生在国外接触更多高 THC 含量的大麻产品的机会。在国外处方药滥用日益严峻、大麻产品使用日益普及的形势之下，从大麻的使用到大麻的滥用实际上只有“一墙之隔”。

三、提高境外吸毒人员和境外大麻入境的风险，增加了内外防控的风险

《2019 年中国毒品形势报告》显示，受欧美国家大麻合法化政策影响，中国境内外籍员工、文娱从业人员、海外归国人员、国内外留学生等通过“互联网 + 物流寄递”的方式从境外购买、滥用大麻及其制品的现象明显增多，走私大麻案件和大麻缴毒量呈逐年增长态势[①]。正如 2018 年加拿大和美国部分州宣布大麻合法化之后，北美大麻走私入境案件明显上升，2018 年共破获大麻入境案件 125 起，缴获大麻及各类大麻制品 55 公斤[②]，而 2019 年就飙升至共破获大麻入境案件 268 起，缴获大麻 252. 1 公斤[③]。随着国际大麻管制等级降低的影响下欧美乃至亚洲各国大麻合法化政策的进一步推进，我国毒品走私案件很有可能进一步增加。

此外，受国际大麻管制等级降低及各国大麻合法化政策的影响，境外医用大麻使用人员及“娱乐大麻”吸食人员将会进一步增多。在人员的全球化流动背景之下，境外吸毒人员占入境人员的比例也将进一步增加。由于我国与部分欧美国家在大麻管控政策上存在分歧，这些境外医用大麻使用人员及“娱乐大麻”吸食人员出于对我国大麻管控政策的不熟悉，既有可能在入境时携带自己使用或者吸食的大麻制品，也有可能在入境后通过物流寄递渠道购买和使用大麻产品。以最高人民法院发布的 2019 年十大毒品（涉毒）犯罪典型案例中的李军利用网络向外籍人员贩卖大麻案为例[④]，在本案中，被告人李军在 1 年内曾先后 31 次将共计 141 克大麻卖给在某英语培训机构任教的某外籍教员。而该名外籍教员之所以在我国国内购买、吸食大

---

① 《2019 年中国毒品形势报告》，载《人民公安报》2020 年 6 月 25 日。

② 联合国毒品和犯罪问题办公室：《2018 年世界毒品报告》，https：//www. unodc. org/wdr2018/。

③ 《2019 年中国毒品形势报告》，载《人民公安报》2020 年 6 月 25 日。

④ 《最高人民法院发布 2019 年十大毒品（涉毒）犯罪典型案例》，载中华人民共和国最高人民法院网，https：//www. court. gov. cn/zixun/xiangqing/166442. html。

麻，是因为其对我国的全面禁毒政策具有某种误解，认为其在本国吸食大麻并不违法，那么在我国吸食大麻也并不违法。大麻使用人员入境人数增加将直接导致我国大麻需求量增大，这无疑会使大麻走私、制造、贩卖、运输案件以及非法种植毒品原植物案件不断增加，从而加大我国内外防控风险。

四、大麻吸食人员增多导致涉毒次生犯罪加多，增加了社会治理的难度

毒品问题常与“黄、赌、盗、抢”等问题相互关联，与暴力恐怖犯罪、黑恶势力犯罪相互交织[①]。近年来，随着我国吸毒人数增加，为了获取毒资而实施的盗窃、抢劫等侵财类案件不断增加，吸毒后在毒品的致幻作用下实施的伤害、杀人、交通肇事以及以危险方法危害公共安全等次生犯罪也时有发生。例如，在最高人民法院 2014 年发布的龚兴富故意杀人案中[②]，被告人龚兴富在吸毒后将同居女友以及年仅 4 个月的幼子残忍杀害；在最高人民法院 2018 年发布的龚金洪故意杀人案中[③]，被告人龚金洪在吸毒后持菜刀将熟睡中的儿女直接砍死。毒品犯罪所诱发的大量违法犯罪活动不仅严重损害了个人以及家庭的幸福，也严重危害了人民群众的生命财产安全和社会和谐稳定。

尽管在致幻性方面，作为第一代毒品的大麻可能低于第二代毒品合成毒品与第三代毒品新精神活性物质，但致幻性低并不等于没有致幻性，在吸食大麻后仍有可能在幻觉与兴奋的刺激下从事违法犯罪活动。例如，在加拿大“娱乐大麻”合法化的第一天，我国一名女留学生便险被一吸食大麻过量的黑人男子在大麻致幻效果的影响下强行砸门入室[④]。此外，大麻的致幻效果主要来源于其所具有的 THC，据美国国家药物滥用研究所 2008 年至 2009 年研究数据显示，“娱乐大麻”中 THC 含量呈逐年递增趋势。1975 年“娱乐

---

① 李少平：《当前的毒品犯罪形势和人民法院的禁毒工作》，载《人民法院报》2018 年 6 月 26 日。

② 《龚兴富故意杀人案——吸食毒品后杀死同居女友和幼子，罪行极其严重》，载中国法院网，https：//www. chinacourt. org/article/detail/2014/06/id/1323800. shtml。

③ 《龚金洪故意杀人案——吸毒后持菜刀砍死 2 名未成年子女，罪行极其严重》，载中国法院网，https：//www. chinacourt. org/article/detail/2018/06/id/3371451. shtml。

④ 《大麻合法第一天：中国女留学生险遭吸大麻过量黑人强行入室……》，载搜狐网，https：//www. sohu. com/a/270168862_ 99958381。

大麻”中 THC 含量仅有 0.74%，到 2009 年其 THC 含量便高达 13.01%。如今甚至已经培育出了 THC 含量在 20% 以上的超级“娱乐大麻”，并可在国外网站上进行了解选购。

同时，吸食大麻往往也是毒品滥用的开端。通过吸食大麻接触到其他的瘾君子及毒贩，再逐渐由大麻过渡到其他成瘾性更高、致幻性更强的毒品的情况并不少见。在致幻性、成瘾性更强的第二代、第三代毒品的刺激下，毒品吸食人员可能实施更为严重的涉毒次生犯罪。因此，受到大麻吸食人员增多的影响，我国的毒品次生犯罪可能进一步增长，从而危及我国国家安全和社会公共安全，增加了我国社会治理的难度。

第三节 国际大麻管制等级降低与我国大麻管控政策的坚守

一、实然层面：目前我国大麻管控政策不会改变

在实然层面，目前我国大麻管制水平不会放松，大麻管控政策也不会改变。亦步亦趋者死，独立自主者生；人云亦云者死，自力更生者生。虽然在国外风起云涌的大麻合法化运动的影响之下，《1961 年公约》降低了国际大麻管制等级，但是由于各国政府对于国内大麻如何分类具有直接管辖权，因此我国国内大麻管制措施实际上并不完全取决于《1961 年公约》的规定，而更多取决于我国本身的态度。

我国始终坚持对于大麻等毒品犯罪的零容忍态度，坚持预防为主，综合治理，禁种、禁制、禁贩、禁吸并举的禁毒方针。而大麻作为我国刑法第 357 条明确规定的毒品之一，我国始终严格控制工业大麻的种植、流通，坚决反对医用大麻和“娱乐大麻”的使用，也曾多次在国际场合公开表明反对大麻合法化的立场。正基于此，我国在本次大会上对将大麻和大麻脂从《1961 年公约》附表 4 中删除的提议投了反对票。这也意味着虽然本次会议通过了对《1961 年公约》的修改，一定程度上承认了大麻的医用价值，但此次《1961 年公约》的修改并不会直接影响我国的大麻管控政策，我国仍将坚决厉行禁毒方针、严格管控大麻流通，以保护国民不受大麻滥用之

荼毒。

此外，面对国际毒潮持续泛滥、大麻合法化运动如火如荼的严峻形势，面对国内吸毒方式越来越隐蔽、新类型毒品不断增加的禁毒压力，面对国际大麻管制等级降低给我国毒品管控带来的影响与冲击，我国在当前和今后一个时期都将处于毒品问题蔓延期、毒品犯罪高发期和毒品治理攻坚期[①]。因此，从维护国家利益和人民福祉出发，在实然层面，我国大麻管控政策应慎终如始，终始如一，坚持厉行禁毒方针，严格管控大麻流通。

二、应然层面：目前我国大麻管控政策不应改变

在应然层面，目前我国大麻管制水平不应放松，大麻管控政策也不应改变。当前支持大麻合法化者提出了诸多论据企图论证大麻合法化利大于弊，总结起来主要有以下几点：其一，大麻对于生理机能、社会关系的损害及成瘾性程度均小于海洛因、可卡因等其他硬性毒品，甚至小于合法销售的酒精、烟草等；其二，大麻合法化之后可以带来相当可观的经济效益，可以大幅度增加政府税收、促进相关产业发展、带动就业；其三，大麻合法化之后可以规范大麻市场，减少大麻制造、走私类犯罪，降低黑市及大麻贸易带给犯罪组织的高额利润；其四，虽然“娱乐大麻”对人体的危害较大，但是医用大麻的有效性已经得到证实，可以先行推行医用大麻合法化；其五，大麻合法化已是国际潮流。

尽管大麻合法论者从大麻的危害性、大麻的经济效益、大麻的医疗作用等多个层面论证大麻合法化的必要性，然而从目前支持大麻合法化的国家的实际情况以及我国国情出发，上述观点的合理性值得商榷。

（一）《柳叶刀》的研究结果并不能完全对接如今的禁毒实践

虽然2007年《柳叶刀》刊载的一篇论文在生理损害（physical harm）、成瘾性（dependence）、社会危害性（social harm）三个方面都将大麻列在海洛因、可卡因、酒精、烟草等之后，但是在该篇论文中并未明确说明作为实验对象的大麻（cannabis）种类[②]。如前所述，根据大麻中THC含量的不

---

① 李少平：《当前的毒品犯罪形势和人民法院的禁毒工作》，载《人民法院报》2018年6月26日。

② David Nutt, Leslie A King, William Saulsbury, Colin Blakemore. Development of a rational scale to assess the harm of drugs of potential misuse, The Lancet, 2007, p. 1047 – 1053.

同，大麻可以分为医用大麻、工业大麻和“娱乐大麻”。在THC含量最低的工业大麻中，其THC含量小于0.3%，不具备提取毒性成分THC的价值，也不能直接作为毒品吸食。而在THC含量最高的“娱乐大麻”中，虽然THC含量大于0.5%就可以被称作“娱乐大麻”，但是当今的科学技术水平已经可以培育出THC含量在20%以上的高成瘾性、危害性“娱乐大麻”。由于不同类型的大麻中THC含量不同，其在生理损害、成瘾性和社会危害性方面自然也就不同，以上述实验结果为依据支持大麻合法化很难令人信服。值得注意的是，在上述实验的结论中，LSD、GHB等物质的成瘾性和危害性同样小于海洛因和烟草、酒精等，但是目前各国普遍将其作为违禁品对待，也就是说2007年的实验结果很难完全对应当今的禁毒实践。

（二）我国经济发展并不需要依靠大麻合法化带来的财政收入

以美国的大麻合法化运动为例，美国的大麻合法化运动的经济背景是20世纪末以来美国经济的长期低迷导致美国许多州的财政收入逐年减少，特别是2008年世界经济危机爆发之后，受国内外经济形势的影响，在失业率大幅增加的同时，许多州也出现了财政赤字从而导致国家经济发展、社会和谐稳定、国民民生状况面临巨大压力，急需通过大麻合法化之后带来的就业岗位与财政税收来降低失业率、减少财政赤字①。也就是说，固然大麻合法化之后可以带来可观的财政收入与就业岗位，但是一国是否支持大麻合法化很大程度上也取决于该国的财政状况。而改革开放以来，我国GDP一直呈现稳定增长，甚至在疫情期间，世界经济增长低迷、国际经贸摩擦加剧、国内经济下行压力加大的情况下，我国仍然保持经济运行总体平稳，国内生产总值达到99.1万亿元，同比增长6.1%。城镇新增就业1352万人，调查失业率在5.3%以下②。也就是说，我国并不需要通过大麻合法化带来的财政收入以弥补财政赤字，而以国民健康为代价来换取财税的增加，无疑是本末倒置。更何况毒品政策的选择虽然是一个经济问题，但更是一个政治问题，从我国长期以来的厉行禁毒方针出发，我国的大麻管控水平不会降低。

（三）大麻合法化并不能有效抑制大麻类犯罪

《2020年世界毒品报告》显示，在大麻合法化的背景下，部分国家和地

---

① 高英东：《大麻合法化对美国及国际社会的影响》，载《河北法学》2015年第12期。

② 《2020年政府工作报告》，载中国政府网，http：//www.gov.cn/zhuanti/2020lhzfgzbg。

区大麻的使用越发频繁，并且毒品市场上高 THC 含量的大麻产品越来越多。根据来自 69 个国家的 2014 年至 2018 年的数据，在登记的所有与毒品有关的犯罪中，大麻占一半以上①。也就是说，大麻合法化并非是解决大麻类犯罪的良药，甚至在一定程度上加剧了大麻类犯罪。此外，大麻合法化也并不能阻止大麻的黑市流通。以加拿大为例，在加拿大“娱乐大麻”合法化之后，由于合法大麻存在产品种类有限、价格较高、供应短缺等问题，合法大麻交易并不占优势，黑市大麻销售额仍然占据加拿大大麻销售额一半以上②。

（四）使用医用大麻仍然存在较大的潜在危害

尽管医学研究与临床医学发展已经证实了大麻中的 CBD 在治疗一些临床疾病以及延缓病情发展方面具有积极作用，但目前并不清楚 CBD 在治疗过程中的具体作用机制。正如虽然世界卫生组织在其官网上写道：大麻素在癌症和艾滋病等疾病的晚期对恶心和呕吐的治疗作用已经得到证明，但是其同样指出大麻素的其他治疗用途尚在研究证明过程之中。同时，世界卫生组织官网上也明确写道：使用大麻会造成损害认知发展能力和精神运动性能等急性健康影响以及造成认知功能障碍、肺部炎症、加重精神分裂症等慢性健康影响③。医用大麻已经得到证实的对于恶心和呕吐的治疗作用并非不可替代，而其在精神疾病治疗领域的有效性尚未得到准确的研究证实。在此情况下，认为可以先行推行医用大麻合法化的观点无疑过于理想化。

值得注意的是，鸦片、吗啡同样是我国刑法第 357 条明确规定的毒品，但从鸦片中提取的有效成分可待因已经在我国止咳、镇痛、镇静的临床处方药物中使用，吗啡同样是我国癌痛患者三阶梯止痛方案中第三阶梯阶段的首选药物之一。因此，如果未来 CBD 在治疗相关疾病上的具体作用机制得以明确，且通过研究证明 CBD 的使用在医学效果、社会效果上利大于弊，那么我国可以适度开放利用医用大麻，将 CBD 作为国家严格管控之下的麻醉药品与精神药品之一。

---

① 《2020 年世界毒品报告：全球有 3500 万人吸毒成瘾　新冠疫情催生新的贩毒途径》，载联合国网，https：//news. un. org/zh/story/2020/06/1060732。

② 《大麻合法化的加拿大：黑市崛起 合法渠道遭冷遇》，载华尔街见闻，https：//baijiahao. baidu. com/s? id = 1631229636440032434&wfr = spider&for = pc。

③ 参见世界卫生组织官网对大麻的介绍，https：//www. who. int/teams/mental – health – and – substance – use/alcohol – drugs – and – addictive – behaviours/drugs – psychoactive/cannabis。

（五）大麻合法化并非国际潮流

尽管墨西哥、加拿大、乌拉圭以及美国部分州已经承认“娱乐大麻”合法化，部分欧美国家已经逐步接受医用大麻合法化，但是在全球范围内，多数国家仍坚决反对“娱乐大麻”合法化，其对医用大麻合法化也持谨慎态度[①]。在此情况下，认为大麻合法化已是国际潮流的观点恐怕有失偏颇。

人类所固有的同情与怜悯，使得麻醉品对缓解患病同胞之痛不可或缺，但麻醉品成瘾于个人危害之烈，使得麻醉品之使用应受严格控制。尽管本次《1961年公约》的修改降低了国际大麻管制等级，但是从我国国情出发，目前我国大麻管控政策不会也不应改变，大麻管制仍应利剑高悬。

第四节 国际大麻管制等级降低与我国毒品管控的应对之策

一、加强全覆盖毒品预防教育，建立人员分类科普预防机制

我国禁毒法第4条规定，禁毒工作应以预防为主。面对国际大麻管制等级降低的新形势，我们可以根据不同人群的不同特点，有针对性地开展大麻科普预防教育工作，建立以一般人群、高危人群、吸毒人群的人员分类为基础的常态化、专业化、治疗化相结合的立体化大麻科普预防机制。

（一）针对一般人群的常态化预防机制

常态化预防是针对普通人群而言的，其目的主要是通过常态化的大麻科普教育工作使社会公众了解到大麻的成瘾性、毒害性与社会危害性，从而避免接触医用大麻和“娱乐大麻”。在常态化预防中，可以通过开展形式多样的大麻科普教育活动，增强公民的禁毒意识与识毒能力。例如，可以邀请疫情期间涌现出的先进医疗工作者以及品行良好的文娱从业人员拍摄形象直观、趣味性强的大麻科普小短片，并在微博、抖音、快手、今日头条、学习强国等社交平台进行投放，寓教于乐；也可以通过以案说法的形式，组织社

① 罗羚尹：《大麻合法化之国际趋势与争议》，载《中国药物滥用防治杂志》2019年第3期。

区、街道群众观看犯罪庭审过程的直播或者录像，并在观看完毕后结合案情向公众介绍相关大麻知识，提升公众对大麻的警觉性及辨别能力。此外，常态化预防工作除了可以避免普通公众因好奇或者无知而接触大麻，减少新增吸毒人员，还可以增强群众抵制大麻的积极性，自觉举报大麻吸食者，并通过其后的国家戒毒工作，减少现存吸毒人员。

（二）针对高危人群的专业化预防机制

专业化预防是针对高危人群而言的，其目的主要是通过对易接触到大麻或者易受大麻影响的高危人群开展有针对性的大麻科普教育工作，使其形成对大麻的正确认识，增强其拒毒防毒能力。一方面，要使前往大麻管制宽松国家的人员以及从大麻管制宽松地区归国、来华人员了解到工业大麻、医用大麻与“娱乐大麻”的区别，并告知其无论是医用大麻还是“娱乐大麻”，在我国都作为毒品受到严格管制，应当避免接触、使用医用大麻与“娱乐大麻”。另一方面，既要使青少年、高校师生以及文娱从业人员认识到大麻合法化绝非国际潮流，吸食大麻也绝非时尚前端，也要使其认识到国际大麻管制等级降低只是在一定程度上承认了大麻中的 CBD 具有医疗价值，绝不等于国际上大麻已经合法化，也不等于我国将放松大麻管制水平，吸食大麻可能构成违法犯罪，从而葬送其光明的前途与美好的未来。

（三）针对吸毒人群的治疗化预防机制

治疗化预防是针对吸毒人群而言的，其目的主要是通过对大麻吸食人员的戒毒治疗与教育挽救措施，使其戒除毒瘾、防止复吸并回归社会。一方面，对在国外有大麻吸食史的归国、来华人员进行针对性宣传教育，明确告知其在中国境内吸食大麻属于违法行为，并密切监控其可疑行为，在发现其有吸食大麻的行为后要及时予以戒毒治疗。另一方面，对国内已经发现的大麻吸食人员做好戒毒工作，防止其吸毒成瘾、戒后复吸或者吸食危害性更大的其他毒品。

二、注重全方位监测毒情态势，完善网络毒情监测预警机制

在网络时代的大背景下，传统犯罪与互联网技术不断结合，陆续涌现出新的表现形式，毒品犯罪的网络化更是已经成为毒品犯罪的典型特征，呈现出涉毒信息的网络化、沟通联络的网络化、支付方式的网络化、运送方式的

网络化以及犯罪场所的网络化五大特征①。正是由于网络交流方便快捷、网上支付简单迅速、物流寄递安全便捷，大麻走私案件日益呈现出买卖双方前期通过网络虚拟身份进行线上勾结以及达成交易合意，中期通过网上银行、支付宝、微信等网络支付方式进行转账汇款，后期通过跨国物流寄递进行毒品走私运输的“互联网+物流”的新形式。

面对“互联网+”的大麻贩运新模式下犯罪隐蔽性强、追查追控难度高的难题，公安机关也应注重信息技术的运用，增强侦查人员应用技术侦查措施收集电子证据的能力和意识②。并从以下几个方面入手及时发现查处大麻走私案件以及及时监控大麻等毒品犯罪的毒情发展态势。

（一）加强网络涉毒信息的情报收集工作，注重网络特情队伍建设

公安机关应树立智慧禁毒理念，注重通过大数据进行涉毒信息捕捉与处理，通过数据建模与数据挖掘及时发现网络涉毒信息、及时打击网络涉毒案件，不断探索提升自身对于网络涉毒信息的收集分析能力，打造数据警务、建设智慧公安。此外，由于网络贩毒分子多通过暗网、加密、暗语等方式逃避网络监管，为了及时、有效地掌握犯罪线索，公安机关也应当加强网络特情队伍建设。通过网络特情打入网络涉毒团伙内部，参与网络涉毒案件勾结，从而及时掌握网络涉毒线索，熟悉涉毒暗语，及时全面地收集、固定犯罪证据，有效打击网络贩毒与跨国走私案件。

（二）提升网络涉毒案件的预防预警能力，建立多方禁毒协作机制

由于大麻走私案件多通过网络社交平台进行购毒、卖毒信息发布，通过即时通讯工具形成大麻交易合意，通过物流寄递渠道进行大麻走私运输，因此，公安机关要加强与通信运营行业、网络社交媒体、互联网络公司以及物流寄递行业的交流合作，多方协作打击网络涉毒案件。一方面，通信与互联网公司应将其在日常运营监管过程中发现的可疑信息及时向公安机关报告，公安机关在收到报告后也应及时跟进，查明该可疑信息是否属于涉毒信息。另一方面，物流寄递行业也应坚决贯彻落实百分之百实名收寄、百分之百收寄验视、百分之百过机安检的“三个100%”制度，并及时向公安机关报告邮包收寄检验过程中发现的可疑涉毒物品与涉毒人员。

---

① 胡江：《毒品犯罪网络化的刑事治理》，载《西南政法大学学报》2020年第5期。

② 张雷、胡江：《网络贩毒犯罪电子证据的收集和审查》，载《中国刑警学院学报》2020年第1期。

三、坚持全链条打击毒品犯罪，加强物流寄递入境监督力度

受加拿大和美国部分州大麻合法化政策的影响，北美大麻入境案件明显增多。同时，由于物流寄递渠道贩毒成本低、风险小且运输方便，大麻入境也逐渐采取境外转寄、请人代寄、航空夹带等跨国物流寄递方式。面对国际大麻管制等级降低后大麻入境案件可能进一步增长的趋势，面对跨国物流寄递的毒品走私新特征，应严厉打击毒品犯罪链条的运输中间环节，加强物流寄递入境的监督力度。

（一）加强对国际邮包的入境检查，防止大麻制品非法入境

口岸是人员、货物和交通工具出入国境的通道，是对国际邮包进行检查检验的关键，是防止大麻制品非法入境的第一道防线。因此，防止大麻输入，必须加强对国际邮包的入境口岸检查。一方面，口岸查验系统中海关、海事、检验检疫、港务监管和公安边防等部门应建立联防联控机制，加强信息共享和协调配合，形成对国际邮包入境检查的联检办公。另一方面，应该及时完善、升级现有的大麻检验设备以应对日益翻新的大麻类型，提升对大麻制品的检出能力。此外，由于北美已经成为我国境外大麻入境的主要输出地，因此，应着重加强对来自北美的国际邮包的检查，拒毒于国门之外。

（二）总结大麻类制品的变化形式，提升工作人员识毒能力

受国外大麻合法化政策及国际大麻管制等级降低的影响，不仅国外市场上的大麻产品层出不穷，大麻饼干、大麻啤酒应有尽有，而且“娱乐大麻”的伪装形式也日新月异，隐蔽性越来越强。在此情况下，既要了解国外合法大麻产品的包装设计样式，又要总结非法“娱乐大麻”的伪装隐藏形式，还要归纳新型大麻产品查处发现的先进工作经验，并不断加强对口岸工作人员和物流寄递人员的大麻知识培训，提升其对大麻制品的识别辨认能力，防毒于流通之中。

四、落实全环节管控吸毒人员，完善吸毒人员动态管控机制

受国外部分国家大麻合法化政策的影响，特别是加拿大宣布大麻合法化以及美国部分州宣布医用大麻和“娱乐大麻”合法化以来，我国的大麻滥用情况及吸食人数呈现逐渐上升的趋势，截至 2018 年底，全国滥用大麻人

数达到2.4万人，同比上升25.1%[①]。随着我国逐步推进社区戒毒社区康复工程、青少年毒品预防教育工程以及吸毒人员"清零""清隐""清库"行动等专项工作，2019年我国毒品滥用形势得到好转，毒品滥用势头得到遏制，吸食冰毒、海洛因、氯胺酮三种主要毒品的人数都出现下降。但即使是在我国毒品滥用情况稳步向好的大态势下，2019年我国吸食大麻人数仍然与上年持平，维持在2.4万人[②]。

面对目前我国大麻滥用情况难以得到缓解的现状，面对国际大麻管制等级降低后，我国的大麻吸食人数可能进一步增长的趋势，我国应完善吸毒人员动态管控机制和社会化管控模式，真正做到全环节管控大麻吸食人员，切实掌握吸毒人员信息，从而有效缓解大麻滥用现状。

（一）做好大麻吸食人员信息采集工作，查清吸毒人员底数

长期以来，我国毒品吸食人员在人员构成上都呈现出以文化程度较低的社会闲散人员为主的特征。但是由于大麻滥用情况与大麻合法化思潮之间有着密切联系，而上述人员并不能密切接触国外大麻合法化思潮，因此，目前我国的大麻吸食人员以中国境内外籍员工、高校师生、有境外学习或工作经历的人员以及演艺人员为主。

面对在人员构成上大麻吸食人员与其他毒品吸食人员相比所呈现出的典型特征，我们应着重做好吸毒人员信息采集和上网入库工作。既要采取拉网式排查方式，做到逢嫌必检、酒毒同检，全面深入排查涉毒人员，又要特别注重排查外籍人员、海外归国人员、文娱从业人员、高校教职工等高危人群，做到不错不漏。

（二）对接物流寄递信息数据管理系统，真正实现动态管控

目前，我国的吸毒人员信息动态管控模式以跟踪监控吸毒人员在辖区内迁出迁入等变动情况为主，侧重于一旦监测到吸毒人员在可疑地点使用身份信息时，系统便自动发出预警信号，并由辖区内的派出所等警务机关对其进行接触调查。由于一般情况下吸毒人员具有较大的流动性与隐蔽性，目前的管控模式有助于及时掌握一般吸毒人员信息，发现其复吸情况及隐形吸毒人员。

---

① 联合国毒品和犯罪问题办公室：《2018年世界毒品报告》，https://www.unodc.org/wdr2018/。

② 《2019年中国毒品形势报告》，载《人民公安报》2020年6月25日。

但是由于目前的大麻吸食人员以工作稳定、流动性不强的外籍员工、高校师生等高危人群为主，并且其主要以“互联网＋物流”的形式进行购毒、运输，并不需要通过外出打工以获取毒资、线下接触毒贩以获取毒品。因此，目前的动态管控模式并不适应于我国的大麻滥用现状。在这种情况下，我国的吸毒人员信息数据系统除了要密切监管其戒毒治疗、是否复吸、迁入迁出等情况，还应与物流寄递信息管理系统等数据库进行对接，密切监管吸毒人员的物流寄递信息。一旦发现可疑快递邮包，便可以通过远程指挥海关工作人员、快递从业人员等进行开包验视，从而有效发现大麻等毒品的走私入境、物流运输案件，真正做到对吸毒人员的动态管控。

五、确保全要素监管制毒物品，线上线下结合打击大麻种植

受国外大麻合法化的思潮和政策影响，我国的大麻滥用状况日益严峻，大麻吸食人数逐渐增长。受供需关系的影响，我国境内大麻吸食人数的增加也导致了国外大麻走私入境案件与国内大麻室内种植案件的增多。与大麻走私入境及室外大规模种植大麻相比，室内非法种植大麻具有成本低、风险小、种植简单、不受环境气候影响的特点。因此，尽管目前北美大麻已成为国内大麻市场主流、室外大规模种植大麻情况已得到有效遏制，个体化的室内种植大麻现象仍屡禁不绝。此外，随着互联网络的发展，各类社交平台和自媒体发展迅速。在此情况下，一些犯罪分子便利用社交平台信息交流迅速、便于隐匿身份以及不受地域限制等特点，非法利用信息网络传授大麻种植相关经验，进行大麻种子及成品交易等违法犯罪活动。在最高人民法院发布的 2020 年十大毒品（涉毒）犯罪典型案例中的卞晨晨等贩卖毒品、非法利用信息网络案中①，被告人卞士磊便是在其工厂宿舍及家中进行大麻种植，被告人卞晨晨便是在园丁丁论坛上发布有关大麻知识及种植技术的主题帖以及联系贩卖等。

面对目前我国非法种植大麻的发展现状，我们既要注重线下查处个体化的室内种植大麻情况，又要注重线上打击非法利用信息网络传播有关大麻种植知识、进行大麻种子交易的现象，才能真正做到全要素监管制毒物品，遏制毒品犯罪于源头之中。

---

① 《最高人民法院发布 2020 年十大毒品（涉毒）犯罪典型案例》，载中华人民共和国最高人民法院网，https：//www. court. gov. cn/zixun/xiangqing/238021. html。

（一）传统手段与现代技术相互结合，及时发现室内非法种植大麻情况

面对室内个体化非法种植大麻多发的现象，一方面，要加强巡查摸排，在平时的日常寻访及案件调查过程中，就要特别注意是否存在室内种植大麻的现象；另一方面，既可以通过大数据及时发现居民家中用电用水量的异常从而判断是否存在非法种植大麻的情况，也可以充分利用最新的“污水验毒”技术体系，及时发现居民生活用水中所含有的大麻等毒品成分，从而及时发现和查处室内非法种植大麻等毒品犯罪案件。

（二）注意查清网络平台监管者责任，从源头上制止相关涉毒信息传播

面对犯罪分子多利用非法论坛交流大麻种植技术经验、进行大麻种子贩卖的现象，除了上文中提到的完善网络毒情监测预警机制，还应当特别注意《刑法修正案（九）》除了增设非法利用信息网络罪，还增设了拒不履行信息网络安全管理义务罪及帮助信息网络犯罪活动罪。因此，在查处相关非法利用信息网络传播涉毒信息的案件时，也要注意查清相关论坛及社交平台的监管者对相关涉毒违法信息传播的主观心态，查清其是否切实履行了法律、行政法规规定的信息网络安全管理义务，从而将相关涉毒信息的传播扼杀在摇篮之中。

六、深化全球化禁毒国际合作，有力打击跨国毒品犯罪活动

面对国内禁毒高压态势下，国产毒品数量日益减少，境外毒品逐渐成为市场主流的毒品来源形势；面对毒品来源在国外，毒资走向去国外的跨国走私大麻案件日益增多的毒情发展形势；面对全球毒品问题仍处于加剧扩散期，一些国家和地区毒品问题持续泛滥，毒品问题已经成为全球性的社会顽疾的世界毒情形势①，除了我国单方面的禁毒防毒措施以外，也应加强与其他国家的禁毒交流合作，共同构建和完善跨国跨区域毒品犯罪的国际治理体系。

---

① 王锐园、关纯兴：《全球视野下的禁毒理论与实务——毒品治理战略与技术国际论坛综述》，载《中国刑警学院学报》2016年第4期。

（一）推动跨国跨区域禁毒执法合作机制发展

由于“金三角”仍是我国境外毒品输入的主要来源地，我国应加强与老挝、缅甸、泰国等周边国家的禁毒合作，全面推动次区域禁毒合作关系发展。同时，由于“金新月”以及南美地区的毒品渗透压力仍然存在，北美地区大麻入境案件日益增多，我国也要加强与中东及欧美各国的禁毒交流，签署多边、双边禁毒合作协议，深化多边、双边禁毒合作机制发展，加强跨国跨区域执法合作。

（二）促进跨国跨区域禁毒情报共享机制完善

受国外大麻合法化政策及国际大麻管制等级降低的影响，外国公民以及我国出境公民吸食大麻人数可能进一步增长，国际大麻走私案件也将进一步增加。由于在大部分国家和地区走私、贩卖、吸食“娱乐大麻”等行为仍然属于违法犯罪，因此，可以完善国际禁毒情报交流和执法合作机制，将毒品走私、制造等涉毒案件信息，大麻吸食人员等涉毒人员信息的禁毒情报进行有效共享，严厉打击跨国走私毒品案件、严密监管出入境吸毒人员。

总之，面对国外大麻合法化运动愈演愈烈的禁毒压力，面对国际大麻管制等级降低对我国毒品管控的冲击，面对我国仍处于毒品问题蔓延期、毒品犯罪高发期和毒品治理攻坚期的严峻形势，我国禁毒工作仍应警钟长鸣、利剑高悬，坚持厉行禁毒方针、严格管控大麻流通、严厉打击大麻犯罪，从而使公众免受大麻滥用之荼毒、免遭毒品扩散之流弊。

主要参考文献

〔1〕陈泽宪、贾宇、曲新久主编:《刑法理论与实务热点聚焦》(下卷),中国人民公安大学出版社2010年版。

〔2〕陈家林:《共同正犯研究》,武汉大学出版社2004年版。

〔3〕陈兴良主编:《刑法疏议》,中国人民公安大学出版社1997年版。

〔4〕陈兴良主编:《刑法总论精释》,人民法院出版社2016年版。

〔5〕陈兴良主编:《中国刑事政策检讨——以“严打”刑事政策为视角》,中国检察出版社2004年版。

〔6〕陈兴良:《走向规范的刑法学》,法律出版社2008年版。

〔7〕陈兴良:《罪刑法定主义》,中国法制出版社2010年版。

〔8〕崔敏主编:《毒品犯罪发展趋势与遏制对策》,警官教育出版社1999年版。

〔9〕董玉整、董莉等:《毒祸论——毒品问题的社会透视》,中南工业大学出版社1999年版。

〔10〕高铭暄、马克昌主编:《刑法学》(第六版),北京大学出版社2014年版。

〔11〕高巍:《贩卖毒品罪研究》,中国人民公安大学出版社2017年版。

〔12〕高贵君主编:《毒品犯罪审判理论与实务》,人民法院出版社2009年版。

〔13〕韩丹:《吸毒人群成瘾问题的社会学研究——以江苏为例》,上海社会科学院出版社2017年版。

〔14〕黄祥青:《刑法适用要点解析》,人民法院出版社2011年版。

〔15〕黎宏：《刑法学各论》（第2版），法律出版社2016年版。

〔16〕郦毓贝主编：《毒品犯罪司法适用》，法律出版社2005年版。

〔17〕梁根林：《刑法总论问题论要》，北京大学出版社2018年版。

〔18〕梁根林：《刑事法网：扩张与限缩》，法律出版社2005年版。

〔19〕廖斌主编：《毒品违法犯罪防治研究》，中国政法大学出版社2016年版。

〔20〕林山田：《刑法各罪论》（下册），北京大学出版社2012年版。

〔21〕刘德法：《聚众犯罪理论与实务研究》，中国法制出版社2011年版。

〔22〕刘建宏主编：《中国毒品犯罪及反制》，人民出版社2014年版。

〔23〕龙宗智主编：《刑事证明责任与推定》，中国检察出版社2009年版。

〔24〕马克昌主编：《刑罚通论》，武汉大学出版社1999年版。

〔25〕莫文球等编著：《毒品犯罪定罪量刑与办案精要》，中国法制出版社2018年版。

〔26〕任惠华主编：《毒品犯罪打管防控若干重大问题研究》，群众出版社2018年版。

〔27〕阮堂辉：《犯罪主观要件的证明问题研究》，中国社会科学出版社2017年版。

〔28〕任娇娇：《我国禁毒刑事政策调整研究》，中国社会科学出版社2019年版。

〔29〕苏力：《法治及其本土资源》（第三版），北京大学出版社2015年版。

〔30〕史卫忠：《行为犯研究》，中国方正出版社2002年版。

〔31〕王志祥主编：《财产刑适用的理论与实务》，中国人民公安大学出版社2012年版。

〔32〕王志祥：《犯罪既遂新论》，北京师范大学出版社2010年版。

〔33〕王作富主编：《刑法分则实务研究》（下），中国方正出版社2015年版。

〔34〕肖中华：《犯罪构成及其关系论》，中国人民大学出版社2000年版。

〔35〕徐宏、李春雷：《毒品犯罪研究》，知识产权出版社2016年版。

〔36〕张洪成：《毒品犯罪刑事政策之反思与修正》，中国政法大学出版社2017年版。

〔37〕张明楷：《刑法分则的解释原理（上）》（第二版），中国人民大学出版社2011年版。

〔38〕张明楷:《刑法学（上）》（第六版），法律出版社2021年版。

〔39〕张明楷:《法益初论》，中国政法大学出版社2000年版。

〔40〕张明楷:《刑法学（下）》（第六版），法律出版社2021年版。

〔41〕张辛陶主编:《毒品犯罪认定与案例分析》，人民法院出版社2000年版。

〔42〕张勇安主编:《国际禁毒蓝皮书:国际禁毒研究报告（2019）》，社会科学文献出版社2019年版。

〔43〕郑伟:《毒品罪三疏两议》，法律出版社2011年版。

〔44〕周光权:《刑法各论》（第二版），中国人民大学出版社2011年版。

〔45〕周光权:《刑法总论》（第三版），中国人民大学出版社2016年版。

〔46〕［德］汉斯·海因里希·耶赛克、托马斯·魏根特:《德国刑法教科书》，徐久生译，中国法制出版社2001年版。

〔47〕［法］洛克:《政府论》（下），叶启芳、瞿菊农译，商务印书馆1996年版。

〔48〕［法］孟德斯鸠:《论法的精神》（下卷），许明龙译，商务印书馆2012年版。

〔49〕［法］米歇尔·福柯:《规训与惩罚》，刘北成、杨远婴译，生活·读书·新知三联书店2019年版。

〔50〕［日］前田雅英:《刑法总论讲义》（第6版），曾文科译，北京大学出版社2017年版。

〔51〕［意］切萨雷·贝卡里亚:《论犯罪与刑罚》，黄风译，商务印书馆2017年版。

后　记

毒品问题治理是西南政法大学刑法学科的特色研究方向。特别是自2017年以来，学校与最高人民法院、国家禁毒办合作共建国家毒品问题治理研究中心，在毒品问题治理研究方面有特色、有亮点、有成效。我自己作为西南政法大学刑法学科和国家毒品问题治理研究中心的一员，虽然一直在关注刑法学、犯罪学的其他研究领域，但仍坚持对毒品问题治理领域作重点关注，也积极带领学生围绕毒品问题治理的理论与实践问题开展研究。在我的影响和带动下，我指导的研究生中也有很多人对毒品问题治理产生兴趣并进行了一定的研究，他们有的在毒品问题治理领域中进行毕业论文选题，有的围绕毒品问题治理撰写学术论文，形成了为数可观的研究成果。通过这种方式，既服务于学生研究能力的提升，又助力于学科特色研究方向的打造，以期实现人才培养和学科建设双赢的效果。

本书原本不在我个人的研究规划范围之内，但机缘巧合，如今得以付梓面世，这大概印证了书也有其命运的道理吧，恰如一个人有一个人的命运，一本书也有一本书的命运。其产生的个中缘由，一则是学科建设任务的现实要求；二则是师生共同研究的机缘巧合。近年来，我和学生们虽然一直在持续关注毒品问题治理，也偶有小文形成，但大多是些零散而琐细的残篇断简，从未想过出版。承蒙多位热心友人提醒、领导师长鞭策，终于不揣浅陋，下定决心和众位学生一起，围绕毒品问题治理刑事法治这一主题，就其中的重点问题进行系统研究，草就了本书，既算是对单位和师友的一种交代，也算是对过往研究历程的总结和记录。

参加本书编撰的人员有（以参编章节为序）：胡江、于浩洋、沙良旺、陈熠、隋译锋、何冰原、袁飞、赵戈、孙梽睿、董淳、胡博宇、刘宛春、付晓东、邬梦瑶、姚蕴童、张雷、崔建国。除了我之外，其他人都是我指导的学生，他们中有的人通过攻读博士已经逐步走上学术研究的道路，有的人正身体力行奋进在法律工作的实践道路上。文字背后，有我们一起讨论时的火热，有我们反复推敲时的执着，有我们面对收获时的喜悦，有我们遭遇挫折时的坚韧，有我们把盏言欢时的感动。所以，本书是我同学生们近年来共同关注毒品问题治理的系统梳理和集中体现，它不仅是研究成果的展现，而且也是师生情谊的记录。正是基于这份特殊的意义，我想说的是：它远非完美，但我却尤为珍视。

本书得以顺利出版，要感谢的人特别多！首先要感谢我所在的西南政法大学法学院、刑法学科和国家毒品问题治理研究中心（毒品犯罪与对策研究中心）诸位领导和师友给予的宝贵支持，使得本书能够纳入“西政刑法学术文库”系列丛书出版，特别是要感谢梅传强教授作为领导和恩师的双重身份一直以来给予的关心与帮助！感谢中国检察出版社责任编辑专业和高效的付出！我指导的研究生邱沅榕等同学协助我作了大量的文字整理工作，在此一并致谢！

当然，囿于学识，书中难免还存在诸多不足之处，敬请海涵。

胡　江

2024 年 1 月 30 日于重庆

附　录

《毒品问题治理的刑事法治保障》编撰人员一览表

<table>
<tr><th colspan="2">参编章节</th><th>编撰人员</th></tr>
<tr><td rowspan="3">第一章　毒品问题治理的刑事法治保障体系</td><td>第一节　毒品治理体系的回顾与前瞻</td><td rowspan="2">胡江、于浩洋</td></tr>
<tr><td>第二节　从严厉打击迈向综合治理</td></tr>
<tr><td>第三节　区域协同治理的实践探索</td><td>胡江、沙良旺</td></tr>
<tr><td rowspan="2">第二章　毒品问题治理的刑事法治保障模式</td><td>第一节　刑事政策视野下多元立法模式之提倡</td><td>胡江、陈熠</td></tr>
<tr><td>第二节　非传统安全视角下多措并举模式的建构</td><td>胡江、沙良旺</td></tr>
<tr><td rowspan="2">第三章　毒品犯罪主观方面的规范认定</td><td>第一节　新型毒品案件中“明知”的司法认定</td><td>胡江、隋译锋</td></tr>
<tr><td>第二节　明知认定中“合理解释”的司法认定</td><td>胡江、何冰原</td></tr>
<tr><td rowspan="3">第四章　网络毒品犯罪的既未遂形态认定</td><td>第一节　网络毒品犯罪既遂标准的现行认定</td><td rowspan="3">袁飞</td></tr>
<tr><td>第二节　网络毒品犯罪既遂标准的认定困境</td></tr>
<tr><td>第三节　网络毒品犯罪既遂标准的理论构建</td></tr>
<tr><td rowspan="3">第五章　毒品代购行为的规范认定与完善</td><td>第一节　毒品代购行为的规范考察</td><td rowspan="3">胡江、于浩洋</td></tr>
<tr><td>第二节　毒品代购行为的实践处理</td></tr>
<tr><td>第三节　毒品代购行为的规范完善</td></tr>
<tr><td rowspan="3">第六章　新精神活性物质的刑法应对</td><td>第一节　毒品列管模式的问题与破解</td><td>赵戈、于浩洋</td></tr>
<tr><td>第二节　新精神活性物质数量的折算</td><td>孙椄睿</td></tr>
<tr><td>第三节　新精神活性物质的规范完善</td><td>隋译锋</td></tr>
<tr><td rowspan="3">第七章　容留他人吸毒罪的刑法适用</td><td>第一节　容留他人吸毒罪中“容留”认定的实证考察</td><td rowspan="3">董淳</td></tr>
<tr><td>第二节　容留他人吸毒罪中“容留”认定的疑难问题</td></tr>
<tr><td>第三节　容留他人吸毒罪中“容留”认定的规范阐释</td></tr>
</table>

续表

参编章节		编撰人员
第八章　组织网络吸毒行为的刑法认定	第一节　组织网络吸毒行为刑法认定的事实基础	胡博宁
	第二节　组织网络吸毒行为刑法认定的现实困难	
	第三节　组织网络吸毒行为的法益侵害性考察	
	第四节　组织网络吸毒行为的构成要件认定	
	第五节　组织网络吸毒行为的特殊问题分析	
第九章　制毒物品关联行为的刑法认定	第一节　制毒物品管控的现实困境与对策	刘宛春
	第二节　毒品原植物犯罪的刑事治理	胡江、付晓东
第十章　毒品犯罪刑罚问题的规范分析	第一节　毒品再犯问题的检视与运用	胡江、邬梦瑶
	第二节　毒品犯罪财产刑的适用问题	姚蕴童
第十一章　网络贩毒电子证据的收集与审查	第一节　网络贩毒犯罪电子证据的基本界定	胡江、张雷
	第二节　网络贩毒犯罪电子证据取证的实务应对	
	第三节　网络贩毒犯罪电子证据收集审查的难点	
	第四节　网络贩毒犯罪电子证据收集取证的完善路径	
第十二章　毒品问题治理域外问题的中国应对	第一节　国际大麻管制等级降低的政策解读	胡江、崔建国
	第二节　国际大麻管制等级降低对我国毒品管控的挑战	
	第三节　国际大麻管制等级降低与我国大麻管控政策的坚守	
	第四节　国际大麻管制等级降低与我国毒品管控的应对之策	